선악의 저편 · 도덕의 계보

■ 니체전집 편집위원

정동호
이진우
김정현
백승영

니체전집
KGW VI 2
14

선악의 저편 · 도덕의 계보
Jenseits von Gut und Böse
Zur Genealogie der Moral 1886~1887

김정현 옮김

일러두기

1. 이 책은 독일에서 출간된 《니체전집*Nietzsche Werke, Kritische Gesamtausgabe*, vol. VI 2 (Walter de Gruyter Verlag, 1968)》을 완역했다.
2. 주요 인명은 처음 1회에 한하여 원어를 병기했다.
3. 옮긴이주는 1), 2)로, 원저 편집자주는 (1), (2)로 표기하여 미주로 처리했다.
4. 본문과 미주에 나오는 단행본과 잡지, 음반은 《 》로, 단편, 음악·미술 작품은 〈 〉로 표시했고, 인용문은 " "로, 강조 문구는 ' '로 표시했다.
5. 니체 자필 원고에서 보이는 완벽하지 않은 구두법, 예를 들어 구두점이 없거나 괄호가 한 쪽이 빠진 것은 그대로 살렸으며, 그침표(:)는 살리고 머무름표(;)는 가능한 한 마침표(.)로 바꾸었다. 문장이 완결되지 않은 경우는 원고 그대로 — — —로 표시 했으며, 글의 맥락상 역자가 숨겨진 의미를 드러내는 경우에는 { }로 표기했다.
6. 원서에서 자간을 벌려 표기되어 있는 부분은 고딕체로, 원서에서 굵은 서체로 되어 있는 부분은 굵은 서체로 표기했다.
7. 맞춤법과 외래어 표기는 1989년 3월 1일부터 시행된 〈한글 맞춤법 규정〉과 《문교부 편수자료》에 따랐다.

차 례

선악의 저편 — 미래철학의 서곡

서문 · 9
제1장 철학자들의 편견에 관하여 · 13
제2장 자유정신 · 47
제3장 종교적인 것 · 79
제4장 잠언과 간주곡 · 105
제5장 도덕의 자연사 · 135
제6장 우리 학자들 · 167
제7장 우리의 덕 · 195
제8장 민족과 조국 · 233
제9장 고귀함이란 무엇인가? · 269
높은 산에서—후곡(後曲) · 315

주 · 322

도덕의 계보 — 하나의 논박서

서문 · 337
제1논문 : '선과 악', '좋음과 나쁨' · 349
니체의 주 · 390

제2논문 : '죄', '양심의 가책' 및 기타 · 393
제3논문 : 금욕주의적 이상이란 무엇을 의미하는가? · 449

주 · 541
해설 · 547
연보 · 563

선악의 저편
— 미래철학의 서곡

Jenseits von Gut und Böse.

Vorspiel
einer
Philosophie der Zukunft.

Von

Friedrich Nietzsche.

Leipzig
Druck und Verlag von C. G. Naumann.
1886.

서문.

진리가 여성이라고 가정한다면, 어떠한가? 모든 철학자가 독단주의자였을 경우, 그들이 여성을 제대로 이해하지 못했다는 혐의는 근거 있는 것은 아닐까? 지금까지 그들이 진리에 접근할 때 가졌던 소름 끼칠 정도의 진지함과 서툴고 주제넘은 자신감이 바로 여성의 마음을 사로잡기에는 졸렬하고 부적당했다는 혐의는 근거 있는 것이 아닐까? 여성들의 호감을 사지 못했던 것은 당연하다. ─그래서 모든 종류의 독단론은 오늘날에도 울적하고 힘없는 모습으로 서 있는 것이다. 이 독단론이 여전히 있다면 말이다! 왜냐하면 이 독단론은 무너졌고, 모든 독단론은 땅에 쓰러져 있으며, 더욱이 빈사 상태라고 주장하며 조소하는 사람이 있기 때문이다. 진지하게 말하자면, 철학에서의 모든 독단화는 아주 화려하고 결정적이며 최종적인 것처럼 태도를 취해왔다 해도, 여전히 고상한 어린아이 장난이거나 신출내기의 미숙함에 불과하다고 단언할 이유는 충분하다. 또한 지금까지 독단주의자들이 세워왔던 고상하고 절대적인 철학자들의 건축물에 초석을 놓기 위해서는, 도대체 무엇이 있어야만 충분한 것이었는지 우리가 다시 이해하게 될 때가 아마 가까워진 것 같다. ─그것은 바로 먼 태곳적부터 있었던 통속적 미신(마치 주체의 미신과 자아의 미신으로서 오늘날에도 역시 끊임없이 피해를 주는 영혼의 미신 같은 것), 아마도 말장난 같은 것, 문법의 측면에서의 유혹 또는 매우 협소하고 개인적이며 대단히 인간적인, 너무나 인간적인 사실을 터무니없이 일반화하는 것이다. 독단론자들의 철학은 과거의 점성술이 그랬던 것처럼, 아마 수천 년을 뛰어넘은 앞으로의 약속일 뿐이었다. 이 점성술에 진력하기 위해 아마 지금까지 참된 학문을 위해 지불했던 것보다 더 많은 노동과 돈, 예지와 인내가 소모되었을 것이다─이 점성술과 그것의 초지상적인 요구 덕분에 아시아와 이집트에서 위대한 건축 양식이 탄생하게 되었던 것이다. 위대한 것은 모두 그것을 인류의 마음속에 영원한 요구로 새겨 넣기 위해서, 우선 섬뜩하고 공포를 불러일으키는 흉한 얼굴로 지상을 방황하지 않으면 안 되는 것처럼 보인다. 독단적 철학, 예를 들면 아시아의 베단타Vedanta이론과 유럽의 플라톤주의가 이런 흉한 얼굴이었다. 우리는 이러한 철학의 은혜를 저버려서는 안 된다. 온갖 오류 가운데 가장 나쁘고 지루하며 위험한 것은 독단론자들이 저지른 오류, 즉 플라톤의 순수 정신과 선 자체의 고안이었다는 사실을 인정한다고 해도 말이다. 그러나 이 오류를 극복하고, 유럽이 이러한 악몽에서 벗어나 안도의 긴 숨을 내쉬며 적어도 좀더 건강한 숙면을 즐길 수 있게 된 **지금부터 우리의 과제는 깨어 있음 그 자체**이며, 우리는 이러한 오류와 투쟁함으로써 엄청나게 단련된 힘을 모두 상속받은 것이다. 플라톤이 그랬던 것처럼, 정신과 선에 대해 말한다는 것은 확실히 진리를 전복하고 모든 생명의 근본 조건인 **관점주의적인 것을 스스로 부인함**을 의미했다. 우리는 의사로서 다음과 같이 물을 수 있을 것이다. "그 병은 어디에서 고대에 가장 아름답게 자라난 존재인 플라톤에게로 옮겨왔는가? 사악한 소크라테스가 그마저도 타락시켰던 것일까? 소크라테스야말로 청년들을 타락시킨 자가 아닐까? 그스스로 독배를 받을 만했던 것은 아닐까?"—그러나 플라톤에 대한 투쟁, 또는 대중을 위해 좀더 이해하기 쉽게 말한다면, 수천 년에 걸쳐 지속되어온 그리스도교 교회의 억압에 맞서 한 투쟁은—왜냐하면 그리스도교는 '대중'을 위한 플라톤주의이기 때문이다—유럽 내에서 아직까지 없었던 화려한 정신적 긴장을 만들어냈다. 사람들은 이렇게 팽팽한 활을 가지고 이제부터 가장 먼 표적을 맞힐 수 있을 것이다. 물론 유럽인은 이 긴장을 위기로 느끼고 있다. 그리고 이미 두 번씩이나 활의 시위를 풀고자 하는 대규모의 시도가 있었다. 한 번은 예수회 정신Jesuitismus에 의해서였고, 두 번째는 민주적 계몽주의에 의해서였다. 이 민주적 계몽주의는 실상 출판의 자유와 신문 구독 덕분에 정신 자체를 더 이상 그렇게 쉽게 '위기'로 느끼지 않는다! (독일인은 화약을 발명했다. 정말 놀라운 일이다. 그러나 그들은 다시 그 업적을 지워버렸다—그들은 신문을 발명했던 것이다.) 그러나 예수회원도 민주주의자도 아니고 게다가 충분한 독일인도 아닌 우리, **선한** 유럽인이며 자유로운, 대단히 자유로운 정신인 우리—우리는 여전히 긴장을, 정신의 온갖 곤경과 그러한 정신적 활의 긴장 전체를 가지고 있다! 그리고 아마 화살과 과제도 가지고 있을 것이다. 누가 알겠는가? **목표**도 있는지…….

오버엥가딘의 질스마리아에서
1885년 6월

제1장
철학자들의 편견에 관하여

1.

 진리에의 의지, 이는 우리로 하여금 여전히 많은 모험을 하도록 유혹할 것이다. 저 유명한 {진리에의 의지의} 진실에 대해 지금까지 모든 철학자는 경의를 표하며 말해왔다. 이러한 진리에의 의지가 우리에게 이미 어떤 문제들을 제기하지 않았던가! 그 얼마나 기묘하고 고약하고 의심스러운 문제들이었던가! 이것은 이미 오래된 이야기이다. 그럼에도 불구하고 그 이야기는 이제 막 시작한 것처럼 보이는 것이 아닌가? 우리가 마침내 불신을 품고 인내심을 잃어 참을성 없이 등을 돌린다고 해서 무엇이 놀라운가? 우리가 이러한 스핑크스에 대해 또한 우리 나름대로 질문하는 법을 배운다고 해서 놀랄 만한 일인가? 여기에서 우리에게 질문을 던지는 사람은 도대체 **누구**인가? 우리 안에서 **무엇**이 도대체 '진리를 향해' 의욕하고 있는 것일까? — 사실, 우리는 이러한 의지의 원인을 찾으려는 물음 앞에서 오랫동안 멈추어 서 있었다 — 그리하여 우리는 마침내 좀더 근원적인 물음에 직면하여 완전히 발걸음을 멈추게 되었다. 우리는 이 의지가 가지는 **가치**에 관해 묻게 되었다. 우리는 진리를 원한다고 가정했는데, **왜 오히려** 진리가 아닌 것을 원하지 **않는가**? 왜 불확실성을 원하지 않는가? 왜 심지어 무지를 원하지는 않는가? — 진리의 가치 문제가 우리 앞에 다가왔다. — 아니, 이 문제 앞에 다가선 것은 우리가 아니었던가? 우리 가운데 누가 여기에서 오이디푸스Oedipus인가? 누가

제1장 철학자들의 편견에 관하여 15

스핑크스인가? 그것은 겉으로는 물음과 물음표의 밀회처럼 보인다. — 결국 우리는 이 문제를, 아직까지 단 한 번도 제기된 적이 없고 또 우리가 처음으로 제시하고 주목했으며 감히 문제로 제기한 것으로 생각하는데, 사람들은 그렇게 믿어야 할까? 그것은 여기에는 모험이 있는데, 아마 이보다 더 큰 모험은 없기 때문이다.

2.

"어떤 것이 어떻게 그와 반대되는 것에서 생겨날 수 있을 것인가? 예를 들어 진리가 오류에서 생겨날 수 있는가? 아니면 진리에의 의지가 기만에의 의지에서 생겨날 수 있는가? 아니면 사심이 없는 행위가 이기심에서 생겨날 수 있는가? 아니면 현자의 순수하고 명철한 관조가 욕정에서 생겨날 수 있는가? 이러한 종류의 발생은 불가능하다. 이것을 꿈꾸는 사람은 바보다, 아니 더 나쁜 사람이다. 최고의 가치를 지닌 것은 다른 독자적인 기원을 가져야만 한다. 그것은 덧없고 유혹적이며 기만적인 하찮은 세계로부터, 망상과 욕망이 이렇게 뒤얽힌 혼란으로부터 이끌어낼 수 없는 것이다! 오히려 존재의 모태 속에, 불변하는 것 속에, 숨어 있는 신 안에, '물자체' 속에 — 바로 그곳에 그 근원이 있어야만 하지, 그 외의 다른 곳에 있는 것이 아니다!" — 이러한 방식의 판단이 전형적인 편견을 낳는데, 이러한 편견은 모든 시대의 형이상학자들의 정체를 다시금 알 수 있게 만든다. 그들의 모든 논리적인 추론 과정의 배후에는 이러한 방식의 가치평가가 있다. 그들은 이러한 자신들의 '믿음'에서 그들의 '지식'을, 격식을 갖추어 마침내 '진리'라고 명명하게 되는 그 무엇을 얻으려고 노력한다. 형이상학자들의 근본적인 믿음은 **가치들의 대립에 관한 믿음**이다. 그들 가운데 가장 신중한 사람들도, 그들이 "모든 것을 의심한다de omnibus dubitandum"는 것을 긍정적으로 평가해왔다고 할지라도, 의심하는 것이 가장 필요했던 이 경계선에서 이미 의심하는 것은 생각하지도 못했다. 즉 사람들은 다음의 사실을 의심해볼 수 있다. 첫째, 도대체 대립이라는 것이 존재하는가, 둘째, 형이상학자들이 보증했던 저 대중적인 가치평가와 가치 대립은 아마 단지 표면적인 평가가 아닌지, 단지 일시적인 관점이 아닌지, 아마도 하나의 시각, 아마도 아래에서 위로 본 ─ 화가들에게 잘 알려진 표현을 빌리자면 ─ 개구리의 관점Frosch-Perspektiven 같은 것은 아닌지? 참된 것, 진실한 것, 무아적인 것에 귀속될 수 있는 모든 가치에도 불구하고, 모든 생명을 위한 더 높고 근본적인 가치는 가상에, 기만에의 의지에, 이기심에, 욕망에 있다고 생각해야만 한다는 것은 가능할 것이다. 뿐만 아니라 또한 저 훌륭하고 존중할 만한 사물의 가치를 만드는 것이 바로 겉보기에 대립되는 저 나쁜 사물과 위험할 정도로 유사하고, 또 연관되어 있으며, 단단히 연계되어 있고, 어쩌면 본질적으로 동일한 것일 수 있다는 것도 가능할 것이다. 아마도 그럴 것이다! ─ 그러나 이러한 위험스러운 '아마도'에 마음을 쓰는 의지의 주체는 누구란 말인가! 우리는 이에 대해 새로운 종류의 철학자, 지금까지의 철학자와는 무엇인가 다른 반대의 취미와 성향을 지니고 있는 그러한 철학자가 도래하기를 기다려야만 한다.─ 이는 어떤 의미에서 이해하자면 위험한 가정(價定)의 철학자이다.─ 그리고 진지하게 말해서, 나는 그러한 새로운 철학자가 출현하고 있다고 생각한다.

3.

철학자들을 오랫동안 충분히 면밀하게 문제시하며 관찰해온 결과, 나는 다음과 같이 말한다 : 우리는 의식적인 사유의 대부분도 본능의 활동으로 간주해야만 한다. 심지어 철학적인 사유의 경우조차도 그렇게 간주해야만 한다. 유전이나 '선천적인 것'에 대해 다시 배워왔듯이, 우리는 이 점도 다시 배워야만 한다. 출산 행위가 유전이 진행되고 속행되는 전 과정에서 문제가 되지 않듯이, '의식'은 어떤 하나의 중요한 의미에서 본능적인 것에 대립되는 것이 아니다.— 한 철학자의 의식적인 사유 대부분은 그 자신의 본능에 의해 은밀하게 인도되며 특정한 궤도에서 움직이도록 강요된다. 모든 논리와 그 움직임의 외견상의 독단성 뒤에도 가치 평가가 있다. 더욱 명료하게 말한다면 특정한 방식의 생명을 보존하기 위한 생리학적인 요구가 있다. 예를 들어, 확정된 것은 불확정적인 것보다 가치가 있고, 가상은 '진리'보다 가치가 없다는 것이다. 그와 같은 평가들은 비록 우리에게는 아주 중요한 규제력을 가지고 있다고 해도, 단지 표면적인 평가에 불과할 수 있고, 스스로를 보존하기 위해 우리 같은 존재에게 필요한 일종의 어리석음일 수 있다. 즉 인간이야말로 '만물의 척도'가 아니라고 가정해보면 말이다……

4.

판단의 오류는 우리에게 아직은 판단에 대한 반론은 아니다. 이렇게 말하면 우리의 새로운 말은 아마 너무 낯설게 들릴 수 있을 것이다. 문제는 그 판단이 생명을 촉진시키고 유지하며, 종(種)을 보존하고, 심지어 종을 육성할지도 모른다는 것이다. 우리는 원칙적으로 다음과 같이 주장하고 싶어한다. 즉 가장 잘못된 판단(선험적 종합 판단이 이러한 잘못된 판단에 속한다)이 우리에게는 가장 필요 불가결한 것이며, 논리적 허구의 승인 없이는, 순수하게 고안된 절대자, 자기 동일자의 세계에 기준해서 현실을 측정하지 않고는, 수(數)에 의해 세계를 부단히 위조하지 않고는 인간은 살 수 없을 것이다. ─ 잘못된 판단을 포기하는 것은 삶을 포기하는 것이며, 삶을 부정하는 것이리라. 삶의 조건으로 비진리를 용인하는 것, 이것이야말로 위험한 방식으로 습관화된 가치 감정에 저항하는 것을 의미한다. 이 일을 감행하는 철학은 그것만으로도 이미 선과 악의 저편에 서 있게 된다.

5.

모든 철학자에 대해 반쯤은 불신으로, 반쯤은 조소의 눈길로 보도록 부추기는 것이 그들이 얼마나 순수한지, 그들이 또 얼마나 자주 쉽게 잘못 파악하고 잘못된 길로 가는지, 간단히 말해 그들의 유치성과 순진함을 다시 알아차리게 된다는 것은 아니다. 오히려 문제의 상황은 그들이 충분히 정직하게 다가가지 못한다는 것이다. 그들은 진실의 문제가 단지 먼 곳에서 언급되어도 모두 함께 커다란 도덕적 소동을 일으킨다. 그들은 모두 자신의 견해를 냉철하고 순수하며 신적으로 초연한 변증법의 자기 전개에 의해 발견하고 획득한 것처럼 군다 (그들보다 더 진지하고 우둔한 모든 계층의 신비주의자들과 구별된다. ─ 이 신비주의자들은 '영감'을 말한다. ─) : 그러나 반면 근본적으로 하나의 전제된 명제, 하나의 단상, 하나의 '영감', 대부분의 추상화되고 여과되어 나온 그들 마음의 소망은 대개 뒤늦게 찾은 근거에 의해 정당화된 것이다.―그들은 모두 옹호자라 불리기를 원하지 않는 옹호자이며, 실상은 대부분 그들이 '진리'라고 부른 자기 편견의 교활한 대변자이기조차 하다. 그들은 이 사실, 바로 이 사실을 고백할 양심의 용기에서 아주 멀리 떨어져 있고, 또한 적이나 친구에게 경고하기 위해서든, 오만이나 자기 자신을 조롱하기 위해서든, 이러한 사실을 이해하게 할 용기라는 훌륭한 취향에서 아주 멀리 떨어져 있는 것이다. 늙은 칸트는 경직되고 점잖은 위선으로 우리를 변증법의 샛길로 유인했는데, 이 샛길이 우리를 그의 '정언명법'으로 이끌고 있다. 아니, 더 정확하게 말해 유혹하고 있다.―이러한 연극은 우리처럼 버릇없는 사람들을 웃게 만든다. 우리는 고리타분한 도덕가나 도덕 설교자들의 노회한 간계를 파헤치는 것에서 적지 않은 즐거움을 발견하기 때문이다. 또는 스피노자가 자신의 철학에―이 용어를 바르고 적합하게 해석하면, 결국 "그 자신의 지혜에 대한 사랑"이나―마치 청동 갑옷을 입히고 가면을 씌우는 저 수학 형식의 기괴한 술책도 그렇다. 그는 그렇게 함으로써 처음부터 이 정복하기 어려운 처녀신 팔라스 아테네Pallas Athene에게 감히 시선을 던지고자 하는 공격자의 용기를 위축시키려고 했던 것이다. 은둔하는 병자가 쓰고 있는 이 가면은 얼마나 많은 특이한 수줍음과 허약성을 드러내고 있는가!

6.

지금까지의 모든 위대한 철학의 정체가 내게는 차츰 명료해졌다. 즉 그것은 그 철학의 창시자가 말하는 자기 고백이며, 원하지 않은 채 자기도 모르게 씌어진 일종의 수기(手記)인 것이다. 다시 말하자면, 모든 철학에서 도덕적인 (또는 비도덕적인) 의도가 본래의 생명의 싹을 형성하며, 그 생명의 싹에서 매번 식물 전체가 성장한다는 것이다. 사실 한 철학자가 제시하는 가장 부자연스럽고 형이상학적인 주장이 어떻게 성립되었는지 해명하려면 언제나 이렇게 묻는 것이 좋다(그리고 현명하다) : 그것은(그 철학자는) 어떤 도덕을 향해 나아가려고 하는가? 따라서 나는 '인식 충동'이 철학의 아버지라고 믿지 않으며, 오히려 다른 충동이, 평상시처럼 여기에서 단지 도구처럼 인식(그리고 잘못된 인식!)에 종사해왔다고 믿는다. 그러나 인간의 근본 충동이 바로 여기에서 영감을 불어넣는 천재성으로 (또는 악령과 요마로) 어느 정도까지 수완을 부릴 수 있었는가를 생각하는 사람은 그 충동이 모두 이미 한번은 철학을 추동했다는 사실을 알게 되고, 그 충동 가운데 하나 하나의 충동은 바로 자신을 기꺼이 현존재의 최종 목적으로, 다른 모든 충동의 정당한 주인으로 드러내고자 한다는 사실을 발견하게 된다. 왜냐하면 모든 충동은 지배욕에 차 있고, 또 지배자로서 철학적 사유를 하고자 하기 때문이다.—물론 학자들에게, 진정으로 학문하는 인간들에게는 사정이 다를 수 있지만—원한다면, 그 경우에는 사정이 '좀더 낫다'고 할 수 있지만—거기에는 실제로 인식 충동 같은 어떤 것이 있을 수 있기 때문에, 즉 그것은 태엽을 감아놓기만 하면 작동하는 작고 독립적인 시계장치 같은 것이기 때문에, 학자의 모든 다른 충동이 본질적으로 그에 관여하지 않아도 되는 것이다. 따라서 학자의 본래의 '관심'은 일상적으로 다른 것, 즉 가족이나, 돈벌이, 정치 같은 것에 있게 된다. 사실 그의 작은 기계장치가 학문의 이 장소 또는 저 장소에 놓여지게 되든지, '전도 유망한' 젊은 연구자가 자기 자신을 훌륭한 문헌학자 또는 버섯 연구가나 화학자로 만들든지, 사정은 거의 마찬가지다. — 그가 이러한 사람이 되든, 저러한 사람이 되든, 그것이 그의 특성을 나타내는 것은 아니다. 이와는 반대로 철학자에게 완전히 비개인적인 것이란 없다. 그리고 특히 그의 도덕은 그가 어떤 사람인지를, 다시 말해 그의 본성의 가장 내면적인 충동들이 어떤 위계질서 속에 상호 정렬되어 있는지를 보여주는 분명하고 결정적인 증거를 제시한다.

7.

철학자들이란 얼마나 심술궂을 수 있는가! 나는 에피쿠로스 Epicur⁽¹⁾가 플라톤과 플라톤주의에 대해 허용했던 농담보다 더 독설적인 농담을 알지 못한다. 그는 이들을 디오니시오콜라케스 Dionysiokolakes라고 불렀다. 이는 원문 표현에 따라 표면적으로는 '디오니소스의 아첨꾼', 즉 참주의 추종자와 아첨꾼을 의미한다. 그러나 다시 덧붙여 "그들은 모두 **배우**이다. 이 점에서 전혀 순진하지 않다"라고 말하려고 하는 것이기도 하다. (왜냐하면 디오니소콜락스Dionysokolax는 배우의 통속적인 명칭이었기 때문이다.) 후자의 의미는 본래 에피쿠로스가 플라톤에게 던졌던 악의적인 말이다. 플라톤이 자신의 제자들과 더불어 친숙했던 웅대한 몸짓과 연출이 그를 불쾌하게 했던 것이다. 이러한 것에 에피쿠로스는 친숙하지 못했다! 사모스의 늙은 교사이며, 아테네에 있는 자신의 정원에 은둔해 300권의 책을 썼던 그는—누가 알겠는가?—아마 분노와 야심에서 플라톤에 반대하는 글을 쓰지 않았을까?—이 정원의 신 에피쿠로스가 어떤 사람인지 그리스가 알아차리기까지 100년이 필요했다.—그리스 사람들은 알아차렸던가?—

8.

모든 철학에는 철학자의 '신념'이 무대에 등장하는 시점이 있다. 또는 이를 고대 신비주의의 언어로 말하자면 다음과 같다.

아름답고 가장 강인한
당나귀가 다가왔다.[2]

9.

그대들은 자연에 따라 살기를 원하는가? 오 그대 고상한 스토아 철학자들이여, 이것은 말의 기만이 아닌가! 그대들은 자연이란 존재를 생각해보라. 그것은 한없이 낭비하고, 한없이 냉담하며, 의도와 배려가 없으며, 자비와 공정함도 없고, 풍요로운가 하면 동시에 황량하고 불확실하다. 그대들은 무관심 자체를 힘이라고 생각해보라. 그대들은 어떻게 이 무관심에 따라 살 수 있을 것인가? 삶—이것은 바로 이러한 자연과 다르게 존재하려는 것이 아닌가? 삶이란 평가하는 것, 선택하는 것, 부당한 것, 제한되어 있는 것, 다르게 존재하고자 함이 아닌가? 만약 '자연에 따라 산다'는 그대들의 명법이 근본적으로 '삶에 따라 산다'는 것과 같은 것을 의미한다면, 어떻게 그대들은 그것을 할 수 없다는 말인가? 그대 자신이 그것이며, 자신이 그렇게 될 수밖에 없는 것에서 왜 원리를 만들 필요가 있단 말인가? ― 사실은 사정이 완전히 다르다. 그대들은 황홀해서 자연에서 그대들의 법칙의 규준을 읽는다는 구실을 대지만, 그대들은 정반대의 것을 의도하는 것이 아닌가? 그대 기묘한 배우이며 자기 기만자여! 그대들의 자부심은 자연에, 심지어는 자연에까지 그대들의 도덕, 그대들의 이상을 규정하여 동화시키고자 한다. 그대들은 자연이 '스토아 철학에 따른' 자연이기를 원하며, 모든 존재를 오직 그대들 자신의 모습에 맞추어 존재하게 하고 싶어한다. ― 이것은 스토아주의를 거대하고 영원하게 찬미하고 보편화시키는 것이다! 그대들은 자신의 진리에 대한 전적인 사랑으로 아주 오랫동안, 집요하고 마취된 듯 경직되게, 그대들이 자연을 다른 방식으로 볼 수 없을 때까지, 자연을 그릇되게, 즉 스토아적으로 보도록 강요해왔다. ― 그래서 어떤 깊이를 알 수 없는 오만이 마침내 그대들이 자기 자신을 제압하는 방법을 알기 때문에 ― 스토아주의는 자기에게 가하는 폭행이다 ― 자연도 폭행을 당할 수 있다는 정신병자의 희망까지도 그대들에게 불어넣은 것이다. 도대체 스토아 철학자들은 자연의 한 부분이 아니란 말인가?…… 그러나 이것은 오래되고 끝도 없는 이야기다. 당시 스토아 철학자들에게 생겨났던 일은 오늘날에도 단 하나의 철학이 자기 자신을 믿기 시작하면 바로 생겨난다. 이 철학은 항상 자신의 모습에 따라 세계를 창조하며, 달리 할 수는 없다. 철학은 이러한 폭군 같은 충동 자체이며, 힘에 대한 가장 정신적인 의지이고, '세계를 창조하려는', 제1원인을 지향하는 가장 정신적인 의지이다.

10.

　열의와 섬세함, 게다가 내가 덧붙이고 싶은 것은 교활함인데, 이러한 것들이 오늘날 유럽 어디에서나 사람들로 하여금 '참된 세계와 가상의 세계에 관한' 문제를 논의하도록 재촉하며, 생각하고 경청하게 한다. 그러나 여기 그 배후에서 오직 '진리에의 의지'만을 들을 뿐 그 외에 더 이상 아무것도 듣지 못하는 사람은 확실히 가장 예민한 귀를 만족시키지 못한다. 실제로 이러한 진리에의 의지가, 무절제하고 모험적인 용기가, 황량한 초소에 있는 형이상학자의 공명심이 그에 관여할 수 있는 경우는 드물다. 이 형이상학자의 공명심은 언제나 한 수레 가득한 아름다운 가능성보다 궁극적으로 한 줌의 '확실성'을 선호한다. 심지어 불확실한 그 무엇을 위해서보다는 오히려 확실한 허무를 위해 죽는 편이 낫다고 생각하는 양심을 지닌 청교도적인 광신자들도 있을 수 있다. 그러나 이것은 허무주의이며 절망하여 죽을 정도로 지쳐 있는 영혼의 징후이다. 이러한 덕행의 태도가 또 얼마나 용기 있게 보이겠는가. 그러나 좀더 강건하고 생동하는 생명을 여전히 갈망하는 사상가의 경우 입장이 다르다. 그들은 가상에 반대 입장을 취하며, '관점적인'이라는 말을 이미 자부심에 차서 말한다. 그들은 "지구는 정지해 있다"라고 말하는 외관에 대한 믿음과 마찬가지로 자신의 몸에 대한 믿음을 대략적으로 사소하게 평가한다. 그리하여 보기에도 기분 좋게 가장 확실한 소유물을 포기한다. (사람들이 이제 자신의 몸보다도 더욱 확실하게 믿는 것이 무엇이 있겠는가?) 그들은 사람들이 이전에 더 확실하게 소유하고 있었던 어떤 것, 즉 이전 믿음의 오래된 소유지에서 나온 그 무엇을, 아마 '불멸의 영혼', '낡은 신', 간단히 말해, 사람들이 '현대 이념'의 토대보다 더 잘, 즉 더 힘차고 명랑하게 살 수 있었던 이념들을 근본적으로 다시 탈환하려는 것이 아닌지 누가 알 것인가? 거기에는 이러한 현대 이념에 대한 불신이 있다. 어제와 오늘 세워진 모든 것에 대한 불신이 있다. 거기에는 아마 오늘날 이른바 실증주의가 실로 다양한 기원을 지닌 개념들의 잡동사니 같은 모습으로 시장에 나오는 것을 더 이상 참지 못하는 가벼운 혐오와 조소가 뒤섞여 있을 수도 있으며, 이러한 현실을 중시하는 사이비 철학자들[3]의 큰 장터 같은 잡다함과 자질구레함—그들에게는 이러한 잡다함 외에 새롭고 진실한 것은 없다—에 대해 사치스러운 취미가 주는 구토가 섞여 있을지 모른다. 이 점에서 오늘날 회의적인 반현실주의자와 인식의 현미경주의자들에게 정당성을 부여해야 한다고 나는 생각한다. 그들을 현대적인 현실에서 벗어나도록 플아대는 그들의 본능은 부성될 수 없는 것이다.—그들의 역행하는 사잇길이 우리와 무슨 상관이 있겠는가! 그들에게 중요한 것은 자신들이 '회귀'하려는 것이 아니라, 사라지려 한다는 것이다. 조금 더 힘, 비상, 용기, 예술적 재능 같은 것이 있다면 그들은 넘어가기를 원한다.—되돌아오기를 원하지 않는다!

11.

지금 곳곳에서 사람들이 칸트가 독일 철학에 끼쳐왔던 진정한 영향에서 벗어나고자 하며 특히 칸트가 자기 자신에게 승인했던 가치에 대해 신중하게 빠져나가보려고 노력하는 것처럼 보인다. 칸트는 무엇보다도 먼저 자신의 범주 목록에 긍지가 있었다. 그는 이 목록표를 손에 들고 말했다 : "이것은 일찍이 형이상학을 위해 시도할 수 있었던 것 중 가장 어려운 것이다." — 어쨌든 우리는 이 '할 수
5 있었던'을 이해한다! 그는 인간에게 존재하는 새로운 능력, 선험적 종합 판단의 능력을 **발견**했다는 사실에 긍지를 가지고 있다. 이 점에서 그가 자신을 기만했다고 가정하더라도, 독일 철학의 발전과 급격한 개화는 이러한 긍지와 아마 더 자랑할 만한 것을 — 어쨌든 '새로운 능력'을! — 발견하려는 모든 젊은이의 경쟁심에 달린 것이다.
10 — 그러나 잘 생각해보자 : 지금이 그때다. 칸트는 어떻게 선험적 종합 판단이 **가능한가**? 라고 자문했다. — 그리고 그가 대답한 것은 도대체 무엇이었는가? 그러나 유감스럽게도 **하나의 능력에 의해서** Vermöoge eines Vermögens라고 세 단어로 대답하지 않고, 까다롭고, 기품 있게 그리고 독일식의 심오한 감각과 미사여구의 감각을
15 그렇게 소모하면서 대답했기 때문에, 사람들은 그 대답 속에 숨겨진 우스꽝스러운 독일식 우직함을 귀담아듣지 않았던 것이다. 사람들은 이러한 새로운 능력에 대해 더욱 어찌할 바를 몰랐다. 그리고 칸트가 그에 덧붙여 인간 안에 있는 새로운 도덕적인 능력을 발견했을 때, 환호성은 절정에 이르렀다. — 왜냐하면 그 당시 독일인들은
20 여전히 도덕적이었고, 철저히 '현실적이거나 정치적'이지도 않았기 때문이다. — 독일 철학의 밀월의 시기가 다가왔다. 튀빙엔 수도원의 젊은 신학자들은 모두 바로 숲속으로 들어갔으며 — 다들 '능력'을 찾았다. 그리고 모든 것이 발견된 것이었다 — , 저 천진하고 풍요로운, 여전히 젊은 독일 정신의 시대에 있었기 때문에, 사람들이

'발견하는 것'과 '발명하는 것'을 아직 구분할 수 없던 그 당시, 저 심술궂은 요정인 낭만주의가 그 시대를 향해 피리를 불어대고 노래를 불렀던 것이다! 무엇보다도 '초감성적인 것'에 대한 능력이 발견되었다 : 셸링Schelling은 이것을 지적 직관이라고 명명했고, 이와 더
5 불어 근본적으로 경건함을 갈망하는 독일인들의 열렬한 욕망을 기꺼이 받아들였다. 이러한 완전히 도취적이고 몽상적인 운동은, 비록 대담하게도 회색의 노인 같은 개념으로 변장하고 있었지만 젊은 운동이었기 때문에, 우리는 그 운동을 진지하게 받아들이거나 도덕적인 분노를 가지고 취급하는 것은 부당하다고 말할 수 있다. 어쨌든
10 사람들은 늙어갔고, — 꿈은 사라져갔다. 사람들이 이마를 문지르던 시대가 왔다. 오늘날에도 여전히 사람들은 자신의 이마를 문지르고 있다. 사람들은 꿈을 꾸고 있었던 것이다. 맨 먼저 — 꿈을 꾼 사람은 늙은 칸트였다. '하나의 능력에 의해서'라고 칸트는 말했다. 적어도 그렇게 생각했다. 그러나 도대체 이것이 — 대답이란 말인가? 설
15 명이란 말인가? 아니면 오히려 물음의 반복에 불과한 것은 아닌가? 도대체 어떻게 아편이 잠을 들게 만드는가? '하나의 능력에 의해서', 즉 최면의 힘에 의해서이다. — 몰리에르Molière[1]의 작품에 나오는 의사는 이렇게 대답한다.

왜냐하면 그 안에는 최면의 힘이 있기 때문에,
20 그것은 감각을 재우는 성질이 있다.

그러나 이와 같은 대답은 코미디에 속한다. 이제 마침내 "어떻게 선험적 종합 판단이 가능한가?"라는 칸트의 물음을 "왜 그러한 판단에 대한 믿음이 **필요한가?**"라는 다른 물음으로 바꿔야만 할 시기가 왔다. 즉 우리 같은 종(種)의 존재를 보존하기 위해 그러한 판단

을 참이라고 **믿어야만** 한다는 사실, 그리고 왜 그 판단이 당연히
잘못된 판단이 될 수 있는지를 파악해야 하는 시기가 왔다! 또는 더
분명하고 근본적으로 말해, 선험적 종합 판단은 전혀 "가능한 것"이
될 수 없다. 우리에게는 그러한 판단을 주장할 권리가 없다. 우리의
5 입으로 말하자면 그것은 단지 잘못된 판단일 뿐이다. 물론 삶의
관점주의적 시각Perspektiven-Optik에 속하는 하나의 표면적인 믿
음이나 외관으로 단지 그 판단의 진리에 대한 믿음은 필요하다. ㅡ
'독일 철학'이 ㅡ 바라건대, 이것은 인용부호가 필요한 것이라는 점을
이해할 수 있는가? ㅡ 전 유럽에 끼쳐왔던 거대한 영향을 마지막으
10 로 생각해본다면, 거기에는 어떤 명백한 최면의 힘이 작용하고 있었
다는 사실은 명백하다. 모든 나라의 귀족적인 한량, 도덕주의자, 신비
주의자, 예술가, 4분의 3 정도의 기독교인, 정치적 반계몽주의자들
사이에서는 독일 철학 덕분에 지난 세기에서 이 세기로 범람해 들
어온, 지금도 여전히 강력한 감각주의에 대항할 해독제를, 즉 간단
15 히 말해 ㅡ '감각을 졸리게 하는' 것을 찾았다고 아주 기뻐했다……

12.

유물론적 원자론에 관해서 말한다면, 이것은 지금까지 있었던 모
20 든 것 가운데 논박이 가장 잘 된 것 중 하나다. 아마 오늘날 유럽의
학자 중 어느 누구도 이 말의 편리하고 일상적인 용법(즉 표현 수단
의 약기[略記]로) 외에 더 이상 이것에 여전히 진지한 의미를 부여
할 정도로 무지하지는 않다. 이것은 우선 폴란드인 보스코비치
Boscovich[2](4) 덕분인데, 그는 폴란드인 코페르니쿠스Kopernicus와

더불어 지금까지 외관에 대해 승리를 거둔 가장 위대한 적대자였다. 즉 코페르니쿠스는 모든 감각에 거슬려도, 지구는 정지해 있지 않다고 우리를 설득하여 믿게 했던 반면, 보스코비치는 지상에서 '정지하고 있는' 최후의 것에 대한 믿음, 즉 '질료'와 '물질', 지상의 잔여물이며 작은 덩어리인 원자에 대한 믿음을 단호하게 버릴 것을 가르쳐주었다. 이는 지금까지 지상에서 얻은 감각에 대한 가장 위대한 승리였다. — 그러나 우리는 또한 한 걸음 더 나아가 저 유명한 '형이상학적 욕구'와 마찬가지로 아무도 예감하지 못하는 영역에서 여전히 위험하게 그 여명(餘命)을 유지하고 있는 '원자론적 요구'에 대해서도 — 선전포고를 하고, 가차없이 혈전을 치러야 한다. — 우리는 먼저 기독교 세계가 가장 잘 그리고 오랫동안 가르쳐왔던 저 또 다른 운명론적인 원자론, 즉 **영혼의 원자론**Seelen-Atomistik에게도 최후의 일격을 가해야만 한다. 이러한 말로 영혼을 없애버릴 수 없는 그 무엇, 영원한 것, 불가분할자, 하나의 단자(單子), 하나의 원자로 여기는 그러한 믿음을 표현할 수 있다. 이러한 믿음을 우리는 학문에서 추방해야만 한다! 우리끼리 하는 말이지만, '영혼'의 문제에 접촉하자마자 그것도 잃어버리고 마는 자연주의자들의 미숙함과 마주치곤 하는데, 여기에서 '영혼' 그 자체를 버리고, 가장 오래되고 가장 귀한 가설 가운데 하나를 단념할 필요는 전혀 없다. 그러나 영혼의 가설을 새롭게 파악하고 세련되게 만드는 길은 열려 있다. '사멸하는 영혼', '주체 복합체로서의 영혼'과 '충동과 정동(情動)의 사회 구조로서 영혼' 같은 개념들은 앞으로 학문에서 시민권을 갖고자 할 것이다. 새로운 심리학자는 지금까지 영혼이라는 관념 주변에 거의 열대 우림의 식물처럼 무성하게 자라왔던 미신에 종말을 고할 준비가 되어 있었으나, 분명 그 스스로 마치 새로운 황무지와 새로운 불신으로 빠져 들어갔던 것이다. — 아마도 낡은 심리학자들은 더 안락하고 더 유쾌하게 보냈을 것이다 — : 그러나 결국 새로운 심리학자는 그럼으로써 또한 **발명**하도록 운명지어져 있음을 알고 있을 것이다 — 아마 **발견**하도록 운명지어져 있다는 것은 그 누가 알까? —

13.

생리학자들은 자기 보존의 본능을 유기체의 기본적인 본능으로 설정하는 것에 대해 심사숙고해야만 한다. 무엇보다도 생명이 있는 것은 자신의 힘을 **발산**하고자 한다 — 생명 그 자체는 힘에의 의지이다 — : 자기 보존이란 단지 간접적이고 아주 자주 나타나는 그 **결과** 중 하나일 뿐이다. — 간단히 말해, 어느 곳에서든 마찬가지로 여기에서도, **불필요한 목적론적인 원리가 끼여들지 않도록** 주의하자! — 자기 보존 본능은 (우리는 이것을 스피노자가 논리적으로 철저하지 못함에서 기인하는 것으로 본다 —) 그러한 원리인 것이다. 즉 그와 같은 원리는 본질적으로 원리를 절약적으로 사용해야만 하는 방법을 요구한다.

14.

물리학도 단지 하나의 세계 해석이며 세계 정리이지(실례를 무릅쓰고 우리의 견해로 말한다면!), 세계 설명이 **아니라는** 것이 이제 아

마도 다섯, 여섯 명의 두뇌 속에 어렴풋이 떠오르고 있다 : 그러나
물리학이 감각에 대한 믿음에 기초해 성립하는 한, 물리학은 해석
이상으로 여겨지며, 오랫동안 여전히 해석 이상, 즉 설명으로 여겨
질 것이다. 물리학에는 스스로를 위한 눈과 손가락이 있으며, 자기
5   자신을 위한 외관과 이해 가능성을 가지고 있다. 이것은 근본적으로
천민의 취향을 지니고 있는 시대에 매력적인 힘으로, 설득력 있게
확신에 찬 힘으로 작용한다. — 그것은 본능적으로 영원히 대중적인
감각주의의 진리 규준에 따른다. 무엇이 명료하며, 무엇이 '설명'되
는가? 비로소 볼 수 있고 더듬어볼 수 있는 것, — 그런데 여기에 이
10 르기까지 우리는 모든 문제에 열중해야 한다. 이와는 반대로, **품위
있는** 사유방식이었던 플라톤적인 사유방식의 매력은 바로 감각 충족
에 **대한 반항**에 있었다. — 이것은 아마 우리의 동시대인들이 가진
것보다 한층 강하고 까다로운 감각을 즐겼을 사람들 사이에서 이루
어졌는데, 이들은 이러한 감각을 지배하는 것에서 더 높은 승리를 찾
15 을 수 있었다. 이것은 그들이 내재로운 삼사의 혼란 — 플라톤[5]이
말한 바와 마찬가지로 감각의 천민 — 위에 던진 창백하고 차디찬
회색 빛의 개념 망에 의해 이루어졌다. 이와 같이 플라톤의 방식에
따라 세계를 지배하고 해석하는 데는, 오늘날 물리학자가 우리에게
제공하는, 또 그와 마찬가지로 '최소한의 노력'과 최대한의 어리석
20 음이라는 원리를 가진 생리학자들 가운데 다윈주의자들과 반목적
론자(反目的論者)들이 제공하는 방식과는 다른 종류의 **즐거움**이 있
었다. "인간이 더 이상 볼 수도 붙잡을 수도 없는 곳에는, 인간이 탐
구할 만한 것도 더 이상 없다." — 물론 이 명제는 플라톤적인 명법
과는 다른 명법이다. 그러나 이 명법은 또한 오로지 **거친 노동**을 해

야만 하는 미래의 기계 노동자와 교량 건설자 같은 강건하고 근면한 종족에게 가장 적합한 명법이 될 수 있을 것이다.

15.

양심적으로 생리학을 연구하기 위해서는, 감각 기관이 관념론적 철학이 의미하는 현상은 아니라는 사실을 명심해야만 한다. 감각기관은 그 자체로 어떤 원인이 될 수 없을 것이다! 따라서 감각론은 발견의 원리라고 말할 수는 없어도 최소한 규제적 가설이라고 말할 수 있다. — 왜 그러한가? 다른 사람들은 심지어 외부 세계도 우리의 감관이 만들어낸 산물이라고 말하지 않는가? 그렇다면 우리의 몸은 이러한 외부 세계의 일부이므로 우리의 감관이 만들어낸 산물이 될 것이다! 만약 자기 원인이라는 개념이 근본적으로 부조리한 어떤 것이라고 가정한다면, 나에게 이것은 근본적인 모순으로 환원하는 것(귀류법reductio ad absurdum)으로 보인다. 결과적으로 외부 세계란 우리의 감관이 만들어낸 산물이 아니다 — ?

16.

'직접적인 확실성', 예를 들면 "나는 생각한다"라든가, 쇼펜하우어의 미신이었던 "나는 의지한다"와 같이 '직접적인 확실성'이 존재한다고 믿는 천진한 자기 관찰자가 아직까지도 존재한다. 마치 여기에서 주체나 객체의 측면에서 왜곡됨 없이, 인식이 순수하게 있는 그대로의 대상을 '물자체Ding an sich'로 파악할 수 있는 것처럼 말이다. 그러나 '직접적 확실성'은 '절대적 인식'과 '물자체'와 마찬가지로 자기 자신 안에 형용모순eine contradictio in adjecto을 함축하고 있다는 사실을 나는 백 번이고 반복하게 될 것이다. 우리는 마침내 이 용어의 유혹에서 벗어나야만 한다! 인식이란 끝까지 아는 것이라고 대중들은 믿지만, 철학자는 스스로 다음과 같이 말해야만 한다 : "나는 사유한다"라는 명제 속에 표현된 과정을 분석해가면, 나는 그 명제가 논증하기 어려운, 아마 불가능한 일련의 대담한 주장이라는 것을 알게 된다. — 예를 들면, 나는 생각하는 존재이며, 일반적으로 무엇은 생각하는 존재이어야만 한다. 사유란 그 원인으로 생각되는 한 존재의 측면에서 보자면 하나의 활동이요 작용이다. 하나의 '나(자아, Ich)'라는 것이 존재한다. 그리고 마침내 사유라고 표기할 수 있는 것이 이미 확정되어 있다. — 즉 사유가 무엇인지 나는 알고 있다. 결국 만일 나 자신의 경우에 내가 그 점을 미리 확정할 수 없다면, 바로 지금 일어나는 것을 아마 '의지의 작용'이거나 '감정의 작용'은 아닌지 무엇에 따라 측정해야만 하는가? 어쨌든 저 "나는 생각한다"는 진술은 나의 상태를 확정하기 위해 내가 알고 있는 나의 다른 상태들과 나의 현재의 순간적인 상태를 비교한다는 것을 전제로 한다. 이와 같이 다시 되돌아가 다른 관점에서의 '지식'과 관계하기 때문에, 이 현재의 순간적인 상태는 어쨌든 나에게는 직접적인 '확실성'을 주지 못한다. — 이 경우에 대중이 믿을 수도 있는 저 '직접적 확실성' 대신 철학자는 일련의 형이상학적 물음을 손에 넣게 된다. 이것은 진정 본래의 형이상학적 물음이며, 다음과 같은 것이다 : "사유라는 개념을 나는 어디서 얻게 되는가? 나는 왜 원인과 결과를 믿는가? 나에 대해, 더구나 원인으로서의 나에 관해, 그리고 결국에는 사유의 원인으로서의 나에 관해 나에게 말할 권리를 주는 것은 무엇인가?" "나는 생각한다. 그리고 이것이 적어도 참이고, 현실이며 확실하다는 사실을 알고 있다"라고 말하는 사람의 행위에서처럼, 일종의 인식의 직관에 의존하여 저 형이상학적 물음에 바로
5 대답하는 용기를 내는 사람은, 오늘날 한 사람의 철학자에게서 하나의 웃음과 두 개의 의문부호를 이미 발견하게 될 것이다. 철학자는 아마 그에게 다음과 같이 암시할 것이다. "선생님, 당신이 틀리지 않는다는 것은 있을 수 없습니다. 대체 왜 절대적으로 진리만이 있어야만 합니까?" ―
10

17.

논리학자의 미신에 관해서, 나는 이러한 미신론자들이 기꺼이 인정하려고 하지 않는 사소하고 간단한 사실을 지치지 않고 매번 반
15 복해서 강조하고자 한다. ― 즉 하나의 사상은 '그 사상'이 원할 때 오는 것이지, '내'가 원할 때 오는 것이 아니다.[6] 그렇기 때문에 주어 '나'는 술어 '생각한다'의 조건이라고 말하는 것은 사실을 **왜곡한 것이다**. 그 무엇이 생각한다(Es denkt). 그러나 이러한 '그 무엇'이 바로 저 오래되고 유명한 '나'라고 한다면, 부드럽게 말한다고 해도,
20 단지 하나의 가정일 뿐이고, 주장일 뿐, 특히 '직접적인 확실성'은 아닌 것이다. 결국 이미 이러한 "그 무엇이 생각한다"는 것으로 너무나 충분하다 : 이미 이러한 '그 무엇'에는 사유 과정에 대한 하나의 해석이 함축되어 있으며, 과정 그 자체에 속한 것은 아니다. 사람들은 여기에서 문법적인 습관에 따라 "사고라는 것은 하나의 활동이

며, 모든 활동에는 활동하는 하나의 주체가 있다. 그러므로 —"라고 추론한다. 대략 이와 같은 방식에 따라 옛 원자론은 작용하는 힘에 대해, 그 안에 힘이 존재하고 그로부터 힘이 작용해 나오는 저 물질 덩어리, 즉 원자를 찾았다. 엄격한 두뇌의 소유자는 결국 이러한 '지상의 잔여물' 없이도 꾸려나가는 법을 배웠다. 그리고 아마 어느 날 사람들은 또한 논리학자들의 입장에서 저 작은 '그 무엇'(존경할 만한 오래된 나(자아)는 그 무엇으로 도피했던 것이다) 없이 꾸려나가는 데 익숙해질 것이다.

18.

어떤 한 이론에 대하여 그것을 반박할 수 있다는 것은 사실 적지 않은 매력이 된다 : 바로 이 때문에 이 이론은 치밀한 두뇌 소유자들을 끌어당긴다. 백 번이나 반박된 '자유의지'의 이론이 존속하는 것은 오직 이러한 매력에 힘입은 것처럼 보인다 —: 그 누군가가 항상 다시 나타나 이 이론을 반박함으로써 스스로 충분히 강하다고 느낀다.

19.

철학자들은 마치 의지가 세상에서 가장 잘 알려진 것처럼 의지에 대해 말하곤 한다. 쇼펜하우어 역시 의지만이 우리에게 본래 알려진 것이며, 완전히 알려진 것, 가감 없이 알려진 것이라고 암시했다. 그러나 나에게는 쇼펜하우어도 이 경우에 철학자들이 하곤 했던 일을 실행했을 뿐이며, 그가 **대중의 선입견**을 받아들여 이를 과장했다고 생각한다. 의지작용Wollen이란 나에게는 무엇보다도 어떤 **복합적인 것**이며, 단지 말로 표현했을 때만 통일성이 있는 그 무엇처럼 보인다. — 즉 바로 하나의 용어에는 언제나 철학자들의 사소한 주의만을 제압해온 대중의 선입견이 숨겨져 있다. 그러므로 우리는 한번 더 주의하여 보고, '비철학적'이 되도록 해보자. — 다음과 같이 말해보자 : 모든 의지작용에는 첫째, 감정의 다양함이 있다. 즉 떨어져 나가는 상태의 감정과 지향해 들어오는 상태의 감정, 이러한 나가고 들어오는 감정 자체가 있다. 그리고 그 다음에는 우리가 팔과 다리를 움직이지 않고도 우리가 '의지'하자마자 일종의 습관에 의해 움직이기 시작하는 수반되는 근육의 느낌도 있는 것이다. 그러므로 느낀다는 것Fühlen을, 더구나 다양하게 느낀다는 것을 의지의 구성 요소로 인정해야 하는 것처럼, 두 번째로 사고Denken 또한 의지의 구성 요소로 인정해야만 한다 : 즉 모든 의지의 행위 속에는 하나의 지배하는 사상이 있다. — 우리는 이러한 사상을 의지작용에서 분리시킬 수 있고, 마치 그 후에도 의지가 여전히 남아 있는 것처럼 믿어서는 안 된다! 세 번째로 의지는 감정과 사고의 복합체일 뿐 아니라, 무엇보다도 하나의 **정서**Affekt이다 : 그리고 이는 실상 명령의 정서이다. '의지의 자유'라고 불리는 것은 본질적으로 명령에 순종해야만 하는 자에 대한 우월의 정서이다 : 즉 "나는 자유이다. '그'는 복종해야만 한다."— 이러한 의식이 모든 의지 속에 숨어 있다. 마찬가지로 모든 의지 속에는 저 긴장된 주의 집중, 오로지 하나의 대상에만 고정되어 있는 저 시선의 응시, "지금은 이것만이 필요하며, 다른 것은 필요하지 않다"는 저 절대적인 가치 평가, 복종하리라는 사실에 관한 저 내적인 확신, 그리고 모든 것은 여전히 명령하는 자의 상태에 속한다는 것이 숨어 있다. **의지하는** 인간은 — 자기 안에 있는 복종하거나 복종한다고 믿는 그 무엇에 명령을 내린다. 그러나 이제 우리는 의지에서 — 일반 대중이 그것을 표현하기 위해 단 하나의 단어만을 가지고 있는 이러한 복합적인 것에서 — 가장 놀라운 것을 고찰해보자. 여기에서 우리는 주어진 상황에서 명령하는 자이자 동시에 복종하는 자이다. 그리고 우리는 복종하는 자로 의지의 행위에 따라 즉시 작용하기 시작하는 강제, 강요, 억압, 저항, 움직임 등의 감정을 알고 있다. 이 점에서 우리는 다른 한편으로 '자아'라는 종합 개념에 의해 이 이중성을 무시하고 속여 알지 못하게 하는 습관을 가지고 있고, 의지작용에서 일련의 오류 추리와 그 결과로 나오는 의지 그 자체의 잘못된 가치 평가에 여전히 매달려 왔다. — 이렇게 해서 의지하는 자는, 행위하는 데는 의지만으로도 **충분하다**고 굳게 믿게 된다. 대부분의 경우 명령의 결과 역시, 즉 복종은 행위를 **기대할** 수 있는 경우에만 의지되기 때문에, 그 **외관**(外觀)은 마치 그곳에 **결과의 필연성**이 있는 것 같은 감정으로 옮겨지게 된다. 의지하는 자는 의지와 행위가 어쨌든 하나라는 사실을 상당히 확신을 가지고 믿는 것으로 충분하다. — 그는 성공이나 의지작용이 수행되는 것을 여전히 의지 자체에 돌리고, 여기에서 모든 성공이 가져다주는 저 힘의 느낌이 커지는 것을 즐긴다. '의지의 자유'— 이것은 명령하고 동시에 자기 자신을 명령을 수행하는 자와 일치시키는, 의지하는 자의 저 복잡다단한 쾌(快)의 상태를 나타내기 위한 말이다. 그는 수행하는 자로서는 저항을 극복하는 승리를 누리지만, 본래 저항을 극복한 것은 자신의 의지 자체라고 스스로 판단한다. 의지하는 자는 이와 같이 명령하는 자로서의 쾌의 감정에 명령을 수행하면서 성취시키는 도구, 즉 유용한 '하위에 있는 의지Unterwillen' 또는 '하위에 있는 영혼Unter-Seelen' ─ 우리의 몸은 많은 영혼의 집합체일 뿐이다 ─ 의 쾌의 감정을 덧붙인다. 그 결과, 그것이 바로 나이다 : 잘 형성되고 행복한 모든 사회공동체에서 일어나는 일이 여기에서도 일어난다. 즉 지배 계급은 자신과 사회 공동체의 성취를 동일시하는 것이다. 모든 의지작용에서 중요한 문제는 이미 말한 바 있듯이 오로지 많은 영혼의 집합체를 바탕으로 한 명령과 복종이다 : 그렇기 때문에 철학자는 의지 그 자체도 이미 도덕의 관점에서 파악하는 권리를 가지게 되었다 : 즉 도덕이란 '생명'의 현상이 발생하는 지배 관계에 관한 학설로 이해된다. ─

20.

개개의 철학적인 개념은 자의적이지도 않고 스스로 성장하는 것도 아니며, 상호 간의 관계와 유사성 속에서 성장한다. 그것이 겉보기에는 사유의 역사에서도 갑자기 임의로 등장하는 것 같아도, 대지의 동물군이 전체의 계통에 속하는 것처럼 하나의 체계에 속한다. 이러한 사실은 마침내 서로 극히 다른 철학자들도 항상 철학함의 가능성이라는 어떤 근본 구도를 되풀이해서 확실하게 충족시켜왔다는 사실에서 드러나고 있다. 그들은 보이지 않는 힘에 사로잡혀 매번 또다시 새롭게 동일한 순환 궤도를 달린다 : 그들은 여전히 비판적이거나 체계적인 의지 때문에 서로 독립적이라고 느낄지도 모른다 : 그들 안에 있는 그 무엇이 그들을 이끌어가고, 그 무엇, 즉 바로 저 개념들의 생득적인 체계와 유사성이 그것을 일정한 질서 속으로 차례로 몰아간다. 사실 그들의 사유는 발견이 아니며, 오히려 재인식이고 재기억이며, 언젠가 저 개념들이 발생한 먼 태곳적 영혼의 총체적인 세대로 회귀하는 것이며 귀향하는 것이다 : — 이러한 점에서 철학한다는 것은 일종의 최고 수준의 격세유전(隔世遺傳)이다. 인도, 그리스, 독일의 모든 철학적 사유 행위가 놀랄 정도로 가족 유사성을 지니고 있다는 것은 아주 간단하게 설명된다. 언어 유사성이 있는 바로 그곳에서는 공통된 문법 철학에 힘입어 — 즉 내가 생각하는 것은 동일한 문법 기능에 의해 무의식적인 지배와 운영에 따른다는 것을 의미한다 — 철학 체계가 동일한 방식으로 전개되고 배열되도록 처음부터 모든 것이 준비되어 있다는 것은 도저히 피할 수 없다. 이와 마찬가지로 또한 그곳에서는 세계 해석의 어떤 다른 가능성을 향한 길이 막혀 있는 것처럼 보인다. 우랄 알타이 언어권에 속하는 철학자들은 (이 언어권에서는 주어 개념이 가장 발달되지 않았다) 아마도 인도 게르만족이나 이슬람교도와는 다르게 '세계'를 바라볼 것이며, 그들과는 다른 길을 찾게 될 것이다 : 특정한 문법적 기능에 속박되는 것은 궁극적으로는 생리학적 가치 판단과 종족적 조건에 속박되는 것이다. — 이렇게 많은 것이 관념의 기원에 관한 로크Locke의 피상성을 반박하기 위한 것이다.

21.

자기 원인causa sui은 지금까지 사유된 것 중 가장 심한 자기 모순이며, 일종의 논리적인 강요이며 부자연스러움이다. 그러나 인간의 오만한 자부심은 이러한 어처구니없는 일에 무서울 정도로 깊이 빠

져버렸다. 유감스럽게도 설익은 교양인의 머리를 지배하고 있는 것
처럼 저 형이상학적 최고 지성이 가진 '의지의 자유'를 향한 열망,
그리고 스스로 자신의 행위에 대해 궁극적으로 완전히 책임지고,
신, 세계, 조상, 우연, 사회를 그 책임에서 벗어나게 하려는 열망은,
말하자면 저 자기 원인이고자 하는 것일 뿐이며 뮌히하우젠
Münchhausen[3]을 능가하는 무모함으로 자기 스스로 머리채를 휘어
잡고 허무의 수렁에서 끌어내어 생존으로 이끌려는 것이다. 만일 누
군가가 이와 같이 '자유의지'라는 이 유명한 개념의 조야한 단순함
을 간파하고, 이 개념을 자신의 머리에서 지워버린다면, 이제 나는
그 사람에게 자신의 '계몽적 태도'를 한 걸음 더 나아가게 해, 저 '자
유의지'라는 기이한 개념을 역전시킨 것 또한 자신의 머리에서 지
워버리도록 간청한다 : 내가 생각하는 것은 원인과 결과의 오용에
서 생기게 된 '부자유 의지'이다. 자연과학자들이 원인이 '작동'할
때까지는 원인을 막아내고 밀어내는 현재 주도하고 있는 기계주의
적인 어리석음에 따라 행하고 있듯이(그리고 그들과 마찬가지로 오
늘날 사유에 있어서 누구나 자연주의화되었다 —), 우리는 '원인'과
'결과'를 그릇되게 사물화해서는 안 된다. 우리는 '원인'이나 '결과'
를 단지 순수한 개념으로만, 다시 말해 기술(記述)하고 이해하기 위
한 관습적인 허구로만 사용해야 할 것이며, 설명하기 위해 사용해서
는 안 될 것이다. '{원인과 결과} 그 자체'에는 '인과의 연합'도 '필연
성'도 '심리적 부자유'도 없다. 그것에는 '결과는 원인에 뒤따른다'
는 것이 없으며, 이는 어떤 '법칙'이 지배하는 것도 아니다. 단지 원
인, 계기, 상호성, 상관성, 강제, 수, 법칙, 자유, 근거, 목적을 꾸며냈
던 것은 바로 우리이다. 우리가 이러한 기호 세계를 '그 자체'로 사

물에 투사하고 혼합시킨다면, 우리가 항시 그렇게 해왔듯이, 다시 한번 그것을, 다시 말해 **신화적으로** 만드는 것이 된다. 그것은 '부자유 의지'라는 신화이다 : 실제의 삶에서 중요한 것은 오직 **강한** 의지와 **약한** 의지의 문제뿐이다. — 한 사상가가 이미 그 모든 '인과적 결합'과 '심리적 필연성' 속에서 강제, 곤궁, 복종해야 하는 상태, 압박감, 부자유 등과 같은 것을 감지하게 된다면, 이것은 이미 거의 그 자신에게 결함이 있음을 나타내는 징후이다. 바로 그렇게 느낀다는 것은 비밀을 노출하는 것이며, 그 인간이 노출되는 것이다. 그리고 내가 올바르게 고찰했다면, 일반적으로 '의지의 부자유'는 두 가지의 완전히 상반된 측면에서, 그러나 항상 지극히 **개인적인** 방식에 의해서 문제로 파악된다 : 어떤 이들은 어떤 희생을 감수하더라도 자신의 책임을, **스스로**에 대한 믿음을, **자신의** 공적에 대한 개인적인 권리를 단념하려 하지 않는다(허영심 있는 부류들이 이에 속한다 —). 다른 이들은 반대로 어떤 것도 책임지려 하지 않고, 어떤 죄도 지려고 하지 않으며, 내면적인 자기 경멸로부터 자기 자신을 그 어떤 무엇으로 **전가**시킬 수 있다고 요구한다. 이러한 후자의 사람들은 책을 저술하게 되면 오늘날 범죄자의 편을 들곤 한다. 일종의 사회주의적인 동정은 그들의 가장 기분 좋은 가면이다. 그리고 사실상 의지가 나약한 자들의 숙명론이 '인간 고통의 종교la religion de la souffrance humaine'로 받아들이는 것을 인정하게 될 때 놀라울 정도로 아름답게 장식된다 : 이것이 **그의** '좋은 취미'이다.

22.

 서투른 해석의 기술을 지적하는 심술을 버리지 못하는 오래된 문헌학자로서의 나를 용서하기 바란다 : 그러나 그대 물리학자가 마치 ― ― 처럼 그렇게 자랑스럽게 말하는 저 '자연의 합법칙성'은 단지 그대들의 해석과 조야한 '문헌학' 덕분에 성립한다. ― 이것은 사실이 아니고, '텍스트'도 아니며, 오히려 소박한 인도주의적 정돈이며 의미의 왜곡일 뿐이며, 이것으로 그대들은 현대 정신의 민주주의적 본능에 충분히 영합하고 있는 것이다! "어느 곳에서도 법 앞에서는 평등하다. ― 자연은 이 점에서 우리와 다르지 않고 우리보다 나을 것이 없다" : 이 말에는 은근한 속셈이 있는데, 그 안에는 또 한 번 특권적이고 자주적인 모든 존재에 대한 천민의 적의가 있으며, 두 번째 좀더 세련된 무신론이 변장한 채 있다. "신도 아니고, 지배자도 아니다Ni dieu, ni maître" ― 그대들은 또한 이렇게 말하고자 한다 : 그러므로 "자연 법칙 만세!"인 것이다. ― 그렇지 않은가? 그러나 이미 말했듯이 이것은 해석이지, 텍스트는 아니다. 대립적인 의도와 해석 기술을 지니고, 동일한 자연에서 동일한 현상에 대해 바로 포학하고 인정사정없는, 가차없는 권력 주장이 관철되고 있음을 읽어낼 줄 아는 어떤 사람이 나타날 수도 있을 것이다. ― 거의 모든 말과 심지어는 '포학'이라는 말조차도 결국 사용할 수 없거나 이미 약하고 부드러운 비유로 ― 너무 인간적인 것으로 ― 나타날 정도로, 이 사람은 모든 '힘에의 의지' 속에서 무예외성(無例外性)과 무조건성을 그대들에게 보여주는 해석가이다. 그럼에도 불구하고 그는 이 세계에 대해 그대들이 주장하는 것과 같은 것을 주장함으로써 끝을 맺는다. 즉 세계는 '필연적'이고 '계산할 수 있는' 진행 과정을 밟아간다는 것이다. 그러나 이는 세계를 법칙이 지배하고 있기 때문이 아니고, 오히려 법칙이 완전히 결여되어 있으며, 모든 힘은 매 순간 마지막 결론을 이끌어내기 때문이다. 이것도 해석이라고 가정한다면 — 그대들은 이것에 이의를 제기하는 데 충분한 열의가 있는가? — 그렇다면 이제 더욱 좋다. —

23.

심리학 전체가 지금까지 도덕적인 편견과 두려움에 사로잡혀 있었다 : 즉 심리학은 감히 심층까지 들어가지 못했다. 내가 파악한 것처럼 심리학을 힘에의 의지의 형태론과 발달이론으로 파악하는 것 — 이 점에 관해서는 그 누구도 아직 자신의 사상을 통해서 언급하지 못했다. 이러한 점에서 다시 말해 지금껏 씌어진 것 가운데 지금까지 비밀로 있었던 것의 징후를 인식할 수도 있었을 것이다. 도덕적인 편견이 가하는 폭력은 사상 성신석인 것으로, 언뜻 보기에 가장 냉담하고 아무런 전제가 없는 세계로 깊숙이 침입했다. — 그리고 자명한 이치지만, 그 세계를 손상시키고, 방해하고, 현혹시키고, 왜곡시키고 있다. 진정한 생리 심리학Physio-Psychologie은 연구자의 마음속에 존재하는 무의식적인 저항과 싸워야만 한다. 이것의 적은 '심정'이다 : 이미 '좋은' 충동과 '나쁜' 충동이 상호 제약받고 있다는 학설은 좀더 세련된 비도덕성으로, 여전히 강건하고 진실한 양심에게는 고난과 혐오를 주게 된다. — 모든 선한 충동을 나쁜 충동에서 이끌어낼 수 있다는 학설에서는 더 말할 필요도 없다. 그러나 만일 누군가가 증오, 질투, 소유욕, 지배욕이라는 정서를 삶을 조건

짓는 정서라고 보고, 생명의 전체 운영에서 근본적이고 본질적인 것으로 존재해야만 하고, 따라서 더욱 고양되어야 하는 어떤 것으로 간주한다면, 삶이 더욱 고양되어야만 한다면, — 그 사람은 자신의 판단 방향을 그렇게 잡았을 때 마치 뱃멀미에 시달리듯 괴로워할 것이다. 그럼에도 불구하고 이러한 가설은 또한 이러한 거대하고 아직은 거의 새로운 위험한 인식의 영역 안에서는 결코 가장 고통스럽거나 낯선 것은 아니다 : — 사실상 누구에게나 그것을 **할 수 있는** 사람에게서 거리를 두는 데는 그럴 만한 이유들이 많이 있다! 그러나 다른 면을 보자 : 일단 사람들이 자신의 배를 타고 이쪽에 이르게 된다면, 그래! 좋다! 이제 이를 강하게 악물자! 눈을 크게 뜨자! 손으로 키를 단단히 부여잡자! — 우리는 바로 도덕을 **넘어간다**. 우리가 저쪽을 향해 항해하고 위험을 감행할 때, 아마 이때 우리는 우리들 자신의 도덕의 잔재를 짓누르고 분쇄하게 될 것이다. — 그러나 그것이 **우리와** 무슨 상관이 있다는 말인가! 대담한 여행자, 모험가에게도 **더욱 심층적인** 통찰의 세계가 아직 한 번도 열린 적이 없었다 : 그와 같이 '희생자를 만드는' 심리학자는 — 이것은 지성을 희생하는 것이 아니고, 오히려 그 반대다! — 적어도 심리학이 여러 학문들의 주인으로 다시 인정받게 되고, 그 밖의 학문들이 그것에 봉사하고 준비하기 위해 존재할 것을 요구할 수도 있을 것이다. 왜냐하면 심리학은 이제 다시 근본적인 문제에 이르는 길이 되었기 때문이다.

제2장
자유정신

24.

오, 성스러운 단순함이여! 인간은 얼마나 기묘한 단순화와 위조 속에서 살고 있는가! 이러한 경이로움을 한번 보았다면, 우리는 끝없이 놀라움을 금할 수 없을 것이다! 우리는 어떻게 우리 주위에 있는 모든 것을 밝고 자유롭고, 경쾌하고 단순하게 만들었던가! 우리가 어떻게 우리의 감각에 피상적인 모든 것으로 들어가는 무료 입장권을 부여하고, 우리의 사고에 경솔하게 비약하고자 하며 잘못된 추론에 이르고자 하는 신적인 욕망을 부여할 줄 알았는가! ─ 우리는 거의 이해할 수 없는 자유, 무분별, 경솔함, 대담성, 삶의 명랑을 위해, 즉 생명을 즐기기 위해, 우리 자신의 무지를 보존하는 것을 처음부터 이해해왔던가! 이제 이러한 확고하고 단단한 무지의 기반 위에서 비로소 학문은 일어날 수 있었고, 앎[知]에의 의지는 더욱 폭력적인 의지를, 즉 무지, 몽매, 허위에의 의지를 기반으로 해서 일어날 수 있었을 것이다! 그 무지에의 의지에 대한 대립으로서가 아니라, 오히려 ─ 그것을 세련되게 한 것으로서 말이다! 즉 다른 곳에서와 마찬가지로 여기에서도 언어는 졸렬함을 벗어날 수 없으며, 단지 정도의 차이와 많은 미묘한 단계가 있는 곳에서 줄곧 {지와 무지의} 대립에 관해 말하는 것이다. 이와 똑같이 이제 어쩔 수 없게 우리의 '살과 피'가 된, 육화(肉化)된 도덕의 위선은 우리 지식인 자체의 말을 왜곡할 수 있다 : 여기저기서 우리는 그것을 만나게 되고,

제 2 장 자유정신 49

어떻게 바로 최고의 학문마저도 가장 훌륭하게 이렇게 **단순화되고**, 철저히 인위적이고, 적당히 가공되고, 적당히 위조된 세계에 우리를 매두려고 하는지, 이 최고의 학문이 얼마나 싫어하면서도 즐겨 오류를 사랑하는지에 대해 웃게 된다. 왜냐하면 학문은 살아 있는 것이며, ― 삶을 사랑하기 때문이다!

25.

이와 같이 즐거운 머리말을 했으니 한마디 진지하게 하는 말을 건성으로 듣지 않기 바란다 : 이것은 가장 진지한 사람을 상대로 말하는 것이다. 철학자이자 인식의 친구인 그대들이여 주의하라, 그대들이여 순교하지 않도록 조심하라! '진리를 위하여' 수난을 당하지 않도록 조심하라! 자기 방어를 하는 것조차 조심하라! 이것이 그대들 양심의 모든 순수함과 훌륭한 중립성을 변질시킨다. 이것은 그대들로 하여금 항의와 붉은 천[4]에 대해 고집을 세우게 만든다. 이것은 그대들이 위험, 중상, 혐의, 배척, 그리고 더욱 난폭한 적의의 결과와 싸울 때, 마침내 그대들이 지상에서 진리의 옹호자 역할까지 해야만 할 때, 그대들을 우둔하게 만들고, 짐승처럼 만들고, 황소처럼 만든다 : ― 마치 '진리'는 하나의 순진하고 서툰 사람이기 때문에, 옹호자가 필요한 것 같다! 바로 그대들, 가장 슬픈 모습을 하고 있는 그대 기사(騎士)들이여, 게으른 자이며 정신의 거미줄을 짜는 친애하는 사람들이여! 마침내 그대들은 바로 **그대들의** 주장이 정당한지는 중요한 문제가 아니라는 것과 지금까지 어떤 철학자도 정당한 주장을 하지 못했다는 것, 그리고 칭찬할 만한 진실은 원고나 법정 앞에서 엄숙한 몸짓이나 유리한 카드를 내는 것이라기보다는, 그대들이 자신의 좌우명이나 좋아하는 교훈의 배후에 (때때로 그대들 자신의 배후에) 붙이는 모든 작은 의문 부호일 수 있다는 사실을 충분히 잘 알게 된다! 차라리 옆길로 피해 가라! 사람들의 눈에 띄지 않게 몸을 피하라! 사람들이 그대들을 혼동하도록 가면을 쓰고 세련됨을 가장하라! 그렇지 않으면 조금은 두려워하는 것이 나을 것이다! 나의 정원을, 황금의 격자 울타리가 있는 정원을 잊지 말라! 정원 같은 사람, — 또는 하루가 이미 추억이 되어버린 저녁 무렵 물 위를 흐르는 음악 같은 사람이 — 그대들의 주위에 있도록 하라 : 멋진 고독을, 어떤 의미에서 스스로에게 여전히 잘 사는 권리를 부여하는 자유롭고 변덕스러우며 경쾌한 고독을 선택하라! 명백한 실력으로 싸울 수 없는 모든 긴 싸움이 얼마나 사람들을 악의에 차게 만들고, 얼마나 교활하게 만들며, 얼마나 못되게 만드는가! 적에 대한, 있을 수 있는 적에 대한 오랜 경계와 공포는 얼마나 사람을 **사적인 존재**로 만드는가! 이러한 사회에서 추방당한 자, 오랫동안 박해받은 자, 심하게 쫓겨다니는 사람, — 스피노자와 지오르다노 부르노 Giordano Bruno[5])처럼 은둔을 강요당한 사람들도 — 이러한 사람들이 가장 정신적인 가면을 쓰고 있다 할지라도, 그리고 아마 그들 자신은 그 사실을 알지 못한다고 할지라도, 결국에는 항상 복수심에 불타는 교활한 자와 독살자가 되어버린다. (스피노자 윤리학과 신학의 토대를 파헤쳐보라!) — 도덕적 분노의 치졸함은 전혀 말할 필요가 없으며, 이는 한 사람의 철학자에게는 이에 대한 철학적 유머가 진행되었다는 것을 말해주는 확실한 징조인 것이다. 철학자의 순교와 그의 '진리를 위한 희생'은 그 자신 안에 있는 선동자와 배우가 숨겨왔던 것을 드러내도록 강제한다. 사람들이 지금까지 철학자를 오직 예술가적 호기심으로 바라보았다고 가정한다면, 이제 많은 철학자들과 관련해 그 철학자를 다시 한번 그 퇴락한 모습 속에서 ('순교자'로, 무대와 강단에서 외치는 자로 퇴락한 모습으로) 바라보려는 위험한 소망이 있다는 것은 물론 이해될 수 있을 것이다. 이러한 소망을 지니고 있기 때문에, 사람들은 어쨌든 그때 **무엇을** 보게 될지 확실하게 알고 있기만 하면 된다 : ― 즉 단지 익살극, 에필로그의 하찮은 소극(笑劇)만을, 모든 철학이 발생 과정에서는 오래된 비극이었다는 사실을 전제로 하면, 오랜 본래의 비극이 **끝났다는** 것에 대한 증거만을 계속 보게 될 것이다. ―

26.

선택된 인간은 모두 본능적으로 자신의 성(城)과 은밀한 장소를 찾는다. 그곳에서 그는 군중, 다수의 사람들, 대중에게서 **해방되고**, 그들의 예외자로서 '인간'이라는 규준을 잊게 된다 : ― 그가 위대한 예외적인 의미의 인식자로, 좀더 강한 본능에서 정면으로 이러한 규준에 부딪치게 되는 단 한 가지 경우는 예외로 하고 말이다. 인간과 교류할 때 때때로 구토, 혐오, 동정, 우울, 고독 때문에 녹색이나 회색으로, 즉 모든 신고(辛苦)의 색깔로 변하지 않는 사람은 확실히 더 고결한 취향을 가진 사람은 아니다. 그러나 그 스스로 이러한 모든 짐과 불쾌를 자의적으로 받아들이지 않고, 이러한 것들을 항상 피해오다가, 이미 말한 바 있듯이, 조용하게 자부심을 지니고 자신의 성 안에 숨어버린다고 가정해보자. 그러면 이제 한 가지 사실은

분명해진다 : 그는 인식하게끔 되어 있지 않았으며, 그런 운명이 아니었다. 왜냐하면 그는 인식하는 자로서 언젠가는 "내 훌륭한 취향은 악마에게 던져주어라! 그러나 규준이 예외자보다 — 예외자인 나 자신보다도 — , 흥미로운 것이다!"라고 말하고 싶어할 수밖에 없으며, 그리고 아래로, 특히 '안으로' 들어가고자 하기 때문이다. **범용한** 인간에 대한 연구는 오랫동안 진지하게 이루어졌고, 이러한 목적을 위해 필요한 많은 가장, 자기 극복, 친밀함, 불편한 교제 — 모든 교제는 자기와 동등한 사람과의 교제 외에는 불편하다 — : 이것이 모든 철학자 생애사의 필수 불가결한 한 장(章), 아마 가장 불편하고, 악취나는 환멸에 가득 찬 장을 이루는 것이다. 그러나 그가 인식의 행운아에 어울리는 행운을 지녔다면, 그는 자신의 과제를 본래대로 단축시켜주고 경감시켜주는 사람을 만나게 된다. — 내가 생각하는 사람은 이른바 냉소주의자들이며, 동물성, 비속함, '규준'을 있는 그대로 단순하게 인정하고, 이때 **증인들 앞에서** 자기 자신과 자신들의 동료에 대해 말할 수 있을 정도의 정신을 가졌고 과민한 사람들이다 : — 때때로 그들은 자기 자신의 똥오줌 위에서 뒹구는 것처럼, 심지어 책 속에서까지 뒹군다. 냉소주의는 저속한 영혼이 성실한 그 무엇에 스쳐가는 유일한 형식이다. 그리고 보다 높은 인간은 더 조야하고 세련된 모든 냉소주의에 귀를 열어야만 하고, 바로 자기 앞에서 부끄러움도 없는 어릿광대나 학문적인 호색한의 소리가 들릴 때는, 그때마다 스스로의 행운을 빌게 된다. 더욱이 구역질 나는 것에 매혹적인 것이 섞여드는 경우조차 있다 : 즉 그의 시대의 가장 깊이 있고 예리하고 아마 가장 지저분한 인간이기도 했을 신부 갈리아니Galiani[6]의 경우처럼, 자연의 변덕으로 분별 없는

염소와 원숭이에 천재가 결부되는 경우가 있다. — 갈리아니는 볼테르Voltaire보다 훨씬 깊이 있는 사람이었으며 따라서 대부분 더욱 침묵을 잘 지켰다. 이미 시사한 것처럼 학문적인 두뇌가 원숭이의 몸에 올라앉고, 날카롭고 예외적인 지성이 천박한 영혼에 올라앉는 경우가 정말 종종 일어난다. — 의사와 도덕-생리학자들 사이에서는 특히 드문 사건은 아니다. 그 누군가가 분노하지 않고, 오히려 담담하게 인간이란 두 가지 욕망을 지닌 배와 한 가지 욕망을 지닌 머리로 되어 있다고 말하고, 그 누군가가 그것이야말로 인간 행위의 본래적인 유일한 동기로서 언제나 기아, 성욕, 허영심만을 보면서, 그것을 찾아내보려고 할 때, 즉 간단하게 말해 사람들이 인간에 대해 '나쁘게' 말할 때 — 결코 사악하다고 말하지는 않지만 — , 인식을 사랑하는 사람은 이 말에 세심하게 열심히 귀를 기울여야만 한다. 요컨대 분노 없이 말하는 곳에서 그는 귀를 기울여야만 한다. 왜냐하면 분노한 인간은, 그리고 항상 자신의 이로 자기 자신을 (또는, 자기 자신의 내용물로, 세계나 신이나 사회를) 물어뜯고 갈기갈기 찢는 사람은, 물론 도덕적으로 보면, 웃으면서 자기 만족을 느끼는 호색한보다는 더 높은 위치에 있을 수도 있다. 그러나 다른 의미에서 보면 그는 훨씬 저속하고, 냉담하고, 완고하다. 분노한 사람보다 더 많은 거짓말을 하는 사람은 없다. —

27.

이해받는다는 것은 어려운 일이다 : 특히 다른 방식으로 생각하고 살아가는 시끄러운 사람들 사이에서, 즉 거북이 걸음으로 걷거나

kurmagati,[7] 잘해야 '개구리 걸음으로 걷는mandeikagati'[8] 느릿느릿한 사람들 사이에서 갠지스 강의 흐름gangasrotogati[9]처럼 유유자적하게 생각하고 산다면 이해받기 어렵다. 나는 정말이지 스스로 이해되기 어렵게 모든 것을 만들고 있는가? ― 우리는 정말로 몇 가지 정묘한 해석을 해주는 호의에 진심으로 감사해야만 한다. 그러나 언제나 너무 편안하고 바로 친구로 편안할 수 있는 권리를 가지고 있다고 믿는 '좋은 친구들'에 관해서는, 그들에게 처음부터 오해할 수 있는 놀이 공간과 놀이터를 허용하는 것이 좋다 : ― 그렇게 하면 우리는 여전히 웃을 수도 있고, 아니면 이 좋은 친구들을 완전히 없앨 수도 있다. ― 그래서 또한 웃을 수도 있는 것이다!

28.

한 언어에서 다른 언어로 번역하는 데 가장 어려운 것은 그 문체의 속도이다 : 문체의 속도라는 것은 종족의 성격에, 생리학적으로 말하자면, 그 종족의 '신진대사'의 평균 속도에 근거한다. 충실하게 그 뜻을 담고 있는 번역도, 본의 아니게 원전의 격조를 더럽힘으로써, 거의 위작이라 할 수 있는 것이 있다. 그것은 오로지 사물과 언어 속에 내재된 모든 위험한 것을 뛰어넘고, 뛰어넘을 수 있도록 도와주는 원전의 대담하고 경쾌한 속도가 함께 번역될 수 없었기 때문이다. 독일인은 자신의 언어에서 빠른 템포(프레스토)를 거의 다룰 수 없다 : 즉 우리가 정당하게 추론할 수 있듯이, 자유로운, 자유정신적 사상의 가장 유쾌하고 대담한 많은 뉘앙스도 낼 수 없다. 독일인에게 육체적으로나 양심적으로나 부포Buffo[10]와 사티로스[11]가

낯선 것처럼, 그들에게 아리스토파네스Aristophanes¹²⁾와 페트로니우스Petronius¹³⁾는 번역을 잘해내기 힘든 것이다. 독일인에게는 장중한 것, 용해하기 힘든 것, 엄숙하고 둔중한 모든 것, 느리고 지루한 종류의 온갖 문체가 엄청나게 풍부하고 다양하게 발달했다. ― 괴테의 산문마저도 딱딱함과 우아함이 혼합되어 있는데, 결코 예외가 아니다. 이는 그의 산문이 속하는 '옛날 좋은 시절'의 반영이며, '독일적인 취미'가 아직도 존재했던 시대에 독일적 취미의 표현이며, 양식과 기교 면에서 볼 때 로코코 취미였다. 레싱Lessing은 많은 것을 이해했고, 많은 것을 잘 아는 배우적 천성 덕분에 예외가 되었다. 그가 베일Bayle¹⁴⁾의 번역자였다는 데는 분명 이유가 있었으며, 기꺼이 디드로Diderot와 볼테르 곁으로, 오히려 로마의 희극작가들 틈으로 피신하고자 했다 : ― {문체의} 속도에서도 레싱은 자유정신을 사랑했고, 독일에서 벗어나는 것을 좋아했다. 그러나 독일어는 어떻게 레싱의 산문에서조차도 마키아벨리Machiavelli의 속도를 모방할 수 있었던 것인가. 마키아벨리는 자신의 《군주론》에서 플로렌스의 건조하고 맑은 공기를 호흡하면서 가장 중요한 사건을 제어할 수 없는 쾌속조allegrissimo로 서술할 수밖에 없었던 것이다 : 아마 어떤 대립을 감행하고자 하는 심술궂은 예술가의 감정이 없는 것은 아닐 것이다. ― 즉 그 사상은 지루하고 무겁고 딱딱하고 위험하며, 말처럼 질주하는 속도와 최고의 오만한 기분 속에 있는 것이다. 결국 그 누가 지금까지의 어느 위대한 음악가보다 훌륭한 창의와 발상, 말에 있어서 빠른 속도의 장인이었던 페트로니우스를 감히 독일어로 번역할 수 있겠는가 : ― 우리가 그와 마찬가지로 모든 것을 내닫게 하면서 모든 것을 건강하게 만드는 바람의 걸음걸이를, 들이 마시고 호흡하는 바람을, 바람의 자유로운 조롱을 지니고 있다면, 병들고 사악한 세계의 수렁이나 '고대 세계'의 수렁이 결국 무슨 문제가 된다는 것인가! 저 신성하게 변용시키면서 보완하는 정신 아리스토파네스에 관해 말하자면, 그가 있기 때문에 우리는 과거에 있었던 그리스 세계 전체를 **용서**하게 된다. 그곳에 있는 모든 것에 용서와 변용이 필요하다는 사실을 우리가 가슴 깊이 이해했다고 전제한다면 말이다 : — 그렇기 때문에 저 다행스럽게도 전해져 내려온 사소한 사실보다 더 내가 플라톤의 비밀스러움과 스핑크스 같은 본성에 대해 꿈꾸게 만들 수 있었던 것을 나는 알지 못한다 : 즉 우리가 그의 임종의 베개 밑에서 발견한 것은《성서》도, 이집트의 책도, 피타고라스의 책도, 플라톤의 책도 아닌, — 아리스토파네스의 책이다. 플라톤 또한 삶을 — 그가 부정했던 그리스적인 삶을 — 어떻게 견딜 수 있었겠는가, — 아리스토파네스가 없었다면 말이다! —

29.

독립한다는 것은 극소수 사람의 문제이다 : — 그것은 강자의 특권이다. 독립을 시도하는 사람은, 반드시 독립**해야만** 하는 것은 아니지만, 또한 그에 대한 훌륭한 권리를 가지고, 그가 강할 뿐 아니라 자유분방한 상태에 이를 정도로 대담하다는 사실을 증명하게 될 것이다. 그는 미궁으로 들어가며, 삶 자체가 이미 동반하고 있는 위험을 천 배나 불리게 된다. 그가 어디에서 어떻게 길을 잃고 고독에 빠져 양심이라는 동굴의 미노타우루스Minotaurus에게 갈기갈기 찢기는 것을 보는 사람이 없다는 것은 위험 가운데서도 결코 사소한 위험이 아니다. 그러한 사람이 밑바닥으로 내려간다고 할 때, 이는 사람들이 이해할 수 있는 것에서 멀리 떨어진 곳에서 일어나기 때문에, 그들은 이것을 느끼지 못하고 동정하지 못하게 된다 : ─ 따라서 그는 다시 되돌아올 수는 없다! 그는 사람들의 동정으로도 되돌아올 수 없다! ──

30.

우리의 최고의 통찰은, 그것을 들을 만한 소질이 없거나 예정되어 있지 않은 사람들의 귀에 허용되지 않은 방식으로 들리게 되면, 마치 바보처럼, 상황에 따라서는 범죄처럼 들릴 수 있다. ─ 또한 그렇게 들려야만 한다! 인도인에게 그리고 그리스인, 페르시아인, 이슬람교도들에게서는, 간단히 말해서 하나의 위계질서를 믿고 평등이나 평등한 권리를 믿지 **않았던** 곳에서는 어디서나, 일찍이 철학자들 사이에서 구분된 바 있듯이, 통속적인 것과 비교적(秘敎的)인 것이 구분된다. ─ 이것은 통속적인 사람이 외부에 서 있으면서, 내부에서가 아니라 외부에서 바라보고 평가하고 측정하고 판단함으로써 서로 구분되는 것이 아니다 : 더욱 본질적인 것은 그가 아래에서 위를 향해 사물을 바라본다는 사실이다. ─ 비교적인 사람은 **위에서 아래를** 내려다본다! 그 높이에서 보자면, 비극마저도 비극적인 것을 멈추는 영혼의 높이가 있다. 세계의 모든 고통을 하나로 여긴다면, 누가 자신의 관찰이 **어쩔 수 없이** 바로 동정을 느끼도록 그리고 그와 같은 방식으로 고통을 배가시키도록 유혹하고 강요하게 될 것인지를 감히 결정할 수 있겠는가?……더욱 수준이 높은 부류의 인간들에게 자양분이 되고 청량제로 사용되는 것이 그와 매우 다른 속된 인간 부류에게는 거의 독이 될 수도 있다. 범속한 사람의 미덕은 철학자에게는 아마 악덕이나 약점을 의미하게 될 것이다. 고귀한 기질을 가진 인간은 자신이 타락하고 밑바닥까지 내려가게 되는 경우, 바로 그 때문에 그는 자기가 굴러 떨어진 저속한 세계에서 이제 마치 성자처럼 사람들이 자신을 숭배하게 만드는 데 필요한 여러 성질들을 손에 넣을 수 있을 것이다. 저급한 영혼이나 낮은 생명력이 사용하는가 아니면 더 고귀한 영혼과 강인한 생명력이 사용하는가에 따라, 영혼과 건강에 반대 가치를 지니는 책들이 있다. 전자의 경우에는 위험하고 파괴적이며 분열시키는 책이 되며, 후자의 경우에는 가장 용감한 사람이 **자신의** 용기를 불러일으키는 전령의 부름이 된다. 만인이 좋아하는 책에서는 언제나 불쾌한 냄새가 난다 : 거기에는 소인(小人)의 냄새가 배어 있는 것이다. 대중이 먹고 마시는 곳에서는, 심지어 그들이 숭배하는 곳에서조차 악취가 나곤 한다. 순수한 공기를 마시고자 한다면, 교회에 가서는 안 된다.— —

31.

사람들은 젊었을 때 인생의 가장 훌륭한 수확이 되는 저 뉘앙스의 기술(技術) 없이도 존경하든가 경멸한다. 따라서 그러한 식으로 인간과 사물을 긍정과 부정으로 기습해온 것에 대해 당연히 혹독하게 보상하지 않으면 안 된다. 모든 취미 가운데 가장 악취미, 무조건적인 것에 대한 취미는 처참하게 조롱당하고 학대받도록 모든 것이 준비되어 있어, 마침내 인간은 자신의 감정에 어느 정도 기교를 부여하고, 오히려 기교적인 것을 감행하는 것을 배우게 된다 : 인생의 진정한 예술가는 이것을 행한다. 젊음 특유의 분노와 숭배의 태도는 인간과 사물을 적당히 변조시키며, 그럼으로써 그것에서 발산할 수 있기 전에는 결코 진정되지 않는 것처럼 보인다 : — 젊음 그 자체는 이미 변조된 것이며 기만적이다. 훗날 젊은 영혼이 오로지 환멸에 고통받고, 마침내 자기 자신을 불신하게 되면, 그러한 불신과 양심의 가책에 대해서도 그 영혼은 여전히 열렬하고 난폭할 것이다 : 그 영혼은 이제 얼마나 분노할 것인가, 그 영혼은 얼마나 초조해 하며 자기 자신을 찢어놓을 것인가, 마치 고의로 맹목 상태에 있었던 것처럼, 그 영혼은 자기 자신의 오랜 자기 현혹에 대해 얼마나 복수를 할 것인가! 이러한 이행 과정에서 사람들은 자신의 감정을 불신함으로써 스스로에게 벌을 주게 된다. 사람들은 자신의 열광을 회의함으로써 스스로를 고문한다. 아니 사람들은 양심을 이미 위험으로, 마치 자기 은폐와 섬세한 정직성의 피로로 느낀다. 그리고 특히 사람들은 근본적으로 '젊음'에 반대하는 입장, 그러한 입장을 옹호한다. — 십년이 지난 뒤 사람들은 이 모든 것이 여전히 — 젊음이었음을 깨닫게 된다!

32.

인간 역사 가운데 가장 긴 시기를 통해 — 사람들은 이 시기를 선사 시대라 부른다 — 어떤 행위의 가치 또는 가치가 없음은 결과에서 추론되었다 : 이때 행위 자체는 그 유래로 고려되지 않고, 오히려 대략 말하자면, 오늘날에도 여전히 중국에서는 어린아이의 영예와 수치가 부모에게 소급되는 것처럼, 성공과 실패에 소급하는 힘이었는데, 이는 하나의 행위가 좋은가 나쁜가를 생각하도록 사람을 이끌었다. 우리는 이 시기를 인류의 **도덕 이전**의 시기라고 부른다 : "자신을 알라!"는 명법은 그 당시에는 알려지지 않았다. 이에 반해 최근 만 년 정도의 기간 동안 사람들은 몇몇 지상의 거대한 지역에서 결과가 아니라, 행위의 유래가 행위의 가치를 결정하도록 한 걸음 한 걸음씩 진보해나갔다. 즉 커다란 사건을 전체로 보고 시선과 척도를 현저하게 세련화하며 귀족적 가치와 '유래'에 관한 믿음의 지배가 무의식적으로 영향을 미치는 것, 이는 사람들이 좁은 의미로 **도덕적인** 시대라고 불러도 좋은 시대의 표식이다 : 자기 인식에 관한 최초의 시도는 이렇게 해서 이루어졌다. 결과 대신 유래로 한다는 것 : 이것은 관점의 전환이었다! 이것은 확실히 오랜 투쟁과 동요 후에야 비로소 이루어진 전환이었다! 물론 바로 그 때문에 불길한 새로운 미신, 특이한 해석의 편협함이 지배하게 되었다 : 한 행위의 유래는 아주 명확한 의미로는 **의도**에서 유래한 것이라고 해석되었다. 사람들은 한 행위의 가치가 그 의도의 가치에 있다는 믿음에서 일치되어 있었다. 의도를 어떤 행위의 전체 유래와 전사(前史)로 본다는 것 : 거의 최근에 이르기까지 지상에서는 이러한 선입견 아래 도덕적으로 칭송을 받고 비난받고 심판을 받고, 또한 철학적 작업이 이루어졌던 것이다. ― 그러나 오늘날 우리는 또 한번의 인간의 자기 성찰과 심화에 힘입어 다시 한번 가치의 전환과 근본적인 자리바꿈을 이루도록 결심할 필요성에 이른 것은 아닐까, ― 우리는 부정적으로 먼저 **도덕 외적인** 시대라 불릴 수 있는 시대의 경계선에 서 있는 것은 아닐까 : 오늘날 적어도 우리 비도덕주의자들 사이에서는

바로 행위에서 **의도하지 않은 것**에 그 행위의 결정적인 가치가 있다
는 혐의, 모든 행위의 의도, 그로부터 보여지고 알려지며 '의식'될
수 있는 모든 것은 아직은 행위의 표피나 피부에 속하는 것이라는
혐의가 제기되고 있다. — 이것은 모든 피부가 그러하듯이 어떤 그
무엇을 드러내주지만, 여전히 더 많은 것을 **숨기고** 있는 것일까? 간
단히 말해 우리가 믿고 있는 의도라는 것은 한층 더 해석이 필요한
기호이고 징후일 뿐이며, 또한 기호는 너무 많은 것을 의미하며 그
자체만으로는 거의 아무 의미가 없다는 사실이다. — 지금까지의 의
미에서 볼 때 도덕, 다시 말해 의도된 도덕이란 선입견이며 경솔함이
고 아마 일시적인 것일 테고, 점성술과 연금술 수준의 그 무엇이지
만, 어떤 경우에도 극복해야만 하는 그 무엇이다. 도덕을 극복한다는
것은 어떻게 보면 도덕의 자기 극복이기도 하다. 이것은 오늘날 가장
섬세하며 정직하고 또한 악의적이기도 한 양심에게, 살아 있는 영혼
의 시금석으로 보존된 저 오랫동안의 비밀스러운 작업을 나타내는
이름이 될 수도 있을 것이다. —

33.

다른 도리가 없다 : 우리는 이웃을 위한 헌신과 희생의 감정, 자기
환멸의 도덕 전체를 가차없이 해명하고 법정에 세워야 한다 : '무관
심한 직관'의 미학도 이와 마찬가지인데, 이러한 미학 아래 예술을
거세하는 것은 오늘날에도 충분히 매혹적인 힘으로 어떤 양심을 만
들고자 한다. '다른 사람을 위하여'라든가, '나를 위해서가 아니다'
라든가 하는 감정에는 너무나 많은 매력과 감미로움이 있어, 우리는

여기에서 이중의 의혹을 품게 되고 "그것은 아마도 **유혹**은 아닌가?"
라는 물음을 던질 수밖에 없게 된다. — 그것을 가지고 있는 사람에
게, 그 열매를 즐기는 사람에게, 또한 단순한 방관자에게도, — **감정
의 즐거움**이 있다는 사실, 이는 아직 이 감정을 위한 논거를 포기하는
것이 아니며, 오히려 특별히 조심할 것을 요구한다. 자, 우리도 조심
하도록 하자!

34.

오늘날 또한 사람들이 철학의 어떤 관점을 취한다 하더라도, 또
어떤 입장에서 보더라도, 우리가 살고 있다고 믿는 세계가 **잘못되었
다는 것**은 우리의 눈이 포착해낼 수 있는 가장 확실하고 확고한 것
이다 : — 우리는 그에 대해 다양한 이유를 찾아내는데, 이는 우리
로 하여금 '사물의 본질' 안에 있는 기만적 원리를 추정하게끔 유혹
한다. 그러나 세계가 허위라는 것에 대해 우리의 사유, 즉 '정신'에
책임이 있다고 보는 사람이 있다면 — 이것은 저 의식적이거나 무
의식적인 신의 대변자가 걸어가는 영광스러운 출구이다 — : 공간,
시간, 형태, 운동을 모두 포함시킨 이 세계가 잘못 **추론되었다**고 여
기는 사람이 있다면, 그러한 사람은 결국 적어도 모든 사유 자체를
불신하는 법을 배우게 되는 좋은 기회를 갖게 될 것이다 : 이러한
불신이야말로 지금까지 우리에게 가장 심한 장난을 걸어왔던 것이
아닌가? 그것이 항상 해왔던 것을 앞으로는 하지 않으리라는 어떤
보증이 있을 것인가? 아주 진지하게 말해서 사상가들의 순수함에는
그들에게 **정직한** 대답을 해줄 것을 원하면서, 오늘날에도 여전히 의

식 앞에 나타나는 것을 허용하는 감동적이고 경외감을 불러일으키는 그 무엇이 있다 : 예를 들어 의식은 '실재'하는 것인가, 또한 도대체 왜 의식은 외부 세계를 그렇게 단호하게 멀리하는가, 그리고 그와 같은 물음이 더 있지 않은가 등에 대해 대답해줄 것을 간청하는 것이다. '직접적인 확실성'에 대한 믿음은 우리 철학자들을 명예롭게 만드는 하나의 **도덕적** 순박함이다 : 그러나 ― 우리는 이제 결코 '단순히 도덕적인' 인간이 되어서는 안 된다! 도덕을 도외시한다면, 그러한 믿음이란 우리를 명예롭게 만들지 못하는 어리석음이다! 시민적 생활 속에서 언제나 불신을 품을 준비가 되어 있다는 것은 '나쁜 성격'의 기호로 여겨지며 따라서 어리석은 것이다 : 여기에서 우리들끼리 말하자면, 시민 세계의 저편과 그 긍정과 부정의 저편에서 ― 우리의 어리석음을 방해할 것이 무엇이며, 철학자는 이제까지 지상에서 언제나 가장 우롱당해온 존재로, 바로 '나쁜 성격'을 가질 **권리**가 있다고 말하는 것을 방해할 것이 무엇이겠는가 ― 오늘날 철학자는 불신해야 할 **의무**가 있으며, 의심의 심연에서 가장 악의적인 곁눈질을 해야 할 **의무**가 있다. ― 이와 같은 음울한 찌푸린 얼굴과 어조로 농담하는 나를 용서하기 바란다 : 왜냐하면 바로 나 자신이야말로 오랫동안 기만하거나 기만당하는 것을 달리 생각하고, 달리 평가하는 법을 배워왔으며, 최소한 기만당하는 것에 반항하게 되는 철학자의 맹목적인 분노에 대해 옆구리를 쥐어박을 준비가 되어 있다. 왜 그렇게 해서는 안 **되는가**? 진리가 가상보다 더 가치가 있다는 것은 단지 도덕적인 선입견일 뿐이다. 이것은 심지어 이 세계에 존재하고 있는 가장 잘못 증명된 가정이기도 하다. 하지만 다음의 것은 많이 허용되어야 한다 : 관점적 평가와 가상성에 바탕을 두지 않는 한, 삶이란 것은 전혀 존립할 수가 없을 것이다. 만일 우리가 많은 철학자들이 가지고 있는 도덕적인 감격과 우매함으로 '가상의 세계'를 완전히 없애버리려고 한다면, 이제 그대들이 이것을 할 수 있을 것이라고 가정해보면, — 그러면 최소한 이때 그대들이 말하는 '진리'라는 것 역시 더 이상 남는 것이 아무것도 없을 것이다! 실로 무엇이 도대체 우리가 '참'과 '거짓'이라는 본질적인 대립이 있다고 가정하도록 강요하는가? 가상성의 단계가 있다는 것을 가정하는 것으로, 그리고 마치 가상의 좀더 밝고 어두운 음영과 전체적인 색조처럼 — 화가의 언어로 말하자면 다양한 색의 가치가 있는 것으로는 충분하지 않은가? 우리와 어떤 관계가 있는 이 세계가 왜 허구여서는 안 되는가? 이때 "그러나 허구에는 창작자가 있어야 할 것이 아닌가?"라고 묻는 사람이 있다면, 왜 있어야만 하는가 하고 묻는 사람에게는 명백하게 대답하지 않는 것이 좋을 것이다. 이러한 '있다'는 것이 아마 허구에 속하는 것은 아닐까? 술어나 목적어에 대한 것과 마찬가지로 주어에 대해서도 결국 어느 정도는 역설적이어도 되지 않는가? 철학자는 문법에 대한 믿음을 넘어서야 할 필요가 있지 않을까? 여자 가정교사들에게 모두 경의를 표하자 : 그러나 철학이 여자 가정교사의 믿음과 결별해야 할 시기가 되지 않았는가? —

35.

오 볼테르여! 오 인간애여! 오 어리석음이여! 이와 같은 것은 '진리'나 '진리 탐구'와 관계가 있다. 그런데 이때 인간이 이것을 너무 인간적으로 추진해나간다면 — "오로지 선을 행하기 위해서만 진리를 추구한다"— 단언하건대, 그는 아무것도 발견하지 못한다!

36.

우리의 욕망과 정열의 세계 외에 현실로 '주어진' 것이 아무것도 없다고 가정한다면, 우리가 바로 자신의 충동의 현실에 다가가는 것 외에 다른 '현실'로 내려가거나 올라갈 수 없다고 가정한다면 — 왜냐하면 사유란 이러한 충동들 상호 간의 태도일 뿐이기 때문이다 — : 시험삼아 다음과 같은 질문이 허용되는 것은 아닌가? 즉 이 주어진 것은 그러한 종류들 중에서도 이른바 기계론적인 ('물질적인') 세계를 이해하는 데 **충분한** 것이 아닌가? 내가 생각하는 것은 착각, '가상', (버클리와 쇼펜하우어적인 의미에서의) '표상'이 아니다. 오히려 나는 우리의 정서 자체가 가지고 있는 것과 똑같은 현실성의 단계를, — 그 안에서 모든 것이 여전히 강력한 통일체로 결정되어 있고, 그 다음에 유기적 과정을 거치면서 나누어지고 형성되는 정서의 세계의 좀더 원초적인 형태를 (또한 당연하게도, 허약해지고 쇠약해지기도 한다 —), 아직 모든 유기적인 기능이 자기 조절, 동화, 영양 섭취, 배설, 신진대사 등과 종합적으로 상호 결합되어 있는 일종의 충동적 생을 생각하고 있다. — 이것이 생명의 **초기 형태**가 아닌가? — 결국 이러한 시도를 하는 것은 허용될 뿐만 아니라, 이는 **방법**의 양심에서 주어진다. 단 하나의 인과성으로 충족시키려는 시도가 그 극한까지 (감히 말한다면, 불합리한 상태까지) 추동(推動)되지 않을 때는, 여러 종류의 인과성을 가정해서는 안 된다 : 이것은 오늘날 사람들이 멀리해서는 안 되는 방법의 도덕이다. — 이것은 수학자들이 말하고 싶어하듯이, '방법의 정의(定義)에서' 나온 것이다. 문제는 결국 우리가 의지를 정말로 **작용하는 것으로** 인정하는가, 우리가 의지의 인과성을 믿는가이다 : 우리가 그것을 인정한다면, 또 근본적으로 **그것에** 대한 믿음이란 단지 인과성 자체에 대한 우리의 믿음일 뿐이라면 —, 우리는 의지의 인과성을 유일한 인과성으로 가정하는 시도를 **해야만** 한다. '의지'는 물론 '의지'에 대해서만 작용할 수 있다. — '물질'에는 작용할 수 없다 (예를 들자면 '신경'에는 작용할 수 없다 —) : 과감하게 '작용'이 인정되는 곳에서는 어디에서나 의지가 의지에 대해 작용하고 있는 것이 아닌가 — 그리고 모든 기계적인 사건은 그 안에서 어떤 힘이 작용하는 한, 바로 의지의 힘, 의지의 작용이 아닌가 라는 가설을 세워야만 한다. — 그리하여 마침내 우리의 총체적인 충동의 생을 한 의지의 근본 형태가 — 즉 나의 명제에 따르면, 힘에의 의지가 — 형성되고 분화된 것으로 설명하게 된다면, 또 우리가 유기적 기능을 모두 이러한 힘에의 의지로 환원할 수 있고, 그 힘에의 의지 안에서 생식과 영양 섭취 문제를 해결하는 방안도 — 이것은 하나의 문제이다 — 찾아낸다면, 작용하는 **모든** 힘을 명백하게 힘에의 의지로 규정할 수 있는 권리를 얻을 수 있을 것이다. 그 내부에서 보여진 세계, 그 '예지적 성격'을 향해 규정되고 명명된 세계 — 이는 바로 '힘에의 의지'이며, 그 밖의 아무것도 아니다. —

37.

"뭐라고? 대중적으로 말해, 그것은 신은 부정되었으나, 악마는 부정되지 않았다는 말인가?" 그 반대이다! 그 반대이다, 나의 친구들이여! 제기랄, 누가 그대들을 대중적으로 말하도록 강요한단 말인가! —

38.

드디어 근대의 밝은 빛 아래 프랑스 혁명이 얼마나 변모해나갔는가. 저 전율할 만한, 가까이에서 판단하면 쓸데없는 익살극이. 그러나 전 유럽의 고상하고 열광적인 관중들은 멀리서 그처럼 오랫동안 열정적으로 원전이 해석 속으로 사라질 때까지, 그들 자신의 분노와 감격을 그 익살극 안으로 집어넣어 해석해왔다. 이렇게 고상한 후대는 다시 한번 과거 전체를 오해할 수 있으며, 이를 통해 아마도 비로소 과거의 그 모습을 견딜 수 있게 할 수 있을 것이다. — 아니, 오히려 이것은 벌써 일어난 일이 아닌가? 우리들 자신이 이러한 '고상한 후대'가 아니었던가? 그리고 바로 지금은 우리가 이러한 것을 이해하고 있는 한, — 그것은 끝난 일이 아닌가?

39.

어떤 학설이 사람들을 행복하게 만들거나 유덕하게 만들기 때문에, 바로 그런 이유 때문에 그 학설을 그렇게 간단히 진리라고 여기는 사람은 없을 것이다 : 선, 진, 미에 열광하여 빠져 있거나 그들 자

신의 연못에 온갖 종류의 잡다하고 우둔하며 안이한 원망(願望)이
뒤엉킨 채 헤엄치게 하는 사랑스러운 '이상주의자들'을 제외하고 말
이다. 행복이나 미덕은 논거가 되지 못한다. 그러나 사려 깊은 정신
세계를 가지고 있는 사람의 입장에서도 불행하게 하고 사악하게 한
다는 것이 마찬가지로 반대 논거는 되지 못한다는 사실을 기꺼이
잊고자 한다. 어떤 것은 극도로 해롭고 위험할지언정, 진리가 될 수
는 있을 것이다. 물론 사람들이 자신의 완전한 인식 때문에 파멸한
다는 것이 그 자체로 현존재의 근본 속성에 속할 수도 있을 것이다.
— 따라서 한 정신의 강함은 그 정신이 곧 얼마나 '진리'를 견뎌내느
냐에 따라, 더 분명하게 말하자면 어느 정도까지 정신이 진리를 희
석시키고 은폐하며 감미롭게 만들고 둔화시키고 위조할 **필요가 있
느냐**에 따라 측정된다. 그러나 진리의 어떤 **부분**들을 발견하기 위해
서는 악한 사람이나 불행한 사람이 훨씬 유리하며 성공할 개연성이
더 높다는 것은 의심의 여지가 없다. 행복한 악인에 대해서는 말하
지 말자. — 이들은 도덕가들이 의식적으로 말하지 않는 종족이다.
아마 혹독함과 간지(奸智)는, 학자들이 높이 평가하고 당연한 것으
로 평가하는, 부드럽고 섬세하고 양보하는 온순한 성품과 쉽게 받아
들이는 재간보다도 강하고 독립적인 정신적 인간과 철학자가 나오
는 데 더 유리한 조건이 된다. 앞에서 말한 것은 '철학자'라는 개념
을 책으로 쓰는 — 게다가 **자신의** 철학을 책에 옮기는! — 철학자로
한정하지 않는다는 것을 전제로 한다. 자유정신의 철학자 상(像)에
대한 마지막 특징을 스탕달Stendhal[15)]이 제시하고 있는데, 나는 독
일 취향을 위해 그를 강조하는 것을 단념하지 않을 것이다 : — 그
는 독일 취향에 **반대되는** 길을 걷는 사람이기 때문이다. 이 마지막

위대한 심리학자는 다음과 같이 말한다. "훌륭한 철학자가 되기 위해서는 환상 없이 냉정하고 명석해야 한다. 재산을 모은 은행가는 철학적인 발견을 하기 위해 요구되는 성격 가운데 한 부분을 가지고 있는데, 그것은 실상을 있는 그대로 명확히 보는 것이다."(7)

40.

깊이 있는 모든 것은 가면을 사랑한다. 가장 깊이 있는 것은 형상과 비유에 대한 증오마저도 지니고 있다. **대립**이야말로 신의 수치가 드러나기에 적합한 변장이 아닐까? 이것은 가치 있는 질문이며, 만일 어떤 신비주의자가 이미 이와 같은 것을 스스로 감행해보지 않았다면, 기이한 일이 될 것이다. 부드럽게 진행되는 일들도 조야함으로 감추고 알지 못하게 하는 것이 좋다. 사랑이나 도를 넘치는 관용의 행위도 그 뒤에서는 막대기를 들고 목격자를 호되게 두들겨 패는 것이 더 나은 경우가 있다 : 그렇게 함으로써 사람들은 그 기억을 흐리게 한다. 많은 사람은 적어도 이러한 행위의 유일한 목격자에게 보복하기 위해 자기 자신의 기억을 흐리게 하고 학대하는 법을 알고 있다 : ─ 수치라는 것에는 독창성이 있다. 사람들이 가장 수치스러워 하는 것이 가장 나쁜 것은 아니다 : 가면 뒤에 단지 교활함만 있는 것이 아니다. ─ 간계에는 좋은 것이 많이 있다. 내가 생각해볼 수 있는 것은, 귀중하고 손상되기 쉬운 어떤 것을 숨기고 있어야 할 사람이 무거운 쇠테가 박히고 푸른 이끼가 많이 낀 낡은 포도주통처럼 평생 거칠게 둥글둥글 굴러다닌다는 사실이다. 그의 섬세한 수치심이 그렇게 하기를 원한다. 또한 그의 운명은 수치 속

에서 깊이를 지니고 있는 인간과 만나게 되고, 몇몇 사람만이 이르
게 되는 길목에서 부드러운 결단과 만나게 된다. 그러한 일이 있었
다는 것을 그의 이웃이나 가장 친근한 사람들도 알지 못한다 : 그들
의 눈에는 그의 생명이 위험하다는 것이 숨겨져 보이지 않으며, 이
와 마찬가지로 그가 다시 얻은 생명의 안정이 감추어져 보이지 않
는다. 본능적으로 침묵하고 비밀로 하기 위해 말을 사용하고, 끊임
없이 의사소통을 회피하는 이 은둔자는 자기 대신 자신의 가면이
친구들의 가슴과 머리 속에서 맴돌기를 원하고 장려한다. 그것을 원
하지 않더라도 그는 어느 날 그곳에 자신의 가면이 있으며, ― 또한
그것이 좋다는 사실에 대해 눈을 뜨게 될 것이다 : 심오한 정신에는
모두 가면이 필요하다 : 더 나아가 모든 심오한 정신의 주변에는 모
든 말 한 마디 한 마디, 모든 발걸음, 그가 부여하는 모든 생의 기호
를 끊임없이 잘못, 즉 천박하게 해석하는 덕분에 가면이 계속 자라
난다. ―

41.

사람들은 자신이 독립할 수 있고 명령할 수 있도록 예정되어 있는
지 스스로 시험해보아야 한다. 그런데 이것은 적당한 시기에 이루어
져야 한다. 아마 그 시험이 사람들이 할 수 있는 놀이 가운데 가장
위험한 놀이일지라도, 그리고 결국 다른 심판관 앞에서가 아니라,
증인인 우리 자신 앞에서 행해지는 시험에 지나지 않을지라도 사람
들은 자신의 시험을 회피해서는 안 된다. 한 사람에게 연연해서는
안 된다. 설령 그 사람이 가장 사랑하는 사람일지라도 말이다. ― 모

든 사람은 감옥이며 또한 후미진 구석의 모퉁이다. 조국에 매달려서는 안 된다. 비록 그것이 대단히 위기에 처해 있고 도움이 필요할지라도 말이다. ─ 물론 승리에 찬 조국에서 자신의 마음을 떼어놓기란 그리 어려운 일은 아니다. 동정에 연연해서는 안 된다. 비록 그것이 우리가 우연히 보아왔던 보다 높은 인간의 기이한 고통과 고립 무원의 상태에 해당한다고 할지라도 말이다. 한 학문에만 매달려서는 안 된다 : 그것이 겉으로는 바로 우리에게 남겨진 가장 귀중한 발굴물로 한 사람을 유혹할지라도 말이다. 자기 자신의 해방에 매달려서는 안 되며, 더욱더 많은 것을 자기 아래로 내려다보기 위해 언제나 더 창공 높이 날아오르는 새처럼 탐욕적으로 멀고 낯선 세계에 매달려서는 안 된다. ─ 그것은 비상하는 자의 위험이다. 우리 자신의 유덕함에 사로잡혀서는 안 되며, 전체적으로 우리는 예를 들어 우리의 '손님을 후대하는 친절'처럼 어떤 개별적인 덕의 희생이 되어서는 안 된다 : 고귀한 품성을 지닌 사람과 풍부한 영혼을 가진 사람은 소모적이고 서의 무관심하게 자기 자신을 대하며 편견 없는 덕을 악덕에 이를 때까지 밀고 나가는데, 이는 위험 중의 위험이다. 사람들은 **스스로를 보존할 줄** 알아야만 한다 : 이것이 가장 강한 독립성에 대한 시험이다.

42.

새로운 부류의 철학자들이 나타나고 있다 : 나는 감히 이들에게 위험할지도 모르는 이름을 부여하고자 한다. 내가 그들을 추측하는 한, 그들이 스스로 어떤 사람인지 추측하게 하는 한 ─ 그 어떤 곳에 수수께끼를 남기려고 하는 것이 그들의 속성이기 때문이다 ─ , 이러한 미래의 철학자들은 시도하는 자로 불릴 권리를, 또 아마 그렇게 불릴 부당한 권리를 가질 수도 있다. 이 이름 자체는 하나의 시도일 뿐이며, 사람들이 그렇게 하고자 한다면, 하나의 유혹이다.

43.

다가오는 이 철학자들은 새로운 '진리'의 친구들인가? 아마 그럴 것이다. 왜냐하면 모든 철학자는 지금까지 그들 나름의 진리를 사랑해왔기 때문이다. 그러나 그들이 독단론자가 될 수 없다는 것은 확실하다. 그들의 진리가 여전히 온갖 사람을 위한 진리이고자 한다면 ─ 이것은 지금까지 모든 독단적인 노력이 행한 은밀한 소망이자 저의였는데 ─, 이는 그들의 자부심에 반하는 일이며, 그들의 취향에도 반하는 일이 될 것이다 : "나의 판단은 나의 판단이다. 이에 대해 다른 사람도 권리를 갖는다는 것은 쉽지 않은 일이다." ─ 미래의 철학자는 아마 이렇게 말할 것이다. 수많은 사람과 의견을 일치시키려는 좋지 않은 취미에서 스스로 벗어나야만 한다. '선'이라는 것은 이웃 사람들의 입에 회자될 때 더 이상 선이 아니다. '공동선'이라는 것이 어떻게 있을 수 있겠는가! 이 말은 자기 모순이다 : 공동적이 될 수 있는 것은 언제나 가치가 적은 것일 뿐이다. 지금도 그렇고 항상 그랬던 것처럼, 결국 그럴 수밖에 없다 : 위대한 일은 위대한 사람을 위해 있으며, 심연은 깊이 있는 사람을 위해 있고, 상냥함과 전율은 예민한 사람을 위해 있다. 그리고 전체적으로 간결하게 말한다면, 모든 귀한 것은 귀한 사람을 위해 있다. ─

44.

이 미래의 철학자들, 이들 또한 자유로운, 지극히 자유로운 정신의 소유자들이 될 것이며, — 그렇게 확실히 그들은 자유정신이 될 뿐만 아니라, 잘못 오인되거나 혼동되는 것을 원하지 않으며 좀더 많은 좀더 높은, 좀더 위대한 그리고 근본적으로 다른 무엇이기를 원한다는 이 모든 것을 아직 내가 특별히 말할 필요가 있는가? 그러나 이러한 것을 말하면서 나는 그들 자신에 대해서와 마찬가지로 그들의 전령이며 선구자인 우리들에 대해서도, 우리 자유정신에 대해서도 **책임**을 느낀다. 너무나 오랫동안 안개처럼 '자유정신'이라는 개념을 불투명하게 만든 낡고 어리석은 편견과 오해를 우리 자신에게서 함께 없애버려야 한다는 **책임**을 느낀다. 현재 유럽의 모든 나라와 미국에서도 이러한 명칭을 잘못 사용하는 어떤 경우가 있다. 그들은 매우 편협하고 감금되어 있으며 사슬에 묶인 그러한 종류의 정신을 소유한 자들이며, 대략 우리의 의도와 본능에 놓여 있는 것과는 반대되는 것을 원하고 있다. 그들이 저 가까이 다가오는 **새로운** 철학자들에게 한층 굳게 닫힌 창문과 폐쇄된 문이 될 수 있다는 것은 말할 필요가 없다. 잘못해서 '자유정신'이라고 불리는 이 사람들은 간단히 그리고 나쁘게 말하면, **평균인**Nivellirer에 속한다. 즉 그들은 민주주의적 취향과 그 '현대적 이념'을 표현하는 능변과 달필의 노예일 뿐이다 : 이들 모두는 고독을 모르는 인간, 자신의 고독을 가지지 못한 인간, 졸렬하고 평범한 젊은이들이다. 그들이 용기와 존경할 만한 예절을 갖춘 것은 부인할 수 없지만, 그들은 자유롭지 못하고 웃을 수밖에 없을 만큼 천박하며, 특히 지금까지의 낡은 사회 형식 속에서 대략 **모든** 인간적인 불행과 실패의 원인을 보는 근본 성향을 가지고 있을 뿐이다 : 여기에서 진리는 다행히 전도된다! 그들이 전력을 다해 추구하는 것은 저 무리들처럼 푸른 목장의 일반적인 행복, 즉 모든 사람에게 삶의 안전, 무사, 쾌적함과 안도가 있는 행복이다. 그들이 지칠 때까지 마음껏 부른 두 가지 노래와 교리는 '권리의 평등'과 '고통받는 모든 자에 대한 공감'이라는 것이다. — 그들은 고통 자체를, **제거해야만** 하는 무엇으로 여긴다. 어디에서 또 어떻게 지금까지 '인간'이라고 하는 식물[8]이 힘차게 높이 성장해왔는가의 문제에 눈과 양심을 열어왔던 우리, 반대 입장에 있는 우리는 이러한 것이 언제나 반대 조건 아래 일어났으며, 이를 위해 인간 상황의 위험성은 어마어마하게 증대하고, 발명하고 위장하는 그의 힘(그의 '정신' —)이 오랫동안의 압박과 강제를 통해 정교하고 과감하게 발전되어가고, 그의 삶의 의지는 절대적인 힘의 의지까지 상승되어야만 한다고 생각한다 : — 우리는 가혹함, 폭력, 노예 근성, 뒷골목과 가슴속에 있는 위험, 은둔, 금욕주의, 유혹의 기술, 모든 종류의 악마성 그리고 인간이 가진 모든 악과 공포스러운 것, 포악스러운 것, 맹수 같은 것과 교활한 것이 그와 반대되는 것으로서 '인간'이라는 종을 향상시키는 데 잘 기여한다고 생각한다 : — 이렇게 많은 말을 했었지만 우리는 단 한 번도 충분히 말한 적은 없다. 어쨌든 우리가 이 자리에서 말을 하든 침묵을 지키든, 현대의 모든 이데올로기와 군중들의 소망과는 **다른 극(極)**에 존재한다 : 아마 그들의 대척자(對蹠者)로 존재하는 것이 아닌가? '자유정신의 소유자'인 우리가 바로 이야기하길 좋아하는 정신의 소유자가 아니라고 해서 무엇이 이상한가? 정신이란 것이 **무엇으로부터** 자기를 해방시킬 수 있고, 그 다음에는 정신이 **어디로** 인도되는지 우리가 밝히기를 원하지 않는다고 해서 무엇이 이상한가? 그런데 이것은 '선악의 저편'이라는 위험한 형식과 관계가 있으며, 적어도 우리는 이것과 혼동되지 않게 막아야 한다 : 우리는 '자유사상가libres penseurs, libri pensatori, Freidenker'와는 다른 존재이며, 스스로 이러한 '현대적 이념'의 용감한 대변인으로 불리기 좋아하는 그러한 모든 존재와도 다른 존재이다. 우리는 정신의 여러 나라에서 기거한 적이 있었으며 적어도 손님으로 머문 적은 있었다. 편애와 증오, 젊음, 출신, 인간과 책을 만나는 우연성, 또는 방황의 피로조차 우리를 가두는 것 같았던, 그러한 곰팡내 나는 편안한 구석의 은신처에서 우리는 언제나 빠져나왔다. 명예, 돈, 관직 또는 관능의 도취 속에 숨어 있는 의존성이라는 유혹의 수단에 분노하면서 말이다. 우리는 심지어 궁핍이나 자주 변하며 엄습해오는 병에 대해서조차 감사한다. 왜냐하면 그것은 항상 우리를 어떤 규칙이나 그 '선입견'에서 해방시켜주기 때문이다. 우리 안에 있는 신, 악마, 양, 벌레에게 감사하며 악덕에까지 호기심을 갖게 되고 잔인할 정도로 몰두하는 탐구자가 된다. 포착할 수 없는 것을 아무 생각 없이 모색하는 손가락을 가지고 있고 소화할 수 없는 것을 소화시키고자 하는 이와 위를 가지고 있다. 이것은 이미 날카로운 통찰력과 예민한 감각을 요구하는 수공업적인 작업이 되며, 넘치는 '자유의지' 덕분에 어떤 모험도 맞이할 준비가 되어 있다. 어느 누구도 쉽게 그 궁극적 의도를 간파할 수 없는 표면에 나타난 영혼과 배후에 숨겨진 영혼을 가지고 있으며, 그 누구의 발도 마지막까지 내달릴 수 없는 전경(前景)과 배후(背後)를 가지고 있다. 이는 빛의 외투 안에 숨어 있는 은둔자이며, 우리가 상속자이면서 낭비자처럼 보여도 실은 정복자이며, 아침부터 저녁까지 정리하는 사람이자 수집가이며, 우리 자신의 부와 우리 자신의 가득 찬 서랍을 채우는 구두쇠이며, 배우는 것과 잊어버리는 것에 능란하며, 도식을 만드는 것에 독창적인 재능이 있고 가끔은 범주표(範疇表)에 자부심을 가지고 있으며 또한 가끔은 현학자가 되기도 하고,
5 때때로 밝은 대낮에도 일을 하는 올빼미가 되기도 한다. 아니, 필요하다면 허수아비조차도 될 수 있다. ― 이것이 오늘날 필요하다. 즉 우리가 천성상 굳게 맹세한 시기심 많은 고독의 친구들인 한, 우리 자신의 가장 깊은 심야의, 정오의 **고독**의 친구인 한 그러하다 : 그러한 종류의 인간이 바로 우리다, 우리 자유로운 정신의 소유자여! 그
10 대 다가오는 존재들이여, 아마 **그대들** 또한 이와 같은 존재가 아닌가, 그대 다가오는 존재들이여? 그대 **새로운 철학자들**이여? ―

제 2 장 자유정신 77

제3장
종교적인 것

45.

　인간의 영혼과 그 한계, 지금까지 일반적으로 도달한 인간의 내적 체험의 범위, 이러한 체험의 높이, 깊이, 넓이, 영혼에 관한 **지금까지의 전 역사와 아직 다 고갈되지 않은 가능성** : 이것은 천부적인 심리학자와 '위대한 수렵'을 하는 친구에게는 예정되어 있는 수렵장이다. 그러나 그는 얼마나 자주 절망하며 이렇게 말해야만 하는가? "나는 혼자다. 아, 단지 혼자일 뿐이다. 그런데 이처럼 거대한 숲과 원시림이 있구나!" 그래서 그는 그곳에서 **자신의 사냥감을 쫓기 위해** 그들을 인간 영혼의 역사 안으로 몰아갈 수 있는 수백 명의 몰이꾼들과 예민하게 훈련된 사냥개를 원하게 된다. 그러나 이는 헛된 일이다 : 바로 자신의 호기심을 자극하는 모든 것 중에서 몰이꾼과 사냥개를 찾는다는 것이 얼마나 어려운지 그는 철저하게 쓰디쓰게 되풀이해서 확인하기 때문이다. 어떤 의미에서 보면 용기, 현명함, 예민함이 필요한 새롭고 위험한 사냥터에 학자를 보내는 것이 좋지 않다는 것은 '큰 사냥'이, 그러나 큰 위험도 시작되는 바로 그곳에서 그들은 더 이상 쓸모가 없어진다는 사실 때문이다 : 바로 그곳에서 그들은 예민한 눈과 코를 상실하게 된다. 예를 들어 지금까지 종교적 인간homines religiosi의 영혼 속에서 **지와 양심**의 문제가 어떤 역사를 가지게 되었는지를 추측하고 확인하려는 사람은 아마 파스칼의 지적 양심이 그랬던 것처럼, 스스로 그만큼 깊고 상처받고 거대

해야 할 것이다 : — 그런 다음에는 위험하고 고통에 찬 체험의 혼란을 위에서 내려다보며 정리하고 형식화할 수 있게 하는, 밝고 악의에 찬 정신성의 저 드넓게 펼쳐진 하늘이 여전히 필요할 것이다. — 그러나 누가 나에게 이러한 봉사를 하겠는가? 그러나 그러한 봉사하는 자를 기다릴 만한 시간이 있는 사람이 누가 있겠는가! — 그러한 사람의 출현은 분명 너무 드물며, 그러한 사람은 어느 시대에도 있을 것 같지가 않다! 결국 사람들은 몇 가지를 알기 위해서 **스스로** 모든 것을 해야만 하는 것이다 : 이는 할 일이 **많**다는 것을 의미한다! — 그러나 내가 가지고 있는 그러한 종류의 호기심은 이제 모든 악덕 가운데 가장 기분 좋은 것으로 남는다. — 용서를 빈다! 진리에 대한 사랑은 그 보답을 하늘에서와 이미 지상에서도 얻게 된다는 것을 나는 말하고 싶었다. —

46.

원시 그리스도교가 요구했고 드물지 않게 이르렀던 그 신앙, 여러 철학 학파들의 수세기에 걸친 긴 논쟁을 과거에도 당시에도 경험하고, 더욱이 로마제국이 베푼 관용의 교육을 받았던, 회의적이고 남국의 자유정신의 세계의 한가운데 나타났던 신앙 — 이 신앙은 루터Luther나 크롬웰Cromwell 같은 인물이나 그 밖에 북부의 정신적 야만인들이 그들의 신과 그리스도교에 매달려왔던 저 순진하고 거친 신민(臣民)의 신앙이 아니다. 오히려 그것은 이성의 지속적인 자살과 끔찍할 정도로 유사해 보이는 저 파스칼의 신앙이며, — 이것은 단 한 번에, 일격에 죽일 수 없는 끈질기게 장수하는 벌레 같은 이성이었다. 그리스도교적 신앙은 처음부터 희생이다 : 모든 자유와 긍지, 모든 정신의 자기 확실성을 바치는 희생이다. 동시에 이는 노예가 되는 것이며 자기 조소이자 자기 훼손이다. 연약하고 복잡하며 까다로운 양심에 요구되는 이러한 신앙에는 잔인성과 종교적인 페니키아주의Phönicismus가 깃들여 있다 : 이 신앙의 전제가 되는 것은 정신의 복종이 말로 표현할 수 없는 **고통을 준**다는 것, 또한 그러한 정신에 '신앙'은 극도의 부조리한 것으로 대립되어 나타나기 때문에, 그러한 정신의 전 과거와 습관은 부조리에 반항한다는 것이다. 그리스도교의 모든 전문 용어 체계에 무감각한 현대인들은, '자가에 매달린 신'이라는 형식의 역설이 고대의 취미에서는 전율할 정도로 최상의 것으로 느껴졌다는 것을 전혀 인식하지 못하고 있다. 지금까지 단 한 번도 그 어느 곳에서도 이 형식처럼 전도된 상태에서의 그와 같은 대담성, 그만큼 무서운 것, 문제시되는 것, 의혹이 가는 것은 존재하지 않았다 : 이는 고대의 모든 가치의 전도를 약속하는 것이었다. — 이러한 방식으로 로마에 대해, 그 고상하지만 경솔한 관용에 대해 로마적인 신앙의 '카톨릭주의'에 복수를 한 것은 동방이며, **깊이 있는** 동방이고, 동방의 노예였다 : — 노예로 하여금 주인에 대해 반란을 일으키게 만든 원인은 언제나 신앙이 아니라 신앙의 자유, 즉 신앙의 진지함에 대한 반쯤은 금욕적이고 반쯤은 냉소적인 무관심이었다. '계몽주의'는 반란을 일으킨다 : 즉 노예는 절대적인 것을 바라는 것이다. 그는 도덕에서조차 단지 포학한 것만을 이해할 뿐이다. 그는 미워하는 것과 마찬가지로 확고하게 심층에 이를 때까지 고통스러울 때까지 병이 들 정도로 사랑을 한다. — 감추어진 그의 많은 고통은 고통을 부정하는 듯 보이는 고상한 취미에 대해 반란을 일으킨다. 고통에 대한 회의, 근본적으로는 단지 귀족 계급의 도덕적 태도에 대한 회의는 프랑스 혁명과 더불어 최후의 거대한 노예 반란이 일어나는 데도 적지 않게 기여했다.

47.

지상에서 지금까지 종교적 신경증이 등장했던 곳에서 우리는 그것이 고독, 단식, 성적 금욕이라는 세 가지 위험한 섭생 규정과 연결되어 있다는 사실을 발견한다. — 그러나 여기에서는 무엇이 원인이고 무엇이 결과인지, 또는 여기에 원인과 결과의 관계라는 것이 도대체 있는 것인지의 여부에 대해 확실하게 단정할 수 없다. 끝까지 의심할 때 당연히 나오는 결론은 조야한 민족이나 온순한 민족의 경우, 가장 갑작스럽고 방탕하며 관능적인 쾌락은 또한 바로 종교적 신경증의 가장 일반적인 증상에 속하며, 이는 곧 마찬가지로 갑자기 참회의 경련이나 세계 부정과 의지 부정으로 바뀐다는 것이다 : 이 두 가지 증상은 아마 가면을 쓴 간질병으로 해석할 수도 있지 않을까? 그러나 그 어느 곳에서도 우리는 다음과 같은 해석에서 벗어날 수 없다 : 어떤 유형의 인간 주변에도 지금까지 그렇게 불합리와 미신이 가득 차 무성했던 적이 없으며, 지금까지 인간에게, 심지어는 철학자들에게 좀더 많은 관심을 가진 사람은 없는 것처럼 보인다. — 여기에서 바로 어느 정도는 냉정해지고 신중함을 배우고 이를 더 잘 표현한다면, 눈을 돌리고 떠나야 할 때인 것이다. — 가장 최근에 나타난 철학, 즉 쇼펜하우어의 철학적 배경에도 종교적 위기와 각성이라는 이러한 무서운 의문부호가 거의 문제 그 자체로 나타난다. 의지의 부정이란 어떻게 **가능한가?** — 성자는 어떻게 가능한가? 이는 실제로 쇼펜하우어가 철학자가 되게 했고 철학을 시작하게 만든 문제였던 것처럼 보인다. 그의 가장 충실한 신봉자(아마도 독일에 관한 한, 그의 마지막 신봉자이기도 하다—), 즉 리하르트 바그너 R. Wagner는 자기 자신의 필생의 작품을 바로 여기에서 마지막까지 완성했고, 또 마침내는 저 무서운 영원한 인간유형으로 육화된 살아 있는 인간형인 쿤드리Kundry[16]를 무대에 올려 상연했다는 것은 진정 쇼펜하우어적인 귀결이었다. 이와 같은 시기에 유럽의 거의 모든 나라에 있는 정신병 의사들은 그를 가까이에서 연구할 기회를 가졌으며, 어디에서나 종교적 신경증이 — 또는 내가 명명하듯이 '종교적인 것'이 — 구세군으로 마지막 유행병처럼 분출하고 행진해 나갔던 것이다. 그러나 도대체 성자라는 전체 현상의 어떤 점이 모든 유형의 인간과 모든 시대의 인간에게, 또한 철학자에게 그렇게 엄청난 관심을 갖게 했는지를 사람들은 자문하게 된다 : 그것은 의심의 여지도 없이 그 성자에게 뒤따르는 기적의 외관 때문이다. 즉 그에 따라붙는 직접적인 **연속되는 모순**이라는 외관, 도덕적으로 반대의 평가를 받는 영혼의 여러 상태가 직접적으로 연속되는 외관이 있기 때문에 그렇다 : 사람들은 여기에서 '악한 인간'이 갑자기 '성자'가 되고 선한 인간이 된다는 사실을 분명하게 믿게 된다. 종래의 심리학은 이러한 지점에서 난파했다 : 종래의 심리학이 도덕의 지배 아래 있었기 때문에, 그것이 도덕적인 가치의 대립 자체를 **믿었기** 때문에, 이러한 대립을 원전과 사실 안에 넣고 보았으며 읽고 **해석했기** 때문에, 주로 그러한 일이 일어난 것이 아닌가? — 뭐라고? '기적'은 해석의 한 오류에 불과한 것이 아닐까? 문헌학의 결함 탓인가? —

48.

　라틴 민족에게 그들의 카톨릭교는, 우리 북구인에게 그리스도교 전체가 일반적으로 그런 것보다 훨씬 더 내면적으로 귀속되어 있는 것처럼 보인다 : 따라서 카톨릭 국가에서 신을 믿지 않는다는 것은 프로테스탄트 국가에서와는 완전히 다른 의미를 지니는 것처럼 보인다. ─ 즉 그것은 민족의 정신에 대한 일종의 반역을 의미한다. 이에 반해 우리에게는 신을 믿지 않는다는 것이 오히려 민족의 정신(또는 비정신 ─)으로 귀환하는 것이다. 우리 북구인들은 의심의 여지 없이 야만족 출신이다. 종교에 대한 우리의 재능에 관해서도 그렇다 : 우리는 종교에 대해서는 재능이 빈약하다. 켈트족은 예외인데, 그들은 그렇기 때문에 북쪽에서 그리스도교에 전염되는 것을 수용하는 데 또한 가장 훌륭한 기반을 제공해왔다 : ─ 프랑스에서 그리스도교적인 이상은 북쪽의 창백한 태양빛이 허용하는 만큼 꽃을 피웠다. 그들의 혈통에 켈트인의 피가 흐르고 있는 한, 최근 프랑스의 회의주의자들마저도 우리의 취향에서 보면 얼마나 기이하게 경건한가! 로마인의 본능의 논리를 가지고 있는 오귀스트 콩트A. Comte의 사회학은 우리에게 얼마나 카톨릭교의 냄새를 풍기며 비독일적인 냄새를 풍기는가! 포르 루아얄Port-Royal[17]의 저 사랑스럽고 영리한 안내인 생트 뵈브Sainte-Beuve[18]는 제수이트교인들에게 적의적임에도 불구하고 얼마나 제수이트교적인가! 게다가 에르네스트 르낭E. Renan[19]의 경우에는 더욱 그러하다 : 우리 북구인들에게는 르낭 같은 그러한 인간의 말은 가까이하기 어려운 것처럼 들린다. 여기에서는 매순간 종교적인 긴장감에서 오는 어떤 허무가, 좀더 섬세한 의미에서 말하자면 관능적이고 안락하게 자리에 눕고자 하는 영혼의 균형을 빼앗아버린다! 이러한 그의 아름다운 문장을 한번 따라 읽어보자. — 그러면 그 반응으로 얼마나 악의와 오만이 아마 우리의 아름답지 못하고 좀더 딱딱한, 즉 좀더 독일적인 영혼 속에서 즉시 생겨날 것인가! — "그러므로 솔직하게 말해 종교란 정상적인 인간이 만든 산물이며, 인간이 더욱 종교적일수록, 무한한 운명을 확신할수록, 더욱 더 진실해진다.…… 인간은 선할 때, 미덕이 영원한 질서와 조응되기를 바란다. 사심 없는 태도로 사물을 관조할 때, 인간은 죽음이 불쾌하며 부조리하다는 것을 알게 된다. 인간이 가장 잘 보는 것은 바로 이 순간이라고 어찌 생각하지 않을 수 있겠는가?……" 이 문장은 내 귀와 습관에 매우 **반대되는** 것이었기에, 그것을 발견했을 때 나는 그 문장 옆에 '한마디로 종교적인 어리석음!'이라는 내 최초의 분노를 적어 넣었다. — 마지막 분노에 이르러 나는 거꾸로 뒤집힌 진리를 담은 이 문장이 심지어는 좋아지기까지 했다. 자기 자신에게 대척하는 자가 있다는 것은 실로 정중하고 훌륭한 일이다!

49.

고대 그리스인들의 종교심에서 놀라운 점은 억제하기 힘들 정도로 감사의 마음이 풍부하게 흘러 넘친다는 것이다 : — 그렇게 자연과 삶 앞에 서 있는 사람은 매우 고상한 종류의 인간이다! — 후에 천민이 그리스에서 우위를 차지하게 되었을 때, **공포**가 종교에서도 만연하게 되었다. 그리스도교가 준비되었던 것이다.

50.

　신에 대한 정열 : 루터의 방식처럼 촌스럽고 순진하고 주제넘은
종류가 있다. — 모든 프로테스탄티즘은 남구의 섬세함이 결여되어
있다. 분수에 넘치는 은혜를 입거나 승격된 노예에게서처럼, 예를
들면, 무례할 정도로 몸짓과 욕망의 기품이 없는 아우구스티누스에
게서처럼, 그 안에는 동양적인 몰아의 경지가 있다. 마담 드 기용
Madame de Guyon[20])에게서 볼 수 있는 것처럼, 거기에는 부끄러워
하면서도 알지 못하는 사이에 신비적이고 육체적인 합일을 갈망하
는 여성적인 애정과 욕정이 있다. 많은 경우에 이것은 소년 소녀의
사춘기로 가장해 기이하게 나타난다. 그리고 때때로 심지어 노처녀
의 히스테리로 나타나기도 하고, 또 최후의 허영심으로 나타나기도
한다 : — 교회는 이 경우 이미 여러 번 그러한 여성을 신성하다고
말해왔다.

51.

　지금까지 가장 강력한 인간은 자기 억제와 의도적이고 궁극적인
부자유의 이해할 수 없는 존재인 성자(聖者) 앞에서 언제나 경건하
게 머리를 숙여왔다 : 왜 그들은 머리를 숙였는가? 그들은 그 성자
의 내면에서 — 마치 그의 쇠약하고 가련한 겉모습의 의문부호 뒤
에서 — 그러한 억제를 통해 자신을 시험하고자 했던 탁월한 힘을,
그들이 자신의 강함과 지배자의 쾌락을 다시 인식하고 존경할 줄
알았던 의지의 강함을 느꼈다 : 성자를 존경했을 때, 그들은 자신에
게 있는 그 무엇을 존경했던 것이다. 게다가 성자를 바라보는 것은

그들에게 어떤 의구심을 제기하게 했다 : 그와 같이 엄청난 부정과 반자연(反自然)을 욕구한 것은 이유가 있었다고 그들은 스스로 말하고 물었다. 아마 그것에 관한 이유가, 아주 커다란 위험이 있는데, 금욕자는 비밀스러운 조언자나 방문자 덕분에 이 위험에 대해 좀더 자세히 알고 있는 것이 아닐까? 요컨대, 세계의 권력자들은 성자 앞에서 새로운 공포를 배웠다. 그들은 새로운 힘을, 낯설고 아직은 정복되지 않은 적을 예감했다 : ― 그들이 성자 앞에 머물도록 하기 위해 필요했던 것은 '힘에의 의지'였다. 그들은 그것을 묻지 않을 수 없었다 ――

52.

신의 정의에 대해 말하고 있는 유대인의《구약성서 *Altes Testament*》 안에는 거대한 양식의 인간과 사물, 말이 존재하는데, 그리스와 인도의 문헌에는 그에 비견할 만한 것이 없다. 우리는 일찍이 존재했던 인간 자취의 이러한 엄청난 유물 앞에서 공포와 외경을 느낀다. 그리고 이때 고대 아시아를 생각하고, 아시아에 비해 철저히 '인간의 진보'라고 해석하고 싶은, 아시아에서 돌출된 반도 유럽을 생각하면 슬픈 생각이 든다. 물론 유약하고 온순한 가축에 불과하며 가축 정도의 욕구만 아는 사람은(오늘날의 교양인들과 마찬가지로, '교양 있는' 그리스도교인들을 덧붙일 수 있다 ―), 저 폐허 아래서도 놀라지 않으며 슬퍼하지도 않는다. ― 구약성서에 대한 취향은 '위대함'과 '왜소함'을 판단하는 시금석이다 ― : 아마 이러한 인간은 은총의 책 신약성서를 언제나 더 자신의 마음에 맞는다고 느끼게 될 것이다(신약성서에는 매우 애정이 깊지만 둔감한 거짓 신자의 냄새와 소인(小人)의 냄새가 많이 들어 있다). 어떤 시각에서 보더라도 일종의 로코코적 취향인 이러한 신약성서를 구약성서와 더불어 묶어 하나의 책으로, '성서'로, '책 자체'로 만들어버렸다는 것 : 이것은 아마 문학적 유럽의 양심이 가지고 있는 최대의 파렴치이며 '정신에 반하는 죄'일 것이다.

53.

왜 오늘날 무신론이 문제가 되고 있는가? — '아버지' 신(神)은 근본적으로 거부되었고, 마찬가지로 '심판자', '보상자'도 거부되었다. 신의 '자유의지'도 마찬가지다 : 신은 인간의 소리를 듣지 못하고, — 설령 들었다고 하더라도, 그는 인간을 도울 수 없다. 가장 나쁜 것은 그가 자신의 의사를 분명하게 전달할 수 없는 것처럼 보인다는 것이다. 그는 모호한 존재인가? — 이것이 내가 여러 가지 대화를 나누는 가운데 묻고 경청하면서 유럽 유신론이 몰락한 원인으로 발견했던 것이다. 나에게는 실상 종교적인 본능은 왕성하게 성장했으며, — 이 본능이 바로 깊은 불신으로 유신론적인 만족을 거부하고 있는 것처럼 보인다.

54.

도대체 현대 철학 전체는 근본적으로 무엇을 하고 있는가? 데카르트 이래 — 사실은 그의 선례에 근거를 두기보다는 그에 대한 반항에서 — 사람들은 모든 철학자의 입장에서 주어 개념과 술어 개념의 비판이라는 외형적인 모습 아래 낡은 영혼 개념을 암살하고 있다. — 다시 말해 이는 그리스도교 교리의 근본 전제를 암살하는 것이다. 인식론적인 회의에서 출발한 현대 철학은 숨겨져 있든 드러나 있든, 반(反)그리스도교적이다 : 비록 그렇다 하더라도, 예민한 귀를 가진 사람을 위해 말하자면, 이는 결코 반종교적인 것은 아니다. 사람들이 문법과 문법적인 주어를 믿었듯이, 이전에는 '영혼'이라는 것을 믿었다 : 사람들이 말하기를, '나'는 제약하는 것이요, '생각한다'는 술어이자 제약되는 것이다. — 사유는 하나의 활동이며, 그것에는 반드시 원인으로 하나의 주어가 있다고 생각해야만 한다. 이제 사람들은 놀라울 정도의 집요함과 간계로 이러한 그물에서 빠져나올 수 없는가를 시도하고 있다. — 아니면 아마도 그 반대의 경우가 참은 아닐까, 즉 '생각한다'는 것이 제약하는 것이요, '나'는 제약되는 것이 아닐까, 즉 '나'란 사유 자체에 의해 **만들어진** 종합에 불과한 것이 아닌지를 시험해본다. **칸트**는 근본적으로 주체에게서 주체가 증명될 수 없음을 입증하고자 했다. — 또한 객체도 증명될 수 없다 : 주체라고 하는 **가상적 존재의 가능성**, 즉 '영혼'이 그에게 항상 낯선 것이 될 수는 없었을 것이다. 그러한 사상은 베단타 철학으로 일찍이 지상에서 엄청난 영향력으로 존재했다.

55.

종교적 잔인함이라는 커다란 사다리에는 수많은 디딤판이 있었다. 그러나 그 가운데 세 개의 디딤판이 가장 중요하다. 일찍이 사람들은 자신의 신에게 인간을, 아마 바로 가장 사랑했던 사람들을 희생으로 바쳤다. — 모든 선사 시대의 종교에서 나타나는 장자(長子) 희생도 이에 속하는 것이며, 티베리우스Tiberius 황제가 카프리 섬의 미트라 동굴에서 바친 희생 역시 이러한 것이고, 로마의 시대 착오적인 온갖 사건 가운데 저 가장 끔찍한 희생도 그것이다. 그런 다음, 인류의 도덕적인 시기에 이르러 사람들은 자신의 신에 사람들이 가지고 있던 가장 강한 본능, 자신의 '자연'을 희생으로 바쳤다. 이러한 축제의 즐거움은 금욕주의자, 감격한 '반(反)자연주의자'의 잔인한 눈초리 속에서 빛났다. 마지막으로, 희생으로 바칠 만한 그 무엇이 아직 남아 있는가? 사람들은 결국 한번은 숨겨진 조화(調和)나 미래의 행복과 정의를 위해 모든 위안을 주는 것, 신성한 것, 치료하는 것, 모든 희망과 모든 믿음을 희생해야 하는 것이 아닐까? 사람들은 신 자체를 희생으로 바치고 자신에 대한 잔인함에서 돌과 어리석음, 중력, 운명, 허무를 숭배하지 않으면 안 되었던 것일까? 허무를 위해 신을 희생으로 삼는다는 것 — 마지막 잔인함인 이러한 역설적인 신비는 이제 막 나타나고 있는 세대를 위해 남겨졌다 : 우리는 모두 이미 그것에 관해 어떤 것을 알고 있다. —

56.

나와 똑같이 어떤 수수께끼 같은 욕망을 가지고 염세주의를 밑바닥까지 생각해보고 금세기에 결국에는 즉 쇼펜하우어 철학의 형태로 나타난 염세주의의, 반쯤 그리스도교적이고 반쯤 독일적인 편협함과 단순성에서 염세주의가 해방되도록 오랫동안 노력하는 사람,

실로 한번은 아시아적인 초아시아적인 눈으로 가능한 모든 사유방식 중 세계를 가장 부정하는 사유방식으로 꿰뚫고 들어가 바닥을 본 적이 있는 — 부처나 쇼펜하우어처럼, 도덕의 속박이나 망상에 있는 것이 아니라 선과 악의 저편에 있는 사람, 이러한 사람은 그것을 의도한 적이 없다고 해도 아마 이로 말미암아 반대되는 이상에 눈을 뜨게 되었을 것이다 : 즉 가장 대담하고 생명력 넘치며 세계를 긍정하는 인간의 이상에 눈을 뜨게 되었을 것이다. 그러한 인간은 과거에 존재했고 현재 존재하는 것과 타협하고 화합하는 법을 배워왔을 뿐만 아니라, 과거에 그렇게 존재했고, 현재도 그렇게 존재하는 방식대로 그것을 다시 갖고자 하는 것이다. 자기 자신에 대해서뿐만 아니라 인생이라는 전체 작품과 연극에 대해서, 이러한 연극에 대해서뿐만 아니라 근본적으로 바로 이러한 연극이 필요한 — 필요하게 만든 — 사람에 대해 영원을 넘어 지치지 않고 다시 한번da capo을 외치면서 말이다 : 그에게는 항상 다시 자신이 필요하며, — 그리고 필요하게끔 만들기 때문이다.— —뭐라고? 이것이야말로 악순환인 신circulus vitiosus deus이 아니란 말인가?

57.

인간을 둘러싼 거리와 말하자면 공간은 인간의 정신적인 시선과 통찰의 힘과 함께 넓어진다 : 인간의 세계는 더욱 깊어지고 언제나 새로운 별들이, 새로운 수수께끼와 형상들이 시야에 들어오게 된다. 정신의 눈으로 예리함과 통찰력을 단련해온 모든 것은 아마 자신을 훈련시키기 위한 계기에 불과할 것이며, 하나의 놀이, 어린이나 어린아이 같은 자들을 위한 그 무엇에 불과했을 뿐이다. 그것 때문에 싸워왔고 고통받아왔던 장엄한 개념, 즉 '신'이나 '죄' 같은 개념들은 노인에게 어린아이의 놀이 도구나 고통이 그렇게 보이듯이, 아마도 언젠가는 우리에게 중요치 않은 것처럼 보이게 될 것이다. ─ 그러고 나서 아마 '노인'에게는 다시 놀이 도구와는 다른 고통이 필요하게 될 것이다. ─ 변함없이 여전히 어린아이이며, 영원한 어린아이인 것이다!

58.

진정한 종교 생활을 위해서는 (그리고 자기 검증이라고 하는 좋아하는 세밀한 작업을 위해서도, '기도'라고 불리고 '신의 강림'을 위한 부단한 준비이기도 한 저 부드럽고 침착한 태도를 위해서도) 어느 정도까지 외적인 한가함이나 절반 정도의 한가함이 필요한지를 사람들은 잘 관찰해왔다. 즉 내가 의도하는 것은 양심에 거리낌 없는 한가함, 즉 노동은 더럽힌다 ─ 즉 영혼과 몸을 천하게 만든다? ─는 귀족의 감정에 전혀 낯설지 않은 옛부터의 혈통상의 한가함이다. 따라서 현대의 소란스럽고 시간을 독점하며 자신에 대해 자부심을 가진, 어리석게도 자부하는 부지런함이 다른 어떤 것보다도 바로 '신앙이 없는 자'를 가르치고 준비하는 것이 아닐까? 예를 들면 나는 지금 독일에서 종교와 관계 없이 살고 있는 사람들 중에서 '자유사상'을 소유한 다양한 종류와 내력의 인간들을 발견한다. 그러나 무엇보다도 그러한 사람들은 대부분 부지런함 때문에 세대를 거치면서 종교적인 본능을 해체시켜버렸다 : 그래서 그들은 왜 종교가 필요한지 전혀 알지 못하며, 일종의 생기 없는 놀라움으로 세계에 종교가 존재하고 있음을 인식할 뿐인 것이다. 그들, 이 용감한 사람들은 자신의 일에 의해서든 향락에 의해서든 '조국'이나 신문, '가족의 의무'에 대해서 말하지 않을 권리가 이미 충분히 있다고 느끼고 있다 : 그들은 종교를 위한 여분의 시간을 전혀 가지지 않는 것 같다. 특히 종교 문제에서 중요한 것은 새로운 일인가 아니면 새로운 향락인가 하는 문제가 그들에게 불분명하게 남게 된다는 점이다. ― 순전히 좋은 기분을 망치기 위해 교회에 나가는 것은 있을 수 없다고 스스로에게 말하고 있기 때문이다. 그들은 종교적 관습의 적대자들은 아니다. 어떤 경우, 즉 국가의 입장에서 그러한 관습에 참여할 것을 요구하는 경우, 그들은 많은 일을 처리하듯이 그렇게 요구받은 것을 해내는 것이다. ― 참을성 있고 겸손한 진지함으로 그다지 많은 호기심과 불쾌감을 지니지 않고 : ― 그들은 이제 스스로 그러한 일에 찬성과 반대가 필요하다는 사실을 느끼기에는 너무나 떨어져 외부에 살고 있다. 오늘날 중류 계층에 속하는, 특히 근면한 상업과 교통의 대중심지에 살고 있는 독일 프로테스탄트 대부분이 이러한 무관심한 부류에 속한다. 근면한 학자들과 전체 대학 관계자 대부분도 마찬가지다(신학자들은 예외인데, 그곳에서의 그들의 존재와 가능성은 심리학자에게는 더욱더 그리고 더욱 미묘한 풀어야 할 수수께끼가 되어가고 있다). 독일의 어느 학자가 종교 문제를 진지하게 생각하기 위해서는 이제 얼마나 **많은** 선한 의지와, ― 또는 다음과 같은 용어로도 표현할 수 있는 ― 자의적인 의지가 필요한지를 신앙심 깊은 사람의 입장이나 또한 교회를 믿는 사람들의 입장에서는 거의 상상하지 못한다. 자신의 수공업적 작업 전체에서 (그리고 이미 말한 것처럼 그의 현대적 양심이 그에게 요구한 수공업적 작업의 근면성에서) 이 학자는 종교에 대해 우월적인 태도와 거의 호의적이라 할 수 있는 명랑한 태도를 취하는 경향이 있는데, 이 태도에는 때때로 가벼운 경멸이 뒤섞여 있다. 이는 사람들이 교회에 가 여전히 신앙고백을 하는 곳에서는 어디서든지 있다고 가정되는 정신의 '불순'을 향해 있다. 이 학자가 종교에 대해 경외심 넘치는 진지함과 일종의 두려움에 찬 사려심을 지니게 하는 것은 역사의 도움으로(즉 개인적인 경험에서가 아니라) 비로소 이루어진다. 그러나 그가 종교에 대한 자신의 감정을 심지어 감사의 마음으로까지 높였다고 하더라도, 이때도 그 자신은 아직 교회나 경건으로 이루어진 것에서 아직까지 한 걸음도 더 가깝게 들어가지 못했다 : 아마 반대일 것이다. 그 안에 들어가 그가 태어나고 교육을 받아왔던 종교적인 일에 대해 사실상 무관심한 것은 그에게서는 종교적인 인간과 사물과 접촉하는 것을 두려워하는 신중함과 순수성으로 승화되곤 한다. 그렇기 때문에 관대한 행위 자체가 수반하는 미묘한 곤경을 회피하게 만드는 것은 곧 그의 관용과 인간성의 깊이일 수 있을 것이다. — 어느 시대나 시대적인 고안물에 다른 시대가 부러워할 수 있는 신적인 종류의 특유한 소박함이 있다 : — 그러나 얼마나 많은 소박함이 존경할 만하고 어린아이 같은 끝없이 우둔한 소박함이 학자의 이러한 우월한 신념 속에, 그의 관용의 양심 속에, 아무것도 모르는 단순한 확신 속에 있는 것인가. 이러한 확신을 가지고 그의 본능은 종교적인 인간을 자신보다 저급하고 낮은 유형으로 취급하며, 그 유형을 넘어 자신은 **위로** 성장한 것으로 본다. — 왜소하고 오만한 난쟁이이자 천민인 그, '이념'이나 '**현대적** 이념'을 부지런하고 재빠르게 다루는 정신 노동자이자 육체 노동자인 그가 말이다!

59.

세계를 심층적으로 통찰한 사람은 아마 인간들이 피상적이라는 사실에 어떤 지혜가 있음을 알아차릴 것이다. 인간에게 덧없고 경솔하고 거짓된 것을 가르치는 것은 인간의 보존 본능이다. 우리는 여기저기서 철학자에게서나 예술가에게서 정열적이고 과장된 '순수 형식'에 대한 숭배를 발견한다 : 이와 같이 피상적인 것에 대한 숭배가 **필요한** 사람이 불행하게도 언젠가 그 피상적인 것 **아래의** 것을 선택했다는 사실에 대해서는 의심할 사람이 없을 것이다. 삶의 모습을 **위조하는** 의도에서만 (마치 삶에 대한 끈질긴 복수 속에서) 삶의 즐거움을 찾는 이들 화상당한 어린이들, 즉 천부적인 예술가들에게 조차도 위계 질서가 있다 : 우리는 그들이 어느 정도까지 삶의 모습을 위조하고 희석하고 저편 세계의 것으로 만들며 신격화된 삶의 모습을 원하는지에 따라, 거기에서 삶이 그들에게 가한 고통의 정도를 추정할 수 있을 것이다. ― 우리는 종교적 인간die homines religiosi을 **최고의** 서열에 두거나 예술가들에게 포함시킬 수도 있을 것이다. 수천 년 동안 생존에 관한 종교적인 해석을 이빨로 물어뜯을 것을 강요하는 치유할 수 없는 염세주의에 대한 깊은 불신의 두려움이 있다 : 그것은 인간이 충분히 강해지고, 견고해지며 충분히 예술가가 되기 전에, 우리가 **너무 일찍** 진리를 획득하는 것은 아닌지를 예감하는 저 본능이 지닌 두려움이다…… 이러한 시각에서 보면, 경건성, '신 안에서의 삶'이란 이때 진리에 대한 **두려움의** 가장 예민한 최후의 산물이며, 모든 위조 가운데 가장 철저한 위조에 대한 예술가의 경배이자 도취이며, 진리를 전도하고자 하는 의지이자 어떤 경우에도 비진리를 향하는 의지처럼 보인다. 아마 지금까지는 인간 자신을 미화하는 데 경건함보다 더 강력한 수단은 없었던 것 같다. 이 경건함을 통해 인간은 예술, 표면적인 것, 색채의 유희, 선한 것이 될 수 있었기에, 사람들은 자신의 모습에 대해 더 이상 고통스러워하지 않는다. ―

60.

신을 위해 인간을 사랑한다는 것 ― 이것은 지금까지 인간이 도달한 가장 고귀하고 통례에서 벗어나 있는 감정이었다. 신성시하려는 숨은 의도가 없는 인간에 대한 사랑은 어리석음이나 동물성 이상의 의미가 있으며, 이러한 인간애의 성향은 더욱 고차적인 성향에서 자신의 기준, 섬세함, 극히 소량의 소금과 아주 작은 용연향(龍涎香)[21]을 얻을 수 있다. ― 이러한 것을 처음으로 느끼고 '체험한' 사람은, 또한 그가 어떤 인간이었어도 그러한 섬세함을 표현하고자 했을 때, 얼마나 자신의 혀를 많이 더듬거렸을 것인가. 그는 지금까지 가장 높이 날아갔으며 가장 아름답게 길을 잃은 인간으로 어느 시대에나 우리에게 성스럽고 존경받을 만한 인물로 남게 된다!

61.

　우리가 이해하는 철학자, 즉 우리 자유정신은— 인류의 총체적 발전에 양심을 지닌, 가장 포괄적인 책임을 진 인간이다 : 이러한 철학자는 그때그때의 정치적, 경제적 상황을 이용하는 것처럼, 인류를 육성하는 사업과 교육 사업을 위해 종교를 이용하게 된다. 종교의 도움 아래 이행될 수 있는 선택하고 육성하는 영향, 즉 항상 파괴적이고도 창조적이며 형성하는 영향은 종교의 속박과 보호 아래 놓이게 되는 인간의 종류에 따라 더욱 다층적이고 다양하다. 강자, 독립적인 자, 명령하도록 준비된 자와 예정되어 있는 자, 즉 지배하는 종족의 이성과 기교가 구현되는 자에게는 종교란 저항을 극복하고 지배할 수 있기 위한 수단 이상이다 : 그것은 지배자와 예속된 자를 공동으로 묶는 유대의 끈이고 후자의 양심이며 기꺼이 복종에서 벗어나고자 하는 은밀하게 숨긴 그들의 속마음을 전자에게 알려주고 넘기는 것이다. 만일 그러한 고귀한 혈통을 지닌 개인이 높은 정신성으로 인해 은둔적이고 명상적인 생활에 기울어지고, (선택된 제자나 수도원의 수도사들에 대한) 가장 정교한 성질의 지배만을 남겨놓을 경우, 종교 자체는 **조야한** 지배의 소란스러움이나 노고를 벗어나 안정을 취하게 하고, 정치적인 모든 작업에 **반드시** 따라오게 마련인 더러움을 벗어나 순수하게 하는 수단으로조차 이용될 수 있다. 예를 들면 브라만 승려들은 이것을 알았던 것이다 : 종교 조직에 힘입어 그들은 왕을 임명할 권한을 백성에게 부여했지만, 그들 스스로는 좀더 높고 왕을 초월하는 과제를 지닌 인간으로 멀리 떨어져 밖에 있는 것처럼 행동하고 느꼈던 것이다. 그런 동안 종교는 지배받는 사람들의 일부에게도 언젠가 지배하고 명령하는 것을 준비하는 가르침과 기회를 준다. 즉 서서히 등장하는 계층과 신분의 사람들을 위한 것이며, 그들 안에서는 행복한 결혼 풍습에 의해 의지의 힘과 즐거움과 자기 지배의 의지가 항상 상승하고 있는 것이다 : — 그들에게 종교는 더 높은 정신성의 길을 가도록, 위대한 자기 극복, 침묵, 고독의 감정을 시험하는 충분한 자극과 유혹을 제공한다 : — 어떤 종족이 자신의 천민 출생을 극복하고 지배자가 되고자 하며, 언젠가 지배권을 획득하기에 이르고자 한다면, 금욕주의와 청교도주의Puritanismus는 거의 불가결한 교육 수단이고 향상의 수단이다. 마지막으로 평범한 사람들, 즉 봉사하고 일반적인 유용성을 위해 존재하며, 단지 그러한 한에서 존재할 만한 대부분의 사람들에게는, 종교란 자신의 상황과 천성에 무한한 만족과 다양한 마음의 평화, 복종의 고귀함과 자신과 같은 사람들과 함께 겪는 행복과 고통 이상을, 모든 일상이나 총체적인 영혼의 천박함이나 전체적인 반(半)동물적인 빈곤함을 변용하고 미화하며 정당화하는 무엇을 부여한다. 종교 그리고 삶에 대한 종교의 중요성은 이와 같이 항상 고통받는 인간들에게 태양빛을 주며, 그들 자신으로 하여금 자신의 모습을 견딜 수 있게 한다. 이는 마치 에피쿠로스 철학이 더 높은 지위에 있는 고통받는 사람들에게 영향을 주곤 했던 것처럼, 즐겁게 하고 순화시키며 마치 고통을 이용하는 것처럼 하면서, 마침내 아주 성화(聖化)하고 정당화시킨다. 아마 그리스도교나 불교에서 경건함에 의해 더 높은 사물의 가상적 질서로 들어가도록 가장 비천한 사람들을 가르치고, 그들이 참혹하게 사는 — 바로 이러한 참혹성이 필요한 것이다! — 현실의 질서에 만족하도록 하고 스스로 매달리게 하는 기술만큼 존중해야 할 것은 없을 것이다.

62.

물론 마지막으로 이와 같은 종교에 대해서도 심한 검산을 하고 그 엄청난 위험성을 밝혀야 할 것이다. — 만일 종교가 철학자의 손 안에 있는 육성의 수단과 교육의 수단이 **아니라**, 그 스스로 **절대 권한**으로 군림한다면, 만일 종교가 다른 수단들과 병립해 있는 수단이 아니고 그 자체로 궁극적인 목적이고자 한다면, 이는 언제나 비싸고 무서운 대가를 치르게 된다. 다른 모든 종류의 동물의 경우와 마찬가지로 인간에게서도 넘쳐나는 덜된 자, 병든 자, 퇴화되어가는 자, 허약한 자, 고통이 필요한 자가 있다. 성공한 경우들은 인간에게서도 언제나 예외이며, 심지어 인간은 **아직 확정되지 않은 동물이다**라는 사실을 고려하면, 그것은 더 드문 예외이다. 그러나 더욱 좋지 않은 것은 어떤 인간에 의해 구현되는 인간형의 종류가 더 많아질수록, 그가 **성공**하지 못할 개연성은 더욱 커지게 된다 : 우연적인 것, 즉 인류라는 전체 가계 운영에 포함되어 있는 부조리의 법칙은 그 삶의 조건이 예민하고 복잡하여 계산하기 힘든 차원 높은 인간에게는 파괴적인 작용을 미친다는 점에서 가장 무서운 힘을 나타낸다. 앞서 언급된 두 위대한 종교들은 이제 이렇게 실패한 경우가 **넘쳐날** 때 어떤 태도를 취하는가? 이 종교들은 단지 어떤 방식으로만 보존할 수 있는 것을 보존하고 삶에 결부시키려고 한다. 사실 종교들은 **고통받는 사람들**을 위한 종교로 근본적으로 그들의 편에 서 있다. 어떤 병에 고통받고 있는 것처럼 삶에 고통받고 있는 모든 사람의 언행이 옳았음을 인정하며, 다른 모든 삶의 감각은 거짓된 것으로 여기고 불가능하다는 것을 관철시키고 싶어 한다. 사람들은 아끼며 보존하는 이러한 배려를 — 이것이 다른 모든 사람과 더불어 최고의 인간 유형에, 지금까지 언제나 또한 가장 심하게 고통받는 인간 유형에 적용하고 적용해왔던 한 — 여전히 아주 높이 평가하고 싶어 할지 모른다 : 전체를 결산해보면 지금까지의 종교, 즉 절대 권한을 가진 종교들은 '인간' 유형을 낮은 단계에 머물게 한 주요 원인이 되
5 었다. — 이것들은 **몰락해야만 했던** 것을 너무 많이 보존해왔다. 사람들은 그것들에 헤아릴 수 없이 많이 감사해야만 한다. 예를 들어 그리스도교의 '성직자들'이 지금까지 유럽을 위해 행해왔던 모든 것 앞에서 빈한해지지 않도록, 사람들은 감사의 마음을 충분히 넉넉하게 가져야 하는 것이 아닌가! 더구나 그들은 고통받는 사람들에게
10 는 위안을, 억압받고 절망하는 사람들에게는 용기를, 홀로 독립할 수 없는 사람들에게는 지팡이와 의지할 것을 주었고, 내면적으로 파산한 사람들과 광포해진 사람들을 사회에서 이끌어내어 수도원과 감화원으로 유도했던 것이다 : 양심을 가지고 그와 같이 원칙적으로 병든 자와 고통받는 모든 자를 보존하기 위해, 다시 말해 행위와
15 진실에서 **유럽 종족의 열등화**를 위해 작업하는 것 외에 그들이 해야만 했던 것은 무엇이었던가? 모든 가치평가를 **전도**시키는 것 — 그들은 이것을 했어야만 했다! 그래서 강한 사람을 부서지게 만들고 커다란 희망을 병들게 하고 아름다움에 있는 행복에 의문을 품게 하고, 모든 자기 주권적인 것, 남성적인 것, 정복적인 것, 지배하고
20 자 하는 것, '인간'이라는 최고로 성공한 유형에 고유한 모든 본능을 불확실성, 양심의 궁핍, 자기 파괴로 꺾이게 하는 것, 아니 지상적인 것에 대한, 대지를 지배하고자 하는 모든 사랑을 대지와 지상적인 것에 대한 증오로 역전시키는 것 — 이것을 교회는 스스로의 과제로 제기했고, 또한 제기할 수밖에 없었다. 그리하여 교회의 가치평

가를 위해 마침내 '탈세속화', '탈관능화'와 '보다 높은 인간'이 하나의 감정으로 융합하게 되었다. 만일 사람들이 에피쿠로스의 신 같은, 비웃는 듯하고 무관심한 눈으로 유럽 그리스도교의 기이하게 고통스럽고 조야하기도 하며 또한 섬세하기도 한 희극을 조망할 수 있다면, 끝없이 놀라워하며 웃지 않을 수 없을 것이라고 나는 믿는다 : 결국 인간에게서 하나의 **숭고한 기형아**를 만들려는 의지가 18세기 동안 유럽을 지배해왔던 것처럼 보이는 것이 아닌가? 그러나 누군가가 정반대의 욕구, 즉 더 이상 에피쿠로스적인 것이 아니라, 어떤 신적인 해머를 가지고, 그리스도교적인 유럽인(예를 들어 파스칼)이 그런 것처럼 이렇게 거의 자의적으로 인간을 퇴화시키고 위축하게 하는 방향으로 접근했다고 한다면, 그는 여기에서 분노와 동정, 놀라움으로 소리칠 수밖에 없었을 것이다 : "오 그대 바보들이여, 그대 오만하고 불쌍한 바보들이여, 그대들이 여기에서 무엇을 했단 말인가! 이것이 그대들의 손에 맞는 작업이었던가! 그대들은 어떻게 나의 가장 아름다운 돌을 잘못 잘라 망쳐놓았던가! 그대들은 그대들에게서 무엇을 끄집어냈던가!" ─ 나는 다음과 같은 사실을 말하고자 했다 : 그리스도교는 지금까지 가장 숙명적인 방식의 자기불손이었다. 인간을 예술가로 조형할 수 있기에는, 인간은 충분히 고귀하지도 준엄하지도 않다. 숭고한 자기 극복으로 천태만상의 실패와 몰락의 중요한 법칙을 지배할 수 있기에는, 인간은 충분히 강하지도 멀리 내다보는 시야도 가지고 있지도 않다. 인간과 인간 사이에 놓인 헤아릴 수 없는 다양한 위계 질서와 위계의 간극을 보기에는 인간에게 충분한 품위가 없다 : ─ **그러한** 인간들이 그들의 '신 앞에서의 평등'으로 지금까지 유럽의 운명을 지배해왔다. 즉 마침내 왜소해지고 거의 어처구니없는 종족, 무리 동물, 선량하고 병들고 평범한 존재가 육성될 때까지 말이다. 오늘날의 유럽인들이 그들이다……

제4장
잠언과 간주곡

63.

근본적으로 선생이란, 모든 일을 자기 학생과의 관계에서만 진지하게 생각한다. ― 심지어 자기 자신마저도.

64.

'인식을 위한 인식' ― 이것은 도덕이 만들어놓은 마지막 함정이다. 이것으로 말미암아 사람들은 다시 한번 완전히 그 안으로 빠져들어간다.

65.

인식에 이르는 길 위에서 그렇게 많은 부끄러움을 극복할 수 없다면, 인식의 매력은 적을 것이다.

65 a.

죄를 범해서는 안 된다!라고 말할 때, 사람들은 신에게 가장 불성실한 것이다.

66.

스스로를 경멸하고 훔치고 속이며 착취하는 경향은 인간 사이에 있는 신의 수치일지 모른다.

67.

한 사람에 대한 사랑은 야만성이다 : 그것은 다른 사람을 모두 희생하며 행해지기 때문이다. 신에 대한 사랑도 마찬가지다.

68.

내 기억은 "이것을 내가 했다"고 말한다. 내가 그러한 것을 했을 리 없다고 내 자부심은 말하며 냉정해진다. 결국 — 기억이 양보한다.

69.

만일 아끼는 척하면서 죽이는 손을 본 적이 없다면, 인생을 제대로 본 것이 아니다.

70.

성격이 있는 자는 언제나 되풀이해서 돌아오는 자신의 전형적인 체험도 갖게 된다.

71.

천문학자로서의 현자(賢者). — 만일 네가 별들을 아직도 "네 위에 있는 것"으로 느낀다면, 너에게는 인식의 시야가 아직 결핍되어 있는 것이다.

72.

높은 감각의 강함이 아니라, 지속되는 것이 높은 인간을 만든다.

73.

자신의 이상에 이르는 사람은, 이로써 그 이상마저도 넘어선다.

73 a.

공작(孔雀)은 대부분 바라보는 모든 사람의 눈 앞에서 자신의 꼬리깃을 감춘다. — 이를 공작의 자존심이라 한다.

74.

천재성이 있는 인간은 그 외에도 최소한 감사하는 마음과 정확성이라는 두 가지를 더 첨가해 가지지 못한다면, 견디기 어렵다.

75.

한 인간의 성욕의 정도와 성질은 정신의 마지막 정상에까지 이른다.

76.

호전적인 인간은 평화로운 상태일 때 자기 자신에게 덤벼든다.

77.

사람들은 자신의 원칙을 가지고 자신의 습관을 제압하거나 정당화하거나 존중하거나 비난하거나 은폐하려고 한다 : ─ 이 때문에 똑같은 원칙을 가진 두 사람은 아마 결국에는 근본적으로 다른 것을 바라게 될 것이다.

78.

자기 자신을 경멸하는 사람은, 그러면서도 언제나 경멸하는 자인 자신을 존중한다.

79.

자기가 사랑받고 있는 줄 알면서도, 자신을 사랑하지 않는 사람은 영혼의 침전물을 드러낸다 : ─ 그 영혼의 가장 밑바닥에 있는 침전물이 올라오게 되는 것이다.

80.

해명된 일은 우리의 관심을 끌지 못한다. — "너 자신을 알라!"고 충고한 저 신이 의도했던 것은 무엇일까. 이것은 아마 "너 자신에게 관심을 갖지 말라! 객관적이 되라!"라는 말이었던가. — 그런데 소크라테스는 어떤가? — '학문적인 인간'은 어떤가? —

81.

바다 한가운데서 갈증이 나 죽는다는 것은 무서운 일이다. 그런데 그대들은 자신의 진리가 한 번도 갈증을 해소시킬 수 없을 정도로 그것을 바로 소금에 절여야만 하는가?

82.

"모든 사람을 동정하라" — 이것은 너 자신에 대한 가혹함이며 포학일 것이다. 나의 친애하는 이웃들이여! —

83.

본능. — 집이 불타고 있을 때, 사람들은 점심식사마저 잊는다. — 그렇다 : 그러나 사람들은 잿더미 위에서 이를 다시 해결한다.

84.

여성은 매혹하는 것을 잊어버림에 따라 미움을 배운다.

85.

똑같은 열정이라도 남자와 여자는 템포가 다르다 : 그 때문에 남자와 여자 사이에는 오해가 그치지 않는다.

86.

여성 스스로는 모든 개인적인 허영심의 배후에 항상 그들의 비개인적인 경멸감을 여전히 지니고 있다 ― '여성' 자신에 대해.

87.

구속된 마음, 자유로운 정신. ― 만일 사람들이 자신의 마음을 엄격하게 묶어 잡아두면, 자신의 정신에 많은 자유를 줄 수 있다 : 나는 이것을 이미 한번 말했다. 그러나 사람들은 이것을 알지 못했는지 내 말을 믿지 않는다.

88.

매우 현명한 사람들마저도 당황하게 되면, 사람들은 불신하기 시작한다.

89.

무서운 체험은 그것을 체험한 사람이 무서운 존재는 아닌지 추측하게 한다.

90.

힘들고 우울한 인간들은 바로 다른 사람을 힘들게 함으로써, 즉 미움과 사랑으로 경쾌해지고, 잠시 자신의 표면에 떠오른다.

91.

너무나 차갑고 얼음 같아 사람들은 그에게서 손에 화상을 입는다! 그를 만지는 손은 모두 깜짝 놀란다! ─ 그리고 바로 그 때문에 많은 사람이 그를 뜨겁게 달아오른 사람으로 여긴다.

92.

좋은 평판을 얻으려고 한번이라도 자기 자신을 희생해보지 않은 사람이 있었던가?

93.

상냥함에는 인간에 대한 증오 같은 것은 전혀 없다. 그러나 바로 그렇기 때문에 인간에 대한 경멸이 너무나 많은 것이다.

94.

남성의 성숙 : 이는 사람들이 어릴 때 놀면서 가졌던 진지함을 다시 발견하는 것을 말한다.

95.

스스로 자신의 부도덕함을 부끄러워하는 것 : 이는 마지막에는 자신의 도덕성도 부끄러워하게 되는 층계의 첫 계단이다.

96.

사람들은 오디세우스가 나우시카와 이별했을 때처럼, 그렇게 삶과 이별해야만 한다. ― 연연해 하기보다는 축복하면서.

97.

뭐? 위대한 인간이라고? 나는 언제나 자기 자신의 이상을 연기하는 배우만을 볼 따름이다.

98.

양심을 길들이면, 그것은 우리를 깨물면서 동시에 입맞춘다.

99.

환멸을 느낀 사람은 말한다. ―"나는 반향에 귀를 기울였다. 그러나 나는 단지 칭찬만 들었을 뿐이다.―"

100.

우리는 모두 자기 자신을 실제로 있는 것보다 더 단순하다고 가정한다 : 우리는 그렇게 주변의 인간들에게서 떨어져 휴식을 취한다.

101.

오늘날 인식하는 사람은 스스로를 금수화(禽獸化)된 신처럼 가볍게 느끼고 싶어한다.

102.

본래 사랑하는 사람이 사랑의 응답을 받으면 사랑받는 사람에 대한 환각에서 깨어나게 되는 것이 아닐까. "뭐? 너 따위를 사랑하다니, 모자라는 짓이 아닌가? 아니면 그토록 어리석단 말인가? 아니면 ― 아니면 ―"

103.

행복 속에 있는 위험. ―"이제 내 모든 것은 최상의 상태에 이르렀고, 이제부터 나는 어떤 운명도 사랑한다 : ― 누가 나의 운명이 되길 원하는가?"

104.

오늘날 그리스도교인들이 우리를 화형시키지 못하게 하는 것은 그들의 인간애가 아니라, 인간애의 무력함이다.

105.

자유정신, '경건한 인식자'에게는 — 불경건한 기만보다는 경건한 기만이 훨씬 더 그 취향에 거슬린다(그의 '경건'에 거슬린다). 그가 '자유로운 정신'의 유형에 속해 있듯이, 그렇기 때문에 그는 교회에 대해 깊은 몰이해를 드러낸다. — 여기에 그의 부자유가 있다.

106.

정열 자체는 음악의 도움으로 향유된다.

107.

일단 최선의 반대 이유에 대해서도 귀를 닫을 결심을 하게 된다면, 이는 강한 성격을 나타내는 표시이다. 또 때로는 어리석음에의 의지이기도 하다.

108.

도덕적인 현상이란 전혀 존재하지 않는다. 현상에 대한 도덕적인 해석만이 있을 뿐이다……

109.

범죄자는 종종 자신의 행위에 어울릴 만큼 충분히 성장하지 못했다 : 그는 그 행위를 하찮은 것으로 만들고 비방한다.

110.

한 범죄자의 변호인으로 범행의 아름답고 무서운 점을 행위자에게 유리하게 돌릴 수 있을 정도로 예술가가 되는 일은 거의 없다.

111.

실로 우리의 자부심이 상처 입었을 때, 바로 이때 우리의 허영심은 가장 심하게 상처를 받을 수 있다.

112.

스스로 믿는 것이 아니라 정관(靜觀)하도록 운명지어져 있다고 느끼는 사람에게 신자는 모두 너무 시끄럽고 넉살이 좋다 : 그는 그들에게서 자신을 지킨다.

113.

"너는 그의 마음을 사로잡으려고 하는가? 그러면 그의 앞에서 당황하는 척해보라 — "

114.

성애에 관한 엄청난 기대와 이러한 기대 속에서의 부끄러움이 처음부터 여성의 모든 관점을 망쳐놓는다.

115.

사랑이나 미움을 함께 연기하지 않는 곳에서 여성은 평범하게 연기하게 된다.

116.

우리 인생의 위대한 시기는 우리가 우리의 악을 우리의 최선이라고 고쳐 부를 용기를 얻는 그 때이다.

117.

정동(情動)을 극복하는 의지는 결국 다른 또 하나 또는 몇 개의 다른 정동의 의지일 뿐이다.

118.

예찬의 순수성이 있다. 이것을 지닌 자는 자신도 언젠가는 예찬 받을 수도 있다는 것을 아직 생각하지 못한 사람이다.

119.

불결을 혐오하는 것은 우리가 스스로를 정화하고 — '정당화'하는 것을 방해할 정도로 클 수 있다.

120.

관능은 종종 사랑이 커가는 것을 재촉한다. 그래서 그 뿌리는 나약해지고 쉽게 뽑힐 수 있다.

121.

신이 작가가 되고자 했을 때, 그리스어를 배웠다는 것 — 그리고 그가 그것을 더 잘 배우지 못했다는 것은 미묘한 일이다.

122.

칭찬을 받아 즐거워하는 것은 많은 사람에게는 단지 마음의 예의에 불과하다. — 그리고 이는 바로 정신의 허영심에 상반되는 것이다.

123.

축첩(蓄妾)도 부패했다 : ─ 혼인에 의해.

124.

화형의 불길 위에서도 환성을 올리며 기뻐하는 사람은 고통에 승리해서가 아니라, 그가 기대했던 고통을 느끼지 못하는 것에 승리를 한 것이다. 하나의 비유.

125.

우리가 어떤 사람에 대한 생각을 고쳐야 할 때, 우리는 그가 우리에게 주는 불쾌감을 냉혹하게 그의 탓으로 돌린다.

126.

한 민족이라는 것은 여섯, 일곱 명의 위대한 인물을 나오게 하기 위한 자연의 우회로다. ─ 그렇다 : 그리고 나서 그들도 우회해서 가기 위한.

127.

학문은 모든 진정한 여성의 수치심을 불러일으킨다. 이때 그녀는 사람들이 이것을 통해 자신의 피부 밑을, 심하게는 옷이나 화장한 아래를 들여다보고자 하는 것처럼 느끼게 된다.

128.

네가 가르치려고 하는 진리가 추상적이면 추상적일수록, 너는 감각을 더욱더 그 진리 쪽으로 유혹해야만 한다.

129.

악마는 신에 대해 가장 폭넓은 관점을 가지고 있다. 그렇기 때문에 악마는 신에게서 멀리 떨어져 있다 : ― 즉 가장 오래된 인식의 친구 악마는.

130.

어떤 사람의 존재는 그의 재능이 시들어갈 때, 즉 그가 할 수 있는 것을 제시하지 못하게 될 때 드러나기 시작한다. 재능이란 화장(化粧)이기도 하다. 화장이란 또한 일종의 은폐이다.

131.

남녀는 서로 상대를 속인다 : 그것은 그들이 근본적으로 오직 자기 자신만을 (또는 듣기 좋게 표현한다면, 자신의 이상을) 존중하고 사랑하기 때문이다. 그렇기 때문에 남성은 여성이 온화하기를 바란다. ─ 그러나 여성이야말로 온화한 겉모습을 연습하려고 해도 고양이 같아서 본질적으로 온화하지 못하다.

132.

자신의 미덕 때문에 처벌받는 것이 가장 낫다.

133.

자신의 이상에 이르는 길을 발견할 수 없는 사람은, 이상을 지니지 않은 인간보다 더 경박하고 파렴치하게 살아간다.

134.

우선 모든 신빙성, 모든 양심, 모든 진리를 검증하는 것은 감각에서 오게 된다.

135.

바리새주의Pharisäismus는 선한 인간의 퇴화가 아니다 : 그것의 상당 부분은 오히려 모든 선함의 조건이다.

136.

어떤 사람은 자신의 사상을 위한 산파를 구한다. 또 어떤 사람은 자신이 도울 수 있는 사람을 구한다 : 이렇게 해서 훌륭한 대화가 생기는 것이다.

137.

학자나 예술가와 교류할 때, 사람들은 반대 방향으로 쉽게 잘못 생각하게 된다 : 사람들은 주목할 만한 학자의 배후에서 드물지 않게 평범한 인간을 발견하기도 하고, 심지어는 평범한 예술가의 배후에서 종종 — 매우 탁월한 인간을 발견하기도 한다.

138.

우리는 깨어 있을 때도 꿈속에서와 같은 일을 한다 : 즉 우리는 우리와 교제하는 인간을 먼저 고안해내고 꾸며내고, — 그러고는 곧 그것을 잊어버린다.

139.

복수하거나 사랑할 때 여성은 남성보다 야만적이다.

140.

수수께끼로서의 충고. ―"끈이 끊어지지 않도록 하려면, 너는 먼저 그것을 깨물어보아야만 한다."

141.

인간이 스스로를 신이라고 쉽게 생각하지 않는 이유는 하복부가 있기 때문이다.

142.

내가 들었던 말 중 가장 기품 있는 말은 이것이다 : "진실한 사랑에서는 영혼이 육체를 감싼다."

143.

우리가 가장 잘 하는 것이 바로 우리가 하기에 가장 어려운 것이라고 인정되기를 우리의 허영심은 바란다. 많은 도덕의 기원에 관하여.

144.

한 여성이 학문적인 성향을 가지고 있을 때, 그녀에게 성적인 결함이 있는 것이 보통이다. 불임이라는 것은 이미 어떤 유의 남성적 취향으로 향하는 경향이 있다. 남성은, 실례되는 말이지만, '

불임의 동물'이다.

145.

남성과 여성을 전체적으로 비교한다면, 다음과 같이 말할 수 있을 것이다 : 만일 여성에게 2차 역할을 할 수 있는 본능이 없었다면, 화장의 천재성은 없었을 것이다.

146.

괴물과 싸우는 사람은 자신이 이 과정에서 괴물이 되지 않도록 조심해야 한다. 만일 네가 오랫동안 심연을 들여다보고 있으면, 심연도 네 안으로 들어가 너를 들여다본다.

147.

옛날 플로렌스 소설에서, 그 외에도 인생에서 나오는 것 : 좋은 여자도 나쁜 여자도 채찍을 원한다. 사케티Sacchetti,[22] 제86화.

148.

이웃 사람들이 좋은 생각을 하게 유도하고 그 뒤에서 이러한 이웃 사람의 생각을 독실하게 믿는 것 : 누가 이 기교를 여성들보다 훌륭하게 해낼 수 있겠는가?

149.

한 시대가 나쁘다고 느끼는 것은, 보통 전에는 좋다고 느꼈던 것의 반시대적인 여운이다. — 낡은 이상의 격세유전.

150.

영웅을 둘러싼 모든 것은 비극이 되며, 반신을 둘러싼 모든 것은 익살극이 된다. 신을 둘러싸고 모든 것은 — 어떻게 될까? 아마도 '세계'가 되는 것일까? —

151.

재능을 가지고 있는 것으로는 충분치 않다 : 사람들은 또한 그 재능에 대한 그대들의 허락도 얻어야만 한다. — 어떻게? 내 친구들이여?

152.

"인식의 나무가 있는 곳에는 항상 낙원이 있다" : 태고의 뱀도 가장 최근의 뱀도 이렇게 말한다.

153.

사랑으로 행해지는 것은 항상 선악의 저편에서 일어난다.

154.

이의(異議), 탈선, 즐거운 불신, 조롱하는 것을 좋아하는 것은 건강의 징조이다 : 무조건적인 것은 모두 병리학의 대상이 된다.

155.

비극적인 것에 대한 감각은 관능과 더불어 감소하기도 하고 증대되기도 한다.

156.

광기는 개인에게는 드문 일이다. — 그러나 집단, 당파, 민족, 시대에서는 일상적인 일이다.

157.

자살을 생각하는 것은 위로의 강력한 수단이다 : 이러한 생각으로 사람들은 수많은 괴로운 밤을 잘 넘긴다.

158.

우리의 가장 강한 충동, 우리 안에 있는 폭군에게는 우리의 이성뿐만 아니라 우리의 양심도 굴복하게 된다.

159.

좋은 일이나 나쁜 일에도 우리는 대응해야만 한다 : 그러나 왜 우리에게 좋은 일이나 나쁜 일을 행한 바로 그 사람에게 대응해야만 하는가?

160.

사람들은 자신의 인식을 다른 사람에게 알리게 되면, 곧 그것을 더 이상 사랑하지 않게 된다.

161.

시인은 자신의 체험에 대해 부끄러움을 모른다 : 그들은 그것을 악용한다.

162.

"우리와 가장 가까운 사람은 우리의 이웃이 아니라, 그 이웃의 이웃이다" — 모든 대중은 그렇게 생각한다.

163.

사랑은 사랑하는 사람의 고귀하면서 숨어 있는 성질을 — 그가 지닌 희귀한 것, 예외적인 것을 밖으로 드러낸다 : 이런 점에서 사랑은 그가 일반적으로 지니고 있는 것에 대해 쉽게 잘못 생각하게 한다.

164.

예수는 자신을 따르는 유대인에게 말했다 : "율법은 노예들을 위한 것이었다. — 내가 신을 사랑하는 것처럼, 신의 아들로 신을 사랑하라! 신의 아들인 우리에게 도덕이 무슨 관계가 있단 말인가!" —

165.

모든 당파에 직면해서. — 양치는 목자에게는 언제나 또 한 마리의 선도하는 양이 필요하다. — 그렇지 않으면 때로는 그 스스로 양이 되어야만 한다.

166.

사람들은 입으로 거짓말을 잘도 한다. 그러나 이때 사람들은 거짓 말하는 입으로 진실을 말하기도 한다.

167.

엄격한 인간들에게 깊은 애정이란 수치스러운 일이며 — 또한 귀중한 무엇이다.

168.

그리스도교는 에로스에 독을 타 먹였다 : ― 그로 인해 에로스는 죽지는 않았지만, 타락해 부도덕해졌다.

169.

자기 자신에 대해 많이 이야기하는 것은, 자기를 숨기는 수단의 한 가지가 될 수도 있다.

170.

비난할 때보다, 칭찬할 때 더 주제넘음이 있다.

171.

마치 부드러운 손이 거대한 괴물 키클롭스Cyklopen[23]를 쓰다듬듯이, 동정이란 인식하는 사람에게는 거의 웃음을 자아내게 한다.

172.

사람들은 때때로 인간애로 임의의 사람을 껴안는다 (모든 사람을 껴안을 수는 없기 때문이다) : 그러나 바로 이것을 그 임의의 사람에게 알려서는 안 된다.

173.

사람들이 여전히 경시하고 있는 한 미워하지 않으며, 동등하거나 더 높다고 평가할 때에야 미워한다.

174.

그대 공리주의자들이여, 그대들도 공리적인 것을 모두 오직 그대들의 기호(嗜好)를 운반해주는 차량으로만 좋아할 뿐이다. — 그대들도 본래는 그 바퀴가 내는 소음을 견딜 수 없다고 느끼지 않는가?

175.

사람들은 결국 자신의 욕망을 사랑하는 것이지, 욕망한 대상을 사랑하는 것이 아니다.

176.

다른 사람들의 허영심이 우리의 취향에 거슬리는 것은, 그것이 우리의 허영심에 반(反)하게 될 때뿐이다.

177.

'진실'이란 것에 대해서는 아마 아직 그 누구도 충분히 진실하지 못했을 것이다.

178.

현명한 사람도 어리석은 행동을 한다는 것을 사람들은 믿지 않는다 : 이 얼마나 인권 침해인가!

179.

우리가 행위한 결과는 우리의 머리털을 움켜잡는다. 그 사이에 우리가 '개선'되었다는 데 대해서는 아주 무관심한 채.

180.

거짓말에는 순수함이 있는데, 이는 어떤 일을 잘 믿는다는 표시이다.

181.

저주받는 곳에서 축복하는 것은 비인간적이다.

182.

우월한 사람이 보여주는 친밀함은 화나게 한다. 왜냐하면 그것은 되돌릴 수 없기 때문이다.

183.

"네가 나를 속인다는 사실이 아니라, 내가 너를 더 이상 믿지 못한다는 사실이 내게 충격을 주었다." ―

184.

악의처럼 드러나는 오만한 선이 있다.

185.

"그는 내 마음에 들지 않는다." ― 왜 그런가? ― "나는 그를 당해 낼 수 없기 때문이다." ― 일찍이 이렇게 대답한 인간이 있었던가?

제5장
도덕의 자연사

186.
오늘날 유럽에서의 도덕 감각은 섬세하고 노숙(老熟)하며 다양하고 민감하며 세련되었는데 그에 속하는 '도덕학Wissenschaft der Moral'은 아직 젊고 미숙하며 서툴고 조야하다 : — 이것은 흥미진진한 대조이며, 가끔 도덕주의자의 인성 자체에서 볼 수 있고 구현된다. '도덕학'이라는 용어는 그 용어로 표현되는 것을 고려할 때, 이미 너무나도 불손하며 **좋은 취미**에 거슬리는 것이다 : 좋은 취미란 언제나 겸손한 용어를 사용하기 위한 맛보기가 되곤 한다. 사람들은 여기에서 오랫동안 여전히 필요한 것이 **무엇**이며 잠정적으로만 정당한 것이 **무엇**인지 아주 엄격하게 시인해야만 한다 : 즉 자료를 수집해야만 하며, 살아서 성장하고 산출하며 몰락해가는 민감한 가치 감정들과 가치 차이들의 엄청난 영역을 개념적으로 파악하고 정리해야 하는 것이다. — 그리고 아마도 이것은 이러한 살아 있는 결정체가 반복되며 더욱 빈번하게 나타나는 형태들을 분명히 파악하려는 시도일 것이다. 즉 이것은 도덕의 **유형학**을 마련하려는 준비이다. 물론 사람들은 지금까지 그렇게 겸손하지 않았다. 철학자들은 누구나 도덕을 과학으로 다루자마자 웃음을 자아내는 어설픈 진지함으로 스스로에게 아주 드높고 까다롭고 엄숙한 그 무엇을 요구했다 : 그들은 도덕을 **정초**하기를 원했던 것이다. — 그리고 모든 철학자는 지금까지 도덕을 정초했다고 믿어왔다. 그러나 도덕 자체는

'주어진 것'으로 여겼다. 눈에 띄지 않는 것처럼 생각되는 먼지와 곰팡이 속에 묻혀 있는 기술(記述)이라는 과제란 그들의 볼품없는 자부심과는 얼마나 거리가 먼 것이었단 말인가! 그 과제를 성취하기 위해서는 가장 섬세한 손이나 감각으로도 충분할 수 없음에도 불구하고 말이다. 도덕철학자들은 도덕적 사실들을 단지 조야하게만 자의적으로 발췌하거나 우연하게 요약한 것으로만 알아왔고, 즉 그들의 환경과 신분, 교회, 시대 정신, 풍토나 지역의 도덕성 같은 것으로 알아왔기 때문에 ─ 그들은 민족, 시대, 과거에 관해서는 제대로 교육받지 못했고 스스로도 알고자 하는 욕구가 적었기 때문에, 도덕의 본래 문제들을 전혀 보지 못했다 : ─ 도덕의 본래 문제들은 모두 **많은** 도덕들을 비교함으로써 비로소 나타나게 된다. 이상하게 들릴지 모르겠지만, 지금까지의 모든 '도덕학'에는 아직 도덕의 문제 자체가 **결여되어 있었다** : 여기에서는 문제가 될 만한 것이 있을 것인가 하는 의심이 없었던 것이다. 철학자들이 '도덕의 정초'라고 부르고 스스로 요구했던 것은, 올바른 빛에 비추어보자면, 현재 유행하는 도덕에 대한 훌륭한 **믿음**의 현학적인 한 형식일 뿐이며, 그것을 **표현**하는 새로운 수단이다. 다시 말해 특정한 도덕성 안에 있는 사실 그 자체이며, 심지어는 궁극적으로 이러한 도덕이 문제시**될 수도 있다**는 사실에 대한 일종의 부정이다 : ─ 하여튼 이러한 믿음을 검토하고 분석하고 의심하고 해부하는 것과는 반대되는 것이다. 예를 들어 쇼펜하우어도 거의 존경할 만한 순진함으로 자기 자신의 과제를 제기하고 있다는 사실을 귀담아 들어보자. 이 학문의 거장이 어린아이나 노파처럼 이야기하고 있는 '학문'의 과학성에 대해 결론을 이끌어내보라 : ─ 모든 윤리학자가 그 내용에 대해 **정말로** 일치하고 있는 원리, 즉 근본 원리는 다음과 같다고 그는 말한다(《도덕의 근본 문제Die Grundprobleme der Moral》, 136쪽⁽⁹⁾) : "그 누구도 해치지 말고, 가능한 많은 사람을 도와라neminem laede, immo omnes, quantum potes, juva — 이것이야말로 **진정** 모든 윤리학자가 정초하려고 노력하는 명제다…… 이것이야말로 수천 년 동안 현자의 돌처럼 사람들이 찾았던 윤리학의 **진정한** 초석이다." — 물론 여기에서 인용된 명제를 정당화하는 것은 대단히 어려울 수 있을 것이다. — 쇼펜하우어도 이것에 성공하지 못했다는 것은 잘 알려진 사실이다 — . 힘에의 의지를 본질로 하는 이 세계 속에서 이 명제가 얼마나 무미건조한 거짓이고 감상적인지를 한번 절실하게 느낀 사람은, — 쇼펜하우어가 염세주의자라 할지라도, **사실은** — 매일 식후 플루트를 불었다는 사실을 기억할 수 있을 것이다 : 이에 대해서는 그의 전기를 읽어보라. 그런데 잠시 물어보자 : 염세주의자가, 도덕 앞에서 **멈추어 서는** 신과 세계를 부정하는 자가 — 도덕을, 아무도 해치지 않는 도덕을 긍정하고 플루트를 불고 있는가? 어떻게 그럴 수 있는가? 이것이 정말로 염세주의자란 말인가?

187.

"우리 안에 정언명법이 있다"와 같은 주장의 가치에 대해서는 여전히 논외로 한다면, 우리는 지금도 여전히 다음과 같이 물을 수 있다 : 이러한 주장은 그것을 주장하는 사람에 대해 무엇을 말하고 있는가? 도덕에는 그 창시자를 다른 사람들에 대해 변호해야 하는 것이 있다. 창시자를 안정시키고 자기 만족을 느끼게 해야 하는 다른 도덕도 있다. 창시자 자신이 십자가에 스스로를 못박고 굴욕을 느끼게 하는 또 다른 도덕도 있다. 복수하고자 하는 도덕, 자신을 은닉하기 위한 도덕, 스스로를 정화시키고 이를 넘어서서 드높고 넓은 곳에 자신을 설정하고자 하는 또 다른 도덕이 있다. 어떤 도덕은 사람들을 망각하기 위해 창시자에게 필요하며, 또 어떤 도덕은 사람들이 그 자신을, 그 자신이 가지고 있는 어떤 것을 망각하도록 하기 위해 필요하다. 많은 도덕가는 인류에게 힘과 창의적인 변덕의 기분을 행사하고 싶어한다. 다른 많은 도덕가는, 아마 칸트 역시 바로 그러한 사람이지만, 자신의 도덕으로 다음과 같은 사실을 암시한다 : "나에게 존경할 만한 것이 있다는 점은, 그것이 내가 복종할 수 있다는 사실이다. — 그대들의 경우도 내 경우와 달라서는 안 될 것이다!" — 간단히 말하자면 도덕은 또한 정동(情動)을 나타내는 기호 언어일 뿐이다.

188.

모든 도덕은 방임과는 반대의 것이며 '자연'에 대한 폭압이고 '이성'에 대해서도 폭압이다 : 그러나 이는 아직 도덕에 맞서 항의하는 것은 아니다. 그럼에도 불구하고 우리는 다시 한번 어떤 도덕에서 볼 때 모든 종류의 폭압과 비이성이 허용되지 않는다고 판단해야만 할 것이다. 모든 도덕에서 본질적이고 귀중한 것은 그것이 오랫동안에 걸친 강제라는 것이다 : 스토아주의, 포르 루아얄이나 청교도주의를 이해하기 위해서, 우리는 지금까지의 모든 언어가 이것에 힘과 자유를 가져다준 강제를 상기할 필요가 있다. — 즉 운율의 강제, 각운과 리듬의 억압을 상기할 필요가 있다. 어떤 민족이든 시인이나 웅변가는 얼마나 많은 괴로움을 당했던가! ― 자신의 귀에 냉혹한 양심을 가진 오늘날의 몇몇 산문 작가들도 예외는 아니다. ― 이것을 보고 스스로를 똑똑하다고 생각하는 어리석은 공리주의자들이 말하듯이 '바보 같은 짓을 하기 위해' ― 이것을 보고 스스로를 '자유롭고', 자유정신을 가진 자로 자처하는 무정부주의자[10]가 말하고 있듯이 '자의(恣意)의 법칙에 예속됨으로써' 말이다. 그러나 놀라운 사실은 이 지상에서 자유롭고 정교하고 대담하며 춤같이 경쾌하고 장인(匠人)적인 확실성으로 존재하거나 존재했던 모든 것은, 이제 사유 그 자체에서나 통치에서나 언론과 설득에서나 예술이나 윤리에서 '자의적 법칙의 억압' 덕분에 비로소 발전되었던 것이다. 그리고 진지하게 말해, 저 방임이 아니라, 바로 이것이 '자연'이며, '자연적'이라는 사실은 아마 적지 않게 있을 법한 일이다! 예술가들은 모두 자신의 '가장 자연적인' 상태, 즉 '영감'의 순간에 나타나는 자유로운 정돈, 설정, 처리, 형성이 방임의 감정과 얼마나 거리가 먼 것인지 ― 그리고 바로 그 엄격함과 확실성 때문에 개념에 의해 만들어지는 모든 형식화를 (가장 확고한 개념에도, 이에 비해 부동(浮動)하는 것, 다양한 것, 애매한 것이 있다 ―) 비웃는 수천 가지 법칙에 그가 어떻게 엄격하고 미묘하게 종속하는지를 알고 있다. '하늘에서나 땅에서나' 본질적인 것은, 다시 한번 말하지만, 오랫동안 한 방향으로 순응하게 되는 것처럼 보인다 : 여기에서 오랫동안 지상에서의 삶을 가치 있는 것으로 만들어주는 덕, 예술, 음악, 무용, 이성, 정신성이 ― 정화되고 세련되며 아름답고 신성한 것이 항상 나타났던 것이다. 오랫동안 지속된 정신의 부자유, 사상을 전달하는 데 불신에 가득 찬 강제, 교회와 궁정의 규준 안에서 또는 아리스토텔레스적인 전제 아래 사고하도록 사상가가 스스로에게 부과했던 훈육, 또 발생하는 모든 사건을 그리스도교적인 도식에 따라 해석하고 어떤 우연에도 기독교의 신을 재발견하고 정당화하려는 오랫동안 지속된 정신적 의지, — 이러한 모든 폭력적인 것, 자의적인 것, 가혹한 것, 전율할 만한 것, 부조리한 것이 강함과 무자비한 호기심과 미묘한 활동성을 갖춘 유럽 정신을 육성시킨 수단임이 밝혀졌다 : 우리가 시인해야 할 사실은 이때 힘과 정신도 마찬가지로 회복할 수 없을 정도로 많이 억압당하고 질식당했으며 부패되지 않을 수 없었다는 것이다(왜냐하면 다른 모든 곳에서와 마찬가지로 여기에서도 '자연'은 격노하지만 숭고하기도 한 그 낭비적이고 **냉담한** 거대함 전체로 있는 그대로 나타나기 때문이다). 수천 년 동안 유럽의 사상가들은 단지 어떤 것을 증명하기 위하여 — 오늘날 우리에게는 반대로 '어떤 것을 증명하고자 하는' 사상가는 의심스러운 존재이다 —, 일찍이 아시아의 점성술의 경우나 오늘날에도 '신의 영광을 위해서'라든가 '영혼을 구원하기 위해서'라든가 하는 매우 개인적인 체험을 악의 없이 그리스도교적으로 도덕적으로 해석하는 경우와 마찬가지로, 그들에게는 그들의 엄격한 사유의 결과로 나타나야 할 것이 이미 확정되어 있다고 생각했다 : — 이러한 폭압, 이러한 자의, 이러한 엄숙하고 거대한 어리석음이 정신을 **교육시켰던** 것이다.

노예 상태는 조잡하게 이해하든 세밀하게 이해하든 정신적인 훈육이나 육성에 반드시 필요한 수단인 것처럼 보인다. 모든 도덕을 이 점에 비추어 생각해볼 수 있을 것이다 : 도덕 속에 있는 '자연'은 방임을, 즉 너무나도 큰 자유를 미워하도록 가르치며 제한된 지평에 대한 욕구, 가장 시급한 과제를 해결하려는 욕구를 심어준다. — 이

는 시야를 좁힐 것을 가르치며, 또한 어떤 의미에서는 삶의 조건과 성
장의 조건으로 어리석음을 가르친다. "그대는 누군가에게 오랫동안
복종해야만 한다 : 그렇지 않으면 그대는 파멸하게 되며 그대 자신
에 대한 마지막 존경심마저 잃어버리게 된다" — 이것은 나에게 자
연의 도덕적 명법처럼 보인다. 이 명법은 물론 늙은 칸트가 그에게
요구했던 '정언적'인 것이 아니며(그래서 '그렇지 않으면'이라는 단
서가 붙었다 —), 개인을 향한 것도 아니다(자연에게 개인이 무슨
문제가 된다는 말인가!). 그러나 그것은 민족, 인종, 시대, 신분, 그러
나 무엇보다도 '인간'이라는 동물 전체, 인류를 향한 것이다.

189.

부지런한 종족은 할 일 없이 게으르게 보내는 것을 아주 고통스럽
게 생각한다 : 일요일을 매우 신성시하고 무료하게 함으로써 영국
인들은 이때 남모르게 다시 일하는 평일이 왔으면 하고 열망하게
되었는데, 이는 **영국적 본능**의 걸작이다 : — 현명하게 고안되어 현
명하게 끼워 넣은 일종의 **단식**이며, 이와 같은 것은 고대 세계에서
도 풍부하게 인지될 수 있다(물론 남방 민족에게는 당연한 일이지
만, 반드시 노동과 관계 있는 것은 아니다 —). 여러 가지 종류의 단
식이 있을 수 있다. 강한 충동과 관습이 지배하는 곳이라면 어느 곳
에서나 입법자는 윤일(閏日)을 끼워 넣는 것에 유의해야만 했고, 그
러한 날에 충동은 사슬에 묶이고, 다시 한번 배고픔을 배우게 된다.
좀더 높은 곳에서 볼 때, 어떤 도덕적 광신주의에 사로잡혀 나타나
는 세대나 시대는 모두 그와 같이 삽입된 강압의 시기나 단식의 시

기처럼 보인다. 이 기간 동안 충동은 위축되고 굴복되지만, 또한 스스로를 순화하거나 예민하게 하는 것을 배운다. 몇몇 철학 학파(예를 들면 헬레니즘 문화와 애욕의 냄새가 가득 찬 음탕한 분위기 속에 나타난 스토아 학파)에도 이와 같은 해석을 적용할 수 있을 것이다. — 왜 바로 유럽의 그리스도교 시대 그리고 일반적으로 그리스도교적 가치 판단의 압력 아래 비로소 성충동이 사랑(사랑의 정념)⁽¹¹⁾으로 승화했는가 하는 저 역설적인 문제를 해명하는 암시도 여기에서 주어졌다.

190.

플라톤의 도덕설 중에는 본래는 플라톤의 것이 아니고 단지 그의 철학에서만 발견될 뿐인, 말하자면, 플라톤에 반하는 것이 있다 : 즉 소크라테스주의가 그것인데, 그것을 신봉하기에는 플라톤은 원래 너무 고상한 사람이였다. "아무노 자기 자신에게 해를 입히고자 하지 않는다. 따라서 모든 악은 의도하지 않게 일어나게 된다. 왜냐하면 악인은 자기 자신에게 해를 가하는 자이기 때문이다 : 만일 악이 좋지 않은 것임을 그가 알았다면 그것을 하지 않았을 것이다. 따라서 악인이 좋지 않은 것은 오로지 그의 잘못 때문이다. 만일 그에게서 그의 잘못을 없앤다면 그는 반드시 선하게 될 것이다." — 이러한 방식으로 추론하는 것은 **천민**의 냄새가 난다. 천민이란 나쁜 행위를 볼 때 단지 불쾌한 결과만을 주시할 뿐이며, 실제로 "나쁜 행위를 하는 것은 어리석다"고 판단한다. 반면 그는 '선'을 즉시 '유용하고 유쾌한 것'과 동일시한다. 우리는 모든 도덕의 공리주의에서 처음부터

이와 같은 근원을 추정할 수 있으며, 우리의 후각을 따른다고 해도
거의 틀리지 않을 것이다 : — 플라톤은 그의 스승의 주장에 어떤
미묘하고 고상한 것을 넣어 해석하고, 무엇보다도 자기 자신을 담아
해석하고자 온갖 노력을 다했다. 모든 해석가 중 가장 대담한 그는
마치 대중가요나 민요와 마찬가지로 소크라테스 전체를 거리에서
가져와 끝없이 희한한 것으로 변주했다 : 즉 자기 자신의 가면과 다
양성으로 감싸면서 말이다. 거기에 호메로스식으로 덧붙여 농담으
로 말하자면, 플라톤이 묘사한 소크라테스란 "앞에도 플라톤이요,
뒤에도 플라톤이요, 가운데는 키메라Χιμαιρα"24)(12)가 아니라면, 도
대체 무엇이란 말인가.

191.

'신앙'과 '지식'이라는 오래된 신학적 문제 — 또는 더 명확하게 말
하자면, 본능과 이성의 문제 — 에는, 즉 사물의 가치를 평가하는 것
과 관련해 본능이 근거에 따라, '왜?'라는 이유에 따라, 합목적성과
유용성에 따라 평가하고 취급하려는 합리성보다 더 권위를 가질 만
하지 않는가의 문제가 있다. — 이것은 언제나 먼저 소크라테스라는
인물에게서 나타나 그리스도교보다 이미 오래전에 정신을 분열시
킨 오래된 도덕적 문제이다. 실은 소크라테스 자신은 탁월한 변증론
자의 취향과 천부적인 재능의 취향을 지니고 이성의 편에 섰다. 그
리고 진실로 그가 일생 동안 한 일은 고귀한 모든 인간과 똑같이 본
능의 인간이었으며 결코 자신의 행위의 근거에 대해 충분히 해명할
수 없었던 그 시대의 고귀한 아테네인들의 서투른 무능을 조소하는

것 외에 무엇이 있단 말인가? 그러나 결국에 그는 남 모르게 마음속으로 자기 자신도 비웃고 있었다 : 그는 자신의 예민한 양심과 자기 검토 앞에서 아테네인들과 똑같은 어려움과 무능을 자기 자신에게 느꼈던 것이다. 그러나 왜 그는 자기 자신에게, 그러므로 본능을 끊을 수 없다고 말했던가! 우리는 본능에도 이성에도 그 권리를 얻게 해야만 한다. — 우리는 본능에 따라야만 하지만, 이성을 설득하여 이때 적절한 근거를 붙여 본능을 지원하게 해야만 한다. 이것은 저 위대하고 비밀에 가득 찬 역설가가 본래 지니고 있던 기만이었다. 그는 스스로 일종의 자기 기만에 만족하게 자신의 양심을 움직였다. 근본적으로 그는 도덕적으로 판단할 때 비합리적인 것을 간파했다. — 그러한 일에서는 더욱 순수했고 천민의 교활성이 없었던 플라톤은 전력을 기울여 — 지금껏 한 철학자가 들일 수 있을 최고의 힘을 기울여! — 이성과 본능은 자연히 하나의 목적을, 선을, 신을 향하는 것임을 증명하고자 했다. 그리고 플라톤 이래의 모든 신학자와 철학사는 같은 길을 걸었다. — 말하자면, 노력의 문제에서는 지금까지 본능이나 그리스도교인들이 부르는 것처럼 '신앙', 또는 내가 부르는 것처럼 '무리'가 승리를 거두었다. 그런데 이성에만 권위를 인정했던 합리주의의 아버지(따라서 혁명의 할아버지)인 데카르트R. Descartes는 예외로 해야만 할 것이다. 그러나 이성은 단지 도구에 불과한 것이며, 따라서 데카르트는 피상적이었다.

192.

어떤 학문의 역사를 추적해본 사람은, 그 역사의 발전 과정에서 모든 '지식과 인식'의 오래되고 일반적인 과정을 이해하는 실마리를 발견하게 된다 : 여기저기에서 성급한 가설, 허구, '믿고자 하는' 선하지만 어리석은 의지, 불신과 인내의 결핍 등이 처음으로 전개된다. ─ 우리의 감각이 섬세하고 충실하며 주의 깊은 인식의 기관임을 배우게 되는 것은 나중 일이며, 그것도 결코 완전히 배울 수는 없다. 우리의 눈에는 어떤 주어진 기회에 이미 여러 번 만들었던 심상을 다시 만들어내는 것이, 특이하거나 새로운 인상을 붙잡는 것보다 훨씬 편하다 : 후자에는 더 많은 힘과 더 많은 "도덕성"이 필요하다. 어떤 새로운 것을 듣는다는 것은 귀에는 괴롭고 어려운 일이다. 우리는 낯선 음악을 잘 듣지 못한다. 다른 언어를 들을 때, 부지불식간에 우리는 귀에 들리는 그 소리를 우리에게 좀더 친숙하고 익숙하게 들리는 말로 바꾸어놓으려고 한다 : 예를 들면 독일인은 일찍이 아르쿠발리스타arcubalista(石弓)라는 말을 들었을 때 아름브루스트 Armbrust(弩)라는 말을 고안해냈다. 또 우리의 감각은 새로운 것을 적대적이며 불쾌한 것으로 느낀다. 일반적으로 감성의 '가장 단순한' 과정에서도 이미 나태라는 수동적인 감정을 포함하여 공포, 사랑, 증오와 같은 정동이 **지배하고 있다**. ─ 오늘날의 독자는 한 페이지의 하나하나의 말들을 (더욱이 음절까지) 모두 읽지는 않는다. ─ 그는 오히려 20개의 단어 가운데 우연에 의해 대략 다섯 개의 단어를 골라내 이 다섯 개의 단어에 포함되어 있는 듯한 의미를 '추측한다.' ─ 이와 마찬가지로 우리는 한 그루의 나무를 볼 때, 잎, 가지, 색깔, 형태를 정확하고 완전하게 보는 것이 아니다. 오히려 우리에

게는 나무의 대략적인 모습을 상상하는 것이 훨씬 쉬울 것이다. 극
히 특이한 체험을 하는 동안에도 우리는 여전히 이와 같이 한다 :
즉 우리는 체험을 대부분 허구로 꾸며내며 '창작자'가 아니면 어떤
과정을 관찰하도록 강제하는 일은 거의 없다. 이 모든 것이 말하고
자 하는 것은, 우리가 근본적으로 옛날부터 ― 거짓말에 익숙하다는
것이다. 또 더욱 덕이 있는 체하고 위선적으로, 간단히 더 편하게 표
현하자면, 우리는 자신이 알고 있는 것 이상으로 훨씬 예술가이다.
― 활발하게 대화를 나누고 있을 때, 나는 종종 내가 대화를 나누고
있는 사람의 얼굴이, 그가 표현하는 사상이나 내가 그에게서 불러일
으켰다고 믿는 사상에 따라 내 앞에서 명확하고 세밀하게 영향을 받
는 것을 보게 되는데, 이러한 명확성의 정도는 내 시각의 힘이 미칠
수 있는 정도를 넘어선 것이다 : ― 상대편 얼굴의 근육의 움직임이
나 눈의 표현의 미묘함은 즉 내가 상상에 의해 만들어낸 것임이 틀림
없다. 아마 상대편은 완전히 다른 얼굴을 하고 있었거나 아무런 표정
도 보이시 않았을 것이다.

193.

사람은 낮에 있었던 일을 밤에 행한다 : 그러나 또 반대도 있다.
우리가 꿈속에서 체험하는 것은, 우리가 그것을 종종 체험한다고 가
정할 때, 결국 '현실적으로' 체험하는 것과 마찬가지로 우리의 영혼
의 가계 전체에 속하게 된다 : 우리는 그와 같은 꿈의 체험 덕분에
더욱 풍부해지기도 하고 가난해지기도 하며, 좀더 많은 욕망을 갖기
도 하고 좀더 적은 욕망을 갖기도 하며, 결국 밝은 빛이 비추는 대낮

에, 그리고 우리의 정신이 깨어 있는 가장 밝은 순간에도 어느 정도
는 꿈의 습관에 의해 조정당한다. 가령 어떤 사람이 자신의 꿈속에
서 종종 날아다닌 적이 있어, 마침내 그가 꿈을 꾸자마자 날아다니
는 힘과 기술을 자신의 특권인 것처럼 의식하고 또 선망받을 만한
자기 특유의 행복인 것처럼 의식하게 된다고 가정해보자 : 그러한
사람은 어떤 종류의 곡선이나 각도도 아주 미세한 충격을 가함으로
써 선회할 수 있다고 믿으며, 긴장이나 강제 없이 위로 오를 수도,
교만이나 굴욕 없이 — 중력 없이! — 아래로 내려올 수 있는 어떤 신
적인 경쾌함의 감정을 알고 있다. 이러한 꿈에서의 경험과 꿈의 습관
을 지닌 인간은 마침내 자신이 깨어 있는 낮에도 '행복'이라는 말이
다르게 채색되고 규정되는 것을 느끼게 될 것이 아닌가! 그는 행복
에 대해 어떻게 달리 갈구하지 않을 것인가? 시인들이 묘사하는 '비
상(飛翔)'은 그의 '비행(飛行)'에 비한다면, 이미 너무 지상에 가깝고
근육질적이고 폭력적이며 이미 너무 '무거운' 것인 듯하다.

194.

인간의 차이는 그들이 지닌 재산목록의 차이에서만 나타나는 것
이 아니다. 즉 그 차이는 서로 다른 재물을 추구할 만하다고 여기거
나 가치의 많고 적음에 대해, 공통적으로 인정하는 재물의 등급에
대해 서로 의견이 일치하지 않는다는 사실에만 있는 것이 아니다 :
— 그것은 오히려 그들이 무엇을 재산의 진정한 **소유**이며 **점유**로 여
기는가에서 나타난다. 예를 들어 여성에 관해 말할 때, 단순한 사람
은 이미 여성의 육체를 마음대로 하고 성적으로 향유하는 것이 소

유와 점유를 나타내는 충분하고 효력이 있는 증후라고 여긴다. 반면 의심이 많고 까다로운 점유를 원하는 다른 사람은 그러한 소유는 '의심스러운 것'이며 단지 외면적인 것이라고 보고, 좀더 정밀하게 시험하여 무엇보다도 여성이 그에게 자신을 맡길 뿐만 아니라, 그녀가 갖고 있거나 기꺼이 갖고 싶어하는 것을 그에게 내주는지 알고자 한다 ─ : 그렇게 해서야 그는 '자기 것이 되었다'고 생각한다. 그러나 세 번째 유형의 사람은 여기에서도 아직 자신의 불신과 소유욕을 멈추지 못한다. 그는 여성이 모든 것을 그를 위해 허용한다고 할 때, 이것을 그의 환영(幻影)을 위해 하는 것이 아닌가 하고 의심하게 된다 : 대체로 사랑받을 수 있기 위해서 그는 먼저 철저하게 심연까지 잘 알려지는 것을 원하며 과감하게 스스로를 드러낸다. 그녀가 그에 대해 더 이상 속지 않고, 그의 친절, 인내, 정신성과 마찬가지로 그의 사악함이나 숨겨진 탐욕을 위해서도 그를 사랑한다고 할 때, 그는 연인을 자신이 완전히 소유했다고 느낀다. 어떤 사람은 국민을 소유하고 싶어한다 : 이러한 목적을 달성하기 위해서라면 그에게는 온갖 고도의 칼리오스트로Cagliostro[25]적인 술책이나 카틸리나Catilina[26]적 술책이 적합하다. 또 어떤 사람은 더욱 섬세한 소유욕을 지니고 있기 때문에, "소유하고자 한다면, 기만해서는 안 된다"고 스스로에게 말한다 ─ . 그는 자신의 가면이 국민의 마음을 지배한다는 생각에 사로잡혀 화를 내고 초조해하며, 즉 "나는 나 자신을 사람들이 알게 해야 하며, 그러기 위해서는 먼저 나 자신을 알아야만 한다"고 생각한다. 사람들은 남을 도와주기를 좋아하고 선행을 하는 사람들 가운데는 도움을 받아야 할 사람을 먼저 생각해내는 서툰 간교함이 있음을 거의 한결같이 찾아낸다 : 예를 들면 마

치 그는 도움을 '받을 만하고', 바로 **그들의** 도움을 받고자 하기 때문
에, 모든 도움에 대해 그들에게 깊이 감사하고 충직하게 복종할 것
을 표명하게 된다고 상상한다. — 이러한 공상으로 그들은 빈곤한
사람들을 소유물 다루듯이 마음대로 취급하는데, 그 까닭은 그들이
5 소유물에 대한 욕구에서 대체로 선행을 하며 도움을 잘 주는 인간
이기 때문이다. 만일 그들이 도움을 줄 때 사람들이 방해하거나 그
들을 앞지르게 되면 질투하게 된다. 부모들은 알지 못하는 사이에
자식을 자신과 닮은 존재로 만든다. — 그들은 이것을 '교육'이라 부
른다 — . 자식을 하나의 소유물을 낳은 것으로 생각하는데, 이에 대
10 해 마음 깊은 곳에서 의심을 품는 어머니는 없다. 자식을 **자신의** 관
념이나 가치평가에 복종시킬 수 있는 권리가 자신에게 있다는 것을
반박하는 아버지는 없다. 사실 옛날에는 아버지가 신생아의 생사를
마음대로 처리하는 것이 (고대 독일인들 사이에서 그랬던 것처럼)
당연한 일이라고 생각되었다. 아버지가 그랬던 것처럼, 지금까지도
15 교사, 신분, 성직자, 영주는 새로운 인간을 보자마자 주저함 없이 새
로운 점유의 기회가 왔다고 본다. 그 결과로 오는 것은……

195.

20 유대인들 — 타키투스Tacitus[13]나 고대 세계 전체가 말한 바로는
'노예로 태어난' 민족, 그들 스스로 말하고 믿기로는 '모든 민족 가
운데 선택된 민족' — 이 가치의 전도라는 저 기적적인 일을 해냈다.
그 덕분에 지상에서의 삶은 몇천 년 간 새롭고 위험한 자극을 받아
왔다 : — 그들의 선지자들은 '부(富)', '무신', '악', '폭력', '관능'을

하나로 융합해 처음으로 '세상'이라는 말을 욕된 단어로 주조했다. 이러한 가치의 전도('가난함'을 나타내는 말을 '성스러움'이나 '친구'와 동의어로 사용한 것이 이에 속한다)에 유대 민족의 의의가 있다 : 그들과 더불어 **도덕에서의 노예 반란**이 시작된다.

196.

태양 근처에는 불가해한 천체가 헤아릴 수 없이 많다고 **추론할 수** 있다. — 우리는 결코 그것들을 보지 못하게 될 것이다. 이것은 우리끼리 말하자면, 하나의 비유다. 도덕심리학자는 천문의 문자 전체를, 많은 것을 숨기고 있는 비유 언어나 기호 언어로만 읽을 뿐이다.

197.

사람들은 맹수나 맹수 같은 인간(예를 들면 체사레 보르지아 Cesare Borgia)[27]을 근본적으로 오해하고 있다. 열대의 온갖 기이한 동물이나 생물 중에서도 가장 건강한 이들의 근저에서 '병적인 것'을 찾거나 심지어는 그들에게서 생득적인 '지옥'을 찾고자 하는 한, 사람들은 '자연'을 오해하는 것이다 — : 지금까지 도덕주의자는 이렇게 해왔다. 도덕주의자들은 원시림이나 열대를 증오하는 것처럼 보이지 않는가? '열대 인간'은, 인간의 병이나 변종으로 보거나 그 자신의 지옥이나 자기 고문으로 보거나, 어쨌든 혹평을 받아야만 하는 것으로 보이지 않는가? 왜 그런가? '온대(溫帶)'를 위해서란 말인가? 온건한 사람을 위해서란 말인가? '도덕주의자들'을 위해서란 말인가? 평범한 사람들을 위해서란 말인가? ― 이것은 '두려움으로서의 도덕'이라는 장(章)이 된다. ―

198.

말하자면 개개인의 '행복' 때문에 개개인을 향한다고 하는 이러한 모든 도덕, ― 그것은 개개인이 자기 혼자 살 때 나타나는 **위험**의 정도에 상응하여 취해야 할 태도를 제안하는 것과 무엇이 다르단 말인가. 그것은 힘에의 의지를 가지고 있고 지배자의 역할을 하고 싶어하는 한, 그들의 정열과 선하거나 나쁜 성향에 대한 처방이다. 그것은 오래된 가정의 처방이나 할머니의 지혜와 같은 구석진 냄새가 배어 있는 크고 작은 기지(機智)나 기교에 지나지 않는다. 그것은 '만인'을 향해 있으며 일반화되어서는 안 되는 것을 일반화하기 때문에 ― , 전체적으로 기이하고 부조리한 형식을 띤다. 그것은 전체적으로 절대적으로 말하고 절대적인 태도를 취하며 전체적으로 볼 때 단 한 줌의 소금으로만 양념된 것이 아니다. 오히려 그것은 과도하게 양념이 되고 위험한 냄새를 풍기게 되는데, 무엇보다도 '다른 세계'의 냄새를 풍기게 될 때 겨우 참을 수 있게 되고 때로는 매혹적인 것이 되기조차 한다 : 이 모든 것은 지적으로 음미해보면, 가치가 별로 없으며 오랫동안 학문이 아니었고 더욱이 '지혜'라고도 할 수 없다. 오히려 두 번 세 번 다시 말하자면, 어리석음, 어리석음, 어리석음과 혼합된 영리함, 영리함, 영리함이다. ― 이제는 스토아 학파가 권하고 치료했던 정념의 격하기 쉬운 어리석음에 대한 저 무관심과 조각 기둥의 차가움이 있든지 또는 스피노자의 더 웃지도 말고 울지도 말라는 말과 그와 같은 정념을 분석하고 해부함으로써 그가 그렇게도 단순하게 옹호한 정념을 파괴하거나 정념이 만족될 수 있을 정도로 정념을 무해한 중용에까지 끌어내리려는 도덕의 아리스토텔레스주의가 있다. 또는 도덕마저도 예술의 상징적 표현을 통해 의도적으로 희석되고 정신화된 정념을 향유하는 것으로, 즉 음악이나 신을 향한 사랑, 신을 위해 있는 인간을 향한 사랑으로 간주하는 것이 있다. — 왜냐하면 종교에서 정열은 여러 전제들 아래 다시 시민권을 갖기 때문이다. 마지막으로 하페즈Hāfez[28)]와 괴테J. W. v. Goethe가 가르친 것처럼, 심지어는 정념에 대한 저 호의적이고 경솔한 헌신이 있으며, 더 이상 '위험성이 거의 없는' 늙고 현명한 기인이나 술에 취한 사람의 예외적인 경우에서 볼 수 있는 구속을 과감하게 내던진 저 모습, 저 정신적이고 육체적인 풍습에서의 자유 등이 있다. 이것 역시 '두려움으로서의 도덕'이라는 장이 된다.

199.

인간이 존재하는 한, 어느 시대든지 무리를 이룬 인간 집단 역시 존재했으며(씨족 연합, 공동체, 부족, 민족, 국가, 교회), 언제나 소수의 명령하는 자에 비해 복종하는 사람들이 대단히 많았다. — 즉 복종이란 지금까지 인간들 사이에서 가장 잘 그리고 오랫동안 훈련되고 훈육되어왔다는 사실을 고려하면, 이제 당연히 각 개인은 평균적으로 일종의 **형식적인 양심**으로, "너는 어떤 것을 무조건 해야만 하고, 또 어떤 것을 무조건 해서는 안 된다"고 명령하는 것, 즉 간단히 말하자면 "너는 해야만 한다"고 명령하는 그러한 욕구를 타고 났다고 전제해도 좋을 것이다. 이러한 욕구는 만족하고자 하며 형식을 내용으로 채우고자 한다. 이때 그것은 자신의 강함, 성급함, 긴장에 따라 거친 식욕처럼 닥치는 대로 손을 뻗치며, 그 어떤 명령자 — 부모, 선생, 법률, 신분상의 편견, 여론 — 의 말이 그의 귀에 들려오면 이를 받아들인다. 인류의 발전이 기이하게도 제약되어 있고 지체하며 오래 끌고 힘들어하거나 종종 역행하고 발전 과정을 선회하는 것은 명령의 기술을 희생하는 대가를 치르면서 복종이라는 무리의 본능이 가장 잘 유전된 것에서 기인한다. 이 본능이 무절제의 극단까지 가는 경우를 한번 생각해보면, 마침내 바로 명령권자나 독립적인 인간은 없어지게 된다. 또는 그들은 내면적으로 양심의 가책에 괴로워하게 되며 명령하기 위해서는, 말하자면 그들 역시 마치 복종만 했던 것처럼, 우선 스스로를 기만하는 것이 필요하게 된다. 오늘날 유럽에서는 이러한 상태가 실제로 존재하고 있다 : 나는 이것을 명령하는 자들의 도덕적 위선이라고 부른다. 자신의 양심의 가책에서 몸을 보호하기 위해, 그들은 좀더 오래되고 한층 더 높은 명령(선조나 헌법, 정의, 법률이나 신의 명령)을 실행하는 자로 꾸미거나 아니면 스스로 무리의 사고방식에서 무리의 원리를 빌려서, 예를 들면 '그 국민의 제일의 공복'이나 '공공복리의 도구'로 꾸며 행동하는 길만을 알 뿐이다. 다른 한편 오늘날 유럽에서 무리의 인간은, 그가 유일하게 허용된 유형의 인간인 것 같은 얼굴을 하며 자신을 온순하게 하고 협조적이게 하며 무리에 유용하게 하는 자신의 성질을 진정한 인간적 덕목이라고 찬양한다 : 즉 공공심, 친절, 배려, 근면, 절제, 겸손, 관용, 동정 등이 그 덕목이다. 그러나 지도자나 선도하는 인간 없이 지낼 수 없다고 믿는 경우에는, 오늘날 사람들은 시도에 시도를 거듭하며 현명한 무리의 인간들을 규합함으로써 명령하는 자를 대체하고자 한다 : 이것이 예를 들면 모든 대의제도의 기원이 된다. 이러한 무리 동물 같은 유럽인에게 절대적인 명령자의 출현은 이 모든 것에도 불구하고 견딜 수 없는 압박에서 구제되는 것이며 은혜다. 이에 대해 나폴레옹의 출현이 끼친 영향은 최후의 위대한 증거를 제시했던 것이다 : ─ 나폴레옹이 끼친 영향의 역사야말로 거의 이 세기 전체가 가장 귀중한 인간과 순간에 이른 더욱 높은 행복의 역사이다.

200.

종족들이 상호 뒤섞이는 해체의 시대에 살고 있는 인간은 그 스스로 다양한 유래의 유산을 몸 안에 지니고 있다. 다시 말해 때로는 단지 대립할 뿐만 아니라 서로 싸워 좀처럼 안식할 줄 모르는 충동과 가치 척도를 몸에 지니고 있다. ─ 말기 문화와 쇠약한 빛을 가지고 있는 이러한 인산은 평균적으로 허약한 인간일 것이다 : 그가 근본적으로 갈망하는 것은 *그 자신의 상태*이기도 한 이 싸움이 언젠가 끝나는 것이다. 행복이란 그에게는 진정 작용을 하는 (예를 들면 에피쿠로스적이거나 그리스도교적인) 약이나 사고방식과 일치하는 것으로 보이며, 주로 휴식, 안정, 충족, 궁극적 통일의 행복, 즉 그 자신이 그러한 인간이었던 거룩한 수사학자 아우구스티누스의 말에 따르면 "안식일 중 안식일"처럼 보인다. ─ 그러나 그러한 본성을 지닌 사람에게 모순과 싸움이 삶을 고무하고 북돋우는 자극으로 작용하고 ─ , 다른 한편 그의 강력하고 화해하기 어려운 충동에 덧붙여 또한 자기 자신과 싸울 때의 자기 자신만의 능숙함과 세련됨이, 즉 자기 지배와 자기 기만이 유전되고 육성되어 있다면, 그때는 저 매력적인 파악하기 어려운 인간, 상상할 수 없는 인간, 저 승리하고 유혹하도록 미리 운명지어진 수수께끼 같은 인간이 출현하게 된다. 그 수수께끼 같은 인간이 가장 훌륭하게 표현된 인물이 알키비아데스 Alcibiades[29]와 카이사르Caesar이며(─ 여기에 나는 내 취향에 따라 저 **최초의** 유럽인이라 할 수 있는 호엔슈타우펜Hohenstaufen 가(家)의 프리드리히 2세[30]를 덧붙이고 싶다), 예술가 중에서는 아마도 레오나르도 다 빈치Leonardo da Vinci일 것이다. 이들은 안식하고자 갈망하는 저 허약한 유형의 인간들이 전면에 나타나는 바로 그때 나타난다 : 이 두 유형은 서로 연관되어 있으며 같은 원인에서 발생하는 것이다.

201.

도덕적 가치 판단을 지배하는 공리성이 오직 무리의 공리성에 불과한 한, 시선이 오직 공동체를 보존하는 것만을 향해 있는 한, 그리고 부도덕이라는 것이 바로 오로지 공동체를 존속하는 데 위험하게 여겨지는 것에서만 찾아지는 한, 그러한 한에서는 아직 '이웃사랑의 도덕'은 존재할 수 없다. 여기에도 이미 고려, 동정, 공정, 온유, 상호 부조 등이 언제나 미약하게나마 실현되고 있다고 가정하더라도, 그리고 이러한 사회 상태에서도 후에 '덕'이라는 경칭으로 불리고 마침내는 거의 '도덕성'이라는 개념과 일치하게 되는 모든 충동이 이미 활동하고 있다고 가정해도, 이와 같은 시기에 그것들은 도덕적 가치 평가의 영역에는 전혀 들어가지 못한다. ─ 그것들은 아직은 도덕 외적인 것이다. 예를 들어 동정적인 행위는 로마의 전성기에는 선이라고도 악이라고도, 도덕적이라고도 부도덕적이라고도 불리지 않았다. 그리고 그러한 행위 자체가 칭찬받게 되어도, 그것이 즉 공적인 일res publica, 즉 전체를 촉진시키는 데 기여하는 어떤 다른 행위와 비교되게 되면 이내 그 칭찬에는 최선의 경우라 하더라도 불만스러운 경멸이 깃들여 있다. 결국 '이웃에 대한 사랑'은 이웃에 대한 공포에 비교하면 언제나 부차적인 일이며, 어느 정도는 관습적인 것이고 자의적이며 외면적인 것이다. 사회 구조 전체가 확립되고 외적인 위험에 대해 안전을 보장받은 것처럼 보이고 난 후에도, 도덕적 가치 평가의 새로운 관점을 다시 만드는 것은 이러한 **이웃에 대한 공포**이다. 모험심, 만용, 복수욕, 교활함, 약탈욕, 지배욕 같은 어떤 강력하고 위험한 충동들은, 그것이 지금까지는 공공에 유용하다는 의미에서 존중되었을 뿐만 아니라 ― 당연히 여기에서 선택된 것과는 다른 이름으로 불리지만 ― , 크게 육성되고 배양되어야만 했는데(왜냐하면 사회 선체가 위험에 빠져 있을 때, 전체의 적에 대해 사람들에게는 항상 그 충동들이 필요했기 때문이다), 이제 그 위험성은 두 배로 강하다고 느끼게 되고 ― 이제 그것들이 빠져나갈 탈출구는 사라지게 되며 ― 점차 부도덕한 것으로 낙인 찍혀 비난의 대상이 된다. 이제 대립적인 충동들과 경향이 도덕적인 영예를 얻게 된다. 무리 본능은 한 단계 한 단계 그 결론을 이끌어내게 된다. 어떤 의견 속에, 어떤 상태와 정동 속에, 어떤 의지 속에, 어떤 재능 속에 공공에 위험한 것, 평등을 위험하게 하는 것이 얼마나 많고 적게 있는가 하는 것, 이제 이것이 도덕적 관점이다 : 공포는 여기에서도 다시 도덕의 모체가 된다. 만일 최고의 강력한 충동이 정열적으로

터져나와, 개인이 무리적 양심의 평균과 낮은 곳을 뛰어넘어 더 높은 곳으로 나아가게 한다면, 이러한 충동으로 인해 공동체의 자의식은 땅에 떨어지게 되고, 그 척추와 같은 공동체의 자신에 대한 믿음은 깨지게 된다 : 따라서 바로 이러한 충동은 가장 잘 낙인 찍혀 비난받게 된다. 고고한 독립적인 정신, 홀로 서려는 의지, 커다란 이성은 이미 위험한 것으로 느끼게 되는 것이다. 개인을 무리 이상으로 끌어올리고 이웃에게 공포를 주는 모든 것은 이제부터는 악이라고 불리게 된다. 적당하고 겸손하고 스스로 적응하며 동등하게 대하는 심성, 욕구의 **평범함**이 도덕적 이름과 명예를 얻게 된다. 결국 매우 평화로운 상태 아래 자신의 감정을 엄격하고 혹독하게 단련시킬 기회와 필요성은 사라진다. 이제 모든 엄격함은 정의에서조차 양심을 어지럽히기 시작한다. 고상하고 준엄한 품위와 자기 책임감은 거의 사람들의 감정을 상하게 하며 불신을 일깨우고, '유순한 인간'이, 더욱 '우둔한 인간'이 존경을 받게 된다. 사회의 역사에는 병적인 연약화와 유약화가 일어나는 시점이 있는데, 이때에는 사회 자체가 스스로를 훼손시키는 자, **범죄자**의 편을 들게 되며 더욱이 진지하고 숨김없이 편을 들게 된다. 처벌, 이것은 그 사회의 어느 곳에서는 부당한 것처럼 보인다. ― '처벌'과 '처벌을 해야만 한다'는 관념이 사회를 고통스럽게 하고 사회에 공포를 주는 것은 자명하다. "그를 **위험하지 않게** 하는 것으로 충분하지 않은가? 왜 처벌까지 해야만 하는가? 처벌한다는 것 자체가 무서운 일이 아닌가!" ― 이러한 물음으로 무리의 도덕, 공포의 도덕은 마지막 결론을 이끌어낸다. 만일 일반적으로 두려움의 원인이 되는 위험을 제거할 수 있다면, 이러한 도덕도 함께 제거할 수 있을 것이다 : 이러한 도덕은 더 이상 필요

없게 될 것이며, 그것이 **스스로**를 더 이상 필요하지 않다고 여기게 될 것이다! — 오늘날 유럽인의 양심을 음미해본 사람은 수천 개의 도덕적인 비밀스러운 숨바꼭질에서 언제나 같은 명법을, 즉 "우리는 언젠가는 더 이상 두려워할 만한 것이 없기를 원한다!"는 무리 공포심의 명법을 이끌어낼 수 있을 것이다. — 그곳을 향한 의지와 길은 오늘날 유럽 어느 곳에서나 '진보'라고 불리고 있다.

202.

우리가 이미 백 번도 더 말해왔던 것을 다시 한번 말해보자 : 왜냐하면 오늘날 사람들의 귀는 그러한 진리 — **우리들의 진리** — 를 듣는 데 호의적이지 않기 때문이다. 만일 어떤 사람이 일반적으로 인간을 비유도 사용하지 않고 노골적으로 동물로 간주한다면, 얼마나 모욕적으로 들릴 것인지 우리는 이미 잘 알고 있다. 그러나 우리가 바로 '현대적 이념'을 지닌 인간에 관해 끊임없이 '무리', '무리 본능'이라는 표현 따위를 사용하는 것은 거의 우리의 **잘못**이라고 평가받게 될 것이다. 그것이 무슨 도움이 된다는 말인가! 우리는 달리 할 수 있는 방법이 없다 : 왜냐하면 바로 여기에 우리의 새로운 통찰이 있기 때문이다. 모든 중요한 도덕적인 판단에서 유럽의 영향력이 미치는 나라들도 포함하여 유럽이 의견의 일치를 보게 되었음을 우리는 발견했다 : 유럽 사람들은 소크라테스가 알지 못한다고 생각했던 것, 저 고대의 유명한 뱀이 일찍이 가르쳐준다고 약속했던 것을 명백히 알고 있다. — 사람들은 오늘날 무엇이 선이고 악인지를 '알고 있다.' 우리가 여기에서 알 수 있다고 믿으며 여기에서 칭찬이나 비난으로 자기 자신을 예찬하고 자기 스스로 선이라 부르는 것이 무리 동물인 인간의 본능이라고 언제나 새롭게 주장한다면, 이제 이는 혹독하게 들리고 귀에 거슬릴 수도 있다 : 이 본능은 갑자기 나타나 다른 본능들을 넘어서는 우위를 차지하게 되었고 우세해졌으며, 그것의 징후인 생리적인 친근성과 유사성이 커짐에 따라 그 본능은 더욱 우세해진다. 오늘날 유럽에서의 도덕은 무리 동물의 도덕이다 : ― 따라서 이것은 우리가 이러한 것들을 이해하고 있는 것처럼, 일종의 인간적인 도덕에 불과하며 그것과 나란히 그것 앞에 그것 뒤에 다른 많은 도덕이, 무엇보다 좀더 차원 높은 도덕이 가능하며, 가능해야만 할 것이다. 그러나 이러한 도덕은 그러한 '가능성'에 대해, 그러한 '해야만 한다'에 대해 온 힘을 다해 방어하게 된다 : 이 도덕은 "나는 도덕 자체이며, 그 외의 것은 어느 것도 도덕이 아니다!"라고 완강하고 냉혹하게 말한다. ― 가장 숭고한 무리 동물의 욕구에 따르고 아부했던 종교의 도움으로, 우리는 정치·사회 제도에서조차 언제나 이러한 도덕이 좀더 명백하게 표현되어 있음을 찾을 수 있게 되었다 : 민주주의 운동은 그리스도교적 운동의 유산을 상속한 것이다. 그러나 조급한 사람과 앞에서 언급한 본능에 시달리는 병자나 중독자에게는 속도가 아직도 너무 느리고 졸릴 정도라는 사실, 이것은 현재 유럽 문화의 뒷골목을 방황하는 무정부주의자의 개들이 더욱 광포하게 으르렁거리며 더욱 이빨을 드러내는 모습을 보면 확실히 알 수 있다 : 이들은 겉으로는 평화롭고 근면한 민주주의자이나 혁명을 주창하는 이데올로기 사상가와는 반대로 보이며, 더욱이 스스로를 사회주의자라고 부르며 '자유로운 사회'를 바라는 어리석은 사이비 철학자나 형제애를 꿈꾸는 몽상가와도 반대로 보이지만, 사실 **자율적 무리**의 사회 형식 외에 어떤 다른 사회 형식에 대해서도 근본적으로 또 본능적으로 적대감을 가지고 있다는 점에서 모두 그들과 하나이다('주인'과 '노예'의 개념마저 거부하기에 이른다. — 신도 주인도 없다는 것이 사회주의적 형식이다 —). 어떤 사람은 모든 특별한 요구, **모든** 특별한 권리와 특전에 대해 맹렬하게 저항한다(이는 결국 모든 권리에 저항함을 의미한다 : 왜냐하면 모든 사람이 평등하다고 한다면, 어떤 사람에게도 더 이상 '권리'가 필요하지 않기 때문이다 —). 또한 어떤 사람은 처벌하는 정의에 대해 불신하고 있다(마치 그것이 약자에 대한 폭력이며, 모든 이전 사회가 낳은 **필연적인** 결과에 부당함이 있는 것처럼 —). 그러나 그와 마찬가지로 어떤 사람은 동정의 종교를 믿으며 오직 느끼고 살아가고 고통받는 한 동감한다(이는 아래로는 동물에까지 이르며, 위로는 '신'에까지 다다른다 : — '신에 대한 동정'이라는 탈선은 민주주의 시대의 것이다 —). 어떤 사람은 동정을 외치면서 동정에 초조해하고 고통 일반에 대해 숨을 정도로 증오하며 이 점에서 방관자로 남아 있을 수 없고 고통받게 놓아둘 수 없는 거의 여성적인 무능력 안에 있다. 어떤 사람은 원하지 않은 우울함과 유약함에 빠져 있으며, 거기에 속박되어 유럽은 새로운 불교에 위협받고 있는 것처럼 보인다. 어떤 사람은 마치 **공동**의 동정이라는 도덕을 신봉하고 마치 이것이 도덕 자체인 것처럼 생각하고, 절정, 인간에 의해 이른 절정, 미래의 유일한 희망, 현존하고 있는 자들의 위로제, 이전의 모든 죄에서 위대하게 해방된 것처럼 보고 있다 : — 어떤 사람은 전체적으로 **구제자로서의** 사회를 믿으며 즉 무리를 믿고 '그 자신'을 믿는다……

203.

어떤 다른 신앙을 가지고 있는 우리 — , 이런 우리에게는 민주주의 운동이란 정치 조직의 타락 형식일 뿐만 아니라, 인간의 타락 형식, 즉 왜소화 형식으로, 평균화와 가치 하락으로 생각된다 : 우리는 우리의 희망을 어디에서 붙잡아야만 할까? — 그것은 **새로운 철학자**들을 향해 희망을 거는 것이며 달리 선택의 여지가 없다. 즉 대립적인 가치 평가를 하는 동인이 되고, '영원한 가치'를 다시 가치 평가하며 전환시키는 데 충분히 강하고 근원적인 정신의 소유자들에게 희망을 거는 것이다. 수천 년의 의지를 **새로운** 궤도 위에 올려놓게끔 하는 강제와 매듭을 현재에서 맺는 선구자, 미래의 인간에 희망을 거는 것이다. 인간에게 인간의 미래를 자신의 **의지**로 만들 것을, 인간의 의지에 달려 있다는 것을 가르치며, 훈육과 육성이라는 위대한 모험과 총체적인 시도를 준비하는 것, 그리고 이로써 지금까지 '역사'라고 불려왔던 저 무서운 무의미와 우연의 지배를 종식시키는 것 — '최대의 다수'라는 무의미는 그 마지막 형식일 뿐이다 — : 이를 위해 언젠가는 새로운 종류의 철학자와 명령하는 사람이 필요하게 되며 그 모습에서 보면, 일찍이 지상에서 감추어진 무섭고 호의적인 정신으로 있었던 모든 것은 창백하고 왜소해 보일 수 있을 것이다. 우리의 눈앞에 떠다니는 것은 그러한 지도자의 모습이다 : — 그대들 자유로운 정신이여, 내가 소리 높여 말해도 좋겠는가? 부분적으로는 그러한 사람들이 나타나게 해야 하고, 부분적으로는 그러한 사람들을 충분히 이용해야만 하는 환경을 말이다. 이러한 과제를 이루려는 **강제**를 느낄 수 있을 정도의 높이와 힘에까지 한 영혼이 성장하는 것을 가능하게 하는 것처럼 보이는 방법과 시련에 관해 말이다. 그 새로운 압력과 해머 아래 양심이 단련되고, 마음이 강철로 변하게 되는 가치를 전도함으로써, 양심은 그러한 책임의 무게를 견디게 되는 것이다. 다른 한편 그러한 지도자들이 나타나는 것이 필요한데, 그들은 나타나지 않을 수도 있고, 아니면 실패로 돌아가 퇴화할 수도 있는 무서운 위험성이 있다. — 그대들 자유정신이여, 그대들은 이것이 **우리의** 진정한 걱정이며 우울함이라는 것을 알고 있는가? 이것이 **우리의** 삶의 하늘을 지나가는 무겁고 먼 사상이며 뇌우인 것이다. 한 비범한 인간이 어떻게 자신의 궤도에서 벗어나 퇴화하는지 바라보고 추측하고 함께 느껴야 하는 것만큼 견디기 어려운 고통도 없을 것이다. 그러나 '인간' 자체가 **퇴화했다는** 전체적인 위험을 볼 수 있는 드문 눈을 가진 자, 우리처럼 지금까지 인간의 미래에 관해 유희를 — 어떤 손도, '신의 손'조차도 한 번도 함께한 적이 없었던 유희를! — 해왔던 무서운 우연을 인식한 적이 있는 자, '현대적 이념'이라는 우둔한 천진성과 맹신 속에, 더욱이 전체 그리스도교적 유럽적인 도덕 속에 감추어져 있는 운명을 추측하는 자, 이러한 자는 다른 어떤 사람도 그것과는 비교할 수 없는 불안감에 고통스러워한다. — 그는 힘과 과제들이 유리하게 결집되고 고양된 경우, 또한 어떤 것이 **인간에게서 훈육되어야만** 하는지 한눈에 파악한다. 그는 자신의 양심에 관해 전체적으로 알면서, 인간이 최대의 가능성에서 아직도 얼마나 무궁무진한지, 그리고 인간이라는 유형이 얼마나 종종 이미 신비로운 결정과 새로운 길에 서 있었던지를 알고 있다 : — 그는 자신의 가장 고통스러운 기억에서 생성 중에 있는 최고의 인간이 얼마나 하찮은 일에 지금까지 일상적으로 부딪혀 깨어지고 부서지고 내려앉고 비참하게 되었는지 더 잘 알고 있다.

5 인간의 전체적인 **퇴화**는, 오늘날 사회주의적인 우둔한 자나 멍청이에게 그들의 '미래의 인간'으로 — 그들의 이상으로! — 나타나는 데까지 내려가며, 인간이 이렇게 완전한 무리 동물로 (또는 그들이 말하는 것처럼, '자유사회'의 인간으로) 퇴화하고 왜소화된다는 것, 이렇게 인간이 평등한 권리와 요구를 지닌 왜소한 동물로 동물화된다는 것은 가능하다. 이것은 의심의 여지가 없는 일이다! 이러한 가능성을 한번 끝까지 생각해본 사람은 다른 사람들보다는 더한 구토를, — 그리고 아마 또 하나의 새로운 과제를 알 것이다!……

제6장
우리 학자들

204.

도덕적 설교를 한다는 것은 과거에도 언제나 있었던 것으로 밝혀지지만, — 즉 발자크Balzac에 따르면 이는 겁내지 않고 자신의 상처를 드러내는 것인데 — , 그러한 위험을 무릅쓰고 나는 감히 오늘날 전혀 알지도 못한 채 마치 양심적인 것처럼, 학문과 철학 사이에 세워지도록 위협하고 있는 부당하고 해로운 순위 변경에 대해 저항하고 싶다. 나는 사람들이 자신의 **경험**에서 — 경험이란 내 생각에는 언제나 나쁜 경험을 의미하는 것인데? — 그러한 고차원적인 순위의 물음에 대해 함께 논의할 권리를 가져야만 한다고 생각한다 : 이는 맹인이 색깔에 대해 이야기하거나 여성이나 예술가가 학문에 반대하며 이야기하는 것과 같은 의미가 아니다(그들의 본능과 수치는 탄식을 한다. "아, 이러한 고약한 학문이여! 이것은 언제나 진상을 알아내는구나!"—). 학문적 인간의 독립 선언, 그가 철학에서 해방되는 것은 민주주의적인 것이나 그 괴물 같은 것이 남긴 더욱 미묘한 영향 가운데 하나이다 : 학자의 자기 찬미와 자만심은 오늘날 어디에서나 만발해 있고 마음껏 봄을 구가하고 있다. — 그렇다고 아직 이러한 경우 자화자찬이 향기로운 냄새를 풍기고 있다고 말해서는 안 된다. "모든 주인에게서 벗어나자!" — 여기에서도 천민적 본능은 이렇게 원한다. 그리고 학문이 너무 오랫동안 '시녀 역할을 해왔던 신학에 맞서 매우 성공적으로 자신을 방어한 후, 학문은 이제 오만과 무분별에 가득 차 철학에 법칙을 부여하고 그 스스로 한번 주인 역할을 해본다. — 내가 말하는 것은 **철학자의 역할**을 한다는 것이다! 내 기억은 — 실례지만, 이는 학문하는 한 인간의 기억이다! — 내가 젊은 자연과학자나 늙은 의사들이 철학이나 철학자에 대해 하는 이야기를 들었는데, 오만의 단순함으로 꽉 차 있다(모든 학자 가운데 가장 교양 있고 잘난 체하는, 직업상 이 두 가지를 모두 지니고 있는 문헌학자와 교사들에 대해서는 말하지 말기로 하자 —). 이들은 때로는 전문가이자 대체로 모든 종합적인 과제와 능력에는 본능적으로 저항하는 방관자였다. 때로는 그들은 철학자의 영혼의 가계 운영에서 한가하고 고상한 사치의 냄새를 맡아 그것으로 스스로 침해당하고 왜소해짐을 느꼈던 근면한 노동자였다. 또 때때로 그들은 철학에는 일련의 **논박된** 체계와 어느 누구에게도 '소용에 닿지 않는' 사치스런 낭비 외에는 아무것도 없다고 보는 색맹의 공리적 인간이었다. 때로는 위장된 신비주의와 인식의 한계를 수정하는 데 대한 누려움이 튀어나오는가 하면, 때로는 개개의 철학자들에 대한 경멸이 나타났는데, 이는 의도한 것은 아니지만 철학에 대한 경멸로 일반화되었다. 마지막으로 내가 젊은 학자들에게서 가장 자주 발견했던 것은 철학에 대한 오만한 경시 뒤에 숨어 있는 어떤 철학자 자신의 나쁜 영향이었으며, 실은 전체적으로 보면 이 철학자에게 복종하기로 예고했지만, 다른 철학자들에 대한 경멸이라는 자신의 가치 평가의 굴레에서는 벗어나지 못하고 있다는 점이다 : 이 결과로 모든 철학에 대한 전체적인 불만이 생겨난 것이다. (예를 들면 나에게는 쇼펜하우어가 최근의 독일에 끼친 영향이 이와 같은 것으로 보인다 : — 그는 헤겔에 대한 비지성적인 분노로 독일의 최근 세대 전체를 독일 문화와의 관계에서 분리시켰던 것이다. 이 문화는 모든 것을 잘 고려해볼 때, **역사적 감각의 높이와 예언적 섬세함을 구비하고** 있었다 : 그러나 바로 이러한 점에서 쇼펜하우어 자신은 천재적일 정도로 빈약하고 둔감하고 비독일적이었다.) 요컨대 개략적으로 생각해보면, 철학에 대한 외경에 손해를 가장 입히고 천민적인 본능에 문을 열어주었던 것은 무엇보다 근대 철학자들 자신의 인간적인, 너무나 인간적인 것, 즉 간략히 말하자면 그들의 궁색함이었을 수도 있으리라. 그럼에도 우리는 우리의 현대 세계에는 헤라클레이토스 Heraklit, 플라톤Platon, 엠페도클레스Empedokles 같은 전체적 본성을 지닌 사람이, 그리고 이 모든 제왕 같은 웅장한 정신의 은둔자로 불리는 사람들이 어느 정도까지 모자라는지 시인해야 한다. 오늘날 유행 덕분에 정상에 있으면서도 영락해 있는 철학의 대표자들을 바라보면서 — 독일에서 예를 들면 무정부주의자인 오이겐 뒤링 Eugen Dühring[31]과 융합론자인 에두아르트 폰 하르트만Eduard von Hartmann[32] 같은 베를린의 두 사자(獅子)들을 보면서 — 학문을 하는 정직한 인간이 스스로 좀더 나은 소질과 혈통이 있다고 느끼게 **되는 것도 당연하다**. 특히 '현실 철학자'나 '실증주의자'라고 자칭하는 혼합 철학자의 모습은 젊고 명예욕이 강한 학자의 영혼에 어떤 위험한 불신감을 불어넣게 된다 : 이들은 최상의 경우라 할지라도 학자나 전문가일 뿐이다. 이것은 명백하다! — 그들은 물론 모두 실패한 자이며 학문의 지배 아래로 **되돌아온 자**들이다. 이들은 언젠가 한번은 자신이 그 **이상**이 되기를 원했으나 이러한 '그 이상'에 대한 권리도 자신의 책임에 대한 권리도 가지지 못했던 것이다. — 그리하여 이제 그들은 점잖게 분노를 품고 복수심을 불태우며 철학의 주도적 과제와 지배에 대한 **불신**을 말과 행위로 표현하고 있다. 결국 이렇게 될 수밖에 없었다! 학문은 오늘날 번성하며 양심의 거리낌없이 풍요로운 얼굴을 하고 있다. 반면 근대 철학 전체가 점차 침몰해간 결과인 오늘날 철학이라는 잔여물은, 비록 스스로에 대한 조소나 동정은 아닐지언정 불신과 불만을 불러일으킨다. '인식론'으로 격하된 철학은 실제로는 소심한 판단 중지론이나 금욕설 이상이 아니다 : 이는 전혀 경계를 넘어서지 못하며 스스로 괴로워하고 그 안으로 들어갈 권리를 **거부하는** 철학이다. ─ 이는 마지막 숨을 내쉬고 있는 철학이며 어떤 종말, 마지막 고통이며 연민을 일으키는 어떤 것이다. 어떻게 이러한 철학이 ─ **지배할 수 있을까**!

205.

오늘날 철학자들의 발전을 막는 위험은 실로 다양하기 때문에, 사람들은 그 과실이 과연 부르익을 수 있을 것인지를 의심하고 싶어 한다. 학문의 규모와 탑의 구조물은 거대한 것으로 성장했다. 이로 말미암아 철학자는 이미 배우는 자로서는 지쳐버리게 되거나 스스로 어느 곳엔가 달라붙고 '전문화'되어 이제 더 이상 정상에 이를 수 없게 되고, 다시 말하자면 전망하고 둘러보고 **내려다보는** 일을 전혀 하지 못할 수도 있게 된다. 또는 그가 너무 뒤늦게 정상에 오르게 되어도, 이때는 그의 최상의 시간과 힘은 다 지나가버리고 만다. 그렇지 않으면 상처를 입고 조야해지며 퇴화되어, 그의 시선과 가치 판단 전체는 더 이상 의미를 지니지 못하게 된다. 바로 그의 지적 양심의 섬세함이 아마 그를 도중에 주저하게 만들고 지연시킬 것이다.

그는 애호가가 되거나 천 개의 다리와 천 개의 촉각을 지니도록 유혹받는 것을 두려워한다. 자기 자신에 대한 경외심을 상실한 사람은 또한 인식자로서도 더 이상 명령하지 못하며 더 이상 **지도**할 수도 없음을 그는 너무나도 잘 알고 있다 : 그렇게 된다면 그는 이미 위대한 배우가 되려고 하거나 철학적인 사기꾼, 정신의 쥐를 잡는 사람, 즉 유혹하는 자가 되고자 원해야만 할 것이다. 그것 자체가 양심의 문제가 아니라면, 이는 결국 취향의 문제이다. 게다가 철학자의 어려움을 다시 한번 배가시키는 일이 일어나는데, 그는 학문에 대해서가 아니라 삶과 삶의 가치를 판단할 것을, 긍정하거나 부정할 것을 스스로에게 요구해야 하는 것이다. ― 그는 싫더라도 이러한 판단을 해야 할 권리나 심지어는 의무를 지니고 있다고 믿는 법을 배우게 되며, 스스로 오직 가장 광대한 ― 아마 가장 혼란을 일으키며 파괴적일 것인 ― 체험에서 때로는 주저하고 의심하며 침묵하면서 그러한 권리와 믿음에 이르는 자신의 길을 찾지 않으면 안 된다. 사실 대중들은 오랫동안 철학자들을 잘못 보아왔거나 오해해왔다. 즉 학문적인 인간이나 이상적인 학자로 아니면 종교적으로 고양된 탈감각적이고 '탈세속적인' 몽상가나 신에 도취한 사람으로 잘못 보아왔거나 오해해왔다. 심지어 오늘날 어떤 사람이 '현명'하게 살고 있다거나 '철학자'로 살고 있다는 칭찬을 듣게 될 때, 이는 거의 '영리하게 세상을 피해' 살고 있다는 것 이상을 의미하지는 않는다. 지혜라는 것, 이것은 천박한 사람에게는 일종의 도피처럼 보이며 좋지 않은 게임에서 잘 빠져나오는 수단이자 기교처럼 보인다. 그러나 진정한 철학자는 ― 우리에게는 이렇게 보이지 않는가, 나의 친구들이여? ― '비철학적으로' '현명하지 못하게', 무엇보다도 영리하지 못하게 살아가며, 인생의

제 6 장 우리 학자들

수백 가지 시련과 유혹에 대한 짐과 의무를 느낀다 : — 그는 **스스로** 끊임없이 모험을 감행하며 좋지 않은 그 게임을 한다……

206.

천재, 즉 **생산하든지 아니면 출산하는** 존재에 비하면 — 이 두 단어를 최고의 범위에서 받아들인다고 하고 — 학자, 즉 학문을 하는 평균적 인간은 언제나 늙은 처녀 같은 것을 가지고 있다 : 왜냐하면 그는 이 늙은 처녀와 마찬가지로 인간의 가장 귀중한 두 가지 기능을 이해하지 못하기 때문이다. 사실 그들 양자, 즉 학자나 늙은 처녀에게는 마치 보상해주기 위한 것처럼 경의를 나타내게 되는데 — 이 경우 경의가 강조된다 — 그러나 이렇게 마지못해 나타내도록 하는 허용에는 그와 같은 정도의 불만이 섞여 있다. 학문적 인간이란 어떤 인간인지 좀더 자세히 살펴보자. 우선 그는 고귀하지 못한 천성의 인간, 즉 고귀하지 못하고 다시 말해 지배력이 없고 권위가 없으며 자족할 줄도 모르는 천성의 덕목을 지닌 인간이다 : 그는 근면하고, 참을성 있게 질서에 적응하며 능력과 욕구에서도 균형과 절도를 지니고 있다. 그는 자기와 같은 사람이나 그러한 사람들에게 필요한 것, 예를 들면 이것이 없으면 노동에서 벗어난 휴식이란 있을 수 없는 한 조각의 독립성과 푸른 목장을, 명예와 인정에 대한 요구를 (이는 맨 먼저 그리고 최고로 알려지고 알려질 수 있다는 것을 전제로 한다 —), 태양처럼 빛나는 좋은 명성을, 자신의 가치와 유용성이 끊임없이 증명되는 것을 — 이러한 증명으로 모든 의존적인 인간이나 무리 동물의 마음속에 있는 내적인 **불신**이나 동기를 거듭 극복해야만 한다 — 감지할 수 있는 본능을 지니고 있다. 당연하지만 학자는 고귀하지 못한 종류의 병폐나 악습도 지니고 있다 : 그는 하찮은 질투심에 잔뜩 사로잡혀 자기가 오를 수 없는 높이에 있는 사람들의 저급함을 꿰뚫어보는 살쾡이 같은 눈을 가지고 있다. 그는 붙임성이 있는데, 그러나 이것은 단지 감정대로 행동하는 사람의 붙임성이지, **도도히 흐르는** 것 같은 사람의 붙임성은 아니다. 그렇기 때문에 바로 위대하게 흘러가는 인간 앞에서 그는 좀더 냉담해지고 마음의 문을 닫게 된다. 이때 그의 눈은 기쁨이나 공감의 잔물결도 일지 않는 매끄럽고 언짢은 호수 같은 것이 된다. 학자가 할 수 있는 가장 나쁘고 위험한 것은 그의 속성 중 평범함의 본능에서 온다 : 즉 비범한 인간을 본능적으로 근절하려고 하고, 팽팽한 활을 모두 꺾으려고 하거나 — 오히려 이렇게 말하는 것이 좋을 것이다! — 활시위를 이완시키려고 하는 평범함의 예수회 교의에서 온다. 즉 배려하면서 물론 부드러운 손길로 활시위를 이완시키며, 친밀한 동정으로 활시위를 이완시킨다 : 이것은 동정의 종교로 스스로를 언제나 세상에 유입시킬 줄 알았던 예수회 교의의 본래의 기술이다. —

207.

언제나 **객관적인** 정신을 맞이할 수 있는 것은 얼마나 감사한가 — 온갖 주관적인 것과 저주받은 자기 지상주의에 한번도 죽도록 싫증을 느껴보지 않은 사람이 있었던가! — 그러나 결국 우리는 감사에 대해서도 조심하지 않으면 안 되며, 요즈음 정신의 자기 부정이나 비인격화를 마치 목적 그 자체인 것처럼, 구제나 정화인 것처럼 찬미하는 과장도 제지하지 않으면 안 된다 : 이것은 특히 '무관심한 인식'에 나름으로 최고의 경의를 표할 충분한 이유를 갖고 있는 염세주의 학파 내부에서 일어나곤 한다. 염세주의자처럼 더 이상 저주하거나 비방하지 않는 객관적인 인간, 수천 번의 완전한 실패나 절반쯤 실패한 후에 학문적인 본능이 언젠가 만발했다가 지는 이상적인 학자는 확실히 이 세상에 있는 가장 귀중한 도구들 가운데 하나이다 : 그러나 그는 좀더 강한 자의 소유가 된다. 그는 하나의 도구에 불과하다고 우리는 말한다 : 그는 하나의 거울인 것이다. — 그는 '자기 목적'이 아니다. 객관적인 인간은 사실 하나의 거울이다 : 그는 인식되기를 바라는 모든 것 앞에서 복종하는 데 길들여져 있고, 인식하고 '비추는 것' 외에는 다른 즐거움을 알지 못한다. — 그는 어떤 것이 다가올 때까지 기다리고 있으며, 유령 같은 존재가 가볍게 걸어가는 발자국이나 미끄러지듯 지나가는 소리도 자신의 피부 표면이 놓치지 않도록 자신을 부드럽게 펼쳐놓는다. 아직 '개인'적인 것이 어느 정도 남아 있으면, 그것은 그에게는 우연적인 것으로 때로는 자의적인 것으로 또 때로는 방해되는 것으로 생각된다 : 그렇게까지 그는 스스로 낯선 형태와 사건의 통로나 반영이 되어버렸다. 그는 노력하여 '자기' 자신으로 되돌아갈 생각을 하지만, 적지 않게 잘못을 저지르게 된다. 그는 자신을 쉽게 혼동하고 있으며 긴급한 자신의 일에 관해서 그르치고, 오직 이 점에서만은 조야하며 게으르다. 아마 건강이나, 여자나 친구의 방 안 공기 같은 사소한 일, 또는 사교와 교제가 없는 것이 그를 고통스럽게 할 것이다. — 그는 무리하게 자신의 고민을 반성하려고 할 것이다 : 그러나 이는 소용이 없는 짓이다! 이미 그의 사고는 **좀더 일반적인 경우로** 어슬렁

거리며 방황하고 있고, 자신에게 어떻게 도움을 줄 수 있는지 어제도 알지 못했던 것처럼 내일도 그는 알지 못한다. 그는 스스로에 대한 진지함을 잃어버렸고 때도 놓쳤다 : 그는 쾌활하지만, 이는 고난이 없기 때문이 아니고 자신의 고난을 다룰 손과 조작 능력이 없기 때문이다. 그는 모든 사물과 체험을 기꺼이 받아들이는 습성을 지녔으며 자신이 부딪히는 모든 것을 받아들이는 명랑하고 거리낌없는 손님에 대한 호의를 지녔고 나름대로 무분별한 친절이나 긍정과 부정에 관해 위험할 정도로 무관심하다 : 아, 그가 이러한 자신의 미덕을 보상해야 하는 경우는 얼마든지 있다! ─ 인간으로서 그는 대개 너무나 쉽게 이러한 미덕의 잔재(殘滓)가 된다. 만일 사람들이 그에게서 사랑과 증오를 원한다면, ─ 내가 생각하는 것은 신이나 여성 또는 동물이 이해하고 있는 사랑과 증오이다 ─ : 그는 자신이 할 수 있는 것을 하게 될 것이며 줄 수 있는 것을 주게 될 것이다. 그러나 그것이 대수로운 일이 아니라고 해서, ─ 바로 그 경우 그가 경솔하고 허약하고 모호하고 허물어져가는 모습을 보인다고 해서, 놀랄 일은 아니다. 그의 사랑은 의도적인 것이며 그의 미움은 인위적인 것이고 오히려 힘의 기교이며 작은 허영이며 과장이다. 그가 객관적일 수 있는 한, 오로지 순수할 뿐이다 : 오직 자신의 밝은 전체성에 있을 때만 그는 여전히 '자연'이며 '자연적'이다. 사물을 반영하며 영원히 스스로를 갈고 닦는 그의 영혼은 더 이상 긍정할 줄도 부정할 줄도 모른다. 그는 명령하지 않으며 파괴도 하지 않는다. "나는 거의 아무것도 경멸하지 않는다" ─ 그는 라이프니츠와 더불어 말한다 : 거의라는 말을 건성으로 듣거나 경시하지 말기를 바란다! 그 또한 모범적 인간이 아니다. 그는 누구도 앞서가지 않으며 뒤따라가지도 않는다. 그는 선과 악의 어느 쪽에 편을 들 이유를 갖기에는 대체로 너무 멀리 떨어져 있다. 사람들이 그토록 오랫동안 그를 **철학자**로 혼동해왔고, 문화의 제왕적 육성자나 난폭자로 혼동해왔는데, 이것은 그에게 너무 높은 영예를 준 것이며 그의 가장 본질적인 특성을 간과한 것이다. 그가 하나의 도구이며, 가장 고상한 종류의 노예라는 것이 확실하더라도 그 자체로는 아무것도 아닌 하나의 노예일 뿐이다. ─ 거의 아무것도 아닌 것이다! 객관적인 인간은 하나의 도구이며, 값 비싸면서 망가지기 쉽고 흐려지기 쉬운 계량기이자 예술품으로서의 반사경이기 때문에 소중히 하고 존중해야만 한다. 그러나 그는 목적도 아니며 출구나 올라가는 길도 아니고 여타의 존재자가 거기에서 자기 정당화를 하는 보조적인 인간도 아니며 종결도 아니다. ─ 더구나 발단도 생산자도 제일 원인도 아니며 지배자가 되고자 하는 강건하고 강력하고 자립적인 자도 아니다 : 오히려 부드럽게 불어 부풀게 하는 섬세하고 유연한 항아리의 주형에 불과한데, 이 주형은 '그 형태가 만들어지기 위해서는' 어떤 내용이나 성분을 기다려야만 하는 것이다. ─ 보통 그는 성분이나 내용이 없는 인간이며, '몰아적인' 인간이다. 따라서 덧붙여 말하자면, 여성에게도 아무 의미가 없는 존재이다. ─

208.

오늘날 어떤 철학자가 자신은 회의론자가 아니라고 암시한다면 ─ 바라건대, 지금 막 서술한 객관적인 정신에 대한 것에서 이것을 들을 수 있지 않을까? ─ 세상 사람 모두가 그것을 듣기 싫어한다.

사람들은 좀 꺼리면서 그를 응시하고 많은 것들을 묻고 또 묻고 싶어한다……더욱이 두려워하면서 엿듣는 사람들이 많이 있는데, 그러한 사람들 가운데서 그는 그때부터 위험한 인물이라 불린다. 사람들은 그가 회의를 거부했을 때, 마치 멀리서 어떤 불길하고 위협적인 소음이 들려온 것처럼, 마치 어디선가 새로운 폭약의 실험이 이루어진 것처럼 생각하게 된다. 즉 정신의 다이너마이트가, 아마 새로 발견된 러시아의 허무주의적인 것이, 단지 부정을 말하고 부정을 원할 뿐만 아니라 — 생각만 해도 끔찍한 일이지만! — 부정을 행하는 선한 의지의 염세주의가 폭발한 것처럼 생각하게 된다. 이러한 종류의 '선한 의지' — 실제로 활동하는 삶을 부정하고자 하는 의지 — 에 대해 오늘날 인정되고 있는 회의, 즉 부드럽고 사랑스럽게 노래를 불러 잠들게 하는 아편 같은 회의보다 더 좋은 수면제나 진정제는 없다. 오늘날 햄릿마저도 시대의 의사들에 의해 '정신'과 그 근저의 동요에 대한 처방으로 사용되고 있다. 정적의 친구이자 거의 일종의 치안 경찰과도 같은 회의주의자는 다음과 같이 말한다 : "사실 사람들의 귀는 모두 이미 시끄러운 소음으로 가득 차 있지 않은가? 이 지하에서 나오는 부정의 소리는 끔찍하지 않은가! 제발 조용히 해다오, 그대 염세주의적인 두더지들이여!" 즉 회의론자인 이 유약한 피조물은 너무 쉽게 깜짝 놀란다. 그의 양심은 어떤 부정에도, 더욱이 단호하고 엄격한 긍정의 말 한마디에도 경련을 일으키며 마치 무엇에 물리기라도 한 것처럼 느끼도록 훈련되어 있다. 긍정하는 것과 부정하는 것! — 이것은 그에게는 도덕에 반하는 것이다. 반대로 그는 기품 있는 절제로 자신의 덕을 축하하는 것을 좋아한다. 그때 그는 몽테뉴와 더불어 "내가 아는 것은 무엇인가?"라고 말한다.

또는 소크라테스와 더불어 "나는 내가 아무것도 모른다는 사실을 알고 있다"고 말한다. 아니면 "이 점에서 나는 자신이 없으며, 여기에서 나에게는 문이 열려 있지 않다"라든가 "문이 열려 있다고 하더라도, 왜 바로 들어갈 필요가 있는가!"라고 말한다. 또는 "너무 성급한 가설이 모두 무슨 소용이 있는가? 전혀 아무런 가설도 세우지 않는 것이 아마 좋은 취미에 속할 수도 있을 것이다. 그대들은 굽어 있는 것을 즉시 휘어 똑바로 해놓아야만 하는가? 꼭 모든 구멍마다 삼으로 된 천으로 틀어막아야만 하는가? 거기에는 시간이라는 것이 있지 않은가? 시간에는 여유가 있는 것이 아닌가? 오 그대 악마 같은 놈들아, 그대들은 도대체 전혀 **기다릴 수 없단 말인가**? 불확실한 것도 나름의 매력이 있다. 스핑크스도 또한 마녀circe의 한 사람이며, 마녀 또한 한 사람의 여자 철학자였다"라고 말한다. — 회의론자는 이렇게 말하면서 스스로를 위로한다. 그에게 약간의 위로가 필요하다는 것은 사실이다. 즉 회의란 속된 언어로 말해 신경쇠약이나 허약함이라고 불리는 어떤 복잡한 생리적인 상태를 나타내는 가장 정신적인 표현이다. 그것은 오랫동안 서로 떨어져 있던 종족이나 신분이 결정적으로 갑자기 뒤섞이게 될 경우에 항상 일어난다. 말하자면 서로 다른 기준이나 가치를 피 속에 물려받게 되는 새로운 세대에서 모든 것은 불안이고 혼란이며 의혹이자 시련이 되는 것이다. 그 물려받은 최상의 힘은 저지하는 작용을 하며 여러 덕 자체도 서로 커가거나 강해지지 못하고, 몸과 정신에는 균형, 중심, 수직적 안정성이 결여되어 있다. 그러나 그렇게 잡종의 인간들 속에서 가장 깊이 병들고 퇴화되는 것은 **의지**이다 : 그들은 결의에 찬 독립심이나, 의욕에 깃들여 있는 용감한 쾌감을 전혀 알지 못한다. — 그들은 꿈속에서도 '의지의 자유'를 회의한다. 극단적인 신분의 혼합과 그에 따른 종족 혼합의 시도가 무의미하고 급작스럽게 이루어지는 무대인 오늘날 우리의 유럽은 그러므로 위 아래에서 모두 회의적이며 때로는 초조하게 무엇을 탐내며 이 가지에서 저 가지로 건너뛰는 저 불안한 회의에 사로잡혀 있는가 하면, 때로는 의문 부호를 가득 실은 구름처럼 음울해 하며 — 자신의 의지에 때로는 죽고 싶을 정도로 싫증이 난다! 이것이 의지 마비증이다 : 오늘날 이 불구자가 앉아 있지 않은 곳이 어디 있겠는가! 그리고 때로는 또한 얼마나 화장을 한 것 같은가! 얼마나 유혹적으로 꾸미고 있는가! 이러한 병을 위해 가장 아름답고 화사한 속임수의 의상이 있다. 예를 들어 오늘날 '객관성', '과학성', '예술을 위한 예술', '의지에서 자유로운 순수 인식'으로 진열장에 전시된 것 가운데 대부분은 단지 성장(盛裝)한 회의나 의지 마비증에 불과하다. — 유럽의 병을 이렇게 진단하는 것에 대해서는 내가 책임을 질 것이다. — 의지의 병은 고르지는 않지만 유럽 전역에 퍼져 있다 : 이는 문화가 이미 가장 오랫동안 정착하고 있는 곳에서 가장 대규모로 다양하게 나타난다. 이것은 '야만인'이 아직도 — 아니면 다시 — 서구식 교양의 헐렁한 의상을 입고 자신의 권리를 관철하려고 함에 따라 사라지게 된다. 따라서 누구나 쉽게 추론하고 명백히 파악할 수 있는 것처럼, 오늘날의 프랑스에서는 의지가 가장 심하게 병들어 있는 것이다. 또한 항상 그 정신의 숙명적인 변화를 매력적이고 유혹적인 것으로 전환시키는 장인다운 숙련성을 가지고 있었던 프랑스가 오늘날 회의라고 하는 모든 마술 학교나 전시장으로 그 문화적 우월성을 유럽에 제시하고 있는 것은 실로 당연한 일이다. 의욕하는 힘, 더구나 하나의 의지를 오랫동안 의욕하는 힘은 이미 독일에서는 좀더 강하며 독일 중부보다는 북부에서 한층 더 강하다. 영국, 스페인과 코르시카에서는 한층 더 눈에 띄게 강한데, 그것은 전자의 지역에서는 점액질과 결부되어 있으며, 후자의 지역에서는 단단한 두개골과 결부되어 있다. — 이탈리아에 대해서는 말할 필요가 없다. 이 나라는 너무 젊어 무엇을 의욕할 것인지를 정말 알 수 없고, 자신이 의욕하는 것을 할 수 있는지 여부를 먼저 증명해야만 한다 —. 그러나 이 힘이 가장 강하고 가장 놀랄 만한 것이 된 것은, 말하자면 유럽이 아시아로 역류하는 저 거대한 중간 지역인 러시아에서였다. 여기에서는 의욕하는 힘이 오랫동안 비축되고 저장되었다. 여기에서는 의지가 — 이것이 부정의 의지인지 긍정의 의지인지는 불확실하더라도 — 오늘날 물리학자들이 좋아하는 말을 빌려 말하자면, 위협적인 방식으로 방출될 것을 기다리고 있다. 유럽이 자신의 최대의 위험에서 벗어나기 의해서는 인도 전쟁이나 아시아에서의 분규가 일어날 필요가 있을 뿐만 아니라, 이 러시아 제국이 내부적으로 붕괴되고 작은 단위의 나라로 분열되고, 특히 누구나 아침 식사를 하면서 신문을 읽어야 하는 의무를 포함하여 의회 제도라는 어리석음이 도입될 필요가 있다. 나는 그렇게 되기를 소망하는 사람으로서 이런 말을 하는 것은 아니다 : 오히려 내 마음으로는 그 반대의 것을 바란다. — 내가 의도하는 것은 러시아의 위험이 그렇게 커짐으로써, 유럽이 그와 같은 정도로 위협적이 되고자 결의할 수밖에 없다는 것이다. 즉 하나의 의지를 획득하려는 결의를, 유럽을 지배하는 새로운 계급이라는 수단을 통해 수천 년에 걸쳐 목표를 세울 수 있는 오래되고 무서운 자신의 의지를 획득하려는 결의를 할 수밖에 없을 것이다. — 그렇게 함으로써 마침내 오랫동안 늘어진 유럽의 소국주의라는 희극이, 또한 그 왕정적이거나 민주주의적인 의지 분열이 종결될 것이다. 작은 정치의 시대는 지나갔다. 틀림없이 다음 세기는 대지의 지배를 위한 싸움을 하게 될 것이고 ─ 어쩔 수 없이 큰 정치를 하게 될 것이다.

209.

우리 유럽인들은 분명 새로운 전쟁의 시대로 들어서고 있는데, 이와 같은 시대가 어느 정도까지 다른 강한 유형의 회의가 발달하는 데도 유리한 것인지, 이에 대해서 나는 잠시 독일 역사에 우호적인 사람이라면 틀림없이 이해하게 될 단 하나의 비유를 통해서 표현해 보고 싶다. 잘생기고 키가 큰 보병을 주저하지 않고 열광적으로 좋아했던 사람, 이 사람은 프로이센의 왕으로 군사적 회의의 천재에 ─ 이와 더불어 근본적으로 이제 승리에 차 등장하는 저 새로운 독일인의 유형에 ─ 존재를 부여했고, 이 모호하고 광적인 프리드리히 대왕의 아버지는 한 가지 점에서는 심지어 천재의 수완과 행운을 잡는 발톱도 가지고 있었다 : 그는 그 당시 독일에 부족했던 것이 무엇인지 교양이나 사교 형식에서의 결핍보다도 백 배나 더 우려할 만하고 절박한 것이 어떤 결핍인지를 알고 있었다. ─ 젊은 프리드리히에 대한 그의 반감은 어떤 깊은 본능의 불안감에서 나왔다. 그것은 **남자다운 남자들이 없었다는 것**이다. 그는 자신의 아들이 남자다운 데가 충분히 없는 것이 아닌가 하고 몹시 불쾌하게 생각하며 의심을 품었다. 이 점에서는 그가 잘못 알았다 : 그러나 그의 입장에 선다면 누가 올바로 알 수 있었겠는가? 그는 자신의 아들이 무신론,

제6장 우리 학자들 183

재기발랄한 프랑스인들의 향락적 경박함, 그 정신에 빠져 있는 것을
보았다 : — 그는 배후에 커다란 흡혈귀, 회의의 거미가 있는 것을
보았다. 그는 자신의 아들의 마음이 악이나 선에 견딜 만큼 충분히
강인하지 못하고, 명령하지도 못하고 명령할 수도 없게 의지가 손상
되어 치유할 수 없이 비참하지 않은가 의심했다. 그러나 그 사이에
그의 아들 안에서는 좀더 위험하고 강인한 새로운 종류의 회의가
자라나고 있었다. — 이것이 바로 아버지의 증오에 의해, 고독하게
만든 의지의 얼음같이 찬 우울증에 의해 **얼마나 잘** 조성되었는지 누
가 알겠는가? — 전쟁과 정복을 위한 천재성과 밀접하게 연관되어
있으며 프리드리히 대왕의 모습으로 독일에 처음으로 진입했던 저
과감한 남성성을 지닌 회의가 자라나고 있었다. 이러한 회의는 경멸
하지만, 그럼에도 불구하고 강탈한다. 이것은 상대를 무너뜨리며 소
유한다. 이것은 믿지 않지만, 그로 인해 자신을 잃지도 않는다. 이것
은 정신에 위험한 자유를 주지만, 마음은 엄격하게 지키고 있다. 이
것은 회의의 **독일적인** 형식이며 이것을 계승하여 정신적인 것으로
고양시킨 프리드리히주의로 꽤 긴 시간 동안 유럽을 독일 정신과
비판적인 역사적 불신의 지배 아래 두었다. (올바르게 보면 모두 파
괴와 해체의 예술가이기도 했던) 위대한 독일 문헌학자와 역사 비
판가들의 강하고 끈기 있는 불굴의 남성적 성격 덕분에 점차 음악
과 철학에서의 전반적인 낭만주의에도 불구하고 남성적 회의의 경
향이 결정적으로 드러나는 독일 정신의 **새로운** 개념이 확립되어갔
다 : 예를 들면 그러한 경향은 대담한 시선과 해부하는 손의 용감성
과 엄격성으로, 황량하고 위험한 하늘 아래 행해지는 위험한 발굴
여행과 정신화된 북극탐험을 하는 강인한 의지로 드러났다. 따뜻한

피를 가진 천박한 인도주의자들이 바로 이러한 정신 앞에서 성호를
긋게 될 때도 그 훌륭한 이유가 있을 수 있으리라 : 미슐레
Michelet³³⁾는 두려워 떨며 이것을 숙명적이고 역설적인 메피스토펠
레스적 정신이라고 불렀다. 그러나 유럽을 '독단의 잠'에서 깨우게
된 독일 정신의 '남성성'에 대한 이러한 공포가 얼마나 특이한지 감
지하려면, 이 남성성이라는 개념으로 극복해야만 했던, 이전의 개념
을 상기해보는 것이 좋으리라. — 남성화된 여자가 방자하고 오만불
손하게, 독일인들을 부드럽고 선량하며 의지 박약한 시인 같은 얼간
이로 보며 유럽한테 동정받기를 감히 권한 것도 아직은 그리 오래된
일은 아니지 않는가. 마지막으로 우리는 괴테를 만났을 때 나폴레옹
의 놀라움을 깊이 있게 충분히 이해하는 것이 좋다 : 이것은 수세기
동안 '독일 정신'이 어떤 것으로 생각되었는지를 드러내고 있다. "여
기에 한 인간이 있다!" — 나폴레옹의 이 말은 다음과 같은 것을 말
하고자 한 것이었다 : "이 사람은 실로 남자가 아닌가! 나는 오직 독
일인을 만나리라고 기대했을 뿐인데!" — ⁽¹⁴⁾

210.
　　만약 미래의 철학자들의 모습에 한 가지 특징이 있어 그들이 아마
마지막으로 서술한 의미에서의 회의론자임이 틀림없지 않나 추측
하게 한다면, 이는 그들에게 있는 어떤 속성만 나타나 있을 뿐 — 그
들 자신이 나타난 것은 아니다. 동등한 권리로 그들을 비판가라고
부를 수 있을 것이다. 그들은 확실히 실험의 인간이 될 것이다. 내가
감히 그들을 명명하고자 하는 그 이름을 통해 나는 이미 시험하는

것과 시험하는 즐거움을 명백히 강조했다 : 그들이 육체와 영혼에 대한 비판가로 어떤 새로운, 아마 훨씬 광대하고 위험한 의미에서의 실험에 종사하는 것을 좋아하기 때문에 이런 일이 일어났던 것이 아닐까? 그들은 자신이 가지고 있는 인식의 정열 속에서 과감하고 고통스러운 시험을 계속하면서 민주주의적인 세기의 부드럽고 유약한 취미가 시인할 수 있는 것보다 더 나가지 않으면 안 되는 것일까? ― 이는 의심의 여지가 없는 일이다 : 후대인들은 적어도 비판가를 회의론자와 구별하는 저 진지하나 우려할 만한 여러 속성들을 빼놓을 수 없게 될 것이다. 내가 생각하는 것은 가치 척도의 확실성, 의식적으로 통일된 방법을 사용하는 것, 기지 있는 용기, 독립성과 자기 책임 능력 등이다. 그들은 부정을 말하는 것과 해부하는 것에 대한 **즐거움**과 피를 토할 듯 아픔을 느끼는 경우에도 확실하고 정교하게 메스를 잡을 줄 아는 사려 깊은 잔인함을 스스로 시인한다. 그들은 인도적인 인간들이 바라는 것 이상으로 **더욱 가혹할** 것이다(아마 이는 언제나 오직 자기 자신에 대해서만은 아닐 것이다). 그들은 자신의 '마음에 든다'거나 자신들을 '고양시킨다'거나 '감격시킨다'거나 하기 위해 진리와 관계를 맺지는 않을 것이다 : ― 바로 **진리**가 감정에 대해 그와 같은 즐거움을 가져오리라는 그들의 믿음은 오히려 작아질 것이다. 누군가가 그들에게 "저 사상은 나를 고양시킨다 : 어떻게 그것이 진리가 아닐 수 있겠는가?"라거나, "저 작품이 나를 매혹시킨다 : 어떻게 그것이 아름답지 않겠는가?"라거나, "저 예술가는 나를 위대하게 만든다 : 어떻게 그가 위대하지 않을 수 있겠는가?"라고 말할 때, 이러한 엄격한 정신은 미소 지을 것이다. ― 그들은 아마 이와 같은 모든 열광적인 것, 이상주의적인 것, 여성적인 것, 암수동체적인 것에 미소뿐만 아니라 진정한 구토를 느끼게 될 것이다. 그들의 비밀스러운 가슴속까지 따라갈 수 있는 사람이 있어도, 그곳에서 '그리스도교적 감정'을 '고대의 취미'와 더 나아가 '현대의 의회주의'와 화해시키려는 의도를 발견하기란 어려울 것이다(매우 불안정한, 따라서 매우 유화적인 우리의 세기에서는 그와 같은 화해가 심지어 철학자에게도 나타날 수밖에 없다). 이 미래의 철학자들은 비판적인 훈육과 정신의 문제에서 정확함과 엄격에 이르게 하는 습관을 자기 스스로에게만 요구하는 것은 아니다 : 그들은 이 습관을 그들 나름대로의 장식처럼 자랑스럽게 내보일지 모른다. ─ 그럼에도 불구하고 그 때문에 그들이 비판자로 불리기를 바라지 않는다. 오늘날 흔히 일어나고 있는 것처럼, "철학 자체는 비판이며 비판적 학문이다 ─ 그 외에 아무것도 아니다!"라고 선언될 때, 그들은 이것을 철학에 가하는 적지 않은 모욕으로 생각한다. 철학에 대한 이러한 가치 평가는 프랑스와 독일의 모든 실증주의자에게 갈채를 받을 수 있을 것이다 (─ 그것은 심지어 **칸트**의 심정과 취미에도 흡족할 수 있었을 것이다 : 그의 주저의 제목을 기억해보라 ─) : 그럼에도 불구하고 우리의 새로운 철학자들은 다음과 같이 말하게 될 것이다 : 비판가들은 철학자의 도구이다. 바로 그 때문에 아직 철학자 자체가 아니라, 도구일 뿐이다! 쾨니히스베르크의 위대한 중국인도 단지 한 사람의 위대한 비판가였을 뿐이다. ─

211.

결국 철학적 노동자와 일반적으로 학문하는 인간을 철학자와 혼동하는 일을 멈추어야 한다고 나는 주장한다. — 즉 바로 이 경우에 엄격하게 '각자에게 그 자신의 몫을' 주며, 전자에게 너무 많은 것을, 또 후자에게 너무 적은 것을 주는 일이 없도록 해야 한다고 주장한다. 진정한 철학자가 키워지기 위해 필요한 것은 그에게 종사하는 철학의 학문적인 노동자들이 머무르고, — 머무를 수밖에 없는 이러한 모든 단계에 그 스스로도 한번은 머문 적이 있었다는 것이리라. 인간적인 가치와 가치 감정의 영역을 편력하고, 다양한 눈과 양심을 지닌 채 높은 곳에서 모든 먼 곳을, 깊은 곳에서 모든 높은 곳을, 구석에서 모든 드넓은 곳을 전망할 수 있기 위해서는, 아마도 그 스스로 비판가이며 회의론자이고 독단주의자이며 역사가이고, 그 외에 시인이며 수집가이고 여행가이며 수수께끼를 푸는 자이며 도덕가이고 예견하는 자이며 '자유정신'이며 거의 모든 유형의 인간이어야만 했을 것이다. 그러나 이러한 모든 것은 단지 그의 과업에 이르기 위한 전제조건일 뿐이다 : 이러한 과업 자체는 다른 것을 원한다. — 이것은 그가 **가치를 창조하기를** 바란다. 칸트나 헤겔의 고상한 모범에 따르는 저 철학적 노동자들은 그 어떤 거대한 가치 평가의 사실을, 즉 지배적인 것이 되어, 한동안 "진리"라고 불렸던 이전의 가치 **정립**과 가치 창조의 사실을 확정하고, **논리적인 것**의 영역에서든지 **정치적인 것**(도덕적인 것)의 영역에서든지 **예술적인 것**의 영역에서든지, 이것을 일정한 형식에 밀어 넣어야만 한다. 이러한 연구자들에게 주어진 의무는 지금까지 일어났던 모든 일이나 평가되었던 모든 것을 개관하고 숙고하고 이해하고 다루기 쉽게 하는 것이며, 오래 걸리는 모든 것, '시간'마저도 단축하며 과거 전체를 **극복하는** 일이다 : 이것은 엄청나고도 경탄할 만한 과제이며, 이 일을 맡게 되면 분명 어떤 예민한 긍지나 강인한 의지도 만족할 수 있다. 그러나 진정한 철학자는 명령하는 자이자 입법자이다 : 그들은 "이렇게 되어야만 한다!"라고 말한다. 그들은 우선 인간이 어디로 가야 하는가와 어떤 목적을 가져야 하는가를 규정하며, 이때 모든 철학적 노동자와 과거를 극복한 모든 자의 준비 작업을 마음대로 처리한다. ─ 그들은 창조적인 손으로 미래를 붙잡는다. 이때 존재하는 것, 존재했던 것, 이 모든 것은 그들에게는 수단이 되고 도구가 되며 해머가 된다. 그들의 '인식'은 **창조**이며, 그들의 창조는 하나의 입법이며, 그들의 진리를 향한 의지는 ─ **힘에의 의지이다**. ─ 오늘날 이와 같은 철학자들이 존재하는가? 이미 이러한 철학자들이 존재했던가? 이러한 철학자들이 존재해야만 하지 않을까?……

212.

필연적으로 내일과 모레의 인간이 될 수밖에 없는 철학자는 언제나 그 자신이 사는 오늘과 모순된 상태에 있어왔고 그렇게 있을 수밖에 **없었던** 것이라고 나는 더욱 생각하게 된다. 그의 적은 언제나 오늘의 이상이었다. 철학자로 불렸고 스스로 거의 지혜의 친구로 느끼지 않으며 오히려 불쾌한 바보나 위험한 의문부호로 느낀 모든 인간을 비범하게 육성하는 이러한 자들은 지금까지 자신의 과업, 자신의 혹독하며 원치 않지만 피할 수 없는 과업을, 그러나 마침내 자신의 과제의 위대함을 시대의 나쁜 양심이 되는 것에서 발견해왔다.

그들은 바로 시대의 미덕의 가슴에 해부의 메스를 댐으로써, 그들 자신의 비밀이 무엇인지 드러냈던 것이다 : 이 메스를 댄 목적은 인간의 새로운 위대함을 아는 것이며 인간을 위대하게 하는 새로운 미답(未踏)의 길을 아는 것이다. 그들은 그때마다 가장 존중받는 동시대의 도덕성 유형에 얼마나 많은 위선과 안일, 방임, 자포자기가 있으며, 또 얼마나 많은 허위가 숨어 있고, 얼마나 많은 덕이 살아 남아 있는지 폭로했다. 그들은 그때마다 "우리는 그대들이 오늘날 가장 편안해하지 않는 곳, 그곳으로 가야만 한다"고 말했다. 모든 인간을 한쪽 구석이나 '전문성'에 가두고 싶어하는 '현대적 이념'의 세계에 직면하여 철학자는 — 만일 오늘날에도 철학자들이 존재할 수 있다면, — 인간의 위대함을, '위대함'의 개념을 바로 그의 광범위함과 다양성에, 그의 다면적 전체성에 둘 수밖에 없을 것이다. 그는 어떤 사람이 얼마나 많고 다양한 것을 감당하고 받아들일 수 있느냐에 따라, 그 사람이 얼마나 멀리 자신의 책임을 넓힐 수 있느냐에 따라 가치와 순위마서노 결성할 것이다. 오늘날에는 시대의 취미와 덕목이 의지를 쇠약하게 하고 약화시킨다. 의지 박약보다 시대에 걸맞는 것은 없다 : 따라서 철학자의 이상에서는 곧 의지의 강함과 준엄함, 오랫동안 결의할 수 있는 능력이 '위대함'이라는 개념 안에 포함되어야만 하는 것이다. 당연한 일이지만 이와 상반된 시대, 즉 16세기처럼, 축적된 의지의 에너지와 아욕(我慾)의 사나운 물결과 해일에 고통스러워했던 시대에는 상반된 학설과 유약하고 체념적인 겸손한 무아적 인간성의 이상이 알맞은 것이었다. 소크라테스의 시대에는 오직 피로에 지쳐버린 본능의 인간들이 있어 보수적인 아테네인들은 태평하게 살아갔으며 — 말로는 '행복을 위한다'고 하지만, 행동하는 것은 쾌락을 추구하면서 — 이 경우 그들의 삶이 이미 오래 전부터 그들에게 권리를 주지 않았던 낡은 미사여구를 여전히 입에 담고 있었지만, 그들에게는 아마도 영혼의 위대함 때문에 아이러니가 필요했던 것이며 늙은 의사와 천민의 저 소크라테스적인 악의에 찬 확신이 필요했던 것이다. 즉 이 확신은 '고귀한 사람들'의 살과 가슴을 베어내듯이 무자비하게 자기 자신의 살을 베어내고, 그 눈초리로는 "너희들은 내 앞에서 거짓을 꾸미지 말라! 여기서 — 우리는 평등하다!"라고 충분히 분명하게 말할 수 있는 통찰력을 가지고 있었다. 오늘날에는 반대로 유럽에서 무리 동물만이 영예를 얻고 분배하며, '권리의 평등'은 너무나 쉽게 옳지 않은 평등으로 전환될 수 있다 : 나는 모든 드문 것, 낯선 것, 특권적인 것, 보다 높은 인간과 영혼, 더욱 높은 의무와 책임, 창조적인 힘의 충일과 지배권을 공동으로 얻기 위한 싸움을 하며 다음과 같이 말하고자 한다 — 오늘날 고귀하다는 것, 독자적인 존재가 되고자 한다는 것, 달리 존재할 수 있다는 것, 홀로 선다는 것, 자신의 힘으로 살아야만 한다는 것이 '위대함'의 개념에 속한다. 그리고 철학자는 다음과 같이 주장할 때, 자기 자신의 이상의 단면을 보이게 된다 : "가장 고독한 자, 가장 은폐된 자, 가장 격리된 자, 선악의 저편에 있는 인간, 자신의 덕의 주인, 의지가 넘쳐나는 자가 될 수 있는 자가 가장 위대한 인간이 될 수 있을 것이다. 다양하면서도 전체적이고 폭이 넓으면서도 충만할 수 있다는 이것이야말로 위대함이라 부를 수 있을 것이다." 그런데 다시 한번 물어보자 : 오늘날 위대성이라는 것이 가능한가?

213.

 철학자가 하는 것은 가르칠 수 있는 것이 아니기 때문에 배우기가 나쁘다. : 사람들은 그것을 경험으로 '알아야' 한다. — 또는 그것을 알지 **못하는** 것에 긍지를 가져야만 한다. 그러나 오늘날 세상 사람들이 모두 경험**할 수 없는** 일에 관해 말한다고 하는 것은 철학자와 철학적 상황을 대부분 아주 나쁘게 볼 수 있지만, 극히 소수의 사람들만이 이 일을 알고 있으며 이 일을 아는 것이 허용된다. 그리고 그 일에 대한 통속적인 견해들은 잘못된 것이다. 예를 들면 빠른 속도로 달리는 대담하고 분방한 정신성과 한 치 착오도 없는 변증법적인 엄격성, 필연성이 진정 철학적으로 공존한다는 것은 사상가와 학자들에게는 대부분 그들의 경험으로 보아 잘 알려져 있지 않고 있다. 따라서 누군가가 그들 앞에서 그 공존에 대해 이야기하고자 한다고 해도 그들은 그것을 믿을 수 없다. 그들은 필연성이란 모두 고난이라고, 고통스럽게 따라야만 하는 것이나 강제되는 것이라고 생각한다. 그리고 그들은 사유 사제를 어떤 완만한 것, 수저하는 것이라, 거의 노고라, 때때로 '고상한 사람이 **땀** 흘릴 만한 가치가 있는 것'이라 생각한다. — 그러나 결코 어떤 가벼운 것이나 신적인 것, 춤이나 들뜬 기분에 가까운 것이라 여기지는 않는다! '사유한다는 것'과 어떤 일을 '진지하게 생각하는 것', '중요하게 여기는 것' — 이 것은 그들에게는 상호 연관되어 있는 것이다 : 오로지 이렇게 그들은 사유를 '체험'해왔다 — . 예술가들은 이 점에서는 이미 더 예민한 후각을 가지고 있을지도 모른다 : 그들은 모든 것을 '자의적으로' 하지 않고 필연적으로 행할 때, 바로 그때 자유, 섬세함, 충만된 힘에 관한 그들의 감정이나 창조적 조정, 처리, 형성의 감정이 절정에

달한다는 것을 잘 알고 있다. — 간단히 말해 이 경우 필연성과 '의지의 자유'가 그들에게는 하나가 됨을 잘 알고 있는 것이다. 마지막에 문제들의 순위에 적합한 영혼의 상태의 순위가 있다. 그리고 최고의 문제는 자신의 정신성의 높이와 힘으로 해결할 만한 준비가 미리 되어 있지 않은 채 그 문제들에 접근하고자 하는 사람을 모두 사정없이 밀쳐버린다. 오늘날 다양하게 일어나고 있듯이, 가벼운 팔방미인적인 두뇌나 융통성 없고 정직한 기계론자나 경험주의자가 그 천민적인 공명심을 가지고 문제의 근처로, 말하자면 이러한 '성들의 안마당'으로 밀고 들어간다고 해도 무슨 소용이 있다는 말인가! 그러나 그러한 양탄자를 더 이상 거친 발로 짓밟고 들어가서는 안 된다 : 사물의 근원적인 법칙이 이미 그렇게 되도록 되어 있는 것이다. 또한 그들 주제넘은 자들이 머리를 그 문에 부딪쳐 으깬다 해도, 문은 그들에게는 닫힌 채로 있다! 모든 높은 세계에 이르기 위해 사람들은 그렇게 타고나야만 한다. 더 명확하게 말하자면, 사람들은 그 세계를 위해 **육성되어야만** 한다 : 철학에 대한 권리를 — 이 용어를 광의로 생각해서 — 갖는 것은 오직 자신의 출신 덕분이며 조상이나 혈통이 여기에서도 결정적인 역할을 한다. 철학자가 태어나기 위해 많은 세대가 미리 기초작업을 했음이 틀림없다. 철학자의 덕은 모두, 즉 사상의 대담하고 경쾌하고 부드러운 발걸음과 진행뿐만 아니라, 무엇보다도 커다란 책임을 기꺼이 지고자 하는 각오, 지배자적인 눈길과 내려다보는 눈길의 고귀함, 대중과 그들의 의무나 미덕에서 스스로 격리되어 있다는 감정, 신이든 악마든 오해받고 비방받는 사람들을 상냥하게 보호하고 변호하는 것, 위대한 정의 속에서 느끼는 즐거움과 그것을 행동에 옮기는 것, 명령하는 기술, 의지의 폭넓음, 좀처럼 찬미하지 않고 우러러보지 않고 사랑하지도 않는 서서히 움직이는 눈 등은 하나하나 획득되고 보호되고 유전되고 동화된 것임이 틀림없다.

제7장
우리의 덕

214.

우리의 덕이란? — 아마 우리 역시 우리의 덕을 가지고 있을 것이다. 당연한 일이지만, 그것 때문에 우리가 우리의 선조를 존경하지만 조금은 경원하기도 하는 저 순진하고 모난 덕은 아마 아닐 것이다. 모레의 유럽인인 우리, 20세기의 첫 아이인 우리, — 모든 위험한 호기심과 다양성과 변장의 기술과 정신과 감각에서 무르익은, 말하자면 감미로움이 첨가된 잔인함을 지니고 있는 우리, — 이러한 우리가 덕을 가져야만 **한다면**, 아마 우리의 가장 은밀하고 진실한 경향이나 강렬한 요구에 가장 잘 부합하는 덕만을 가지게 될 것이다 : 좋다, 이제 한번 우리의 미궁 속에서 그러한 덕들을 찾아보자! — 잘 알고 있듯이 바로 그곳에서는 대단히 많은 사람들이 길을 잃고 있으며 아주 많은 사람들이 완전히 길을 잃어가고 있다. 그런데 자기 자신의 덕을 **찾는** 것보다 더 아름다운 것이 있을까? 이것은 거의 이미 자기 자신의 덕을 **믿고 있음**을 의미하는 것이 아닐까? 그러나 이 '자신의 덕을 믿는다는 것' — 이것은 근본적으로 전에 '훌륭한 양심'이라고 불렀던 것과 같은 것, 즉 우리의 조부가 자신의 머리 뒤에 그리고 때때로 그들의 오성 뒤에 길게 늘어뜨린 저 존경할 만한 개념의 땋은 머리가 아닌가? 따라서 우리가 다른 면에서는 별로 고풍스러운 것이 적어 조부처럼 존경받을 만하지 못하다는 생각이 들 수는 있다. 그럼에도 불구하고 한 가지 면에서는 우리는 이러한 조부

제 7 장 우리의 덕 197

에게 잘 어울리는 손자들이다. 훌륭한 양심을 가진 우리 최후의 유럽인들 : 우리도 여전히 그들의 많은 머리를 몸에 지니고 있다. — 아! 그 모습이 얼마나 빨리, 얼마나 신속히 — 변해가는지 그대들이 알아주었으면!······

215.

별들의 세계에는 가끔 두 개의 태양이 있어, 그것이 한 행성의 궤도를 규정한다. 어떤 경우에는 각기 다른 빛깔의 태양들이 때로는 붉은 빛으로 때로는 초록의 빛으로 단 하나의 행성 주변을 비추는가 하면, 그 다음에는 다시금 이들의 빛이 동시에 그 행성에 마주쳐 다채로운 빛으로 넘치게 한다. 그렇게 우리 현대인들도 우리 '별 가득한 하늘'의 복잡한 역학 덕분에 — 서로 다른 도덕으로 규정되고 있다. 우리의 행위들은 차례차례 서로 다른 빛으로 빛난다. 그 행위들의 의미가 일의적인 경우는 거의 드물다. — 우리가 다채로운 행위를 하는 경우는 얼마든지 있는 것이다.

216.

자신의 적을 사랑한다? 이것은 잘 배워온 것이라고 나는 생각한다 : 이것은 오늘날 크든 작든 수천 가지 모습으로 일어나고 있다. 때로는 참으로 더욱 고귀한 일들이, 더욱 숭고한 일들이 일어난다 — 우리는 우리가 사랑할 때, 특히 우리가 진정으로 사랑할 때, **경멸하는 법**을 배우게 된다 : — 그러나 이러한 모든 일은 무의식적으로 소란스럽지 않게 가식도 없이 그리고 격식을 차린 말이나 도덕의 형식을 입에 담지 못하게 하는 저 선의의 부끄러움이나 감춤으로 행해지고 있다. 태도로서의 도덕 — 이는 오늘날 우리의 취향에 거슬린다. 이것도 하나의 진보다 : 마치 종교에 대한 적대감과 볼테르식의 신랄함(그리고 과거 자유정신의 몸짓 언어에 속했던 모든 것)을 포함하여 결국 태도로서의 종교가 취향에 거슬렸다는 사실이 우리 선조에게는 진보였던 것처럼 말이다. 우리의 양심에는 음악이, 우리의 정신에는 춤이 있으며, 그 어떤 청교도의 연도(連禱)도 그 어떤 도덕의 설교나 속물주의도 거기에 음조를 맞출 수 없을 것이다.

217.

자신에게는 도덕적인 분별심이나 도덕적 식별의 섬세함이 있다고 믿게 하는 데 높은 가치를 두는 사람들을 경계하라! 이러한 사람들은 자신들이 한 번이라도 우리 앞에서 (또는 더욱이 우리에게) 잘못된 일을 하면 우리를 결코 용서하지 않는다. — 그들은 여전히 우리의 '친구들'로 남는다고 해도, 어쩔 수 없이 본능적으로 우리를 비방하는 자나 방해하는 자들이 된다. — 망각하는 인간들에게는 축복이 있다 : 왜냐하면 그들은 자신의 어리석은 짓도 '끝내버리기' 때문이다.

218.

　프랑스 심리학자들은 ― 오늘날 프랑스를 제외하고 그 어디에 심리학자가 있을 것인가? ― 부르주아의 어리석음을 여러 가지로 신랄하게 비꼬는 즐거움을 아직 다 맛보지 못했는데, 그것은 마치……― 이것으로 그만 하자. 그들은 그렇게 함으로써 숨겨진 무엇인가를 은밀히 드러낸다. 예를 들어 루앙의 성실한 시민 플로베르Flaubert가 보고 듣고 맛본 것은 결국 이것과 같은 것이었다 : 그것은 그다운 자학이며 섬세한 잔인성이었다. 이제 나는 기분전환을 위해 ― 왜냐하면 이러한 이야기는 지루하기 때문에 ― 다른 예를 소개해 기쁨을 맛보게 하고자 한다 : 그것은 모든 선량하고 뚱뚱하며 정직하고 평범한 정신을 가진 사람들이 좀더 높은 정신을 가진 사람들과 그들의 사명을 대할 때의 무의식적인 교활함이며, 저 섬세하게 걸어놓은 예수회적인 간교함인데, 이러한 간교함은 최고의 순간에 이러한 중산층이 보여주는 지성과 취향보다도 ― 심지어는 그 희생자의 지성보다도 ― 천 배나 더 정교하다 : 이것은 '본능'이 지금까지 발견된 모든 종류의 지성 가운데 가장 지성적인 것임을 다시 한번 입증해준다. 간단히 말해 그대 심리학자들이여, '예외'와 싸우는 '규범'의 철학을 연구해보라 : 거기에서 그대들은 연극, 신과 신의 악의를 충분히 만족시키는 연극을 보게 될 것이다! 아니 더 분명히 말하자면, '선한 인간', '선의의 인간'을……바로 그대 자신을 해부해보라!

219.

도덕적으로 판단하고 판결을 내린다는 것은 정신적으로 편협한 사람들이 덜 편협한 사람들에게 즐겨 쓰는 복수이고, 또한 그들이 자연에서 재능을 받지 못한 데 대한 일종의 손해배상이며, 결국 정신을 얻어 고상해지는 기회가 되기도 한다 : — 악의는 사람들을 정신적으로 만든다. 정신의 자질과 특권이 넘치도록 주어진 사람들도 그들과 동등하게 하는 척도가 있다는 사실이 근본적으로 그들의 마음을 흡족하게 만든다 : — 그들은 '신 앞에서 모든 인간의 평등'을 위해 싸우고 거의 이러한 목적을 위해서만 신에 대한 믿음이 **필요하**다. 그들 가운데는 무신론에 최고로 강한 적대자가 있다. 그들에게 "높은 정신성이란 오로지 도덕적일 뿐인 인간이 가지고 있는 정직함이나 존경받을 만한 것과는 비교가 안 된다"고 말하는 사람이 있다면, 그들을 미친 듯 날뛰게 만들 것이다 : — 나라면 그런 것을 말하지 않도록 조심할 것이다. 오히려 나는 다음과 같은 명제를 말함으로써 그들의 환심을 사고자 한다 : 즉 높은 정신성 자체는 오로지 도덕적인 특성의 마지막 잘못된 산물로만 이루어지는 것이며, 이 높은 정신성은 모든 상태 하나하나가 오랜 훈육과 연습을 통해 아마 여러 세대를 거치는 전체적인 연속 과정에서 획득된 후에, '단지 도덕적일 뿐'인 인간이라고 주장된 저 모든 상태의 종합이다. 높은 정신성은 정의와 저 관대한 엄격함이 정신화된 것이며, 이 엄격함은 인간 사이에서뿐만 아니라, 사물 그 자체에서도 세계의 위계질서를 올바로 유지하는 것이 자신의 사명임을 알고 있는 것이다.

220.

'무관심한 사람'이 대중의 칭찬을 받게 된 지금이야말로, 아마 어느 정도 위험이 없지는 않지만, 우리는 본래 대중이 **무엇**에 관심을 갖는지, 일반인이 철저하고도 깊이 우려하는 것이 일반적으로 무엇인지 알아야만 한다 : 이 일반인에는 교양인도 심지어는 학자도 포함되며, 전혀 잘못된 생각이 아니라면, 거의 철학자도 포함된다. 그때 명백해지는 것은 더욱 섬세하고 까다로운 취향을 가진 사람들이나 좀더 높은 본성을 지닌 사람들이 관심을 갖고 매력 있어 하는 것은 대부분 보통 사람에게는 전혀 '관심 없는' 것처럼 보인다는 사실이다 : ― 그럼에도 불구하고 이러한 일에 몰두하는 것을 보면 보통 사람은 그것을 "무관심한 일"이라고 부르며 어떻게 '무관심하게' 행위할 수 있을까 하고 놀라움을 금치 못한다. 이러한 대중의 놀라움에 그래도 매혹적이고 신비로운 피안의 표현을 부여할 줄 알았던 철학자가 있었다. (― 아마 그들이 더 높은 본성을 경험으로 알지 못했던 탓은 아닐까?) ― '무관심한' 행위도 어떤 조건에 따라서는 매우 흥미 있고 관심을 끄는 행위라는, 있는 그대로의 그리고 진정으로 공정한 진리를 제시하는 대신에 말이다. 가령 말하자면……'그러면 사랑이란?' ― 뭐라고! 게다가 사랑에서 나온 행위도 '이기적이지 않아야만' 하는가? 그러나 그대 우둔한 자들이여 ― ! "그러면 자신을 희생시킨 자가 찬양되는 것은?" ― 그러나 실제로 희생을 치른 적이 있는 사람은 자신이 그 대신 어떤 것을 ― 아마 자기 자신의 어떤 것 대신 자신의 어떤 것을 ― 바라고 얻었는지를 알고 있고, 거기에서 더 많은 것을 갖기 위해 아마 대개 그 이상의 것이 되거나 스스로 '그 이상'의 것으로 느끼기 위해 여기에서 자신을 희생했다는 것을 알고 있다. 그러나 이것은 까다로운 정신이 그만두고 싶어 하지 않는 물음과 답변의 영역이다 : 그래서 여기에서 진리가 대답되지 않으면 안 될 때, 이미 하품을 억누를 필요가 있게 된다. 결국 진리는 여성이다 : 우리는 진리에 폭력을 행사해서는 안 된다.

221.

도덕주의자인 척하는 고루한 사람이나 사소한 것이나 뒤지는 사람이 자신은 사심이 없는 인간을 존경하고 우대한다고 말하는 일이 생긴다 : 그러나 이것은 그가 사심이 없기 때문이 아니라, 나에게는 그가 자기 자신을 희생하면서까지 다른 사람을 도울 수 있는 자격이 있는 것처럼 보이기 때문이다. 그렇다. 항상 문제가 되는 것은 **그가 어떤 사람이며 다른 사람은 어떤 사람**인가 하는 것이다. 예를 들어 명령하도록 정해져 있고 만들어진 어떤 사람에게는 자기 부정이나 겸손한 후퇴는 덕이 아니라, 오히려 덕을 낭비하는 것이다 : 나는 그렇게 생각한다. 스스로를 절대적인 것으로 여기면서 모든 사람에게 이를 적용하는 온갖 비이기주의적인 도덕은 취향에 죄를 범하고 있는 것만이 아니다 : 이는 태만의 죄를 범하도록 부추기는 것이며 오히려 박애(博愛)의 가면을 쓰고 더 **많이** 유혹하는 것이며 — 바로 더 높은 자, 더 비범한 자들, 특권을 부여받은 자들을 유혹하고 손상시키는 일이다. 우리는 무엇보다도 위계질서 앞에서 몸을 굽히도록 많은 도덕을 강요해야만 한다. 우리는 그 도덕의 오만을 양심에 호소하지 않으면 안 된다. — 마침내 "한 사람에게 옳은 것은 다른 사람에게도 올바르다"고 말하는 것이 **부도덕함**을 이들 도덕이 서로 명료하게 인식할 때까지 말이다. — 나의 도덕주의자인 척하는 고루한 사람이며 호인(好人)인 그가 이와 같이 많은 도덕에 도덕적이 되라고 재촉했을 때, 사람들의 웃음거리가 될 만한 일인가? 그러나 조롱하는 사람을 자신의 편에 두고자 한다면, 너무 지나치게 올바르면 안 된다. 더욱이 낟알 하나의 부정(不正)을 갖는 것은 좋은 취향에 속하는 것이기도 하다.

222.

오늘날 동정을 설교하는 곳에서는 — 그리고 제대로 듣는다면, 이제 더 이상의 다른 종교는 설교하지 않게 된다 — 심리학자는 자신의 귀를 열어놓는 것이 좋다 : (모든 설교자와 마찬가지로) 이러한 설교자의 특유한 모든 허영과 소음을 통과해 그는 목이 쉬고 신음하는 진정한 **자기 멸시의 소리를** 듣게 될 것이다. 이 자기 멸시는 이 세 한 세기 동안 고소되고 있는 유럽의 서 음울화와 추악화 현상에 속한다. (그 최초의 징후는 이미 에피네d'Epinay 부인[34])에게 보낸 갈리아니의 어느 사려 깊은 편지 속에 기록되어 있다) : 이 **자기멸시가** 음울화와 추악화 현상의 원인이 아니라 해도 말이다! '현대적 이념'을 지닌 인간, 이 자부심 있는 원숭이는 제어할 수 없을 정도로 자기 자신에게 불만족스러워하고 있다 : 이는 틀림없는 사실이다. 그는 괴로워한다 : 그래서 그의 허영심은 그가 오직 '함께 괴로워할 것'을 바란다……

223.

유럽의 잡종 인간에게는 — 결국은 어지간히 추한 천민인데 — 오로지 의상이 필요할 뿐이다: 그에게는 의상의 보관실로 역사가 필요하다. 물론 그는 이때 어떤 의상도 몸에 잘 맞지 않다는 것을 알고 있다. — 그는 의상을 바꾸고 또 바꾸어본다. 19세기가 여러 스타일의 가장(假裝)을 성급하게 좋아하다 바꾸어버린 사정을, 그리고 우리에게는 맞는 것이 "아무것도 없다"고 절망한 순간을 생각해보는 것이 좋으리라 — . 낭만적으로나 고전적으로나 그리스도교식으로나 플로렌스식으로나 바로크식으로나 '국수적으로' 나타내 보여도 소용없는 일이며, 양식에서나 기교에서도 이것은 '잘 어울리지 않는다'! 그러나 '정신', 특히 '역사적 정신'은 이러한 절망 속에서도 자신에게 이익이 되는 것을 알아차린다: 과거나 외국에서 들어온 새로운 소재가 되풀이해서 시도되고 갈아 입혀지고 벗겨지고 포장되고 무엇보다도 **연구된다**: — 우리는 의상의 개별 항목을 연구한 최초의 시대이다. 내가 생각하고 있는 것은 도덕, 신앙 교리, 예술적 취미, 종교 등인데, 이 시대는 그 어느 시대에도 보지 못했던 거대한 양식의 카니발을, 정신적인 사육제의 웃음과 활기를, 최고의 어리석음과 아리스토파네스적인 세계 조소(嘲笑)의 초월적 높이를 준비한다. 아마도 우리는 여기에서 바로 우리의 발명의 영역, 즉 우리도 세계사를 풍자하는 자나 신의 어릿광대로도 여전히 독창적일 수 있는 그러한 영역을 찾아내게 될 것이다. — 아마 오늘날 그 밖의 어느 것에도 미래가 없다고 할지라도, 그래도 우리의 웃음만큼에는 여전히 미래가 있는 것이다!

224.

역사적 감각 (또는 한 민족, 한 사회, 한 인간이 그것에 따라 살아온 가치 평가의 순위를 재빨리 알아맞추는 능력이나 이들 가치평가의 관계나 가치의 권위가 현재 작용하는 힘들의 권위에 대해 갖는 관계를 '예언하는 능력이 있는 본능') : 우리 유럽인들이 자신만의 독특한 것으로 내세우는 이러한 역사적 감각은 유럽이 신분이나 인종의 민주주의적 혼합으로 추락해버린 매혹적이고 광적인 반(半)야만 상태의 결과로 우리에게 오게 되었다. — 19세기가 처음으로 제6감으로 이 감각을 알게 되었다. 온갖 형식이나 삶의 방식의 과거가, 또는 전에는 엄격하게 병존하거나 중첩되었던 여러 문화들의 과거가 저 혼합 덕분에 우리 '현대의 영혼'으로 들어오는데, 우리의 본능은 이제 사방팔방으로 역류하고, 우리 자신은 일종의 혼돈 상태에 있게 된다 — : 결국 이미 말한 것처럼 '정신'은 여기에서 자신에게 유리한 점을 알아채는 것이다. 육체와 욕망에 자리잡고 있는 반야만 상태로 인해 우리에게는 고귀한 시대가 결코 갖지 못했던 사방팔방으로 통하는 비밀 통로가, 무엇보다 미완성의 여러 문화의 미궁에 이르는 통로, 단지 과거에만 지상에 존재했던 저 반야만 상태에 이르는 통로가 있다. 그리고 인간 문화의 상당한 부분이 지금까지는 반야만 상태였기 때문에, '역사적 감각'은 거의 모든 것에 대한 감각과 본능, 모든 것에 대한 취미와 미각을 의미하는 것이다 : 이로 말미암아 역사적 감각은 바로 **고귀하지 않은** 감각임이 증명된다. 예를 들어 우리는 다시 호메로스를 : 어떤 고귀한 문화를 가지고 있는 인간들이 (호메로스의 광막한 정신을 비난했던 생 테브르몽Saint-Evremond[35] 같은 17세기 프랑스인들이나, 그 세기 마지막 인물인

볼테르조차도) 쉽게 소화할 수 없었으며 — 거의 즐길 수조차 없었
던 호메로스를 우리가 맛볼 수 있다는 것은 아마 우리의 가장 행복
한 우월성일 것이다. 그들 미각의 매우 단호한 긍정과 부정, 쉽게 일
으키는 그들의 구토, 온갖 이질적인 것에 대해 머뭇거리는 신중함,
5 활발한 호기심이 가지고 있는 몰취미 자체에 대한 그들의 경계심,
그리고 일반적으로 어떤 새로운 탐욕이나 자기 것에 대한 불만, 또
는 이질적인 것에 대한 경탄을 스스로 인정하는 고상하고 자족적인
모든 문화가 가지고 있는 저 나쁜 의지 : 이 모든 것 때문에 그들은
자신의 소유가 아니거나 노획물이 될 수 없는 것이면, 세상에서 가
10 장 좋은 것이라 해도 호의를 보이지 않는다. — 그리고 이와 같은 인
간들에게는 바로 역사적 감각이나 거기에 굴종하는 천민적 호기심
보다 더 이해하기 어려운 감각은 없을 것이다. 셰익스피어에 대해서
도 경우가 다르지 않다. 이 놀라운 스페인식과 무어식, 색슨적인 취
미의 종합을 보았다면, 아이스킬로스와 친교가 있던 고대 아테네 사
15 람들이라면 반쯤 죽도록 웃거나 화를 냈을 것이다 : 그러나 우리는
— 바로 이러한 거친 다채로움을, 가장 섬세한 것과 조야한 것, 예술
적인 것의 혼합을 은밀히 신뢰하고 진심으로 받아들인다. 우리는 우
리를 위해 비축된 예술의 정수로 셰익스피어를 즐기며, 이때 그의
예술과 취미가 살아 있는 영국 천민의 불쾌한 수증기가 근처에 감
20 돈다 해도 거의 그 영향을 받지 않는다. 그것은 마치 우리가 나폴리
의 키아야 천민 지역의 하수구 냄새가 공기 중에 떠다닌다 해도, 모
든 감각을 동원하여 매혹된 채 즐거이 우리의 길을 걷는 것과 마찬
가지다. 우리 '역사적 감각'의 인간 : 우리는 그러한 존재로 우리들
의 덕을 가지고 있으며 이것에는 반론의 여지가 없다. — 우리는 욕

심이 없고 사심이 없으며 겸손하고 용감하며 극기심으로 가득하고 헌신에 넘치고 매우 감사하는 마음을 가지고 있으며 매우 인내심이 있고, 매우 친절하다 : — 우리는 이 모든 미덕을 가지고 있음에도 아마 그다지 '미적 감각이 있다'고는 할 수 없을 것이다. 결국 우리는
5 고백하게 되리라 : 우리 '역사적 감각'의 인간에게 가장 이해하기 어렵고 느끼기 어려우며 다시 맛보기 어렵고 사랑하기 어려운 것, 우리가 근본적으로 선입견을 갖고 거의 적대시하는 것, 그것은 바로 모든 문화와 예술 속의 완벽한 것과 최후에 성숙된 것이며, 작품과 인간에게서 진정으로 고귀한 것이며 이것들이 매끄러운 바다같이
10 평온한 자족의 순간이며, 완성된 모든 사물이 나타내는 황금빛과 차가움이다. 아마 역사적 감각이라는 우리의 커다란 덕은 **좋은** 취미와 적어도 최상의 취미와 필연적으로 대립되는 것이다. 그리고 우리는 그것이 여기저기에서 때때로 빛나고 있듯이, 인간 삶의 하찮으면서 짧은 최고의 행복과 그 정화를 단지 서툴게 주저하면서 부득이
15 하게 우리 안에서 모방할 수 있을 뿐이다 : 그것은 어떤 거대한 힘이 측량할 수 없는 무한한 것 앞에서 자발적으로 멈추게 되는 순간이자 기적이며 — , 거기에서는 갑작스러운 억제와 경직 속에서 아직도 진동하는 지반 위에 확고히 서서 스스로를 확고히 세우며 넘쳐흐르는 미묘한 즐거움을 즐기게 되는 것이다. **절도**라는 것은 우리
20 에게는 낯선 것이다. 우리는 이것을 시인해야 한다. 우리의 욕망은 바로 무한한 것, 끝이 없는 것을 향한 욕망이다. 우리는 숨가쁘게 앞으로 달리는 말 위에 탄 기사처럼 무한한 것 앞에서 고삐를 놓아버리자. 우리 현대인들, 우리 반야만인들. — 또한 우리가 가장 심한 — **위험**에 처하게 될 때, 그곳에서 비로소 우리는 우리 자신의 더없는

행복 속에 있게 된다.

225.

쾌락주의이든 염세주의이든 공리주의이든 행복주의이든 **쾌락과 고통**, 즉 수반되는 상태나 부차적인 것에 따라 사물의 가치를 재는 이러한 모든 사유 방식은 표면적인 사유 방식이자 단순함이며, 스스로의 **조형하는** 힘이나 예술가적 양심을 의식하고 있는 사람이면 누구나 조소와 동정 없이는 이것들을 내려다보게 되지는 않을 것이다. **그대들에 대한 동정!** 이것은 물론 그대들이 생각하고 있는 것과 같은 동정은 아니다 : 이것은 사회적 '궁핍'에 대한, '사회'와 그 사회의 병약자나 불행한 사람들에 대한, 우리 주변에 뒹굴고 있는 선천적인 패덕자나 불구자에 대한 동정이 아니다. 이것은 더욱이 지배하려고 열망하는 — 그들은 이것을 '자유'라고 부른다 — 불만스럽게 반란을 일으키는 억압된 노예 계층에 대한 동정은 아니다. **우리의 동정은 더 높고 시야가 넓은 동정이다** : — 우리들은 **인간이** 어떻게 스스로 작아졌으며, **그대들이** 어떻게 인간을 작게 만들고 있는지 바라본다! — 그리고 우리가 바로 **그대들의** 동정을 말로는 표현할 수 없는 불안한 마음으로 바라보는 순간이, 이러한 동정에 대해 저항하는 순간이 — , 우리가 그대들의 진지함을 그 어떤 경박함보다도 더 위험하게 느끼는 순간이 있다. 그대들은 가능한 한 — 이것보다 더 미친 듯한 '가능한 한'은 없지만 — **고통을 없애고자 한다**. 그런데 우리는? — **우리는** 그 고통을 지금까지 있었던 것보다도 오히려 더 높고 힘든 것으로 갖고자 하는 것 같다! 그대들이 이해하고 있는 안락함 — 그것은 목적이 아니라 우리에게는 **종말**이라는 생각이 든다! 이는 인간을 바로 조소하고 경멸하게 만드는 상태이고, — 인간의 몰락을 원하게 만드는 상태이다! 고통의, **엄청난 고통의 훈련** — 오직 이러한 훈련만이 지금까지 인간의 모든 향상을 이루어왔다는 사실을 그대들은 알지 못하는가? 영혼의 힘을 길러주는 불행에 있는 저 영혼의 긴장, 위대한 몰락을 바라볼 때의 영혼의 전율, 불행을 짊어지고 감내하고 해석하고 이용하는 영혼의 독창성과 용기, 그리고 언젠가 깊이, 비밀, 가면, 정신, 간계, 위대함에서 영혼에 보내진 것 : — 이것은 고통을 통해, 엄청난 고통의 훈련을 통해 영혼에 보내진 것이 아닌가? 인간 안에는 **피조물**과 **창조자**가 일체가 되어 있다 : 인간 안에는 소재, 파편, 과잉, 진흙, 오물, 무의미, 혼돈이 있다. 그러나 또한 인간 안에는 창조자, 형성자, 해머의 강인함, 관찰자의 신성함과 제7일도 있다. — 그대들은 이러한 대립을 이해하는가? 그대들의 동정이란 '인간 안에 있는 피조물'에 해당하며 형성되고 부서지고 단련되고 찢기고 불태워지고 달구어지고 정련되어야만 하는 사람에게, — 반드시 고통을 당하지 않으면 안 되고 고통스러워해야만 하는 사람에게 해당된다는 것을? 그런데 우리의 동정 — 모든 유약화와 허약함 가운데 최악의 것인 그대들의 동정에 저항할 때, 우리의 이 반대의 동정이 누구에게 적용되는지 그대들은 이해하지 못하는가? — 즉 이것은 동정에 반항하는 동정인 것이다! — 그러나 다시 한번 말하거니와 모든 쾌락과 고통 그리고 동정의 문제들보다도 더 높은 문제들이 있다. 오직 이러한 문제만을 목적으로 하는 철학은 모두 소박한 것이다.

226.

비도덕주의자인 우리! — 우리가 관계하며 그 안에서 우리가 두려워하고 사랑하기도 해야 하는 이 세계, 미묘한 명령과 미묘한 복종이 행해지는 거의 볼 수도 없고 들을 수도 없는 이 세계, 모든 점에서 까다롭고 위험하며 비꼬면서도 정겨운, '거의'라고 하는 세계 : 물론 이 세계는 우둔한 관람자나 은밀한 호기심 앞에 잘 방어되어 있다! 우리는 의무라는 엄격한 그물과 셔츠에 갇혀 그것에서 벗어날 수 없다ㅡ. 이 점에서 바로 우리는 '의무의 인간'이며, 우리 역시 마찬가지다! 때때로 우리는 자신의 '사슬' 안에서, 우리의 '칼' 사이에서 춤추고 있다는 것도 사실이다. 또 때때로 우리는 그러한 상황 아래 이를 갈며 우리 운명의 모든 비밀스러운 가혹함에 견디기 어려워하는 것도 대단한 사실이다. 그러나 우리는 자신이 원하는 것을 하고 싶어한다 : 우둔한 자나 외관만 보는 자는 우리를 향해 "이는 의무가 없는 인간이다"라고 말한다 — 우리에게는 항상 우둔한 자와 외관만을 보는 자가 우리에게 대항하는 자로서 있는 것이다.

227.

성실함, 만일 이것이 우리 자유정신이 벗어날 수 없는 덕목이라고 한다면 — 그러면 우리는 모든 악의와 사랑으로 이것을 위한 작업을 해보고자 하며, 단지 우리에게 남겨진 **우리의** 덕 안에서 지치지 않고 우리 자신을 '완성'해보고자 한다 : 그 덕의 광채가 언젠가 금빛으로 빛나는 푸르면서 조소하는 듯한 저녁 노을처럼 이렇게 늙어가는 문화와 그 희미하고 침울한 진지함 위에 머물러 있다고 해도!

그리고 그럼에도 불구하고 우리의 성실함이 어느 날 피로에 지쳐 한숨을 내쉬고 손발을 내뻗으며 우리 자신을 너무 가혹하다고 느끼고, 마치 기분 좋은 악덕처럼 더 낫고 더 편하고 더 부드러운 것을 지니고 싶어해도, 우리는 **엄격한 태도로** 남아 있자, 마지막 스토아주의자들인 우리는! 그리고 이 덕을 돕기 위해 우리 안에 오직 악마성으로 가지고 있던 것만을 보내도록 하자 — 졸렬하고 우연한 것에 대한 우리의 구토도, 우리의 '금지된 것을 향한 갈망'도, 우리 모험가의 용기도, 우리의 교활하고 까다로운 호기심도, 탐욕스럽게 미래의 모든 나라를 찾아 배회하며 열광하는 우리의 가장 섬세하게 위장된 정신적인 힘에의 의지와 세계 극복을 향한 의지도 보내도록 하자 — 우리는 우리의 모든 악마를 데리고 우리의 '신'을 도우러 가자! 아마 우리는 이것 때문에 오해받고 혼동할 수도 있을 것이다 : 그러나 그것이 무슨 상관이란 말인가! 사람들은 "그들의 '성실함' — 이것은 그들의 악마성을 말하는 것이며 그 외에 아무것도 아니다!"라고 말하게 될 것이다. 이것이 무슨 상관이란 말인가! 설령 그 사람의 말이 옳다고 해도 말이다! 모든 신은 지금까지 이와 같이 신성화(神聖化)되어 개명된 악마가 아니었던가? 그리고 결국 우리는 우리 자신에 대해 무엇을 알고 있는가? 우리를 인도하는 정신은 어떻게 **불리길** 원할까? (이것은 이름의 문제이다.) 그런데 우리는 얼마나 많은 정신을 숨기고 있는가? 우리의 성실함, 우리 자유정신은, — 우리는 그것이 우리의 허영, 우리의 화려한 장식, 우리의 한계, 우리의 어리석음이 되지 않도록 조심하자! 모든 미덕은 어리석음이 되고, 모든 어리석음은 미덕이 되는 경향이 있다. '성스러울 정도로 어리석다'고 러시아 사람들은 말하는데, — 우리는 성실에서 벗어나 마침내 성자나 권태로운 사람이 되지 않도록 주의하자! 인생은 그 속에서 지루해하기에는 수백 배나 너무 짧지 않은가? 그렇게 하기 위해서 우리는 정말 영원한 삶을 믿어야만 할 것이다……

228.
　지금까지의 모든 도덕철학이 지루한 것이었으며 수면제였다는 내 발견을, 그리고 내가 보기에는 '덕'이 상처 입은 것은 바로 그것을 옹호하는 자들이 지니고 있던 이러한 **권태** 때문이었다는 내 발견을 용서해주길 바란다. 그렇다고 해서 여전히 내가 덕의 일반적인 효용을 잘못 보았다고는 생각하지 않는다. 중요한 것은 도덕을 숙고하는 사람이 적으면 적을수록 좋다는 것이며, ― 따라서 아주 중요한 것은 도덕이 언젠가는 관심을 끌지 못한다는 사실이다! 그러나 걱정할 필요는 없다! 과거에 언제나 그랬던 것처럼 오늘날에도 상황은 여전히 그러하다 : 나는 유럽에서 도덕을 숙고하는 것은 위험하며, 방심할 수 없는 유혹적인 방법으로 행해질지도 모른다는 것을, ― 거기에는 **숙명**이 깃들어 있을지 모른다는 것을, 이해하고 있는(또는 **이해시키는**) 사람을 아무도 보지 못했다! 예를 들면, 피로에 지칠 줄 모르며 어쩔 수 없는 영국의 공리주의자들이 얼마나 우둔하고 존경스럽게 벤담의 발자취를 좇아 이리저리 우왕좌왕하고 있는지 보라 (호메로스의 비유는 이를 더 분명하게 말하고 있다). 이는 벤담 자신이 이미 존경할 만한 엘베티우스Helvétius[36]의 발자취를 따라 떠돌던 것과 같다(아니, 이 엘베티우스는 결코 위험한 인물이 아니었다!)[15]. 이는 새로운 사상도 아니며 어떤 낡은 사상을 교묘하게 뒤집거나 접은 것도 아니며 이전 생각의 사실적인 역사도 결코 아니다 : 이것은 약간의 악의를 지니고 그것을 발효시키지 않는다면, 전체적으로 **있을 수 없는** 문서에 지나지 않는다. 즉 이러한 도덕주의자들 가운데도 (만일 사람들이 그것을 반드시 읽어야만 한다면 철저하게 저의를 가지고 함께 읽지 않을 수 없을 것이다 —), 캔트cant[37]라 불리고 **도덕적 위선**이기도 한 저 낡은 영국의 악덕이 잠입해 있어, 그것은 이번에는 과학성이라는 새로운 형식 아래 몸을 숨기고 있다. 또한 도덕을 어디까지나 과학적으로 파악할 때, 과거의 청교도 종족이라면 당연히 고통스러워했을 그러한 양심의 가책을 은밀히 방어할 방책이 없는 것은 아니다. (도덕주의자라는 것은 청교도와는 반대되는 존재가 아닌가? 즉 도덕을 의심스러운 것으로, 의문부호를 붙인 것으로, 간략하게 말해 문제로 취급하는 사상가가 아닌가? 도덕을 논한다는 것은 — 부도덕한 일이 아니겠는가?) 결국 그들 모두가 바라는 것은 영국식 도덕이 정당하다는 것이다 : 그렇게 하는 것이 바로 인류나 '일반적인 공익'에, '최대다수의 공익에', 아니! **영국**의 행복에 가장 잘 기여하게 되는 것이다. 그들은 온 힘을 다해 **영국적** 행복을 얻고자 하는 노력이, 내가 생각하기에는 평안함과 유행을 얻고자 하는 (그리고 최고의 지위로 의회에서의 의석을 갖고자 하는) 노력이 동시에 덕의 올바른 길임을 그리고 지금까지 이 세상에 존재했던 많은 덕은 바로 이러한 노력을 통해서만 이루어졌다는 것을 증명하고 싶어한다. 양심에서 불안을 느끼고 있는 이 모든 답답한 무리 동물 (이들은 이기주의의 문제를 일반적인 복지의 문제로 이끌려고 시도한다 —) 가운데 그 어느 누구도 '일반적인 복지'가 이상(理想)이 아니며 목적도, 어떤 식으로든 이해할 수 있는 개념도 아니며, 단지 구토제일 뿐이라는 사실을, — 그리고 어떤 사람에게 정당한 것이 반드시 다른 사람에게도 정당할 수는 없다는 것을, 그리고 만인을 위해 하나의 도덕을 요구하는 것은 바로 보다 높은 인간을 침해하는 것이라는 사실을, 간략하게 말하자면 인간과 인간 사이에는 따라서 도덕과 도덕 사이에도 위계질서가 있다는 것을 알려고도 냄새를 맡으려고도 하지 않는다. 이들 공리주의적인 영국인들은 겸손하고 대단히 평범한 종류의 인간이며 그리고 이미 말한 바 있듯이, 그들이 지루해하는 한, 그들의 공리성을 충분히 높게 평가할 수는 없다. 부분적으로는 다음과 같은 시로 시도되었듯이, 그들은 그래도 고무되어야 할 것이다.

> 행운을 빈다, 그대들 착한 수레꾼들이여,
> 언제나 '길면 길수록, 더 좋다네'라고 말하며
> 머리와 무릎은 점점 굳어지고,
> 감동도 없고, 농담도 없이,
> 끈질기게 평범하며,
> 천품도 기지도 없이!

229.

인간성을 자랑하게 되는 최근의 시대에도 '사납고 잔인한 동물'에 대한 공포와 공포의 **미신**이 많이 남아 있어, 그것을 극복하게 되었다는 것이 좀더 인간적인 시대의 긍지를 이룬다. 그래서 명백한 진리마저도 저 사납지만, 결국 죽어버린 동물을 도와 다시 소생시킬 수도 있다는 추측 때문에, 약속이나 한 것처럼 여러 세기 동안 입에 올리지 않은 채 있다. 나는 아마도 그러한 진리가 나에게서 살그머니 빠져나가게 하는 그러한 일을 감행하고자 한다 : 다른 사람들은 그 진리를 다시 잡아, 그것에 '경건한 사유방식이라는 우유'를 충분히 마시게 하고 마침내 조용히 잊혀진 채 그것이 전에 있었던 낡은 구석에 뉘여놓게 할 수도 있을 것이다. — 우리는 잔인성을 다시 배워야만 하고 눈을 떠야만 한다. 예를 들어 비극에 관해 고금의 철학자들이 사육해왔던 그러한 뻔뻔하고 비대한 오류가 더 이상 고결한 듯 주제넘은 모습으로 돌아다니지 않도록 하기 위해, 우리는 마침내 인내를 저버리는 것을 배워야만 한다. 우리가 '더 높은 문화'라고 부르는 거의 모든 것은 **잔인함**이 정신화되고 심화한 데 바탕을 둔 것이다. — 이것이 내 명제이다. 저 '사나운 동물'은 전혀 죽지 않았으며 살아 있고 번성하며, 스스로를 단지 — 신성하게 만들었을 뿐이다. 비극이라는 고통스러운 쾌락을 만드는 것은 잔인함이다. 이른바 비극적 동정에서 근본적으로는 심지어 가장 높고 가장 섬세한 형이상학의 전율에 이르기까지 모든 숭고함 속에서 쾌감으로 작용하는 것은, 감미로움을 오직 거기에 혼합되어 있는 잔인함의 요소에서 얻는 것이다. 투기장에서의 로마인, 십자가의 황홀함 속에 있는 그리스도교인, 화형이나 투우를 보고 있는 스페인, 비극으로 돌진하는 오늘날의 일본인, 피비린내 나는 혁명에 대한 향수를 갖고 있는 파리 변두리의 노동자, 의지가 풀린 채 〈트리스탄과 이졸데Tristan und Isolde〉를 '참으면서 보고 있는' 바그너광 여자들 — 이 모든 이가 즐기고 비밀스러운 욕정에 휩싸여 마시려고 노력하는 것은 '잔인함'이라는 위대한 마녀의 약초술이다. 이 경우 우리는 물론 잔인성이란 타인의 고통을 바라보는 데서 생기는 것이라고 가르칠 수밖에 없었던 과거의 어리석은 심리학을 추방해야만 한다 : 자기 자신의 고통, 자기 자신을 스스로 괴롭힌다는 것에도 풍부한, 넘칠 정도의 풍부한 즐거움이 있다. ― 그리고 페니키아인이나 금욕주의자에게서처럼, 오직 인간이 **종교적인** 의미로서의 자기 부정이나 자기 훼손을 하도록, 또는 일반적으로 관능과 육체를 부정하고 참회하도록, 청교도적인 참회의 발작, 양심의 해부, 파스칼적인 지성을 희생하도록 설득되는 경우 그는 자신의 잔인함에 의해 **자기 자신을 향한** 저 위험한 잔인성의 전율에 은밀히 유혹되고 앞으로 내몰리는 것이다. 마지막으로 생각해보아야 할 것은, 인식하는 사람 자신도 정신의 성향에 반하여 그리고 가끔은 자신의 마음에서 원하는 소망에 거슬리면서까지 인식하는 것을 ― 즉 스스로가 긍정하고 사랑하고 숭배하고 싶어하는데도 아니오라고 말하는 것을― 스스로의 정신에 강요함으로써 잔인함의 예술가와 변용자로 존재한다는 사실이다. 이미 그렇게 깊이 철저하게 파고들어 생각한다는 것은 끊임없이 가상과 표면적인 것을 향하고자 하는 정신의 근본 의지에 대한 폭력이며 고통을 주고자 함이다. ― 이미 모든 인식의 의욕에는 한 방울의 잔인성이 포함되어 있는 것이다.

230.

아마 내가 여기에서 '정신의 근본의지'에 대해 말했던 것을 당장 이해하지는 못할 것이다 : 이에 대해 내가 설명하는 것을 허용하기 바란다. ― 대중들이 '정신'이라 부르는 명령적인 어떤 것은, 자기 내부에서와 자신의 주변에서 지배자가 되고자 하며 스스로 지배자로 느끼고자 한다. 이것은 다양성에서 단순성에 이르고자 하는 의지를 졸라매고 제어하고 지배하고자 하며, 실제로 지배하는 의지를 갖고 있다. 이 경우 그 욕구와 능력은 생리학자들이 살아 있고 성장하며 번식하는 모든 것이 가지고 있다고 가정했던 것과 똑같은 것이다. 이질적인 것을 자신의 것으로 만드는 정신의 힘은 새로운 것을 낡은 것에 동화시키거나 다양한 것을 단순화시키거나 완전히 모순되는 것을 무시하거나 배제하는 강한 경향에서 명백히 드러난다 : 이와 마찬가지로 정신은 이질적인 것이거나 '외부 세계'에 속하는 모든 것에서 특정한 특징이나 윤곽선을 제멋대로 더 강하게 강조하거나 드러내거나 자기에 맞게 왜곡한다. 이 경우 정신이 의도하는 것은 새로운 '경험'을 동화시키고 새로운 사물들을 낡은 계열 속에 편입시키는 데 — 즉 성장시키는 데 있다. 좀더 확실하게 말하자면, 성장의 **느낌**, 힘이 커졌다는 느낌으로 향하고 있는 것이다. 겉보기에는 그것과 상반되는 듯한 정신의 충동이 이러한 동일한 의지에 봉사하고 있다. 즉 그것은 알고자 하지 않거나 임의로 단절하고자 하는 갑작스럽게 솟구쳐오는 결정을 하고 스스로의 창문을 닫아버리며 이러저러한 사물을 내적으로 부정하고 접근을 허용하지 않는다. 알 수 있을 만한 많은 것에 대해 일종의 방어 상태에 들어가고 어둠과 폐쇄된 지평에 대해 만족하며 무지를 긍정하고 시인한다. 이와 같은 모든 것은 그 정신의 동화하는 힘의 정도에 따라 비유적으로 말하자면 '소화력'의 정도에 따라 필요하게 되는 것이다. — 실로 '정신'은 위(胃)와 가장 비슷하다. 이와 마찬가지로 여기에는 때때로 스스로를 기만하는 정신의 의지가 속해 있으며, 아마 이 의지는 사정이 이러이러한 것이 아니고, 단지 이러이러하다고 여겨질 뿐이라는 경솔한 추측을 하면서 온갖 불확실성과 애매성을 즐거워하고 일부러 한쪽 구석의 비좁은 은밀함을, 너무 지나치게 가까운 것을, 표면적인 것을, 확대되거나 축소되거나 위치가 바뀐 것이나 미화된 것을 기뻐하며 스스로 즐거워하고, 이러한 모든 힘을 자의적으로 표현하는 것을 스스로 즐거워한다. 다른 정신을 기만하고 스스로를 다른 정신 앞에서 위장하려는 정신이 문제가 없지 않지만 기꺼이 응하는 것, 창조하고 형성하고 변형할 수 있는 힘의 저 끊임없는 압력과 충동이 마침내 여기에 속한다 : 정신은 여기에서 자신의 가면의 다양성과 교활함을 즐기며, 여기에서 안정감을 즐긴다. — 바로 자신의 프로테우스적 기술로 정신은 가장 잘 방어하고 은폐한다! — 가상에의, 단순화에의, 가면에의, 외투에의, 간단히 말해 표면에의 — 왜냐하면 모든 표면은 외투이기 때문이다 — 이러한 의지에 대항하여 사물을 깊이 있게 다양하고 철저하게 생각하고 생각하고자 하는 인식하는 사람의 저 숭고한 경향은 맞서 나간다 : 이것이야말로 지적 양심과 취미를 이루는 일종의 잔인함인데, 용감한 사상가는 모두 그것을 가지고 있음을 스스로 인정하게 될 것이다. 물론 당연한 일이긴 하지만, 그는 자신의 눈을 자신을 위해 오랫동안 충분히 단련시켜 예리하게 했고, 엄격한 훈련과 엄격한 말에도 익숙해져 있다는 사실을 전제로 한다면 말이다. 그는 "내 정신의 성향에는 어떤 잔인한 것이 있다"고 말하게 될 것이다 : — 덕이 있는 사람들이나 친절한 사람들이 그가 그러한 말을 하지 못하게 말리면 좋았을 것인데! 만일 잔인함 대신 '지나친 성실성'이라는 말을 뒤에서 떠들어대고 소문이 나고 평판이 있다면, 실로 이것은 우리에게는 — 우리 자유로운, **지극히 자유로운 정신의 소유자에게는** — 좀더 점잖은 평가로 들릴 것이다. 그리고 아마 우리 사후의 명성도 정말 언젠가는 이렇게 들릴 것인가? 앞으로 얼마간 — 왜냐하면 그때까지는 시간이 있기 때문에 — 우리 자신은 그와 같은 도덕적 미사여구로 자신을 꾸미는 것을 조금도 원하지 않을 것이다 : 지금까지 우리의 모든 일은 바로 이러한 취미와 그 취미가 가볍게 번성하는 것을 혐오하는 것이다. 성실성, 진리에 대한 사랑, 지혜에 대한 사랑, 인식을 위한 희생, 진실한 인간의 영웅주의 같은 아름답고 반짝거리고 소리 나는 축제의 언어가 있다. — 여기에는 한 사람의 마음을 자부심에 부풀게 하는 그 무엇이 있다. 그러나 은자(隱者)이며 실험용 동물인 우리, 우리는 오래 전부터 은자의 양심에 걸맞는 극도의 비밀스러움으로 스스로를 다음과 같이 설득했다. 즉 이와 같이 위엄 있고 호사스러운 말도 무의식적인 인간의 허영심에서 나온 해묵은 거짓 장식과 잡동사니, 거짓 금가루에 속하는 것뿐이며, 그렇게 아첨하는 색깔과 딧칠 아래에서도 자연직 인간homo natura이라는 무서운 근본 텍스트는 다시 인식되어야만 한다고 말이다. 즉 인간을 자연으로 되돌려 번역하는 것, 지금까지 자연적 인간이라는 저 영원한 근본 텍스트 위에 서툴게 써넣고 그려놓은 공허하고 몽상적인 많은 해석과 부차적인 의미를 극복하는 것, 오늘날 인간이 이미 학문의 훈련으로 엄격하게 단련되어 두려움을 모르는 오이디푸스의 눈과 막힌 오디세우스의 귀를 가지고 오랫동안 "너는 그 이상의 것이다! 너는 더 높은 존재다! 너는 다른 혈통을 지녔다!"고 인간에게 피리로 속삭였던 낡은 형이상학적 새잡이의 유혹의 방식에 귀를 막고 다른 자연 앞에 서 있는 것처럼, 후에는 인간으로 하여금 인간 앞에 서 있게 만드는 것, —

이것은 생소하고 미친 과제일 수 있지만, 그러나 이는 하나의 과제인 것이다. 누가 이것을 부정할 수 있을 것인가! 왜 우리는 이러한 미치광이 같은 과제를 선택했단 말인가? 또는 달리 묻는다면 "도대체 왜 인식이 있다는 말인가?" — 누구나 우리에게 이것에 대해 묻게 될 것이다. 우리는 이러한 방식으로 내몰려도, 백 번이고 스스로에게 이미 그렇게 물어보았던 우리는 더 이상 좋은 대답을 찾지 못했고, 찾지 못하고 있다……

231.

배운다는 것은 우리를 변화시킨다. 이것은 생리학자가 알고 있듯이, 온갖 영양을 섭취하는 것과 같은 것을 하고 있는데, 이는 단순히 '유지'시키는 것만은 아니다. 그러나 우리의 근저에는, 훨씬 '그 밑바닥에는' 물론 가르칠 수 없는 그 무엇이 있으며 정신적 숙명의 화강암이 있고 미리 결정되고 선별된 물음에 대한 미리 결정된 결단과 대답의 화강암이 있다. 중요한 문제가 대두될 때 '나는 이런 사람이다'라는 불변적인 말을 하는 것이다. 예를 들어 남녀 문제에 대해 사상가는 배워서 고칠 수 없고, 단지 끝까지 다 배울 수 있을 뿐이다. — 단지 이러한 남녀의 문제에 대해 자신의 입장에서 '확실한 것'을 마지막으로 발견할 뿐이다. 우리는 때때로 바로 우리에게 강한 믿음을 주는 문제의 해결책을 찾아낸다. 아마 우리는 그것을 앞으로 자신의 '신념'이라고 부를 것이다. 후에 — 우리는 그 신념 안에서 자기 인식에 이르는 발자취를, 우리 자신이기도 한 문제에 이르는 이정표를 보게 될 뿐이며 — 더 적절하게 말하자면, 우리 자신의 모습이기도 한 커다란 어리석음에 이르는, 우리의 정신적인 숙명에 이르는, 가르칠 수 없는 것에 이르는 이정표가 완전히 '밑바닥에 있다'는 것을 보게 될 뿐이다. ─ 내가 나 자신에 대해 행했던 이러한 대단히 점잖은 태도를 감안해서 아마 내가 '여성 자체'에 대해 몇 가지 진리를 숨김없이 말하는 것을 이미 허락해주었으리라 믿는다 : 더욱이 그것이 단지 ─ 나의 진리일 뿐이라는 것을 처음부터 사람들은 알고 있었겠지만 말이다. ─

232.

여성은 자립하기를 원한다 : 그리고 그 때문에 '여성 자체'를 남성들은 계몽시키기 시작한다. 이것은 유럽이 일반적으로 **추악해지는** 최악의 진보에 속한다. 왜냐하면 여성의 학문성과 자기 폭로의 이러한 서툰 시도가 모든 것을 백일하에 드러내야 하기 때문이다! 여성에게는 부끄러워해야 할 많은 이유가 있다. 여성에게는 현학적인 것, 천박한 것, 학교 선생 같은 것, 하찮은 오만, 하찮은 무절제와 불손함이 많이 숨어 있다. ─ 여성이 어린아이를 상대하고 있을 때를 살펴보라! ─ 이러한 것은 근본적으로 지금까지 남성에 대한 **두려움**으로 가장 잘 억제되고 제어되어왔다. 만일 '여성에게서의 영원히 권태로운 것'이 ─ 여성에게 이것은 풍부하게 있다! ─ 과감하게 밖으로 나오는 일이 생긴다면, 이는 고통스러운 일이다! 만일 여성이 우아하고 장난스럽고 근심을 없애주고 마음의 짐을 벗어나게 하고 매사를 쉽게 생각하는 현명함과 기교를, 만일 여성이 유쾌한 욕구를 처리하는 섬세한 솜씨를 철저하게 근본적으로 잊어버리기 시작한다면, 이는 고통스러운 일이다! 성스러운 아리스토파네스에게 맹세코 말하는데, 지금은 이미 경악하게 하는 여성의 소리가 커져가고 있으며, 여성이 궁극적으로 남성에게 **바라는** 것이 무엇인가 하는 것이 의학적인 확실함으로 들이닥치게 된다. 여성이 이와 같이 학문적으로 되려고 한다면, 이것은 가장 나쁜 취미가 아니겠는가? 지금까지는 다행스럽게도 계몽한다는 것은 남성의 일이었고 남성의 재능이었다 — 이것을 '자기들끼리만' 은밀하게 하고 있었다. 그리고 결국 여성이 여성에 대해 쓴 모든 것을 보면, 여성이 자기 자신에 대해 실제로 계몽을 원하는가 — 그리고 원할 수 있는가 하는 충분한 의구심을 남겨놓을 수 있다……만일 여성이 어떤 것을 씀으로써 자기 자신을 새롭게 **꾸미고자** 하는 것이 아니라면 — 나는 물론 자신을 꾸미는 것이 영원히 여성적인 것에 속한다고 생각한다 — 여성은 자신에 대한 두려움을 일으키려고 하고 있는 것이다 : — 여성은 그렇게 함으로써 지배하려고 할 것이다. 그러나 여성은 진리를 **바라지**는 않는다 : 여성에게 진리가 무슨 중요한 일이란 말인가! 여성에게는 처음부터 진리보다 낯설고 불쾌하고 적대적인 것은 없다. — 여성의 큰 기교는 거짓말이요 그 최고의 관심사는 가상이며 아름다움이다. 우리 남성들은 고백하도록 하자 : 우리는 여성의 바로 이러한 기교와 이러한 본능을 존중하고 사랑하는 것이다 : 우리는 어려움에 처할 때 우리 스스로의 짐을 가볍게 하기 위해 그 손길, 눈길, 부드러운 어리석음 아래에서 우리의 진지함, 우리의 무게, 깊이는 거의 한낮 어리석음처럼 보이는 존재와 기꺼이 교제하고자 한다. 마지막으로 나는 다음과 같은 물음을 던지고자 한다 : 일찍이 여성 스스로 여성의 머리에 깊이가 있고 여성의 가슴에 정의가 있다고 인정한 적이 있었던가? 대체로 생각해보면, '여성'이 지금까지 여성 자신에게서 — 결코 우리에게서가 아니라 — 가장 경멸을 받아왔다는 것은 사실이 아닌가? 우리 남성들은 여성이 계몽에 의해 스스로 웃음거리가 되는 일이 계속되지 않기를 바란다. 교회가 '여성은 교회 안에서 침묵해야만 한다!'고 선언했을 때, 이는 남성이 여성을 배려하고 아끼는 마음이었다. 나폴레옹이 너무 말이 많은 드 스탈de Staël 부인[38]에게 "여성은 정치에 대해서는 침묵해야만 한다!"고 시사했을 때, 이는 여성의 이익을 위해 일어난 일이었다. — 그리고 오늘날 "여성은 여성에 대해 침묵해야만 한다!"고 여성에게 소리치는 사람이야말로 진정 여성의 친구라고 나는 생각한다.

233.

만일 어떤 여성이 바로 롤랑Roland 부인[39]이나 드 스탈 부인 또는 조르주 상드George Sand[40]를 끌어들여, 그것으로 인해 '여성 자체'에 유리한 무엇이 증명된 것처럼 생각한다면 — 악취미를 드러내는 것이라는 점을 도외시하고라도 — 이는 본능의 타락을 드러내는 것이다. 남성들 사이에서 위에 언명된 사람들은 세 명의 **우스꽝스러운 여성 자체**일 뿐, 그 이상은 아니다! 그리고 이들은 바로 해방과 여성의 자기 예찬에 대한 의도하지 않은 최상의 **반증**이 될 뿐이다.

234.

부엌에서의 어리석음. 요리사로서의 여성. 가족과 가장의 섭생을 배려하는 데 끔찍할 정도의 무신경함! 여성은 음식이 무엇을 의미하는 것인지 이해하지 못하고 있으면서도 요리사가 되고자 한다! 만일 여성이 생각하는 존재라고 한다면, 수천 년 간 요리사로 활동을 해왔으니 최대의 생리학적 사실들을 발견하고 의술도 획득했어야 할 것이다! 서투른 요리사로 인해 — 부엌에서 이성이 완벽하게 결핍되어 있었기 때문에 인간의 발전은 가장 오랫동안 저지되었고, 가장 심하게 해를 입어왔다 : 오늘날에도 여전히 사정은 좋아지지 않고 있다. 더 나이가 든 딸들에게 주고 싶은 한 마디 말이다.

235.

그 안에 문화 전체, 사회 전체가 갑자기 결정(結晶)된 것 같은 정신의 표현이나 핵심이 있고 문장이나 한 줌의 말들이 있다. 드 랑베르de Lambert 부인[41]이 때때로 자신의 아들에게 한 말, "얘야, 터무니없는 짓을 하더라도 크게 즐거움을 주는 일이 아니면 결코 해서는 안 된다"라는 말이 그에 속한다 : — 덧붙여 말하자면 이것은 아들에게 보낸 말 가운데 가장 어머니답고 가장 현명한 말이다.

236.

단테와 괴테가 여성에 대해 믿어왔던 것 — 단테는 "그녀는 위를 올려다보고, 나는 그녀를 바라본다"[16]고 노래했고, 괴테는 이를 "영원히 여성적인 것이 우리를 끌어 올린다"⁽¹⁷⁾고 번역했다. — : 고상한 여성은 모두 이러한 믿음에 저항하게 될 것이라는 사실을 나는 의심치 않는다. 왜냐하면 여성은 바로 이것을 영원히 남성적인 것으로 믿고 있기 때문이다…….

237.
여성을 위한 일곱 가지 잠언
남자가 우리에게로 기어 다가올 때, 기나긴 권태는 날아가버린다!

* *

아! 나이와 학문은 나약한 덕에도 힘을 준다.

* *

검은 옷을 입고 침묵을 지킬 때 어떤 여성도 영리하게 보인다.

* *

행복할 때 나는 누구에게 감사할 것인가? 신인가! — 아니면 내 재단사인가.

* *

젊다는 것은 꽃으로 장식된 동굴. 늙으면 한 마리 용이 그 안에서 기어나온다.

* *

고귀한 이름, 아름다운 다리, 게다가 남성 : 오 그가 내 것이었으면!

* *

말은 짧게, 의미는 길게 — 이것은 암탕나귀가 주의해야 할 미끄러운 빙판길이다!

237.

이제까지 여성들은 남성들에 의해 어떤 높은 곳에서 그들에게 잘못 내려온 새처럼 취급되어왔다 : 좀더 섬세하고 상처받기 쉬우며 거칠고 경이로우며 감미롭고 영혼이 넘치는 어떤 것으로, — 그러나 달아나지 않도록 가두어두어야만 하는 어떤 것으로.

238.

'남성과 여성'이라는 근본적인 문제를 잘못 생각하고, 여기에 있는 헤아릴 길 없는 대립과 그 영원히 적대적인 긴장의 필연성을 부정하며, 여기에서 아마 평등한 권리와 교육, 평등한 요구와 의무를 꿈꾼다는 것은 어리석은 사람임을 나타내는 **전형적인** 표시이다. 이러한 위험한 장소에서 스스로 천박하다는 것을 — 본능에서의 천박함을! — 드러내는 사상가는 대체로 의심스러운 존재이며, 더 나아가 자신의 정체가 드러내고 폭로된 것으로 여겨도 될 것이다 : 아마 그는 미래의 삶을 포함한 삶의 모든 근본 문제에 너무나 '근시안적이며' 결코 어떤 심연으로도 내려갈 수 없게 될 것이다. 이에 대해 자신의 정신에서나 욕망에서도 깊이가 있고, 엄격하고 혹독할 수 있으며 또 그러한 것들과 쉽게 바꾸는 호의의 깊이를 가지고 있는 남성은 여성을 언제나 **동양적으로** 생각할 수 있을 뿐이다 : 그는 여성을 소유물로서, 열쇠를 잠가둘 수 있는 사유 재산으로, 봉사하도록 미리 결정되어 있고 봉사함으로써 자신을 완성하는 존재로 파악할 수밖에 없다. — 그는 이 점에서는 아시아의 거대한 이성의 편, 아시아적 본능의 탁월함의 편에 서지 않을 수 없다. 그것은 일찍이 이러한 아시아를 가장 훌륭하게 계승한 자이며 제자였던 그리스인들이 행했던 것과 같은 것으로, 잘 알려진 바와 같이 그리스인들은 호메로스에서 페리클레스의 시대에 이르기까지 문화와 힘이 미치는 범위가 넓어짐에 따라 여성에 대해서도 한 걸음 한 걸음씩 더욱 엄격해지고 간략히 말해 동양적이 되어버렸다. 이것은 얼마나 필연적이며, 논리적이고, 그 자체로 인간적으로 바람직한 것이었던가 : 이에 관해 우리는 스스로 숙고해볼 필요가 있을 것이다!

239.

어느 시대에서도 우리 시대만큼 나약한 성이 남성에게 이렇게 존경을 받은 적은 없다. 이것은 노인에 대한 불경(不敬)과 마찬가지로 민주주의적 경향과 근본 취향에 속하는 것이다 ─ : 이러한 존경이 바로 다시 악용되는 일이 있다고 해서 그리 놀랄 일은 아니지 않는가? 사람들은 더 많은 것을 원하게 되고 요구하는 것을 배우게 되며, 마침내 저 당연히 치러지는 존경을 거의 모욕으로 느끼고, 그리하여 권리를 위한 투쟁, 아니 실로 투쟁 자체를 선호하고자 한다 : 어쨌든 여성은 수치심을 잃어가고 있다. 여기에 부가적으로 덧붙인다면, 여성은 또한 취향도 잃어가고 있다. 여성은 남성을 **두려워하는 것**을 잊고 있다 : 그러나 '두려워하는 것을 잊는' 여성은 자신의 가장 여성적인 본능을 포기하는 것이다. 남성에게서 두려움을 불러일으키는 것, 더 명확하게 말해 남성 안에 있는 **남성**을 더 이상 원하지 않고 남성이 크게 육성되지 않게 될 때, 여성이 과감하게 나오는 것은 지극히 당연한 일이거니와 또한 충분히 이해될 수 있는 일이다. 더욱 이해하기 어려운 일은 바로 이러한 이유로 여성이 퇴화한다는 사실이다. 이러한 일들이 오늘날 일어나고 있다 : 우리는 이것에 대해 잘못 생각하지 말아야 한다! 오직 산업 정신이 군사적·귀족적 정신에 승리를 거두는 곳에서 이제 여성은 점원으로서의 경제적, 법적인 독립성을 얻으려고 노력하게 된다 : 스스로 형성되어가는 근대 사회의 문 앞에는 '점원으로서의 여성'이라는 말이 걸려 있다. 여성이 이와 같이 새로운 권리를 자기 것으로 하고 '주인'이 되고자 하며 '여성'의 진보를 자신들의 깃발에 적고 있는 동안 놀라울 만큼 명확하게 반대의 일이 실현된다 : 즉 **여성이 퇴보해가는 것**이다. 프랑스 혁명 이래 유럽에서 여성의 영향력은 여성의 권리와 요구가 증대한 것에 비례하여 **감소되어왔다**. 그리고 '여성 해방'이란 (천박한 남성에 의해서만이 아니라) 여성 자신에 의해 요구되고 촉진되는 한, 이와 같이 가장 여성적인 본능이 더욱 약화되고 둔화되는 현저한 증후로 나타나고 있다. 이러한 움직임에는 행실이 바른 여성이라면 — 언제나 영민한 여성이기도 하는데 — 근본적으로 부끄러워했을 어리석음이, 거의 남성적인 어리석음이 있다. 그 대신 여성은 어떤 기반에서 가장 확실하게 승리하게 될 것인지를 맡는 후각을 상실해가고 있다. 여성 특유의 무술 연습을 게을리 하고 있다. 전에는 예의 바르고 섬세하고 꽤 겸허함도 몸에 지니고 있었는데, 남성 앞에서 자제력을 잃고 아마 '책에까지' 손대고 있다. 여성 안에 감추어진 근본적으로 다른 이상과 영원히 필연적인 여성적인 것을 믿는 남성의 믿음에 대해 고결한 듯한 불손한 태도로 반대 행동을 하고 있다. 여성은 훨씬 섬세하고 놀라울 정도로 사납고 때로는 마음에 드는 애완 동물처럼 양육되고 보살핌을 받고 보호되고 아낌을 받아야 한다는 남성들의 생각을, 여성은 힘껏 수다를 떨면서 그 말을 끝내 버리고 있다. 지금까지 사회 질서 속에서 여성의 시위 자체가 지니고 있었고 지금도 여전히 지니고 있는 온갖 노예적인 것과 노비적인 것을 어색하게 격분하며 주워 모으고 있는 것이다 (마치 노예 제도가 모든 고도의 문화, 문화 상승의 조건이 아니고 그 반증인 것처럼) : — 이 모든 것이 만약 여성적인 본능의 파괴와 탈여성화가 아니라면, 무엇을 의미한다는 말인가? 물론 학자적인 남성 당나귀들 가운데에도 어리석은 여성의 친구와 여성을 타락시키는 자들이 충분히 많이 있어, 여성에게 권하여 이와 같이 탈여성화하거나 유럽에 있는 '남성'과 유럽적 '남성다움'이 앓고 있는 모든 어리석음을 흉내내게 한다. — 그들은 여성을 '일반 교육'에까지, 더욱이 신문을 읽고 정치를 논하는 데까지 끌어내리고 싶어한다. 사람들은 여기저기에서 여성을 자유사상가나 문학자로까지 만들려고 한다 : 마치 경건함이 없는 여성이란 깊이 있는 무신론적인 남성에게는 완전히 불쾌하고 웃기는 존재가 아닌 것처럼 — . 사람들은 거의 어디에서나 온갖 종류의 음악 가운데 병적이고 가장 위험한 음악으로 (우리 독일의 최신 음악으로) 여성의 신경을 망쳐놓고 그녀들을 매일 더 신경질적으로 만들며 강한 아이를 낳는다는 여성의 최초이자 최후의 천직을 무력하게 만든다. 사람들은 여성들을 일반적으로 더욱 '교화'하려고 하며, 이른바 '나약한 성'을 문화를 통해 강하게 만들고자 한다 : 마치 인간의 '교화'와 허약화 — 즉 의지력을 허약하게 하는 것, 분열시키는 것, 병약하게 만드는 것은 항상 서로 보조를 같이했다는 사실과 세계에서 가장 강하고 영향력 있는 여성들(마지막으로 나폴레옹의 어머니가 그러했는데)은 바로 자신의 의지력 덕분에 — 학교 선생들의 덕택이 아니라 — 남성들을 능가하는 자신의 힘과 우월함을 가질 수 있었다는 사실을 역사가 가능한 한 절실하게 가르쳐주지 않았다고 말하듯이 말이다. 여성에게서 존경과 때로는 공포마저 일으키는 것, 그것은 남성의 자연보다 더 '자연적인' 그녀의 자연이며, 이러한 것으로는 진정하게 맹수같이 교활한 유연함과, 장갑 아래 숨겨진 호랑이 발톱, 이기주의의 단순함, 교육시키기 어려운 속성과 내적인 야성, 욕망과 덕성에서 이해하기 어려운 것, 폭 넓은 것, 방황하는 것이 있다…… 이와 같이 여러 가지 공포가 있음에도 불구하고 이 위험하고 아름다운 고양이인 '여성'에게 동정을 갖게 하는 것은, 여성이 다른 어떤 동물보다도 더 고통스러워하고 상처받기 쉬우며 사랑이 필요하고 환멸을 느끼도록 선고받은 것처럼 보이기 때문이다. 공포와 동정 : 지금까지 남성은 이러한 감정을 가지고 여성 앞에 서 있었으며 언제나 한 발은 이미 황홀해하며 마음을 갈기갈기 찢어놓는 비극에 넣고 있었다 — . 뭐라고? 이것으로 이제 끝내려 한다고? 여성의 매력 상실이 일어나려고 한다고? 여성의 무료화가 서서히 다가오고 있다고? 오 유럽이여! 유럽이여! 너에게는 언제나 가장 매력 있었으며 너를 거듭 위험에 빠뜨리려는 뿔 달린 동물을 우리는 알고 있다! 너의 낡은 우화가 다시 한번 '역사'가 될 수 있을지 모른다. — 다시 한번 엄청난 어리석음이 너를 지배하게 될 수도 있으며, 너를 운반해갈지도 모른다! 그 어리석음 아래에는 어떤 신도 숨어 있지 않다. 그렇다! 단 하나의 '이념', '현대적 이념'만이 숨어 있을 뿐이다!……

제8장
민족과 조국

240.

나는 다시 한번 처음으로 리하르트 바그너의 〈마이스터징어 Meistersinger〉의 서곡을 들었다 : 이것은 화려하고 지나치게 무거우며 육중하고 말기적 예술이며, 이것을 이해하기 위해서는 두 세기에 걸친 음악이 아직도 살아 있다고 전제하지 않으면 안 된다는 긍지를 가지고 있다 : ― 이러한 긍지가 잘못된 것이 아니라는 것은 독일인들에게는 영예가 되는 것이다! 여기에는 어떤 기력과 힘이, 어떤 계절과 지역이 뒤섞여 있는 것이 아닌가! 이것은 우리에게 때로는 고대적인 느낌을, 또 때로는 이국적이고 떫고 너무 젊은 느낌을 불러일으킨다. 또한 이것은 제멋대로인가 하면 화려하고 인습적이기도 하다. 이것은 곧잘 장난기가 서려 있으며 또 종종 거칠고 조잡한 데가 있다. ― 이것은 격정과 용기를 지녔는가 하면 동시에 너무 뒤늦게 익어가는 과일의 축 늘어진 누런 피부를 지니고 있다. 그것은 도도하게 흘러가는가 하면, 갑자기 이유를 알 수 없는 머뭇거리는 순간이 있으며 마치 원인과 결과 사이에서 솟구쳐 나온 균열이 있고 우리를 꿈꾸게 만드는 중압, 거의 악몽에 가까운 것이 있다. ― 그러나 다시 오래된 유쾌함의 흐름이, 아주 다양한 유쾌함의 흐름이, 오래되었으면서도 새로운 행복의 흐름이 퍼져나간다. 실로 여기에는 예술가가 자기 자신에 대해 가지는 행복이 상당히 포함되어 있으며, 그는 이것을 숨기려고 하지 않는다. 이것에는 그가 여기에서 사용한 방법, 새롭게 얻은 아직 시험해보지 않은 새로운 예술의 방법에 관한 장인적 능력에 관한 놀랍고도 행복한 지식이 있는데, 그는 이것을 우리에게 드러내는 것처럼 보인다. 전체적으로 보아 {이 작품에는} 아름다움이 없으며 남국적인 것도 없고 남국 하늘의 섬세한 밝은 빛도 없으며 우아함도 춤도 없고, 논리를 향한 의지도 거의 없다. 마치 예술가가 우리에게 "그것이 내 의도이다"라고 말하려는 듯한 졸렬함마저 있는데, 이것이 여전히 강조되고 있다. 그리고 어떤 둔중한 의상이 있으며 자의적이고 야만적이며 장엄한 것이 있고 유식하고 위엄을 갖게 하는 귀중품과 레이스 장식의 펄럭거림이 있다. 여기에는 어떤 말이 가진 최선의 의미로든 최악의 의미로든 독일적인 것이, 독일식의 다양한 것, 무형식적인 것, 이루 다 퍼낼 수 없는 것이 있다. 거기에는 어떤 독일적 영혼의 강력함과 충만이 있는데, 이 영혼은 퇴폐의 세련됨 아래 자신을 감추는 것을 결코 두려워하지 않는다. — 이 영혼은 아마 여기에서 비로소 가장 편안한 기분을 느끼게 될 것이다. 여기에는 젊으면서 농시에 늙었고, 너무 부르익었으면서 동시에 아직 미래가 풍부한 독일 영혼을 나타내는 진정한 상징이 있다. 이러한 종류의 음악은 독일인에 대해 내가 생각하고 있는 것을 가장 잘 표현하고 있다 : 독일인들은 그제의 인간이면서 모레의 인간이다. — 그들에게는 아직 오늘이 없다.

241.

우리 '선한 유럽인들', 우리 또한 결연한 조국애에 빠지거나 낡은 애착과 편협함에 떨어지거나 되돌아가도 되는 때가 있고 — 나는 바로 전에 이에 대한 증거를 들었다 —, 국민적 감정의 흥분이나 애국적 중압감이나, 온갖 종류의 다른 고풍스러운 넘쳐 흐르는 감정에 휩싸이는 때가 있다. 우리보다 더욱 둔중한 정신을 지닌 사람들은 우리의 경우에 몇 시간에 한정되어 몇 시간 안에 끝내게 될 일을 그들이 소화해내고 '신진대사'를 하는 속도와 힘에 따라, 어떤 사람은 반 년 만에, 어떤 사람은 반평생에 걸쳐 훨씬 긴 시간을 들임으로써 비로소 끝낼 수 있을 것이다. 사실 내가 생각해볼 수 있는 것은 조국애나 애향심의 그와 같은 격세유전적인 발작을 극복하고 다시 이성으로, 말하자면 '선한 유럽 세계'로 되돌아가기 위해서는, 급속히 변해가는 우리의 유럽에서도 반세기 정도가 필요할지 모르는 우둔하고 머뭇거리는 인종이다. 이러한 가능성에 대해 지나친 생각에 잠겨 있을 때, 나는 두 사람의 늙은 '애국자'가 나누는 대화의 증인이 되는 기회를 접하게 되었다. — 그들 두 사람은 상대방의 말을 분명히 듣지 못하는 양, 그 때문에 더욱 크게 말하고 있었다. 한 사람이 말했다 : "그 사람은 철학에 대해서 농부나 학생 단체 정도는 파악하고 있으며 알고 있습니다. 그 사람은 아직도 순진합니다. 오늘날 왜 그것이 문제가 된다는 말입니까! 지금은 대중의 시대입니다 : 대중이란 모든 대중적인 것 앞에 굽실거립니다. 정치에서도 마찬가지입니다. 대중에게 새로운 바벨탑을, 즉 그 어떤 거대한 나라와 권력을 높이 쌓아 올린 정치가는 그들에게 '위대하다'고 불립니다 : — 우리처럼 좀더 신중하고 소심한 사람들이 잠시 동안 행위나 사물에 위대함을 부여하는 것은 오직 위대한 사상뿐이라는 낡은 신념을 아직 버리지 않는다고 해서 무슨 문제가 있단 말입니까. 만일 어떤 정치가가 큰 정치를 하기에는 소질도 없고 준비도 되어 있지 않은 국민들을 몰아 '큰 정치'를 이후로도 수행해야 하는 상황으로 몰고 가며, 그 결과 국민이 어떤 새롭고 의심쩍은 평범성을 좋아하게 되어 그들의 오래되고 확실한 미덕을 희생시켜야 할 필요가 있다고 가정해봅시다. — 만일 어떤 정치가가 자신의 국민을 전반적으로 '정치화' 한다고 선언했지만, 반면 국민들은 지금까지 더 훌륭한 행위도 하고 생각도 했으며, 그들의 영혼 밑바닥에서는 실제로 정치화된 국민들이 품고 있는 불안, 공허감, 소란스런 싸움에 대한 신중한 혐오감에서 벗어날 수 없다고 가정해봅시다 : — 만일 그러한 정치가가 자기 국민의 잠자고 있는 열정과 욕망을 자극해 지금까지 소심함이나 방관을 애호해온 것을 결점으로 여기고 그 국민의 외국 숭배나 은밀한 무한성을 허물로 간주하며 그 국민의 가장 심중에서 우러나오는 경향의 가치를 절하하며 그들의 양심을 뒤집고 그들의 정신을 협소하게 만들고 그들의 취향을 '민족적'으로 만든다고 가정해봅시다. — 그럼 어떠한가! 이 모든 것을 행하는 정치가, 만일 그 국민에게도 미래가 있다면, 그 국민이 미래 전체에 걸쳐 속죄해야 하는 정치가, 그러한 정치가는 위대하지 않은가?" 다른 늙은 애국자가 그에게 격렬하게 대답한다 : "의심할 여지가 없습니다! 그렇지 않았다면 그는 그런 일을 할 수 없었을 것입니다! 그런 일을 의도하는 것이 아마 미친 일이었을까요? 그러나 아마 위대한 것은 모두 처음에는 미친 짓이었을 것입니다!" — 그의 대화 상대자는 이에 대해 외쳤다 : "말을 잘못 사용하고 있소! — 강하지! 강해! 강해서 미쳤지! 그러나 위대하지는 않았소!" — 이렇게 자신들의 진리를 보며 외치고 있었을 때 이 노인들은 분명 흥분하고 있었다. 그러나 다행히도 나는 멀리 떨어져 마침내 어떻게 강한 자를 더욱 강한 자가 지배하게 될 것인지, 그리고 또 한 국민의 정신적 천박화에 어떤 보상이 있는지, 즉 그것은 다른 국민이 심화(深化) 됨으로써 이루어진다는 것을 생각하고 있었다. ―

242.

오늘날 유럽인의 특징으로 구하게 되는 것을 이제 '문명', '인간화' 또는 '진보'라고 불러보자. 칭찬하거나 비난하지 말고 정치적 문구를 빌려 이를 간단하게 유럽의 **민주화** 운동이라고 말해보자 : 그러한 문구로 표시되는 모든 도덕적·정치적 전경의 배후에는 점점 더 도도히 흐르려는 어떤 거대한 **생리학적** 과정이 진행되고 있다. ― 이는 유럽인들이 닮아가는 과정이며, 풍토적으로나 신분상으로 제약된 인종을 발생시키는 여러 조건들에서 유럽인이 점차 해방되는 과정이며, 그들이 수세기 동안 동일한 요구를 심신에 새겨 넣고 싶어했던 모든 특정 환경에서 점차 독립해간다는 것이다. ― 그러므로 생리학적으로 말해, 최대의 적응술과 적응력이 전형적인 특징인 본질적으로 초국가적이고 유목민(노마드)적인 종류의 인간이 서서히 나타나고 있는 것이다. **생성되어가는 유럽인**이라는 이 과정은 커다란 반동이 있어 속도가 지체될 수도 있지만, 아마 바로 이 때문에 격렬함과 깊이를 얻게 되고 이러한 것들은 증대 발전하게 될 것이다 ― 지금도 여전히 미쳐 날뛰고 있는 '민족 감정'의 질풍노도도, 이와 마찬가지로 이제 막 나타나고 있는 무정부주의도 여기에 속한다 : 이 과정은 아마도 '현대적 이념'의 사도인 소박한 후원자나 찬양자가 조금도 예상하지 못한 결과를 초래하게 될 것이다. 대체로 인간이 평준화되고 평범화되는 — 유용하고 근면하며 다양하게 써먹을 수 있는 재주 있는 무리 동물적 인간이 형성되는 — 조건과 같은 새로운 조건들은 가장 위험하고 매력적인 성질을 지닌 예외적 인간을 발생시키는 데 대단히 적합하다. 즉 끊임없이 변화하는 조건들을 하나하나 점검하며 각 세대마다 거의 매 십 년마다 새로운 일을 시작하는 적응력은 **강력한** 인간 유형을 전혀 만들지 못하게 한다. 그러한 미래의 유럽인에 관한 전체 인상이란 아마 그날그날의 빵이 필요하듯 주인과 명령하는 자가 **필요하며**, 여러 모로 수다스럽고 의지가 박약한 극히 재주 있는 노동자에 관한 인상이 될 것이다. 이와 같이 유럽의 민주화는 가장 미묘한 의미에서 **노예 근성을 준비하는** 인간 유형을 산출하는 데 이르게 된다. 이에 대해 개별적이고 예외적인 경우 **강한** 인간은 그의 교육이 편견 없이 이루어지고 엄청나게 다양한 훈련, 기술, 가면이 있었기 때문에, 그가 아마 지금까지 이르렀던 것보다 더 강하고 풍부해지지 않을 수 없을 것이다. 나는 다음과 같이 말하고 싶었다 : 농시에 유럽의 민수화는 본의 아니게 **전제적 지배자를** — 이 용어를 모든 의미에서, 또한 가장 정신적인 의미에서 이해한다면 — 길러내는 것을 준비하는 것이 된다.

243.

나는 우리의 태양이 헤라클레스 성좌를 향해 급히 움직이고 있다는 말을 듣고 만족한다 : 나는 이 지구상의 인간도 이 점에서 태양과 같이 했으면 하고 바란다. 그러면 우리는 선두에 설 것이다, 우리 선한 유럽인들이여!—

244.

습관적으로 독일인을 '심오하다'는 특징으로 말하던 시대가 있었다 : 새로운 독일 정신의 가장 성공한 인간 유형이 완전히 다른 명예를 탐하며, 깊이가 있는 모든 것에는 아마도 '예리함'이 없을 거라고 깨닫는 오늘날, 과거에는 저러한 찬사로 속임을 당하지 않았던가, 독일적 깊이란 근본적으로 다른 그 무엇이며, 더 나쁜 것 — 다행스럽게도 성공적으로 그것을 막 벗어나기 시작한 무엇 — 이 아닌가 하는 의혹이 거의 시류에 맞고 애국적인 것이 되고 있다. 우리는 독일적 깊이를 다시 배우는 시도를 해보자 : 그러기 위해서는 독일 영혼을 약간 해부해보는 일만 필요할 뿐이다. — 독일 영혼은 무엇보다도 다양하며 여러 가지의 기원을 가지고 있고, 실제로 세워진 것이라기보다는 오히려 혼합되어 있고 서로 중첩되어 있다 : 이것은 그 영혼의 유래에 근거한다. "아! 나의 가슴에는 두 개의 영혼이 살고 있다"[18]고 대담하게 주장하고자 하는 독일인은 진리를 대단히 잘못 이해하고 있는 것이 되며, 더 정확히 말하자면, 많은 영혼에 관한 진리에까지 이르지 못하고 있는 것이 된다. 가장 엄청난 규모로 인종이 혼합되고 접촉이 이루어진 민족으로, 게다가 아리안 족 이전의 요소가 우세할 것인 민족으로, 어떻게 이해해도 '중간의 민족'으로서 독일인은 다른 어떤 민족보다 훨씬 이해할 수 없고 광대하며 모순에 차 있고 알려지지 않았으며 헤아릴 수 없고 놀랍고 심지어 무섭기조차 하다. — 그들은 정의(定義)를 살그머니 빠져나가 버리며, 이것만으로도 이미 프랑스인을 절망하게 한다. 독일인을 특징짓고 있는 것이란, 그들에게서 "무엇이 독일적인가?"라는 물음이 결코 없어지는 일이 없다는 것이다. 코체부Kotzebue[42]는 분명 당시의 독일인들을 잘 알고 있었다 : "우리는 인식되었다"라고 독일인들은 그를 향해 환호했다. — 그러나 잔트Sand 또한 독일인을 알고 있다고 믿었다. 장 파울Jean Paul[43]은 피히테Fichte의 거짓되지만 애국적인 아첨과 과장에 분격하며 자신의 입장을 표명했을 때, 자신이 무슨 일을 했는지 알고 있었다. — 그러나 괴테는, 피히테에 관해서는 장 파울이 옳다고 인정하긴 했어도, 독일인에 관해서는 아마도 장 파울과는 달리 생각했던 것 같다. 도대체 괴테는 독일인에 대해 어떤 생각을 했던 것일까? — 그러나 그는 자기 주변에서 일어난 많은 일에 관해 결코 명료하게 말한 적이 없으며 평생 미묘한 침묵을 지켜왔다 : — 아마도 그는 그럴 만한 충분한 이유를 가지고 있었을 것이다. 괴테로 하여금 좀더 즐거운 마음으로 쳐다보게 만든 것, 그것은 '자유전쟁'도 아니었고 프랑스 혁명도 아니었다는 것은 확실하다 — 그가 그 때문에 자신의 파우스트, 아니 '인간'이라는 전체적인 문제를 다시 생각하도록 한 사건은 나폴레옹의 출현이었다. 괴테의 말 가운데는 그가 마치 외국 태생인 것처럼 독일인들이 스스로 자랑스럽게 여긴 것에 대해 성급하게 준열히 혹평하는 것이 있다 : 이 유명한 독일의 정서를 그는 언젠가 '타인과 자기 자신의 약점을 관용하는 것'[19]으로 정의를 내린 적이 있다. 그가 이렇게 말한 것이 옳지 않은 것인가? — 독일인의 특징은 그들에 관해 무엇이라고 말하든 그것이 완전히 그릇된 일이란 거의 없다는 것이다. 독일의 영혼은 여러 가지 통로와 샛길들을 자기 안에 가지고 있으며, 그 안에는 동굴들과 은식처와 성(城)의 지하감옥이 있다. 그 무질서는 신비스러운 것의 매력을 풍부하게 지니고 있다. 독일인은 혼돈에 이르는 샛길을 잘 알고 있다. 모든 사물이 자신의 비유를 사랑하듯이, 독일인은 구름을 사랑하고, 불명료하고 생성하고 있으며 어슴푸레하고 축축하고 가려 있는 모든 것을 사랑한다 : 즉 모든 종류의 불확실한 것, 형태가 갖추어지지 않은 것, 위치가 바뀌는 것, 성장하는 것을 독일인은 '깊다'고 느낀다. 독일인 자체란 **존재하지 않는다**. 그는 **생성 중이며**, '발전해간다.' 따라서 '발전'은 철학 형식이라는 거대한 왕국에서의 진정한 독일적 발견이요, 성공작이었던 것이다 : — 이 주도적인 개념이야말로 독일 맥주와 독일 음악과 결탁하여 전 유럽을 독일화하는 작업을 하고 있는 것이다. 외국인들은 독일 영혼의 밑바닥에 있는 모순의 본성(이를 헤겔은 체계화하고, 마지막으로 리하르트 바그너는 다시 음악으로 작곡했다)이 그들에게 내어주는 수수께끼 앞에서 경악하면서도 매혹되고 있다. '선량함과 사악함' — 그러한 것을 병존시킨다는 것은 모든 다른 민족과 연관해서는 모순적이지만, 유감스럽게도 독일에서는 너무나 자주 정당화된다 : 잠시 동안만 슈바벤 사람들 사이에서 생활해보라! 독일 학자의 둔중함과 사교적 무미건조함은 놀랍게도 모든 신도 이미 무서워할 만큼 내면적인 줄타기와 경쾌한 대담함과 조화를 잘 이룬다. 만일 '독일 정신'을 눈앞에서 입증하고자 한다면, 단지 독일적 취미나 독일 예술과 풍습을 들여다보기만 하면 된다 : 거기에는 얼마나 '취미'에 대한 촌스러운 무관심이 있단 말인가! 그곳에는 가장 고상한 것과 가장 천박한 것이 얼마나 공존하고 있는가! 이 영혼의 가계 운영 전체는 얼마나 무질서하면서도 풍부한 것인가! 독일인은 자신의 영혼을 **질질 끌고 간다**. 그는 자신이 체험하는 것을 모두 질질 끌고 간다. 그는 자기에게서 일어난 일들을 잘 소화시키지 못하고, 그것을 잘 '처리'하지 못한다. 독일적 깊이는 때로는 '소화'하기 힘들어 머뭇거리는 것에 불과하다. 지병이 있는 모든 사람, 모든 소화불량 환자들에게는 편안하고자 하는 성향이 있는 것처럼, 독일인은 '솔직함'과 '우직함'을 사랑한다 : 솔직하고 우직하다는 것이 얼마나 **편안한가**! — 독일적 **성실함**이 갖고 있는 이 신뢰할 수 있고 친절하고 마음을 털어놓을 수 있는 것, 이것이야말로 아마 오늘날 독일인이 알고 있는 가장 위험하고 가장 행복한 가장(假裝)일 것이다 : 이것은 독일의 참된 메피스토펠레스적 기교이며 이것으로 그는 '한층 더 성공'할 수도 있는 것이다![20] 독일인은 사태가 진행되는 대로 내버려두고 더욱이 성실하고 푸르고 공허한 독일적 눈으로 바라본다. — 그래서 즉시 외국인은 그를 그의 잠옷으로 혼동하게 된다! — 내가 말하고자 하는 바는 이렇다 : 독일적 깊이가 원하는 것이 그 무엇이든 — 완전히 우리끼리 얘기지만, 아마 그것에 대해 웃어버려도 되지 않을까? — , 우리는 그 외관과 명성을 앞으로도 존중하고, 깊이 있는 민족이라는 스스로의 오래된 평판을 너무 값싸게 프로이센의 '단호함'과 베를린 사람들의 기지나 모래[44]와 바꾸지 않는 것이 좋겠다. 깊이가 있다든지 서툴다든지 선량하다든지 성실하다든지 영리하지 못하다든지라고 여기게 만들고, 그렇게 여기게끔 **내버려두는** 것은 한 민족에게는 현명한 일이다 : 더구나 이것은 깊이가 있다고 할 수 있을 것이다! 결국 사람들은 자신의 이름을 존중해야만 한다. — 우리가 '독일tiusche' 민족, 기만하는Täusche 민족이라고 불리는 것도 근거가 없는 것은 아니다……

245.

'좋았던 옛' 시절은 지나갔다. 그 시절은 모차르트에 의해 다 노래로 불리었다 : — 그의 로코코풍은 아직도 우리에게 말을 걸어오고, 그의 '훌륭한 사교'와 그의 부드러운 열광이, 중국적인 것이나 당초무늬 장식에 대한 그의 어린아이 같은 즐거움이, 그의 마음에서 우러나오는 정중함이, 우아한 것, 사랑스러운 것, 춤추는 것, 눈물 어릴 정도의 황홀한 것을 향한 그의 갈망이, 남국적인 것에 대한 그의 믿음이 우리 안에 남아 있는 무엇에 아직은 호소할 수 있다는 것이 우리에게는 얼마나 행운인가! 아, 언젠가는 이러한 것도 사라지게 되리라! — 그러나 베토벤에 대한 이해와 감상이 더 빨리 사라지게 되리라는 것을 누가 의심할 수 있겠는가! 그는 실로 양식의 변화와 양식 파손의 여운에 지나지 않았으며, 모차르트처럼 수세기에 걸친 위대한 유럽적 취미의 여운은 아니었다. 베토벤은 끊임없이 부서지는 흐늘흐늘해진 옛 영혼과 끊임없이 다가오는 미래의 너무 젊은 영혼 사이의 중간 사건이었다. 그의 음악에는 영원히 상실해가는 것과 영원히 무절제한 희망 사이의 희미한 빛이 비추고 있다. — 루소와 더불어 꿈꾸고 혁명이라는 자유의 나무 주위에서 춤추고 마침내 나폴레옹을 거의 떠받들다시피 되었을 때, 유럽을 흠뻑 적셨던 빛이 이와 똑같았다. 그러나 이제 바로 이러한 감정은 얼마나 빨리 퇴색되어가고, 오늘날 이러한 감정에 대해 아는 것마저 이미 얼마나 어렵게 되었는가, — 저 루소, 실러F. Schiller,[45] 셸리Shelley,[46] 바이런Byron[47]의 언어가 우리의 귀에는 얼마나 생소하게 들리는가, 베토벤에게서 노래를 부를 수 있었던 유럽의 똑같은 운명이 이들 모두에게서 함께 언어의 길을 찾아냈던 것이다! — 그 후 독일 음악에서 나타난 것은 낭만주의에 속한다. 즉 역사적으로 생각해볼 때, 저 위대한 간주곡보다도, 말하자면 루소에서 나폴레옹에 이르는, 그리고 민주주의의 출현에 이르는 저 유럽의 과도기보다도 더 짧고 일시적이며 천박한 운동에 속한다. 그러나 오늘날 **우리에게** 베버Weber[48]의 〈마탄의 사수Freischütz〉나 〈오베론Oberon〉이 무엇이란 말인가! 마르슈너Marschner[49]의 〈한스 하일링Hans Heiling〉이나 〈흡혈귀Vampyr〉란 무엇이란 말인가! 또는 바그너의 〈탄호이저Tannhäuser〉마저 무엇이란 말인가! 이것은 아직까지는 잊혀진 음악은 아닐지라도 사라져가는 음악이다. 이러한 낭만주의 음악 전체는 게다가 충분히 고상하지도 않고 음악답지도 못했기 때문에 극장 안에서나 대중 앞에서가 아니면 그 어떤 곳에서도 인정받지 못했다 ; 이 음악은 처음부터 진정한 음악가 사이에서는 거의 고려되지 않았던 이류의 음악이었다. 저 평온한 대가 펠릭스 멘델스존Felix Mendelssohn[50]은 달랐다. 그는 좀더 경쾌하고 순수하고 행복한 영혼 덕분에 일찌감치 존경받았고, 이와 마찬가지로 독일 음악의 아름다운 **우발적인 사건**으로 잊혀지게 되는 것도 빨랐다. 그러나 심각하게 생각하고, 또 처음부터 심각하게 생각하게 되었던 슈만Robert Schumann[51]의 경우 — 그는 하나의 유파를 세운 마지막 인물이었는데 — , 바로 이러한 슈만의 낭만주의가 극복되었다는 것은 오늘날 우리에게는 행운, 안도, 해방이 아닌가? 영혼이 '작지쉐 슈바이츠'[52]로 도피해, 반쯤은 베르테르적인, 반쯤은 장 파울적인 천성을 가진 슈만은 확실히 베토벤적이지는 않았다! 확실히 바이런적이지도 않았다! — 그의 만프레트적 음악은 부당할 정도로 실패이며 오해이다. — 슈만은 근본적으로 **작은 취향**(즉 고요한 서정과 감정 도취에 이르고자 하는 위험한, 독일인에게는 이중으로 위험한 경향)을 가지고 언제나 옆에 물러서거나 수줍어 머뭇거리거나 움츠리고 있었으며, 오직 무명의 행복과 슬픔에 탐닉했던 고상한 응석받이였으며 일종의 소녀였고 처음부터 내게 손대지 말라는 식[21]이었다 : 이러한 슈만은 이미 음악에서의 **독일적인 사건**일 뿐이지, 베토벤이 그랬듯이, 더 폭넓은 규모로 모차르트가 그랬듯이, 더 이상 유럽적인 사건은 아니었다. ― 그와 더불어 독일 음악은 **유럽 영혼을 위한 목소리**를 상실하고 단순한 조국애로 전락하는 최대의 위험에 처해 있었다. ―

246.

제3의 귀를 가진 사람에게 독일어로 씌어진 책들은 얼마나 고문인가! 그는 얼마나 불쾌한 마음으로 독일인들이 '책'이라 부르는 소리 없는 음향의, 춤 없는 리듬의 느리게 굽이치는 늪 언저리에 서 있게 될 것인가! 게다가 책을 **읽는** 독일인이란 어떤가! 그는 얼마나 굼뜨게 얼마나 마지못해 얼마나 서투르게 읽고 있는가! 좋은 문장에는 모두 **기교** ― 문장이 이해되기를 바라는 한, 미루어 헤아리기를 바라는 기교 ― 가 숨어 있음을 얼마나 많은 독일인이 알고 있으며 또 스스로 알려고 할까! 예를 들어 문장의 템포에 대해 오해가 있다고 하자. 그러면 문장 자체를 오해하고 있는 것이다! 음률로 볼 때 중요한 음절을 의심해서는 안 된다는 것, 너무 엄격한 대칭의 파기를 원하고 매력으로 느끼는 것, 온갖 스타카토(staccato, 짧게 끊어)나 루바토(rubato, 자유로운 속도로)에 섬세하고 참을성 있게 귀를 기울이는 것, 모음이나 복모음의 배열 속에서 의미를 헤아리고 그 모음들이 계속되는 동안 얼마나 부드럽고 풍부하게 채색되고 변색될 수 있는지 헤아리는 것 : 책을 읽는 독일인들 가운데 그와 같은 의무와 요구를 인정하고, 언어에 숨어 있는 그렇게 많은 기교와 의도에 귀 기울일 만큼 충분히 호의적인 사람이 누가 있겠는가? 결국 사람들에게는 "그것을 들을 만한 귀가 없다" : 따라서 문체의 가장 강한 대조는 들리지 않게 되고, 가장 정교한 예술가적 기질도 마치 귀머거리에게 들려주듯 낭비된다. ─ 이것들은 산문 예술의 두 거장이 얼마나 졸렬하고 무지하게 서로 뒤바뀌는가를 알아차렸을 때 내가 생각한 것이었다. 그 중 한 사람의 경우에는 축축한 동굴의 천장에서처럼 말이 주춤대며 차갑게 뚝뚝 떨어지고 있다. ─ 그는 그 둔중한 음향과 반향을 고려하고 있다. ─ 그리고 또 다른 한 사람은 자신의 언어를 휘어지는 검처럼 다루면서 찌르고 쉿 소리를 내며 자르려는 너무 예리하게 진동하는 칼날의 위험한 행복을 팔에서 발끝까지 느끼고 있다. ─

247.

독일어 문체가 얼마나 음향이나 귀와 별로 관계가 없는지는 바로 우리의 훌륭한 음악가들이 서투른 문장을 쓴다는 사실에서 나타난다. 독일인은 소리 내어 읽지 않고 귀에 들리게 읽지 않고 다만 눈으로 읽을 뿐이다 : 그는 글을 읽을 때 자신의 귀를 서랍 속에 처박아둔다. 고대인은 읽을 때 ─ 이것은 매우 드문 일이지만 ─ 자기 자신에게 실로 큰 소리로 읽어주었다. 어떤 사람이 나지막한 소리로 읽으면 의아해하며 은밀하게 그 이유를 물었다 : 큰 소리로 읽는다는

것은 음성의 모든 팽창, 굴절, 전환과 템포의 변화를 가지고 읽는다
는 것을 말하며, 고대의 **공적인** 세계에서는 이러한 것들을 즐거워했
다. 그 당시에 문장체의 법칙은 구어체의 법칙과 똑같았다. 그리고
이러한 법칙은 어느 부분에서는 귀와 후두(喉頭)가 놀라울 정도로
훈련되고 세련되게 요구하는 데서 나온 것이었고, 다른 부분에서는
고대인의 폐부의 강함, 지속과 힘에서 나온 것이었다. 고대인이 말
하는 의미의 완전한 문장이란 단숨에 축약되는 한, 무엇보다도 하나
의 생리적 전체이다. 그러한 완전한 문장이란 데모스테네스Demo-
sthenes[53]나 키케로Cicero[54]에게서 나타나듯이, 두 번 오르는 억양
과 두 번 내리는 음조를 포함하면서, 모든 것이 한 호흡 속에 있다 :
이것은 **고대** 인간들에게는 즐거움이었는데, 그들은 그것에 대한 미
덕을, 즉 그러한 완전한 문장으로 연설할 때의 비범함과 어려움을
스스로 훈련함으로써 평가할 줄 알았다 : — 어떤 의미에서 짧게
숨을 쉬고 있는 우리, 우리 현대인에게는 **위대한 완전문을 사용할**
권리가 없다! 이러한 고대인들은 모두 대화를 할 때는 학문 애호가
이기도 하며 따라서 전문가이며 비평가였다. — 이렇게 해서 그들은
그들의 연설가를 최고의 경지로 끌어올렸다 ; 그것은 마치 이전 세
기에서 이탈리아의 남녀 모두 노래부를 줄 알았고, 그들에게서 성악
의 대가적 재능이 (그와 더불어 또한 선율의 기법이 —) 절정에 이
르렀던 것과 같다. 그러나 독일에서는 (아주 최근에 이르러서야 일
종의 연단 위의 웅변이 수줍고도 서툴게 그 젊은 날개를 파닥이며
움직일 정도로) 원래 공개적이고 **대략** 예술적인 것 같은 연설의 장
르가 있었을 뿐이었다 : 이것은 설교 단상에서 행해진 것이다. 독일
에서는 오직 설교자만이 음절과 단어가 얼마나 무게를 지니고 있고,

문장이 어느 정도까지 맥박을 치고 뛰어가고 넘어지며 달리고, 멈추는지 알고 있었다. 오직 그만이 자신의 귀에 양심과 때로는 양심의 가책을 지니고 있었다 : 왜냐하면 여러 이유에서 바로 독일인들에게는 담화 능력이 부족하고, 거의 언제나 너무 늦게 이 능력에 이르게 되는 것도 까닭이 있기 때문이다. 따라서 독일 산문의 걸작은 당연히 가장 위대한 그 설교자에 의해 이루어진 걸작이다 : **성경**은 지금까지 가장 훌륭한 독일 서적이었다. 루터M. Luther의 성경에 비하면 거의 모든 다른 책은 단지 '문헌'에 불과하다. ― 그것은 독일에서 성장한 것이 아니고, 그래서 성서가 그랬던 것처럼, 독일인의 마음속에 뿌리를 내려 성장했던 것도 아니고 성장하고 있는 것도 아니다.

248.

천재에는 두 가지 종류가 있다 : 그 중 하나는 무엇보다도 낳게 하고 낳게 만들기를 원하며, 다른 하나는 기꺼이 수태되고 출산하는 것을 좋아한다. 이와 마찬가지로 천재적인 민족 가운데는 임신이라는 여성의 문제나 형성, 성숙, 완성이라는 은밀한 임무가 주어진 민족이 있다. ― 예를 들어 그리스인들은 이러한 종류의 민족이며, 프랑스인들도 이와 마찬가지다 ― ; 그런데 수태시켜야만 하고 새로운 생명 질서의 원인이 되는 다른 민족도 있다 ― 유대인이나 로마인, 그리고 아주 겸손하게 묻는다면, 독일인들도 비슷하지 않을까? ― 이러한 민족은 알 수 없는 열병으로 고통스러워하고 황홀해 하면서 어쩔 수 없이 내심의 충동에 쫓기면서 연모에 사로잡혀, 다른 낯선 종족('스스로 수태되게 하는' 그러한 종족)을 탐내는데, 그러나 이때 스스로 생산력이 넘치고 있음을, 따라서 '신의 은총으로'라는 것을 알고 있는 모든 사람처럼 지배욕에 차 있다. 이러한 두 가지 종류의 천재들은 남성과 여성처럼 서로를 구하고 있다 ; 그러나 그들은 또한 남성과 여성처럼 ― 서로 오해한다.

249.

어떤 민족도 고유의 위선을 가지고 있으며, 심지어 이것을 자신의 미덕이라고 부른다. ― 사람들은 자신의 최선의 것을 알지 못하며 ― 알 수도 없다.

250.

유럽은 유대인에게 어떤 덕을 보고 있는가? ― 여러 가지로 좋은 것도 있고 나쁜 것도 있지만, 무엇보다도 최선의 것이자 동시에 최악의 덕이 하나 있다 : 즉 도덕에서의 위대한 스타일, 무한한 요구와 무한한 의미가 주는 두려움과 장엄함, 도덕적으로 의심스러운 것이 갖는 모든 낭만성과 숭고함이 그것이다. ― 따라서 이것은 바로 삶을 향한 색채 변화 놀이와 유혹의 가장 매력적이고 위험하며 정선된 부분이다. 그것들의 남은 미광(微光)을 받아 오늘날 우리 유럽 문화의 하늘이, 그 저녁 하늘이 타오르고 ― 아마 불타 없어지려는 것 같다. 구경꾼과 철학자 사이에 있는 우리 예술가들은 이 점에서 유대인에게 감사한다.

251.

민족적 신경통이나 정치적 야심으로 괴로워하거나 괴로워하려는 민족에게는 여러 가지 구름이나 장애가, 간단히 말해 우둔화의 작은 발작이 그 정신 위를 스치고 지나가는 일이 있어도, 이를 감내해야만 한다. 예를 들어 오늘날의 독일인에게는 때로는 반(反)프랑스적인 어리석음이, 때로는 반유대적인, 때로는 반폴란드적인, 때로는 그리스도교적이고 낭만주의적인, 때로는 바그너주의적인, 때로는 튜튼적인 때로는 프러시아적인 어리석음이 있다(지벨Sybel[55])이나 트라이치케Treitzschke[56]) 같은 이러한 가련한 역사가와 붕대가 두껍게 감긴 그들의 머리를 보라 —). 그들 모두 어떻게 불리든, 독일 정신과 양심을 흐리게 하는 이러한 작은 마비가 있다. 용서해주길 바라며 말하겠는데, 나 또한 매우 전염성이 있는 지역에 용기를 무릅쓰고 짧게 머물고 있었을 때, 완전히 그 병에 걸리지 않았다고는 말할 수 없고, 세상 사람 모두와 마찬가지로 나와 무관한 일에 대해 이미 근심하기 시작했는데, 이것이야말로 정치적 전염의 첫 증후였다. 예를 들어 유대인에 대한 일인데, 좀 들어보라. — 나는 유대인을 호의적으로 평가하는 독일인을 아직까지 만난 적이 없다. 본래의 반(反)유대주의는 신중한 모든 사람이나 정치가들의 입장에서 무조건 거부될 수도 있지만, 그러나 이러한 조심이나 정치 또한 그러한 종류의 감정 자체에 대한 것이 아니라 단지 그 감정의 위험한 무절제, 특히 이 무절제한 감정이 멍청하고 비열하게 표현되는 것에 대한 것이다. — 이 점을 잘못 생각해서는 안 된다. 독일에는 **충분히** 많은 유대인들이 있으며, 또 독일인의 위(胃)와 독일인의 피는 이 정도의 '유대인'들을 소화시키는 데 어려움이 있다 (여전히 오랫동안 어려울 것이다). — 이탈리아인이나 프랑스인, 영국인이 좀더 강력한 소화력으로 소화시켰던 것처럼 소화시키지는 못할 것이다 — : 이것은 독일인의 일반적 본능이 명백하게 표현하고 말하는 것인데, 독일인은 이 본능에 귀 기울이고 이 본능에 따라 행동하지 않으면 안 된다. "더 이상 새로운 유대인을 들어오지 못하게 하라! 그리고 특히 동쪽으로 향하는 (또한 오스트리아로 향하는) 문을 닫아라"라고 어떤 민족의 본능이 명령하는 것은, 그 민족의 성질이 아직 유약하고 불확실하기 때문이며, 그 때문에 그 성질이 쉽게 지워지고 더 강한 종족에 의해 쉽게 소멸될 수도 있기 때문이다. 그러나 유대인은 의심할 여지 없이 현재 유럽에서 살고 있는 가장 강하고 강인하고 순수한 종족이다. 그들은 사람들이 오늘날 즐겨 악덕이라고 낙인찍고 싶어하는 그 어떤 덕목에 의해 여전히 최악의 조건 아래서도 (오히려 유리한 조건 아래서보다도 더 잘) 스스로를 관철시키는 방법을 알고 있다. — 무엇보다 '현대적 이념' 앞에서도 부끄러워할 필요가 없는 확고한 신념 덕분에 말이다. 그들도 변해야 할 **때는** 변하는데, 마치 러시아 제국이 — 여유를 가지고 있으며, 어제 이루어진 것이 아닌 나라로 — 즉 '가능하면 천천히!'라는 원칙에 따라 침략한 것처럼, 항상 그와 같이한다. 유럽의 미래에 대해 양심이 있는 사상가라면, 이 유럽의 미래에 대해 스스로 만들고 있는 모든 계획에서, 열강들의 거대한 각축과 투쟁 속에서 맨 먼저 가장 확실하고 개연성 있는 요인들로, 러시아인들과 마찬가지로 유대인들을 고려하게 될 것이다. 오늘날 유럽에서 '민족'이라 불리는 것, 그리고 본래 태어난 것이라기보다는 오히려 만들어진 것(때로는 꾸며내고 그려진 것과 혼동할 만큼 유사해 보이는 것)은 어떤 경우에도 생성되어가는 것

이며, 생긴 지 얼마 되지 않은 것이며 쉽게 변화할 수 있는 것이지
아직은 종족이 아니며, 하물며 유대 인종처럼 청동보다 더 오래 견
디는 것이 아니다 : 그러나 이러한 '민족들'은 온갖 성급한 경쟁심이
나 적대감을 품지 않도록 신중하게 주의를 기울여야만 한다! 만일
유대인들이 그러한 마음을 품고자 한다면 — 또는 반(反)유대주의
자들이 그러한 마음을 품고자 하는 것처럼 보이듯이, 그들을 강제로
그렇게 하도록 시킨다면 — , 유대인들이 지금 당장이라도 유럽에
대해 우위를 차지하고, 문자 그대로 유럽에 대한 지배권을 가질 수
있을 것이라는 사실은 확실하다. 또한 그들이 그러한 일을 꾀하거나
계획을 세우고 있지 않다는 사실도 확실하다. 우선 그들은 당분간은
심지어 약간은 집요할 정도로 유럽 속으로, 유럽에 동화되고 흡수되
고자 하고 그것을 원한다. 그들은 마침내 어떤 곳에 정착하고 용납되
고 존중되기를 그리고 '영원한 유대인'이라는 유목 생활에 하나의 목
적을 세우기를 갈망한다 —. 우리는 이러한 특성과 충동(이것은 아
마도 스스로 이미 유대인의 본능이 약해졌음을 표현하는 것일지도
모른다)을 유의해서 잘 살펴 그것을 호의적으로 받아들여야 할 것이
다. 그러기 위해서는 이 나라의 반유대주의 선동가들을 추방하는 것
이 아마 유익하고 정당할 것이다. 이것은 대략 영국 귀족이 그렇게
했듯이, 아주 신중하게 선택해서 받아들여야 할 것이다. 분명한 사실
은 예를 들어 마르크 브란덴부르크 지역의 귀족 장교처럼 좀더 강력
하고 이미 확실하게 틀이 잡힌 새로운 독일적 유형의 사람들은 결국
주저하지 않고 그들과 교류할 수 있을 것이다 : 명령과 복종이라는
유전적 기술에 — 이 두 가지 점에서 위에 언급된 지방은 오늘날 고
전적이다 — 금전과 인내의 천재성이 (그리고 특히 위에 언급된 지

역에서는 유난히 결여된 정신과 정신성이) 덧붙여지고, 부가적으로 육성되게 할 수 없을지를 살펴보는 일은 여러 가지로 흥미로울 것이다. 그러나 여기에서는 내 경쾌한 독일주의와 축사를 멈추는 것이 적당하리라 : 왜냐하면 나는 이미 내 진의(眞意)에, 내가 이해하고 있는 '유럽의 문제'에, 유럽을 다스릴 어떤 새로운 계층을 육성하는 데 손을 대고 있기 때문이다. ―

252.

영국인들이란 ― 철학적 종족이 아니다 : 베이컨F. Bacon은 철학적 정신 일반에 대한 **공격**을 의미하며, 홉스Th. Hobbes, 흄D. Hume, 로크J. Locke는 한 세기 이상이나 '철학자'라는 개념의 품위를 떨어뜨리고 가치를 약화시킨 것을 의미한다. 칸트는 흄에 **반항하**여 일어나 스스로 높아졌다. 로크는 셸링이 "나는 로크를 경멸한다"고 말할 수 있었던 사람이었다. 영국의 기계론적 세계의 우매화와 투쟁하는 가운데 헤겔과 쇼펜하우어는 (괴테와 더불어) 한마음이 되었고, 철학에서 이 두 적대적인 천재 형제들은 서로 독일 정신의 대립적인 양극을 추구했고, 오직 형제들만이 서로 잘못하듯이, 이때 서로 잘못했던 것이다. ― 영국에 결여되어 있고 언제나 결여되어 있었던 것을 저 반 정도는 배우이자 충분히 훌륭한 수사가이며 멍청하며 정신이 혼란한 사람 칼라일Carlyle[57]은 알고 있었다. 칼라일은 자기 자신에 대해 알고 있었던 것, 즉 자신에게 **결여되어** 있었던 것을, ― 정신의 본래적 힘과 정신적 통찰의 본래적 깊이를, 간단히 말해 철학을 ― 정열적인 찌푸린 얼굴 아래 숨기고자 했다. ― 굳게 기독교에 매달린다는 것은 이러한 비철학적 민족의 특징이다. 그들에게는 '도덕화'하고 인간화하기 위한 기독교적 훈육이 **필요하다**. 독일인보다 더 음울하고 관능적이며 의지가 강하고 잔인한 영국인은 ─ 바로 그렇기 때문에 두 민족 가운데 더 저속하고, 또한 독일인보다 더 경건하다 : 영국인에게는 여전히 기독교가 **더욱 필요하다**. 좀더 예민한 콧구멍을 가진 사람이라면 이러한 영국의 기독교 자체에도 변덕과 술로 인한 방탕이라는 실로 영국적인 냄새가 따라다니는 것을 느끼는데, 기독교를 그러한 것에 대한 치유제로 사용하는 데는 충분한 이유가 있다. ─ 즉 조야한 독에는 정교한 독이 사용된다 : 좀더 정교하게 독에 중독된다는 것은 실로 우둔한 민족에게는 이미 진보요, 정신화되기 위한 한 단계이다. 영국인의 우둔함과 농부 같은 진지함은 기독교적인 몸짓 언어이나 기도와 찬송으로 여전히 가장 잘 견딜 수 있게 위장된다. 더 정확히 말하자면, 해석되고 다시 해석된다. 이전에는 감리교의 지배 아래 그리고 요즘에는 다시 '구세군'으로 도딕직으로 두닐낼 줄 아는 서 농불 같은 술뿐과 방탕한 자들에게 실로 참회의 떨림은 스스로 높아질 수 있는 비교적 최고의 '인간애'의 성과일 수 있다 : 이 정도는 정당한 것으로 인정해도 좋을 것이다. 그러나 아직까지도 가장 인도주의적인 영국인들의 감정을 상하게 하는 것, 이것은 비유로 (또한 비유 없이 ─) 말하자면, 음악이 결핍되었다는 것이다 : 영국인은 정신과 몸의 움직임에 박자나 춤이 전혀 없으며, 아직까지 단 한 번도 박자와 춤에 대한, '음악'에 대한 욕구를 가진 적이 없다. 그들이 말하는 것을 들어보자. 가장 아름다운 영국 여성들이 걸어가는 것을 보아라 ─ 지구상의 어느 나라에서도 이보다 더 아름다운 비둘기와 백조는 없다. ─ 마지막으로 그녀들이 노래 부르는 것을 들어보라! 그러나 내가 너무 많은 것을 요구했단 말인가……

253.

평범한 머리를 가진 사람들에게 가장 적합하기 때문에 그들이 가장 잘 인식하는 진리가 있다. 그리고 오직 평범한 정신을 가진 사람들에게만 매력과 유혹의 힘을 가진 진리가 있다 : ─ 존경할 만하지만 평범한 영국인들의 정신이 ─ 내가 말하고자 하는 사람은 다윈Ch. Darwin과 존 스튜어트 밀J. S. Mill, 허버트 스펜서H. Spencer인데 ─ 유럽 취향의 중심부에서 우위를 차지하기 시작한 뒤부터, 오늘날 사람들은 아마도 불쾌할 수 있는 이러한 명제에 부딪히게 된다. 사실 일시적으로 그러한 정신을 가진 사람들이 지배하는 것이 유용함을 누가 의심할 수 있겠는가? 바로 고귀한 천성을 가지고 멀리 떨어져 비상하는 정신을 가진 사람들이 사소하고 비속한 많은 사실을 확인하거나 수집하거나 결론을 내는 일에 특별히 능숙하다고 여기는 것은 잘못일 것이다 : ─ 오히려 그들은 예외자로 처음부터 '일상적인 것'에 유리한 입장이지는 않다. 결국 그들은 단지 인식하는 것 이상의 것을 해야만 한다 ─ 즉 어떤 새로운 **존재**가 되고, 어떤 새로운 것을 **해석**하며 새로운 가치들을 **표현**하지 않으면 안 된다! 아는 것과 할 수 있다는 것 사이의 갈라진 간격은 아마 사람들이 생각하는 것 이상으로 더 크며 또한 더 섬뜩할 것이다 : 대단한 능력을 가진 사람이나 창조하는 사람은 가능한 한 무지한 사람이어야 할 것이다. ─ 반면 다른 한편으로 다윈식의 과학적 발견을 하는

데 어떤 편협함과 건조함, 부지런한 조심성, 간단히 말해, 어떤 영국
적인 것이 불리하게 활용될 수는 없을 것이다. — 마지막으로 우리
는 영국인들이 이미 한번 그들의 깊은 평균성으로 유럽 정신의 총
체적인 침체를 초래했음을 잊어서는 안 된다 : 사람들이 '현대적 이
념', '18세기 이념', 또는 '프랑스의 이념'이라고 부르는 것은 — 즉
그것에 독일 정신이 깊은 혐오감을 지니고 반항했던 것인데 — , 영
국이 그 기원이라는 것은 의심할 여지가 없다. 프랑스인들은 오직 이
러한 이념의 원숭이요 배우일 뿐이며 가장 훌륭한 병사요 동시에 유
감스럽게도 최초의 가장 철저한 희생자이다 : 왜냐하면 '현대적 이
념'이라는 저주스러운 영국 숭배 때문에 결국 프랑스 정신은 빈약해
지고 여위어져서 오늘날 사람들은 그 16세기와 17세기를, 그 깊고
정열적인 힘을, 그 독창적인 고귀함을 거의 불신하면서 떠올리기 때
문이다. 그러나 우리는 역사적 정당성을 지닌 이러한 명제를 이를 악
물고 지켜내고, 그것이 나타나는 순간이나 겉모습에 속지 않도록 지
켜주시 않으면 안 된다 : 유럽석인 고귀한 기품은 — 감정이든 취미
든 풍습이든, 간단히 말해, 모든 고귀한 의미에서 이 말은 — **프랑스**
의 작품이며 발명이며, 유럽의 천박함과 현대적 이념의 천민주의 —
이것은 영국의 작품이며 발명이다.

254.

오늘날에도 여전히 프랑스는 유럽의 가장 정신적이고 세련된 문
화의 중심지이며 취미의 고급 학교이다 : 그러나 우리는 이 '취미의
프랑스'를 찾아내는 법을 알아야만 한다. 이에 속하는 사람은 자기

자신을 곧잘 숨기고 있다 : — 그 안에서 자신을 구현하며 살고 있는 사람은 매우 적을 것이며, 게다가 아마도 가장 강력하게 자립하지 못하는 사람도 있을 것이고, 부분적으로는 숙명론자와 우울한 자, 병자들이, 또 부분적으로는 유약한 인간과 가식적인 인간들, 자신을 숨기려는 **야심**을 가지고 있는 사람들이 있을 수 있으리라. 이들 모두에게 공통되는 점은, 그들이 민주주의 부르주아의 미쳐 날뛰는 어리석음과 시끄러운 말 재담에 귀를 닫고 있다는 것이다. 사실 오늘날 전경에서 우둔해지고 조야해진 프랑스가 이리저리 뒹굴고 있다. — 프랑스는 최근 빅토르 위고V. Hugo의 장례식 때 악취미와 동시에 자기 찬미라는 무절제를 행했던 것이다. 그들에게는 또 다른 공통점이 있는데, 그것은 정신적인 독일화를 방어하려는 좋은 의지이다. — 그리고 그것을 아직은 더 잘 수행할 수 없는 무능력이다! 아마 오늘날 이미 쇼펜하우어는 염세주의의 프랑스이기도 한 이러한 정신의 프랑스에서 독일에서 그랬던 것보다 더 스스럼없고 친숙해졌을 것이다. 이미 오랫동안 파리의 좀더 예민하고 까다로운 서정 시인들의 살이 되고 피가 되어온 하인리히 하이네H. Heine[58]는 말할 것도 없으며, 오늘날 텐H-A. Taine[59]의 — 현존하는 **제일의** 역사가의 — 모습으로 거의 전제적인 영향을 미치고 있는 헤겔도 말할 것이 없다. 그러나 바그너에 대해 말한다면, 프랑스 음악이 현대 정신의 현실적인 요구에 따라 만들어지게 되면 될수록, 그것은 더욱 '바그너화'될 것이다. 이것은 미리 말해도 좋다. — 그것은 오늘날 이미 충분히 그렇게 되고 있다! 그러나 자의적이거나 의도하지 않은 온갖 취미의 독일화나 천박화에도 불구하고, 오늘날에도 여전히 프랑스인들이 자신의 유산이나 소유물로, 그리고 유럽에 대한 옛 문화적 우월함의 없어지지 않은 증거로 자랑스럽게 제시할 수 있는 것은 세 가지가 있다 : 그 하나는 예술가적 정열을 지닐 수 있는 능력과 '형식'에 헌신할 수 있는 능력인데, 그것을 표시하기 위해 예술을 위한 예술이라는 용어를 비롯하여 그 밖에 무수히 많은 다른 용어들이 창안되었다 : — 이와 같은 능력은 프랑스에서 지난 3세기 동안 결핍된 적이 없으며 '소수의 사람들'에 대한 경외심 덕분에 항상 유럽의 다른 지역에서도 다시 구할 수 있게 된 일종의 문학의 실내음악을 가능하게 했다 — . 프랑스인들이 유럽에 대한 우월함의 근거로 삼을 수 있는 두 번째 것은 그들의 오래되고 다양한 **도덕주의적** 문화이다. 이것은 사람들이 일반적으로 신문의 하찮은 소설가나 우연히 마주친 파리의 한량들에게서조차 심리적인 자극이나 호기심을 찾게 하는데, 예를 들면 독일에서는 이에 대한 어떤 개념도 없다(하물며 그러한 사실이 있단 말인가!). 그러한 것을 찾기에는 도덕주의적 방식의 몇 세기가 독일인들에게는 결핍되어 있는데, 이미 말했듯이 프랑스는 그것을 찾는 노력을 아낀 적이 없다. 그 때문에 독일인을 '소박'하다고 말하는 사람은 독일인의 결점을 칭찬하는 것이 된다. (독일인과의 교제가 지루하다는 것과 그다지 멀지 않고 비슷한 심리적 쾌락에서 독일인의 무경험과 순진함과는 대조되는 사람으로, — 그리고 섬세한 전율감을 느끼게 하는 이러한 영역에 대한 진정한 프랑스적 호기심과 독창적 재능을 가장 성공적으로 표현한 사람으로 앙리 베일Henri Beyle[60]을 들 수 있다. 저 주목할 만하고 선취하며 선구적인 인간인 그는 나폴레옹과 같은 속도로 **자신의 유럽을, 유럽적인 영혼의 여러 세기를, 이 영혼을 탐색하고 발견하는 자로서** 달렸던 것이다. 프랑스의 마지막 위대한 심리학자였던

이 놀라운 에피쿠로스주의자이자 의문의 인간인 그를 어떤 방식으로든 **따라**가고 그를 괴롭히고 또 매료시킨 수수께끼 가운데 몇 가지를 뒤늦게나마 알아맞히기 위해서는 두 세대가 필요했던 것이다—). 또한 우월함을 주장하는 세 번째 요구가 있다 : 프랑스인들의 본질에는 반쯤 성공한 북방과 남방의 종합이 있어, 이것이 그들에게 영국인들이라면 결코 파악하지 못하는 많은 일을 이해하게 만들며 다른 일들을 행하도록 만든다. {프랑스인에게는} 주기적으로 남방으로 향하거나 등을 돌리는 기질이 있으며, 거기에는 때때로 프로방스나 리그리아해(海)의 피가 가득 넘쳐 흐르는데, 이 기질은 소름끼치는 북방의 잿빛 음울함과 햇빛을 받지 못하는 개념의 유령과 빈혈증에 그들이 빠지지 않도록 방지한다. — 즉 우리의 **독일적인 취미**의 병에 걸리지 않도록 방지하는데, 그 병이 널리 퍼지는 것을 막기 위해 순간적으로 피와 철이라는 큰 결단으로, 말하자면 (나를 기다리고 또 기다리게 했지만, 지금까지도 여전히 아무것도 바랄 수 없는 위험한 치료법에 따라서 —) '큰 정책'이 처방되었던 것이다. 오늘날까지도 여전히 프랑스에서는 어떤 조국애에서 만족을 찾기에는 그리고 북방에 있을 때는 남방을, 남방에 있을 때는 북방을 사랑할 줄 알기에는 너무 폭이 넓은, 아주 드물고 거의 만족하지 못하는 사람들 — 즉 타고난 내륙인과 '훌륭한 유럽인' — 에 대한 사전 이해와 호의가 있다. 이러한 사람들을 위해 비제Bizet[61]는 음악을 만들었다. 새로운 아름다움과 매력을 보았던 이 마지막 천재는 한 장의 **음악의 남방**을 발견했던 것이다.

255.

독일 음악에는 여러 가지 주의가 필요하다고 나는 생각한다. 내가 남방을 사랑하듯이, 누군가가 남방을 사랑하며, 그것도 가장 정신적인 것과 관능적인 것에서의 치유의 위대한 학교로, 독립적이고 스스로를 신뢰하는 현존재 위로 퍼져나가는 제어할 수 없는 충분한 태양빛과 태양의 정화로 사랑한다고 가정해보자 : 그러면 그러한 사람은 독일 음악에 조심해야 할 것이 있음을 알게 될 것이다. 왜냐하면 독일 음악은 그의 취향을 망가뜨림으로써 그의 건강도 함께 망가뜨리기 때문이다. 혈통이 아니라, **믿음**에 따르는 이와 같은 남방인은 음악의 미래를 꿈꿀 때, 북방의 음악에서 해방되는 것도 꿈꾸어야 하며, 더욱 깊고 힘찬, 아마 더 악의적이고 더 신비에 차 있을 음악의 서곡을 자신의 귀로 들어야만 하는 것이다. 그것은 독일을 넘어서는 음악이며 관능적인 푸른 바다나 지중해의 밝은 하늘빛을 눈앞에 두고도, 모든 독일 음악처럼 그 음향이 멎거나 노랗게 되거나 색이 바래는 일이 없다. 그것은 유럽을 초월한 음악이며 갈색을 띤 사막의 일몰 앞에서도 여전히 의연하게 있으며, 그 영혼이 야자수 같아, 거대하고 아름다우며 고독한 맹수들 사이에서 허물없이 배회할 줄 아는 것이다……나는 어떤 음악을 생각해보았는데, 그 진귀한 매력은 선과 악을 더 이상 알지 못하는 데서, 아마 어떤 선원의 향수 같은 것, 어떤 황금 빛 그림자나 부드럽고 유약한 것이 때때로 그 위를 달리며 떠나가는 데서 이루어지는 음악이다 : 그것은 아주 먼 곳에서부터 몰락해가며, 거의 이해할 수 없게 되어버린 **도덕적** 세계의 색깔이 자신에게로 도피해오는 것을 보는 듯한 예술이며, 그와 같은 때늦은 도망자를 받아들일 만큼 친절하고 충분히 깊이 있는 예술인 것이다. —

256.

　민족주의의 망상이 유럽의 여러 민족들 사이에 가져다주었고 아직도 가져다주고 있는 병적인 소외 탓에, 이와 마찬가지로 오늘날 이 망상에 힘입어 기운차고, 그들이 추진하고 있는 상호 분리 정책이 필연적으로 과도기적 정책밖에 될 수 없음을 조금도 알아채지 못하고 있는 근시안적이고 성급한 정치가들 탓에, — 오늘날에는 말로는 전혀 표현할 수 없는 모든 수많은 것 탓에, **이제 유럽이 하나가 되기를 원한다**는 것을 표현하고 있는 가장 명백한 징조들이 간과되거나 제멋대로 기만적으로 다시 해석되고 있다. 이 세기의 좀더 깊이 있고 생각이 넓은 모든 인간의 경우에는, 이 새로운 **종합**에 이르는 길을 준비하고 시험삼아 미래의 유럽인들을 앞당겨 생각해보는 것은 그들의 영혼의 신비적인 작업에 깃들인 본래의 전체 방향이었다 : 그들이 '조국'에 속했던 것은 그들이 전면에 있었을 때, 약해졌을 때, 노령에 있었을 때이다. — '애국자'가 되었을 때, 그들은 단지 자기 자신에게서 벗어나 휴식을 취했던 것에 불과했다. 내가 생각하고 있는 것은 나폴레옹, 괴테, 베토벤, 스탕달, 하인리히 하이네, 쇼펜하우어 같은 인간들이다 : 내가 또한 리하르트 바그너를 그들 가운데 포함시킨다고 해도 나에게 화내지 말기 바란다. 그 사람에 대해서는 그 자신이 가지고 있는 오해에 유혹당하지 않기를 바란다. — 그와 같은 유의 천재들은 자기 자신을 이해할 수 있는 권리를 갖는 일이 거의 없다. 물론 오늘날 프랑스에서 리하르트 바그너에게 반항하고 저항할 때 생겨나는 품위 없는 소란에 유혹되어서는 안 된다는 것은 말할 나위가 없다 : — 그럼에도 불구하고 40년대 **프랑스의 후기 낭만주의**와 리하르트 바그너가 서로 내면적으로 가장 밀

접하게 연관되어 있다는 사실은 남아 있다. 이 양자는 그 요구의 높
이와 깊이 모두에서 유사하며 근본이 유사하다 : 그들의 다양하고
격정적인 예술을 통해 그 영혼이 밖으로 위로 치닫고 이를 열망하
는 것이 유럽, 바로 이 하나의 유럽인 것이다. ― 그것은 어디로 향
하는가? 새로운 광명을 향하고 있는가? 새로운 태양을 열망하는가?
그러나 새로운 언어 수단을 가진 이 모든 장인이 명확하게 표현할
수 없었던 것을 누가 정확히 표현할 수 있는 것일까? 확실한 사실은
같은 질풍노도가 그들을 괴롭혔다는 것이고, 이 최후의 위대한 탐구
자들인 그들이 동일한 방식으로 **탐구했**다는 점이다! 이들 모두는 눈
과 귀에 이르기까지 문학에 의해 지배되고 있으며 ― 세계 문학적
교양을 갖추고 있는 최초의 예술가들이며 ― 그들은 대부분 스스로
작가이자 시인이고, 예술과 감각의 매개자이자 교배자이기조차 했
다. (바그너는 음악가로서는 화가에 속하며, 시인으로서는 음악가
에, 예술가 일반으로서는 배우에 속한다.) 이들 모두는 '어떤 희생도
마다하지 않는' **표현**의 광신자들이다 ― 내가 강조하는 사람은 바그
너와 가까웠던 들라크루아Delacroix[62]이다 ― . 이들은 모두 숭고한
것, 그리고 또한 추한 것과 잔혹한 것의 영역에서 위대한 발견자였
고, 효과와 전시, 진열의 기술에서 더욱 위대한 발견자였다. 이들은
모두 자신의 천재성을 훨씬 넘어서는 재능을 지니고 있었으며, 유혹
하고 유인하며 강제하고 전복시키는 모든 것으로 통하는 섬뜩한 통
로를 가진 철저한 대가였으며, 논리와 직선의 타고난 적이었고, 이
질적인 것, 이국적인 것, 기괴한 것, 구부러진 것, 자기 모순적인 것
을 갈구했던 것이다. 인간으로서는 의지의 탄탈로스들이며, 인생과
창작에서는 고상한 템포, 즉 렌토lento를 취할 수 없다는 것을 알고

있었던, 떠오르기 시작한 천민이었고 — 예를 들어 발자크를 생각해 보라 — 무절제한 노동자였으며 거의 노동으로 자기를 파괴하는 자였다. 풍속에서는 이율배반자이자 반역자이며, 균형과 향유를 모르는 야심가요 탐욕자였다. 이들은 모두 결국에는 기독교 십자가에 매달려 부서지고 침몰했지만 (그리고 그것은 당연한 일이었다. 왜냐하면 그들 가운데 그 누가 **반그리스도**의 철학에 이를 만큼 충분히 깊이 있고 근원적이었단 말인가?), 전체적으로 보면 대담하고 모험적이며 뛰어난 힘이 있고 높이 비상하며 솟구쳐 날아가는 유의, 보다 높은 인간들이었다. 그들이 처음으로 그들의 세기에 — 이는 **대중의 세기이다!** — '보다 높은 인간'이라는 개념을 가르쳐야만 했다……리하르트 바그너의 독일 친구들은 바그너의 예술에는 오직 독일적인 것만 있는지, 바로 그 예술의 특징이 **독일을 초월한** 근원이나 충동에서 온 것은 아닌지 스스로 숙고할 수 있었으면 한다 : 그때 과소평가할 수 없는 것은 그러한 유형이 형성되는 데 바로 파리가 얼마나 불가결했던가 하는 것이다. 가장 중요한 시기에 바그너의 본능의 깊이는 그로 하여금 파리를 그리워하게 했다. 그리고 그의 등장 방식과 그 스스로가 포교 임무를 맡고 나선 방식 전체가 프랑스 사회주의자들의 모범을 눈앞에 봄으로써 비로소 완성될 수 있었다는 것도 과소평가해서는 안 된다. 좀더 정밀하게 비교해본다면, 아마 우리는 리하르트 바그너의 독일적 본성의 명예를 위해, 그가 모든 점에서 19세기 프랑스인들이 행할 수 있었던 것보다 더 강하고 더 대담하고 더 엄격하고 더 고귀하게 행했다는 사실을 발견하게 될 것이다. — 우리 독일인들이 아직은 프랑스인들보다 야만에 더 가깝다는 사정 덕분에 말이다 — . 아마 리하르트 바그너가 창조했던 가장 독특한 것조차 그와 같은 말기 라틴 종족 전체에게는 단지 오늘날뿐만 아니라 영원히 이르기 어렵고 공감하기 어려우며 모방하기 어려운 것이리라 : 사실상 늙고 약해질 대로 약해진 문화 민족의 취향에 대해 전적으로 **너무나도 자유롭고** 가혹하고 너무나도 쾌활하며 너무나도 건강하고 너무나도 **반카톨릭적**이 될 수 있는 저 아주 자유로운 인간 지그프리트Siegfried의 모습을 보라. 이 반낭만주의적인 지그프리트인 그는 더욱이 낭만주의에 어긋나는 하나의 죄일 수도 있었을 것이다 : 이제 바그너는 노년의 우울한 시기에, 그가 — 그 사이 정책이 된 취향을 선취하면서 — 자신의 고유한 종교적 맹렬함으로 **로마로 향하는 길**을 비록 가지는 않았지만, 그럼에도 불구하고 설교하기 시작했을 때 이 죄를 충분히 면하게 되었던 것이다. — 이와 같은 마지막 말로 인해 내가 오해받지 않도록 하기 위해, 나는 몇 줄의 힘찬 시구의 도움을 받고자 한다. 또한 이러한 시구는 그다지 예민하지 못한 귀를 가진 사람들에게도 내가 무엇을 원하고 있는지, — 내가 '만년의 바그너'와 그의 파르치팔 음악에 반대하고자 함을 드러내게 될 것이다.

— 이것은 그래도 독일적인 것인가? —
이 답답하게 외치는 소리는 독일인의 가슴에서 나온 것인가?
그리고 이처럼 자신의 살을 떼어내는 것이 독일의 육체가 하는 짓인가?
목사처럼 손을 벌리는 이 태도가,
향 피우는 연기와 향내 풍기는 이러한 관능의 자극이 독일적인 것인가?
그리고 이와 같이 멈추고 넘어지고 비틀거리는 것이,

이와 같이 불확실하게 땡땡하며 울리는 종소리가 독일적인 것인가?
이와 같은 수녀들의 추파, 아베마리아 기도 시간을 알리는 종소리가,
이 모든 거짓된 황홀에 싸여 있는 천국과 천국 저편이?
— 이것이 그래도 독일적인 것인가? —
생각해보라! 그대는 아직 문가에 서 있구나 : —
왜냐하면, 그대가 듣고 있는 것은 **로마**이며, — 말 없는 **로마**의 신앙이기 때문이다!

제9장
고귀함이란 무엇인가?

257.
 '인간'이라는 유형을 향상시키는 모든 일은 지금까지 귀족적인 사회의 일이었다. 그리고 앞으로도 항상 그렇게 반복될 것이다 : 이와 같은 사회는 인간과 인간 사이의 위계질서나 가치 차이의 긴 단계를 믿어왔고 어떤 의미에서 노예제도를 필요로 했다. 마치 혈육화된 신분 차이에서, 지배 계급이 예속자나 도구를 끊임없이 바라다보고 내려다보는 데서, 그리고 복종과 명령, 억압과 거리의 끊임없는 연습에서 생겨나는 거리의 **파토스**das Pathos der Distanz가 없다면, 저 다른 더욱 신비한 파토스, 즉 영혼 자체의 내부에서 점점 더 새로운 거리를 확대하고자 하는 요구는 전혀 생겨나지 못했을 것이다. 그것은 점점 더 높고 점점 드물고 좀더 멀리 좀더 폭넓게 긴장시키는 좀더 광범위한 상태를 만들어내는 것이며, 간단히 말해 '인간'이라는 유형의 향상이자 도덕적 형식을 초도덕적인 의미로 말한다면, 지속적인 '인간의 자기 극복'에 지나지 않을 것이다. 물론 귀족적 사회의 (즉 '인간'이라는 유형을 향상시키는 조건의 —) 발생사에 대해서는 어떤 인도주의적 미혹에 빠져서는 안 된다. 진리는 냉혹하다. 지금까지 모든 고도의 문화가 어떻게 지상에서 시작되었는지 가차없이 말해보자! 여전히 자연적 본성을 지닌 인간, 언어가 가지고 있는 온갖 섬뜩한 의미에서의 야만인, 아직 불굴의 의지력과 권력욕을 소유하고 있는 약탈의 인간들이 좀더 약하고 예의 바르고 좀더 평화로운, 아마

장사를 하거나 가축을 사육하는 종족에, 또는 마지막 생명력이 정신과 퇴폐의 찬란한 불꽃 속에서 꺼져가고 있던 늙고 약해질 대로 약해진 문화에 엄습했던 것이다. 고귀한 계층은 처음에는 항상 야만인 계층이었다 : 그들의 우월함은 처음에는 물리적인 힘이 아닌, 정신적 힘에 있었던 것이다. — 그들은 **훨씬 완전한 인간**이었다 (이는 어떤 단계에서도 '훨씬 완전한 야수'였음을 의미한다 —).

258.

부패란 본능의 내부가 무정부 상태로 위협받으며, '생명'이라 불리는 정동의 기초가 흔들리는 것을 표현하는 것이다. 부패는 그것이 나타나는 생명의 형태에 따라 근본적으로 다른 것이 된다. 예를 들어 어떤 귀족 체제가 혁명 초기의 프랑스처럼 숭고한 구토와 함께 그 특권을 던져버리고, 스스로를 그 과도한 도덕적 감정의 희생양으로 바친다면, 이것이 부패이다. — 이것은 본래 저 몇 세기에 걸쳐 지속된 부패의 종막일 따름이며, 그러한 부패 때문에 프랑스 귀족 체제는 서서히 자신의 지배 자격을 포기하고 스스로 왕권의 **기능**으로 (결국 완전히 장식물이나 구경거리로) 전락했다. 그러나 훌륭하고 건강한 귀족 체제의 본질을 이루는 것은, 귀족체제가 (왕권이든, 공동체든) 스스로 그 기능으로서가 아니라, 오히려 왕권이나 공동체의 **의미**나 최고의 변명으로 느낀다는 것이며, — 그렇기 때문에 **그 스스로를 위해** 불완전한 인간이나 노예, 도구로까지 억압당하고 약해져야만 하는 무수히 많은 인간의 희생을 양심의 가책 없이 받아들인다는 것이다. 이 제도의 근본 신념은 사회가 사회를 위해 존재해서는 안 되며, 선택된 종류의 인간 존재를 좀더 차원이 높은 과제로, 대체로 보다 높은 존재로 고양될 수 있는 토대나 발판이어야만 한다는 것이다. 이러한 인간은 그 덩굴로 참나무를 오랫동안 자주 휘감으면서 마침내 그것에 의지하지만, 그것을 넘어서서 자유로운 햇빛 속에 그 화관을 펼치고 자신의 행복을 드러내 보일 수 있는 자바섬에 있는 저 햇빛을 갈구하는 덩굴식물 — 이것은 시포 마타도르Sipo Matador라 불린다 — 과 비교할 수 있다.

259.

침해, 폭력, 착취를 서로 억제하고 자신의 의지를 다른 사람의 의지와 동일시하는 것 : 이것은 만일 그 조건이 주어진다면 (말하자면 각 개인의 역량과 가치 척도가 실제로 유사하고, 그들이 같은 조직체에 소속되어 있다면), 어떤 개략적인 의미에서 각 개인 간의 선량한 풍습이 될 수 있다. 그러나 이러한 원리를 폭넓게 받아들여 혹시 **사회의 근본 원리**로까지 만들려고 하자마자, 바로 이것은 삶을 **부정**하는 의지로, 해체와 타락의 원리로 정체를 드러내게 될 것이다. 여기에서 우리는 철저하게 그 근거를 생각해서 감상적인 허약함을 배격해야만 한다 : 생명 그 자체는 **본질적으로** 이질적인 것과 좀더 약한 것을 자신의 것으로 만드는 것이며, 침해하고 제압하고 억압하는 것이며 냉혹한 것이고, 자기 자신의 형식을 강요하며 동화시키는 것이며, 가장 부드럽게 말한다 해도 적어도 착취이다. — 그러나 무엇 때문에 우리는 옛날부터 비방의 의도가 새겨져 있는 바로 그와 같은 말을 언제나 사용해야만 하는가? 앞에서 가정한 것처럼, 내부에서

각 개인이 서로 동등하게 행동하고 있는 저 조직체 또한 — 이것은 모든 건강한 귀족 체제에서 행해지고 있는 일이다 — 그것이 살아 있는 조직체이며 죽어가는 조직체가 아니라고 한다면, 각 개인이 그 안에서 서로 억제하고 있는 모든 것을 다른 조직체에 대해 스스로 행해야만 한다 : 그 조직체는 살아 있는 힘에의 의지가 되어야만 할 것이다. 그것은 성장하고 뻗어나가려 하고 자기 쪽으로 끌어당기고 우위를 차지하려고 할 것이다. — 이것은 어떤 도덕성이나 비도덕성에서 나오는 것이 아니라, 오히려 그것이 살아 있기 때문에, 생명이야말로 힘에의 의지이기 때문이다. 그러나 유럽인의 일반적인 의식은 다른 어떤 점에서보다도 이 점에서 그 가르침을 더욱 싫어한다 ; 사람들은 오늘날 곳곳에서 심지어는 과학의 가면까지 쓰고 '착취적 성격'이 없어져야만 하는 장래의 사회 상태에 열광하고 있다 : — 이것은 내 귀에는 마치 사람들이 유기적 기능을 멈추게 하는 하나의 생명을 만들어낼 수 있다고 약속하는 것처럼 들린다. '착취'란 부패된 사회나 불완전한 원시적인 사회에 속하는 것이 아니다 : 이것은 유기체의 근본 기능으로 살아 있는 것의 **본질**에 속한다. 이것은 생명 의지이기도 한 본래의 힘에의 의지의 결과이다. — 이것이 이론으로는 혁신이라 할지라도 — 현실로는 모든 역사의 근원적 사실이다 : 그러나 이것을 인정할 정도로 우리는 자신에게 정직해야 할 것이다! —

260.

지금까지 지상을 지배해왔고 또 여전히 지배하고 있는 좀더 세련되지만 거친 많은 도덕을 편력하면서, 나는 어떤 특질이 규칙적으로 서로 반복되거나 연결되어 있다는 것을 알았다 : 결국 나는 두 가지 기본 유형이 드러났고, 하나의 근본적인 차이가 나타났음을 알았다. 즉 **주인도덕**과 **노예도덕**이 있다. — 내가 여기에 바로 덧붙이려는 것은, 고도로 혼합된 모든 문화에서는 모두 이 두 가지 도덕을 조정하려는 시도도 나타나고 있으며, 또 종종 그 두 가지가 뒤섞이거나 서로 오해하는 것도 보이며, 때로는 — 심지어는 같은 인간 안에서나, 하나의 영혼 안에서조차 — 그것들이 굳게 병존한다는 사실이다. 도덕적인 가치 차별은, 피지배 종족과 다르다는 것을 쾌감으로 의식하게 된 어떤 지배 종족 사이에서 생겨나거나, 아니면 여러 등급의 피지배자들, 노예들, 예속자들 사이에서 발생했다. 첫 번째의 경우 '좋음gut'의 개념을 결정하는 것이 지배자들일 때, 탁월함과 위계질서를 결정하는 것으로 느끼게 되는 것은 영혼의 고양되고 자부심 있는 여러 상태이다. 고귀한 인간은 그와 같이 고양되고 자부심 있는 상태의 반대를 나타나는 인간들을 자신에게서 분리시킨다. 그는 그러한 사람을 경멸한다. 사람들은 이러한 첫번째 종류의 도덕에서 '좋음'과 '나쁨schlecht'의 대립은 '고귀한'과 '경멸할 만한'의 대립과 같은 의미라는 것을 바로 알아차릴 것이다 : — '선gut'과 '악böse'의 대립의 유래는 다르다. 겁쟁이, 불안해하는 자, 소심한 자, 편협한 이익만을 생각하는 자는 경멸당한다. 마찬가지로 자유롭지 못한 시선으로 의심하는 자, 스스로를 비하하는 자, 학대할 수 있는 개 같은 인간, 구걸하는 아첨꾼, 그리고 무엇보다 거짓말쟁이도 경멸당한다. ─ 비천한 서민들이 거짓말쟁이라는 것은 모든 귀족의 근본 신념이다. '우리 진실한 자들' ─ 고대 그리스에서 귀족들은 스스로를 그렇게 불렀다. 도덕적 가치 표시가 어디에서나 먼저 **인간**에게 붙여지고 그리고 비로소 파생되어서 후에 **행위**에 붙여졌다는 사실은 명백하다 : 그 때문에 만일 도덕의 역사가가 "왜 동정하는 행위는 칭찬받았는가?"와 같은 물음에서 출발한다면, 이는 큰 잘못이다. 고귀한 부류의 인간은 **스스로를** 가치를 결정하는 자라고 느낀다. 그에게는 타인에게 인정받는 것이 필요하지 않다. 그는 "나에게 해로운 것은 그 자체로 해로운 것이다"라고 판단한다. 그는 대체로 자신을 사물에 처음으로 영예를 부여하는 사람으로 알고 있다. 그는 **가치를 창조하는** 자이다. 그는 자신의 입장에서 알고 있는 모든 것을 존중한다 : 이러한 도덕은 자기 예찬이다. 그 전경에는 충만한 감정과 넘쳐 흐르고자 하는 힘의 느낌, 고도로 긴장된 행복과 베풀어주고 싶어하는 부유함의 의식이 있다 : ─ 고귀한 인간 역시 불행한 사람을 돕지만, 그러나 거의 동정에서가 아니라, 오히려 넘치는 힘이 낳은 충동에서 돕는다. 고귀한 인간은 자기 안에 있는 강자를 존경하며, 또한 자기 자신을 지배할 힘이 있는 자, 말하고 침묵하는 법을 아는 자, 기꺼이 자신에 대해 준엄하고 엄격하며 모두 준엄하고 엄격한 것에 경의를 표하는 자를 존경한다. 고대 스칸디나비아 전설은 "보탄Wotan은 내 가슴속에 가혹한 마음을 놓았다"고 말한다 : 이것은 당연히 긍지가 있는 바이킹족의 영혼으로 창작된 것이다. 이러한 부류의 인간은 동정하도록 만들어지지 않은 것에 대해 긍지를 지닌다 : 그 때문에 전설의 영웅은 "젊어서 이미 엄격한 마음을 가지지 못한 사람은 결코 엄격해지지 못할 것이다"라는 경고의 말을 덧붙인다. 이와 같이 생각하는 고귀한 사람이나 용기 있는 사람들은 다만 타인에 대한 동정이나 행위에서 또는 무관심 속에서만 도덕적인 것의 특징을 보는 도덕에서 가장 멀리 떨어져 있는 것이다. 자기 자신에 대한 믿음, 자기 자신에 대한 자부심, '무아(無我)'를 근본적으로 적대하고 조소하는 것은 공감(共感)이나 '따뜻한 마음'을 가볍게 경멸하거나 경계하는 것과 마찬가지로 확실히 고귀한 도덕에 속한다. — 강한 자들은 존경하는 법을 아는 사람이며, 이것이 그들의 기술이요, 발명 영역인 것이다. 나이든 사람과 혈통에 대한 깊은 외경 — 모든 법은 이 이중의 외경 위에 서 있다 — , 조상에게는 유리하게 후손에게는 불리하게 대하는 믿음과 선입견은 강한 자들의 도덕에서 보이는 전형적인 특징이다. 그리고 반대로 '현대적 이념'의 인간이 거의 본능적으로 '진보'나 '미래'를 믿고 나이든 사람에 대한 존경심을 점점 더 잃어간다면, 이것만으로도 이미 충분히 이러한 '이념'의 유래가 고상하지 못함을 드러내는 것이다. 그러나 대부분 지배자의 도덕은 현대 취향에는 낯설고 적대적이다. 사람들이 오직 자신과 대등한 사람들에 대해서만 의무를 지니며 좀더 낮은 위치에 있는 사람들과 모든 낯선 사람들에 대해서는 마음대로 또는 '마음이 하고자 하는 대로' 행위해도 좋으며, 어떤 경우에든 '선악의 저편에서' 행위해도 좋다는 그들의 원칙의 엄격성 때문이다 — : 동정이나 그와 같은 것이 필요하게 되는 것도 이 때문인지 모른다. 오랫동안 감사하고 복수할 수 있는 능력과 의무 — 이 두 가지는 오직 그와 대등한 자 안에서만 있을 수 있는 것이다 — , 보복에서의 정교함, 우정에서의 세련된 생각, 적대자를 갖는 어떤 필연성 (말하자면 질투, 투쟁욕, 오만 등의 정동이 빠져나가기 위한 배수구로, 근본적으로 좋은 **친구**가 될 수 있도록 하기 위해) : 이 모든 것은 고귀한 도덕의 전형적인 특징이다. 이 도덕은 이미 시사한 것처럼, '현대적 이념'의 도덕이 아니며, 따라서 오늘날 그것을 그대로 느끼기 어려우며 또한 발굴해 드러내기도 어렵다. ─ 도덕의 두 번째 유형인 **노예도덕**은 사정이 다르다. 만일 박해받은 자, 억압받은 자, 고통받는 자, 자유롭지 못한 자, 스스로에 대해 확신이 없는 자, 피로에 지친 자들이 도덕을 말한다고 가정한다면, 그들의 도덕적 가치 평가의 공통점은 무엇이 될 것인가? 아마 인간의 전체 상황에 대한 염세주의적 의혹이 표출될 것이며 인간과 그의 상황에 유죄가 선고될 것이다. 노예의 시선은 강한 자의 덕에 증오를 품는다 : 그는 회의하고 불신하며, 거기서 존중되는 모든 '선'을 **정교**하게 불신한다. ─ 그는 행복 자체란 거기서는 참된 것이 아니라고 스스로를 설득하고 싶어 한다. 그와 반대로 고통받는 자들의 생존을 쉽게 하는 데 쓸모있는 특성들이 이끌려 나와 조명받게 된다 : 여기에는 동정, 도움을 주는 호의적인 손, 따뜻한 마음, 인내, 근면, 겸손, 친절이 칭송된다. ─ 왜냐하면 이것들은 여기에서 생존의 압력을 견디기에 가장 유용한 특성이며 거의 유일한 수단이기 때문이다. 노예도덕은 본질적으로 유용성의 도덕이다. 여기에는 '선'과 '악'의 저 유명한 대립을 발생시키는 발생지가 있다 : ─ 즉 힘과 위험, 경멸을 일으키지 않는 일종의 공포, 정교함, 강함이 악에 포함된 것이라고 느끼게 된다. 따라서 노예도덕에 따르면 '악인'이란 공포를 불러일으킨다. 주인도덕에 따르면 공포를 불러일으키고 불러일으키고자 하는 사람이 바로 '선인(善人)'이며, 반면 '나쁜' 인간은 경멸할 만한 인간으로 느끼게 된다. 노예도덕의 귀결에 따르면, 결국 이제 경멸을 머금은 기색이 또 이러한 도덕이 내세우는 '선인'에 결부된다면, 그 대립은 정점에 이르게 된다. — 이것은 가볍고 호의적인 것일 수도 있겠다. — 왜냐하면 노예의 사유 방식에서 선인이란 어느 경우에도 **위험하지 않은** 인간이어야 하기 때문이다 : 그 사람은 착하고 속기 쉽고 아마 약간은 어리석을 것이고 좋은 사람un bonhomme이다. 노예도덕이 우세한 곳에서는 어디서나 언어는 '선함'과 '어리석음'이라는 단어를 서로 접근시키려는 경향을 나타낸다. — 그 마지막 근본적인 차이는 다음과 같다 : 외경하고 헌신하는 데는 기술과 열광이 귀족적 사고 방식과 가치 평가 방식의 한결같은 징후인 것처럼, **자유**를 향한 갈망, 행복에 대한 본능, 자유 감정의 예민함은 필연적으로 노예도덕과 노예의 덕성에 속한다. — 이로부터 왜 **열정으로서의** 사랑이 — 이것은 우리 유럽의 특색이다 — 오로지 고귀한 유래를 가져야만 하는지 바로 이해할 수 있다 : 잘 알려져 있듯이 이것들을 발명한 것은 저 화려하고 창의적인 '즐거운 지식'의 인간들인 프로방스 지방의 기사(騎士)시인이며, 유럽은 많은 것을, 그리고 거의 유럽 그 자체까지도 그들의 신세를 지고 있다. —

261.

고귀한 인간이 아마 가장 이해할 수 없는 것 중 하나가 허영심일 것이다 : 다른 부류의 인간이 그것을 명료하게 파악할 수 있다고 생각하는 경우에도, 그는 그것을 부인하고자 할 것이다. 그에게서 문제는 자신도 가지고 있지 않은 — 그리고 또한 '그럴 만한 자격이' 없는 — 자신에 대한 좋은 평판을 불러일으키려는 인간을, 그럼에도 불구하고 후에 이러한 좋은 평판을 스스로 **믿는** 인간을 생각해보는 일이다. 그는 이러한 일을 반 정도는 스스로에 대한 악취미나 불손한 것으로, 또한 반 정도는 기괴하고 불합리한 것으로 생각하기 때문에, 허영심을 기꺼이 예외로 인식하고자 하며, 그것이 화제가 되는 대부분의 경우에도 이를 의심한다. 그는 예를 들면 다음과 같이 말하게 될 것이다 : "나는 나 자신에 대한 가치를 잘못 생각했을지도 모른다. 그러나 다른 한편으로 내 가치를 내가 평가한 대로 타인에게서도 인정받기를 원했는지 모른다. 그러나 이것은 허영심이 아니다(오히려 자부심이거나 대개의 경우 겸허나 겸손으로도 불리는 것이다)." 또한 이렇게 말할 수 있다 : "나는 많은 이유에서 타인의 좋은 평판에 대해 기뻐할 수 있다. 아마 내가 그들을 존경하고 사랑하며, 그들의 어떤 즐거움에 대해 기뻐하기 때문이며, 아마도 또한 그들의 좋은 평판이 내가 지닌 나 자신의 좋은 평판에 대한 믿음을 확인하거나 강하게 해주기 때문이며, 아마 타인의 좋은 평판이 내가 그것을 나누지 않는 경우조차 나에게 유익하거나 이익을 약속하기 때문이다. — 그러나 이 모든 것은 허영심이 아니다." 고귀한 인간은, 특히 역사의 도움을 빌려, 즉 상상할 수도 없는 시대부터 어떤 식으로든 종속적인 모든 하층계급에서의 평범한 인간이란 세상에서 **통용된 바로 그 사람**이었을 뿐임을 어쩔 수 없이 스스로에게 물어보아야만 한다 : — 그는 가치를 스스로 설정하는 데 전혀 익숙하지 못하며, 그들의 주인이 그에게 부여한 것 이상의 어떤 다른 가치도 스스로에게 부여하지 못했다(가치를 창조하는 것은 본래 **주인의 권리**이다). 평범한 인간이 오늘날에도 여전히 자기 자신에 대한 세상의 평판을 기대하고, 그러고 나서 그와 같은 것에 본능적으로 굴복하는 것은 엄청난 격세유전의 결과로 파악할 수 있을 것이다 : 그러나 그는 완전히 '좋은' 평판만이 아니라, 나쁘고 부당한 평판에도 굴복하게 된다(예를 들어 신앙심 깊은 부인들이 그들의 고해신부에게서 배운, 그리고 일반적으로 독실한 기독교인이 교회에서 배운 대부분의 자기 평가와 자기 멸시를 생각해보라). 사실 이제, 사물 (그리고 그 원인이 되는 주인과 노예의 피섞임)의 민주적 질서가 서서히 나타남에 따라 스스로 자기 자신에게 가치가 있다고 여기며 자신을 '좋게 생각하는' 본래 고귀하고 희귀한 충동은 점점 더 고무되고 확대될 것이다 : 그러나 이 충동은 언제나 자기 자신에 반하는 더 오래되고 좀더 넓고 철저하게 동화되는 경향을 가지고 있다. — 그리고 허영심이라고 하는 현상에서는 좀더 오래된 이 경향이 최근의 경향을 지배하게 된다. 허영심 있는 인간은 자신에 대해 듣는 **모든** 좋은 평판에 기뻐하며(그것이 유익한가의 관점은 상관하지도 않고, 또 마찬가지로 참과 거짓도 도외시하고), 이와 마찬가지로 모든 **나쁜** 평판에 대해 괴로워한다 : 왜냐하면 그는 이 두 평판에 예속되어 있으며, 자기에게서 나타나는 가장 오래된 복종이라고 하는 본능에 예속되어 있다고 **느끼기** 때문이다. — 그것은 허영심 있는 사람의 피 속에 있는 '노예'이며, 자기 자신에 대해 좋은 평판을 유도하려는 노예의 교활함의 잔재이다. — 예를 들어 얼마나 많은 노예가 오늘날에도 여성 안에 남아 있단 말인가! — 나중에 이러한 세평 앞에서, 마치 그것을 불러낸 것은 자신이 아닌 것처럼, 즉시 스스로 무릎을 꿇는 사람은 마찬가지로 노예이다. — 다시 한번 말하자면, 허영심은 격세유전이다.

262.

하나의 **종족**이 발생하고, 하나의 유형이 고정되고 강해지는 것은 본질적으로 똑같은 **불리한** 조건들과의 오랜 투쟁 아래서이다. 반대로 너무 풍부한 영양이 주어지고 대체로 지나치게 보호하고 신중한 종족들은 곧 강력한 방식으로 유형이 변형되는 경향이 있고, 기괴한 것이나 기형적인 것(또한 기형적인 악덕)도 대단히 많다는 사실을 우리는 양육자의 경험에서 알게 된다. 이제 의도된 시설이든 의도하지 않은 시설이든 **육성**을 목적으로 하는 시설로서 고대 그리스의 폴리스나 베니스 같은 귀족적 공동체를 한번 생각해보자 : 거기에는 자신들의 종족을 지키려고 하는 인간들이 서로 믿고 스스로에게 의지하고 있었다. 그 주된 이유는, 그들이 스스로를 지켜야만 하며, 그렇지 않으면 뿌리째 뽑히는 무서운 위험에 빠지기 때문이다. 여기에는 변종(變種)을 촉진하는 장점이나 과잉, 보호가 없다. 종족은 스스로가 종족으로 필요했고, 이웃 종족이나 반란을 일으키거나 반란의 위협을 주는 피지배자들과 끊임없이 투쟁하면서도, 바로 자신의 엄격함과 동일한 형태, 형태의 단순함에 의해 대체로 스스로를 지키고 유지할 수 있는 그 무엇이 필요했다. 그들이 모든 신과 인간에게 저항하여 여전히 거기에 생존하며 언제나 승리를 거두어 온 것이, 특히 어떤 특성 덕분인지 그들은 무수히 많은 경험을 통해 배웠다 : 이러한 특성을 그들은 미덕이라 부르고, 이러한 미덕만을 크게 육성했다. 그들은 이러한 것을 엄격하게 육성했으며, 실로 그들은 엄격함을 원했다. 모든 귀족적 도덕은 청소년의 교육과 여성에 대한 처우에서, 결혼 풍습과 연장자와 연소자의 관계에서, (오로지 비정상인만을 주목하는) 형법에서 너그럽지 못하다 : ─ 그들은 비관용

자체를 '정의'라는 이름 아래 미덕에 속하는 것으로 간주했다. 수는 적지만 매우 강한 특성을 가진 유형이, 준엄하고 전투적이며 현명하면서도 과묵하고 폐쇄적이고 내향적인 종류의 인간이 (사교의 매력이나 뉘앙스에 대한 섬세한 감각을 지닌 인간으로) 이러한 방식으로 세대의 교체를 넘어 확립된다. 이미 말했듯이, 언제나 똑같은 **불리한 조건들과 끊임없이 투쟁하는 것**은 한 유형이 고정되고 굳세어지는 원인이 된다. 그러나 마침내 언젠가는 행복한 상황이 발생하고 엄청난 긴장이 풀리게 된다. 아마 이웃 사이에는 더 이상 적이 없어질 것이며 삶을 위한 수단, 삶을 즐기기 위한 수단마저도 넘칠 정도로 있게 된다. 한 순간 낡은 육성의 속박과 강제는 끊어지게 된다 : 그것은 더 이상 필연적인 것으로도 생존을 제약하는 것으로도 느끼지 않게 된다. — 그것이 존속하려고 한다면, 그것은 오로지 **사치의** 한 형식으로, 고풍스러운 **취미**로만 존속할 수 있을 뿐이다. (좀더 고귀한 것, 좀더 섬세한 것, 좀더 희귀한 것으로 변하는) 변질이든 퇴화나 기형이든 그 종족의 변화는 갑자기 가장 풍부하고 화려하게 무대 위에 나타나고, 개인은 감히 개체적으로 존재하고자 하며 스스로를 드러내고자 한다. 이러한 역사의 전환기에는 장엄하고 다양한 원시림과 같이 성장하고 상승하려는 노력이, 성장의 경쟁심 속에 있는 일종의 **열대**의 템포와 엄청난 몰락이나 파멸이 서로 나란히, 때로는 서로 얽히고 짜여 있음을 보게 된다. 이는 '태양과 빛'을 찾고자 서로 투쟁하고, 더 이상 지금까지의 도덕에서 어떤 한계나 제약도, 보호도 이끌어낼 줄 모르며 거칠게 서로 대립하는, 말하자면 폭발하는 듯한 이기주의 덕분이다. 이 도덕 자체는 그렇게 위험할 정도로 활을 당길 힘을 엄청나게 축적했던 것이다 : — 지금 이것은

'살아남아' 시대에 뒤떨어진 것이 되고 말았다. 좀더 크고 다양하며 광범위한 삶이 낡은 도덕을 초월하여 살아간다고 하는 위험하고 섬뜩한 시점에 이르렀다. '개인'은 여기에 서서 자기 자신의 입법을, 자기 보존과 자기 향상, 자기 구원을 위해 스스로의 기교와 간지(奸智)를 필요로 하게 된다. 오직 새로운 목적과 새로운 방법이 있을 뿐, 공통의 형식은 존재하지 않고 오해와 경멸이 서로 결합해 있으며, 몰락과 부패, 최고의 욕망이 소름끼치게 얽혀 있고, 선과 악의 온갖 풍요의 뿔에서 종족의 천재가 넘쳐흐르며, 아직 다 퍼내지 못한 지치지 않은 젊은 퇴폐의 특징인 새로운 매력과 베일이 가득한 채, 봄과 가을이 숙명적으로 동시에 공존해 있다. 여기에 다시 도덕의 어머니인 위험이, 커다란 위험이 다가오는데, 이번에는 개인 안으로, 이웃과 친구 안으로, 골목 안으로, 자신의 아이 안으로, 자신의 마음 안으로, 소망과 의지가 가지고 있는 가장 고유하고 가장 비밀스러운 모든 것 안으로 옮겨가게 된다 : 이러한 시대에 나타나고 있는 도덕 철학자들은 지금 무엇을 설교해야 하는가? 이 예리한 관찰사이며 방관자인 그들은 사태가 빠르게 끝나게 된다는 것을, 그들 주변의 모든 것이 부패하고 또한 부패시킨다는 것을, 한 부류의 인간, 즉 치유할 수 없는 평범한 인간들을 제외하고는 모레까지 남을 자가 아무도 없다는 것을 발견하는 것이다. 오직 평범한 인간들만이 존속하고 번식할 전망을 갖게 된다. — 그들은 미래의 인간들이며 유일하게 살아남는 자들이다 : 이제 "그들처럼 되어라! 평범하게 되어라!"라고 말하는 것이 아직도 의미를 가지고 있고 아직도 들을 귀를 찾고 있는 유일한 도덕이다. — 그러나 이 평범함의 도덕을 설교하는 것은 어렵다! — 이 도덕은 그 자신의 내용이 무엇이며 자신이 원하는 것이 무엇인지 결코 고백할 수 없다! 그것은 절도와 품위, 의무와 이웃사랑에 대해 말해야만 하는 것이다. ─ 그것은 아이러니를 숨기는 어려움을 갖게 될 것이다! ─

263.

지위에 대한 **본능**이 있는데, 이는 다른 무엇보다도 이미 **높은** 지위에 있다는 표시이다. 고귀한 혈통과 습관을 가늠하게 하는 경외의 뉘앙스에 대한 **즐거움**이 있다. 제일의 지위에 있지만, 주제넘은 취급이나 졸렬함 앞에서 권위의 전율에서 아직 보호되지 않은 그 어떤 것이, 두드러지게 나타나지 않고 발견되지 않고, 유혹하면서, 아마 제멋대로 몸을 숨기고 변장하면서, 살아 있는 시금석처럼 자신의 길만을 가는 그 어떤 것이 곁을 지나갈 때, 어떤 영혼의 섬세함, 선량함, 높이는 위험한 시험을 겪게 된다 : 영혼을 탐색하는 일을 자신의 과제와 훈련으로 삼고 있는 사람은 영혼의 궁극적 가치와 그 영혼이 속한 움직일 수 없는 생득적인 위계질서를 확인하기 위해, 여러 가지 형식으로 바로 이러한 기술을 이용하게 될 것이다 : 즉 그는 **경외의 본능**을 목표로 이 영혼을 시험할 것이다. 차이는 증오를 낳는다 : 그 어떤 성스러운 기물(器物)이나 닫혀진 성골(聖骨)상자에서 나온 귀중품이나 위대한 운명의 표시가 있는 어떤 책이 눈앞에 놓일 때, 많은 본성에 있는 비열함이 갑자기 더러운 물처럼 튀어오른다. 그러나 다른 한편 본의 아니게 입을 다물고 시선을 머뭇거리고 모든 거동을 멈추는 일이 있는데, 이는 어떤 영혼이 가장 존경할 만한 것이 다가오고 있음을 **느끼고 있다**는 것을 말한다. 대체로 지금까지 유럽에서 성서에 대한 외경이 올바로 유지되어온 그 방식은 아마도 유럽이 기독교의 덕을 입은 풍습의 훈육과 순화 가운데 최고의 것이리라 : 깊이와 궁극적인 중요성을 지니고 있는 이러한 책들은 그 내용을 완전히 펴내고 풀어내는 데 필요한 수천 년의 시간을 확보하기 위해 외부에서 오는 전제적인 권위의 보호가 필요하다. 만일 대중에게 (온갖 종류의 천박하고 추잡한 인간들에게) 모든 것을 손대서는 안 되고 그 앞에서는 신발을 벗어야만 하거나 불결한 손을 멀리해야 하는 성스러운 경험이 있다고 하는, 저 감정이 마침내 육성되었다면, 많은 것이 성취되는 것이다. — 그것은 그들이 거의 인간성을 향해 최고로 상승한 것이다. 이와 반대로 이른바 교양인, '현대적 이념'을 믿는 신봉자들에게는 아마 그들에게 수치심이 결여되었다는 것보다, 모든 것을 만져보고 핥아보고 쓰다듬는 그들의 눈과 손의 안일한 후안무치보다도 역겨움을 일으키는 것은 없으리라. 오늘날 민중 속에서, 하층 민중 속에서, 무엇보다 농민들 사이에서, 신문을 읽는 정신의 창녀 같은 인간, 즉 교양인의 경우보다 더욱 상대적으로 취미의 고귀함이나 외경의 조심스러움을 발견할 수도 있다는 것은 가능한 일이다.

264.

한 인간의 영혼에서 그의 선조들이 가장 애정을 들여 쉬지 않고 행해왔던 것을 완전히 씻어버릴 수는 없다 : 그의 선조들이 근면한 절약가였고 책상과 금고의 부속품이었으며 그 자신의 욕구에서는 겸손하고 시민적이며, 또한 덕성에서도 겸손했다 해도, 또는 그들이 아침부터 저녁까지 명령하는 습관으로 살아왔고 거친 즐거움을 좋아했으며, 뿐만 아니라 더욱 거친 의무와 책임을 좋아했을지도 몰랐다 해도, 혹은 어떤 타협에도 낯을 붉히는 가차없으면서도 섬세한 양심을 지닌 인간으로 완전히 자신의 믿음에 ─ 자신의 '신'에 ─ 따라 살기 위해, 언젠가 결국은 가문과 재산이라는 옛 특권을 희생한 일이 있었다 해도 말이다. 한 인간이 자신의 부모와 조상의 특성이나 편애를 몸 안에 지니고 있지 않다는 것은 있을 수 없는 일이다 : 설령 그 겉모습이 반대를 말한다고 해도 말이다. 이것은 종족의 문제다. 만일 부모에 대해 몇 가지를 안다고 하면, 자식에 대해 어떤 결론을 내릴 수 있을 것이다 : 어떤 장애가 되는 무절제와 음험한 질투, 볼품없는 자기 정당화 ─ 이러한 세 가지 요소가 함께 어느 시대에나 본래의 천민 유형을 이루어왔던 것처럼 ─ 이와 같은 것들은 썩은 피처럼 자식에게 확실히 옮아가는 것이 틀림없다. 사람들이 최상의 교육과 교양의 도움을 받아 성취한 것은 단지 이러한 유전을 **속일** 뿐이다. 그러나 오늘날의 교육과 교양이 다른 것을 바라고 있단 말인가! 우리의 매우 민중적인, 즉 천민적이라고 말할 수 있는 시대에 '교육'과 '교양'은 본질적으로 속이기 위한 ─ 혈통이나, 육체와 정신에 유전된 천민을 속이기 위한 기술이 될 **수밖에** 없다. 오늘날 무엇보다도 성실함을 설교하고 자신의 제자들에게 끊임없이 "진실하라! 자연스러워라! 있는 그대로 자신을 드러내라!"고 외치는 교육자가 있다면, ─ 그러한 유덕하고 순진한 멍청이도 시간이 지나면 본성을 몰아내기 위해 호라티우스Horaz[63]의 갈퀴를 잡는 법을 배우게 될 것이다[(22)] : 그러나 어떤 효과가 있겠는가? '천민'은 언제나 되돌아온다. ─

265.

순진한 사람의 귀를 불쾌하게 만들지도 모를 위험을 무릅쓰고, 이기주의란 고귀한 영혼의 본질에 속한다고 나는 주장한다. 내가 말하는 이기주의란 "우리는 존재한다"처럼 존재에 대해서 다른 존재는 자연히 종속되지 않으면 안 되고 희생되어야 한다는 저 확고한 신념이다. 고귀한 영혼은 자신의 이기주의라는 이 사실을 어떤 의문도 없이, 거기에 가혹함이나 강제와 자의의 감정도 없이, 오히려 사물의 근본 법칙에 바탕을 두고 있을지도 모르는 어떤 것처럼 받아들인다 : ― 그것에 대한 이름을 찾는다면, 이 영혼은 "그것은 정의 그 자체다"라고 말할 것이다. 여러 사정이 처음에는 그를 망설이게 만들지만, 이 영혼은 자기와 동등한 권리를 가진 사람이 있음을 인정한다. 그는 지위의 문제를 명백히 한 후 모든 별이 알고 있는 생득적인 천체의 역학에 따라서, 자기 자신과 관계할 때 갖는 것과 같은 확실한 수치심과 섬세한 존경심 속에서, 이들 동등한 인간이나 동등한 권리를 가진 사람들 사이에서 움직이게 된다. 자신과 동등한 자와 교류할 때의 이러한 섬세함과 자기 제한, 이것은 그의 이기주의의 단편 **이상**의 것을 의미한다. ― 모든 별은 이러한 이기주의인 것이다 ― : 이 영혼은 이러한 사람들과 스스로 그와 같은 사람들에게 주는 권리 속에서 **스스로**를 존경하는 것이다. 이는 존경과 권리를 교환하는 것이 모든 교류의 **본질**이며, 그와 마찬가지로 사물의 자연스러운 상태에 속한다는 것을 의심하지 않는다. 고귀한 영혼은 그 근저에 놓인 열정적이고 민감한 보복의 본능에서, 그가 취한 만큼 주게 된다. '은혜'라는 개념은 동등한 사람들 사이에서는 어떤 의미도 향기도 갖지 못한다. 위에서 내려오는 선물을 거의 견디어 받아들이고 빗방울처럼 갈증 내면서 마셔버리는 고상한 방법도 있을 것이다 : 그러나 고귀한 영혼은 이러한 기교나 몸짓에는 능숙하지 못하다. 여기에서 그의 이기주의가 그를 방해한다 : 이는 대체로 '위'를 보는 것을 좋아하지 않으며, 수평으로 천천히 자기 앞을 보거나 아니면 내려다본다 : ─ 그는 자신이 높은 곳에 있음을 알고 있다. ─

266.

"자기 자신을 **구하지** 않는 사람만을 진정으로 존경할 수 있다."─
괴테가 고문관 슐로서Schlosser에게 한 말.

267.

중국인에게는 어머니들이 미리 자식들에게 가르치는 격언이 있다 : 즉 소심(小心, siao-sin), "네 마음을 **작게** 가져라"[64]이다. 이것은 말기 문명에 나타나는 고유한 근본 경향이다 : 나는 고대 그리스인 역시 오늘날의 우리 유럽인들에게서 제일 먼저 자기 왜소화를 식별해내리라는 것을 의심하지 않는다. ─ 이것만으로도 이미 우리는 그리스인의 '취미에 반하는' 것이다. ─

268.

비속함이란 결국 무엇인가? ─ 말이란 개념에 대한 음향 부호다. 그러나 개념이란 자주 반복되며 서로 연결되어 나타나는 감각이나 감각군들에 대한 다소 확정된 영상 기호다. 서로 이해하기 위해 똑같은 말을 사용하는 것으로는 충분치 않다 : 사람들은 같은 종류의 내적 체험을 위해서도 동일한 말을 사용해야 하며, 결국 체험을 서로 **공동으로** 가져야만 한다. 따라서 같은 언어를 사용하는 경우일지라도, 한 민족에 속하는 사람들이 다른 민족에 속하는 사람들보다 서로 더 잘 이해하게 된다 ; 또는 오히려 사람들이 오랜 시간(기후, 토지, 위험, 욕구, 노동의) 유사한 조건 아래 함께 살아간다면, 거기에서 '서로 이해하는' 어떤 것, 즉 한 민족이 **생겨난다**. 모든 영혼에서는 같은 횟수로 자주 반복되는 체험이 좀더 드물게 나타나는 체험에 대해 우위를 차지해왔다 : 그러한 체험을 바탕으로 사람들은 빠르게, 더욱 빠르게 이해하게 된다. — 언어의 역사는 단축 과정의 역사다 — . 이와 같은 빠른 이해에 의해 사람들은 긴밀하게, 점점 더 긴밀하게 결합하게 된다. 위험이 크면 클수록, 긴급한 문제에 대해 신속하고 용이하게 의견 일치할 필요성도 더욱 커지게 된다. 위험에 처해 오해하지 않는 것, 이것은 인간이 교류하는 데 절대로 없어서는 안 될 것이다. 또한 우정이나 연애에서도 사람들은 이러한 시험을 하게 된다 : 두 사람 가운데 한 사람이 똑같은 말을 사용하면서도 상대방과 달리 느끼고 생각하고 추측하고 원하고 무서워하는 상황에 이르게 되면, 바로 그와 같은 관계는 지속되지 않는다. ('영원한 오해'에 대한 공포 : 이것은 서로 다른 성(性)을 가진 인간들이 실로 자주 관능과 심정이 권하듯 너무 조급하게 결합하지 못하게 해주는 호의적인 수호신이다 — 이것은 쇼펜하우어가 말하는 '종의 수호신'과 같은 것은 **아니다** — !) 한 영혼 안에서 어떤 감각군이 가장 빨리 깨어나게 되고 발언하며 명령을 내리게 되는지가 그 영혼의 가치의 전체 위계질서를 결정하며, 이것이 결국 그 영혼의 재산 목록을 확정하게 된다. 한 인간의 가치 평가는 그의 영혼의 구조에 관한 어떤 것을 드러내며, 그 영혼이 어디에서 자신의 생명 조건과 본래의 어려움을 보고 있는지 드러내준다. 이제 가령 어려움이 옛날부터 유사한 기호로 유사한 욕구와 유사한 체험을 암시할 수 있었던 사람들을 서로 접근시켰다고 한다면, 그 결론은 전체적으로 어려움을 쉽게 전달할 수 있다는 것, 다시 말해 궁극적으로 오직 평균적이고 공동의 체험을 한다는 것이 지금까지 인간을 마음대로 해 왔던 모든 폭력 가운데 가장 큰 폭력임이 틀림없다는 것이다. 좀더 유사하고 좀더 평범한 인간들은 언제나 유리한 입장에 있었으며 지금도 그렇지만, 좀더 선택된 자, 좀더 예민한 자, 좀더 희귀한 자, 좀더 이해하기 어려운 자들은 쉽게 고립되기 쉬우며, 따로따로 떨어져 있어 재난을 당하기도 쉽고 거의 번식하지도 못한다. 이 자연스러운 것, 너무 자연스럽게 유사한 것으로 진행하는 과정, 유사한 것, 일상적인 것, 평균적인 것, 무리적인 것으로 — 비속한 것으로! — 인간을 다시 교육하는 것을 막기 위해, 우리는 거대한 저항력을 불러일으켜야만 한다.

269.

어떤 심리학자 — 타고난, 피할 수 없는 심리학자이면서 영혼을 해명하는 자 — 가 공들여 골라낸 경우나 인간에게로 방향을 돌리게 되면 될수록, 그만큼 동정 때문에 질식하는 위험은 더 커지게 된다 : 그에게는 다른 인간 이상의 냉혹함과 명랑함이 **필요하다**. 보다 높은 인간이나 이상한 기질을 가진 영혼이 타락하고 몰락하는 것은 말하자면 일반적인 일이다 : 항상 이러한 일반적인 일을 주시한다는 것은 무서운 일이다. 이 몰락하는 과정을 발견했고, 보다 높은 인간의 이러한 내적인 '치유 불능' 전체, 모든 의미에서 이와 같이 영원한 "너무 늦었다!"는 말을 전 역사를 통해 우선 한번 발견하고, 거의 언제나 되풀이해 발견하고 있는 심리학자가 당하는 갖가지 고문의 고통은 ― 아마 언젠가는 그가 분격하여 자신의 운명에 대항하며 자기 파괴를 시도하는, 그가 스스로를 '파멸시키는' 원인이 될 수 있다. 거의 모든 심리학자의 경우에, 평범하며 잘 정돈된 사람들과 교제하는 데는 배신의 경향과 쾌락이 있음을 알게 된다 : 이 점에서 그에게는 항상 치료가 필요하며, 자신의 통찰과 절개(切開)가, 자신의 작업이 양심에 부과한 것에서 벗어나기 위해 일종의 도피와 망각이 필요하다는 것이 드러난다. 자신의 기억에 대한 두려움은 그에게 고유한 것이다. 그는 다른 사람의 평가 앞에서 쉽게 침묵하게 된다 : 그는 자기가 **보아왔던** 곳에서 존경받고 찬미되고 사랑받고 미화되는 대로 무표정한 얼굴로 귀를 기울이고 있다. ― 또는 그는 앞에 드러나는 어떤 견해에 명확히 동의를 나타냄으로써 자신의 침묵을 숨기기도 한다. 아마도 그가 처한 상황의 역설은 그가 커다란 존경과 함께 커다란 동정을 배웠던 바로 그곳에서 대중이나 교양인, 열광자들이 그들 나름대로의 커다란 존경을 배우게 된다는 끔찍한 사태에 빠지게 될 것이다. ― 즉 그것은 '위대한 인간들'이나 기인에 대한 존경이며, 그들이 있기 때문에 사람들은 조국, 대지, 인간의 존엄성, 자기 자신을 축복하고 존경하게 되는 것이며, 이러한 인간들을 목표로 청소년의 주의를 촉구하고 교육을 시킨다…… 지금까지 모든 중대한 사건의 경우에서 그와 똑같은 일이 일어났는지, 즉 대중이 하나의 신을 숭배했고, 그 '신'은 단지 가련한 희생양에 불과했는지 누가 알겠는가! 성과란 언제나 가장 위대한 거짓말쟁이였고, — 그리고 '작품' 그 자체는 하나의 성과였다. 위대한 정치가, 정복자, 발견자는 정체를 알 수 없을 정도로 자신이 창조한 것으로 모습을 위장했다. '작품', 즉 예술가나 철학자의 작품은 그것을 창조했고 또 창조했다고 하는 자를 창작해낸다. 존경받고 있는 '위대한 인물들'이란 후에 이루어진 빈약하고 졸렬한 창작인 것이다. 역사적 가치의 세계에서는 화폐 위조가 **지배한다**. 예를 들어, 바이런, 뮈세 L. C. A. de Musset,[65] 포E. A. Poe,[66] 레오파르디E. A. Leopardi,[67] 클라이스트B. H. W. von Kleist,[68] 고골리N. Gogol[69] 같은 위대한 시인들 — 그들은 지금도 그러하고 아마도 그렇게 되지 않을 수 없다는 데서, 순간을 사는 인간이며, 열광하며 관능적이고 어린아이 같고 불신과 신뢰에서 경솔하고 당돌하다. 그들은 보통 숨겨야 할 어떤 깨진 영혼을 지니고 있으며, 때로는 자신의 작품으로 내적인 오욕에 복수하며, 또 때로는 영혼을 비상시킴으로써 너무나 충실한 기억을 망각하려고 시도하기도 하며, 또 때로는 진흙탕 속에 길을 잃고 헤매다 거의 그것에 탐닉하기까지 하고, 마침내는 늪 언저리를 떠도는 도깨비불처럼 되어 스스로를 별로 **착각하게 된다**. — 이렇게 되면 민중은 그들을 이상주의자라고 부를 것이다. — 또 때때로 그들은 오랜 역겨움과 싸우면서 반복되는 불신의 유령과 싸우는데, 이러한 불신은 그들을 차갑게 만들며 그들로 하여금 영광을 갈구하게 하고, 도취된 아첨하는 자의 손에서 '자기 자신에 대한 믿음'을 먹어 치우게 한다 : — 이러한 위대한 예술가나 일반적으로 보다 높은

인간들은 한번 그들의 정체를 간파한 자에게는 얼마나 **고문**이 될 것
인가! 그들은 바로 — 고통의 세계에서는 투시력이 있지만, 유감스
럽게도 자신의 힘이 미치는 범위를 넘어 돕고자 하고 구원하려는
— 여성에게서 이렇게 쉽게 무제한적이고 헌신적인 **연민**이 분출되
는 것을 체험하며, 이러한 분출을 대중, 무엇보다도 그들을 존경하
고 있는 대중이 이해하지 못하고, 호기심으로 제멋대로 해석을 쌓아
올린다는 것은 납득할 만한 사실이다. 이러한 연민은 한결같이 자신
의 힘을 잘못 보고 있다. 여성은 사랑이 **모든** 것을 해낼 수 있다고 믿
고 싶어한다. — 이것은 여성의 고유한 **믿음**이기도 하다. 아, 마음을
아는 자는 가장 훌륭하고 깊이 있는 사랑마저도, 얼마나 빈약하고 어
리석은지, 얼마나 무력하고 불손하고, 잘못을 저지르고 구원하기보
다는 파괴하기가 쉬운지를 알아챌 것이다! — 예수의 생애에 관한
성스러운 우화나 미화 아래에는 사랑에 관한 지식의 순교라는 가장
고통스러운 사례중 하나가 숨겨져 있다는 것은 있을 수 있는 일이다
: 즉 그것은 가장 순수하고 가장 열정적인 마음의 순교로, 이 마음은
일찍이 어떤 인간의 사랑에도 만족한 일이 없고, 가혹함으로 광기로
그의 사랑을 거부하는 사람들에 대한 무서운 감정의 폭발로 사랑과
사랑받기를 원하며, 그 밖에는 아무것도 요구하지 않았다. 이것은 사
랑에 싫증내지 않고 만족할 줄 몰랐던 가련한 한 인간의 이야기다.
그는 자신을 사랑하지 않으려고 했던 사람들을 보내기 위해 지옥을
고안했어야만 했다. — 그리고 그가 마침내 인간의 사랑을 알게 되
자, 완전한 사랑이자 완전한 사랑의 능력인 신을 고안할 수밖에 없었
다. — 이 신은 인간의 사랑이 가엾기조차 하며 무지하기 때문에, 인
간의 사랑을 측은히 여기는 것이다! 이렇게 느끼고 이와 같이 사랑

을 아는 자는 ─ 죽음을 찾는다. ─ 그러나 왜 그렇게 고통스러운 일
에 매달리는가? 가령, 그럴 필요가 없다고 가정한다면 말이다. ─

270.

깊이 고통을 겪어본 인간에게는 누구나 정신적인 자부심과 구토
감이 ─ 이것은 얼마나 깊이 인간이 고통스러워할 수 있는가 하는
순위를 거의 결정한다 ─ 있다. 그는 자신의 고통 때문에 가장 영리
하고 현명한 자들이 알 수 있는 것보다 더 많이 알고 있다고, "그대들
은 아무것도 알지 못한다!"고 말할 수 있을 정도로 멀고도 무서운 많
은 세계를 잘 알고 있으며, 언젠가 그곳에 '머문' 적이 있다는 전율할 만
한 확신을 가지고 있었으며, 이 확신이 온몸에 젖어들어 이로 채색해
버린 것이다. 고통받는 자의 이러한 정신적인 무언의 교만이나, 선택
된 인식자, '정통한 자', 거의 희생된 자의 이러한 긍지는 주제넘은 동
정의 손과 접촉하는 것에서, 그리고 대체로 그와 고통을 같이하지 않
는 모든 사람에게서 자신을 보호하기 위해서 모든 형식의 변장이 필
요하다. 깊은 고통은 사람을 고귀하게 만든다. 이것은 사람을 구분시
킨다. 가장 정교한 변장 형식의 하나가 에피쿠로스주의이며, 앞으로
확실히 드러내 보이게 될 취미의 대담성인데, 이는 고통을 가볍게 다
루는 슬프고 심각한 모든 것에 저항하게 된다. 명랑하다고 오해받기
때문에, 명랑함을 이용하는 '좀더 명랑한 인간'이 있다 : ─ 그들은
오해받기를 원한다. 과학이 유쾌한 외관을 주기 때문에, 또한 과학성
이 인간은 천박하다는 것을 추론하게 하기 때문에, 과학을 이용하는
'과학적 인간들'이 있다. ─ 그들은 유혹하여 그릇된 추론을 이끌어

내기를 원한다. 자신들이 깨져버린 긍지를 지닌 치유할 수 없는 마음의 소유자라는 사실을 감추거나 부인하고 싶어하는, 자유로우면서 뻔뻔한 정신을 지닌 인간도 있다. 또 때때로 어리석음마저도 불길하고 너무나 확실한 지식을 감추는 가면이 된다. — 여기에서 분명한 것은 '가면'에 경외심을 갖고, 잘못된 자리에 심리학과 호기심을 사용하지 않도록 하는 것이 좀더 섬세한 인간의 특성이라는 것이다.

271.

두 인간을 가장 깊이있게 구분하는 것은 청결에 관한 서로 다른 감각과 그 정도의 차이다. 아무리 용감하고 서로 쓸모가 있더라도 무슨 소용이 있고, 서로 호의를 가지고 있다 하더라도, 그것이 무슨 소용이 있단 말인가 : 결국 여기에 남게 되는 것은 그들이 "서로 참을 수 없이 싫다!"는 것이다. 청결이라는 최고의 본능은 그것에 사로잡힌 자를 성자로, 가장 기이하고도 위험한 고독 속에 두는 것이다 : 왜냐하면 바로 그것이 성스러움이며 — 위에서 언급했듯이 본능을 최고로 정신화하는 것이기 때문이다. 목욕하는 행복 속에 담겨 있는 형언할 수 없는 충일감을 어떻게든지 안다는 것, 영혼을 끊임없이 밤에서 아침으로, 혼탁과 '고뇌'에서 밝고 찬란히 빛나고 깊이 있고 섬세한 것으로 몰아가는 어떤 욕정과 갈망과 같은 것 — : 바로 그러한 경향은 사람을 **뛰어나게** 하며 — 그것은 어떤 고귀한 경향이다 — , 또한 사람을 **구분시킨다**. 성자의 동정은 인간적인, 너무나 인간적인 것의 **더러움**에 대한 동정이다. 그리고 동정 그 자체도 성자가 부정이나 더러움으로 느끼게 되는 여러 가지 정도와 높이가 있는 것이다……

272.

고귀함의 표시 : 우리의 의무를 모든 사람에 대한 의무로까지 끌어내리려는 생각을 하지 않는 것. 자기 자신의 책임을 양도하려고 하거나 분담하려고 하지 않는 것. 자신의 특권과 그것을 행사하는 것을 자신의 의무들 가운데서 생각해보는 것.

273.

위대한 것을 얻고자 노력하는 인간은 자신의 진로 위에서 만나는 모든 사람을 수단으로 여기거나 지연시키는 것 또는 장애물로 여긴다. — 아니면 일시적인 휴식용 침대로 여긴다. 그의 고유한, 함께 사는 인간들에 대한 고귀한 성품의 자비는 그가 그 높이에 있으면서 지배하게 될 때 비로소 가능하다. 성급함과 그때까지는 언제나 희극을 연출하도록 운명지어져 있다는 그의 의식은 — 왜냐하면 전쟁마저도 희극이며, 모든 수단이 목적을 숨기고 있듯이 그 목적을 숨기고 있기 때문이다 — 그의 모든 교제를 망가뜨린다 : 이러한 종류의 인간은 고독을 알고 있으며 고독이 얼마나 강렬한 독 자체를 가지고 있는지 알고 있다.

274.

기다리는 자의 문제. — 어떤 문제의 해결점이 그 안에서 잠자고 있는 보다 높은 인간이 그래도 적절한 시간에 행동에 옮기기 위해서는 — 말하자면 '분출하기 위해서는' 행운과 헤아릴 수 없이 많은 것이 필요하다. 이것은 보통은 일어나지 않는다. 그리고 지상의 모든 구석에는 앉아 기다리고 있는 사람들이 있는데, 그들은 어느 정도까지 기다리는지 알지 못하며, 그러나 기다려도 헛되다는 사실을 더욱 알지 못하고 있다. 때로는 또한 그들을 깨우는 고함소리가, 행동하는 것을 허용하는 저 우연이 너무 늦게 다가온다. — 그때는 조용히 앉아 있었기 때문에 행동하기 위한 최상의 청춘과 힘을 이미 다 써버렸던 것이다. 그리고 얼마나 많은 사람이, 그가 '벌떡 일어섰을' 때, 사지가 마비되고 정신이 이미 너무 무거워졌다는 것을 알아채고 놀랐던 것일까! "너무 늦었다" — 라고 그는 스스로에게 말했지만, 그는 자신을 믿지 않게 되었고 이제 영원히 쓸모없게 되어버린 것이다. — 천재의 영역에서는 '손 없는 라파엘'[23]이라는 말이, 이 용어를 가장 폭넓은 의미로 이해하는 한, 예외가 아니라 통례가 되어야 하지 않을까? — 천재란 아마 결코 그렇게 드문 것은 아니리라 : 그러나 드문 것은 '적절한 때 χαιρός'— 를 마음대로 지배하기 위해, 우연의 앞 머리털을 잡기 위해, 필요로 하는 5백 개의 손이다!

275.

한 인간의 높이를 보려고 하지 않는 사람은 그 인간이 지니고 있는 천박한 점이나 표면적인 것은 더욱 날카롭게 바라본다 — 이렇게 함으로써 자기 자신의 정체를 드러낸다.

276.

모든 종류의 상해나 손해를 입었을 때, 좀더 저급하고 조잡한 영혼이 좀더 고귀한 영혼보다 더 형편이 좋다 : 후자의 위험은 더 클 수밖에 없으며, 더군다나 그들의 생존 조건이 복잡하기 때문에 재난을 당하고 파멸할 개연성이 엄청나다. ― 도마뱀의 경우에는 없어진 꼬리가 다시 자라나지만, 인간의 경우에는 그렇게 되지 않는다. ―

277.

매우 언짢다! 또 그 옛날 이야기인가! 건축을 시작하기 전에 꼭 알았어야만 했던 것을 집을 완성했을 때 배웠어야 했음을 문득 깨닫게 된다. 영원히 불쾌한 "너무 늦었다!"는 탄식! ― 끝나버린 모든 것에 대한 우울!……

278.

― 방랑자여, 그대는 누구인가? 나는 비웃음도 사랑도 없이, 헤아릴 길이 없는 눈으로 네가 너의 길을 가는 것을 바라본다. 모든 심연에서 만족을 느끼지 못하고 다시 밝은 햇빛 속으로 올라오는 측연(測鉛)처럼 축축하고 측은한 모습으로 ― 그것은 그 심연 아래서 무엇을 찾았는가? ― , 탄식하지 않는 가슴으로, 스스로의 구토를 감춘

입술로 가까스로 천천히 무엇을 잡으려는 손을 가지고 걸어가고 있
는 않는 누구인가? 너는 무엇을 해왔던가? 여기서 쉬어라 : 이 곳은
모든 사람을 후하게 맞이하는 장소이다. — 네 기운을 회복하라! 또
한 네가 어떤 사람이든, 지금 너의 마음에 드는 것은 무엇인가? 기운
을 회복하기 위해 너에게 필요한 것은 무엇인가? 그것을 말해보라 :
내가 가지고 있는 것을 나는 너에게 주겠다! — "기운을 회복하기 위
해서? 기운을 회복하기 위해서라고? 오 너, 호기심 많은 사람이여,
너는 거기에서 무엇을 말하고 있는가! 그러나 나에게 주려무나, 부
디 — "그것은 무엇인가? 무엇일까? 말해보라! — "그것은 또 하나
의 가면! 두 번째 가면이다!"……

279.

깊은 슬픔을 지닌 인간은 행복할 때 자신의 정체를 드러낸다 : 그
들은 행복을 붙잡는 데 마치 실투 때문에 마치 행복을 억누르고 질식
시키려는 것과 같은 방법을 취한다. — 아, 그들은 행복이 그들에게
서 달아나버릴 것을 너무 잘 알고 있다!

280.

"안 좋아! 안 좋아! 어째서? 그가 뒤로 물러서고 있는 것이 아닌
가?"— 그렇다! 그러나 그대들이 그것에 대해 탄식할 때, 그대들은
그를 제대로 이해하지 못한 것이다. 그는 위대한 도약을 하고자 하는
모든 사람처럼 뒤로 물러서고 있는 것이다.—

281.

"사람들이 나를 믿게 될까? 그러나 나는 사람들이 나를 믿어줄 것을 요구한다 : 나는 나 자신의 일과 나 자신에 대해 언제나 나쁘게밖에 생각하지 않았고, 그것도 단지 극히 드문 경우에만 단지 강요로 그렇게 했을 뿐, 언제나 '그 일에 대한' 즐거움도 없이, 나에게서 벗어날 준비가 되어 있어 언제나 성과에 대한 신념이 없었다. 그것은 자기 인식의 가능성에 대한 억제할 수 없는 불신 때문이며, 이 불신에 이끌려 나는 마침내 이론가들이 허용하는 '직접적 인식'이라는 개념에서조차 형용 모순을 느끼게 되었다 : ― 이러한 사실 전체는 거의 내가 나 자신에 대해 알고 있는 가장 확실한 것이다. 내 안에는 나 자신에 대해 어떤 확정적인 것을 믿는 것에 대한 일종의 반감(反感)이 있음이 틀림없다. ― 거기에는 아마 하나의 수수께끼가 숨어 있는 것이 아닐까? 그럴지도 모른다 : 그러나 다행스럽게도 이는 나 자신의 이로 씹어야 할 수수께끼는 아니다. 아마 내가 속해 있는 종의 정체를 드러내는 것일까? ― 그러나 그것은 나에 대한 것은 아니다 : 그것이 나 자신에게는 충분히 바람직한 것이지만. ―"

282.

"그러나 너에게 무슨 일이 일어났는가?" ― "나도 모르겠어. 아마도 내 식탁 위로 새의 마녀 하르피아들Harpyien이 날아간 것 같아"라고 그는 주저하며 말했다. ― 얌전하고 절도 있으며 조심스러워하는 사람이 갑자기 미친 듯이 접시를 때려부수고 식탁을 뒤집어엎고 고함을 지르고 미쳐 날뛰고 주변의 모든 사람에게 모욕을 주고 ― 결

국에는 부끄러워하면서 자신에 대해 분노하면서 그곳을 떠나는 일,
이런 일은 오늘날 때때로 일어난다. — 어디로 가는가? 무엇 때문에
가는가? 멀리 떨어져서 굶어 죽으려고? 자신의 기억으로 인해 질식
하려고? — 고귀하고 까다로운 영혼의 욕구를 지니고 있지만, 자신
5 의 식탁이 마련되고 자신의 식사가 준비된 것을 본 적이 드문 사람
은, 어느 시대에나 그의 위험은 커질 것이다 : 그러나 오늘날 그 위험
은 정상에서 지극히 벗어나 있다. 한솥밥을 함께 먹을 수 없는 소란
스럽고 천민적 시대에 내던져져서, 그는 굶주림과 갈증 때문에, 또는
그가 마침내 어쩔 수 없이 음식에 '손을 댈' 경우에는 — 갑작스러운
10 구토 때문에 쉽게 파멸하게 될지도 모른다. — 우리 모두는 아마도
이미 우리에게 적합하지 않은 식탁에 앉아 있었는지도 모른다. 우리
가운데 가장 정신적인 사람들, 이 부양하기 가장 어려운 자들은 우리
의 음식과 식탁 옆에 앉아 있는 사람들을 순간적으로 통찰하고 환멸
을 느끼면서 생겨나는 저 위험한 소화불량을 — **식후의 구토**를 알고
15 있다.

283.

　대개 사람들이 칭찬하려고 할 경우, 언제나 생각이 일치하지 않은
20 경우에만 칭찬한다는 것은 세련되면서도 동시에 고귀한 자기 통제
이다 : — 그렇지 않은 경우에는 스스로를 칭찬하는 것이 되며, 좋
은 취미에 거슬리는 것이다. 물론 자기 통제란 끊임없이 **오해를 받는**
점잖은 원인이나 동인을 제공한다. 이러한 취미와 도덕성의 실질적
인 사치스러움을 허용할 수 있기 위해서는 멍청한 정신을 지닌 인

간들 사이에서 살아서는 안 되며, 오히려 오해와 실수까지도 그것이 정교한 것이라면 즐거워하는 사람들 가운데서 살아야만 하는 것이다. ─ 그렇지 않으면 값비싼 대가를 지불하지 않으면 안 될 것이다! ─ "그는 나를 칭찬한다 : 그렇기 때문에 그는 내가 옳다고 생각한다" ─ 이러한 어리석은 추론은 우리 은둔자의 삶의 절반을 망가뜨린다. 왜냐하면 이것이 이 어리석은 자를 우리의 이웃이나 친구 속으로 끌어들이기 때문이다.

284.

엄청나게 자부심 있는 초연한 태도로 살아간다는 것. 항상 저편에서 살아간다는 것 ─. 자신의 감정을, 찬성하거나 반대하는 생각을 마음 내키는 대로 갖거나 갖지 않고 잠시 동안 그것들과 마음 편히 어울린다는 것. 말을 타듯, 때로는 당나귀를 타듯, 이러한 것 위에 **앉는 것** : ─ 말하자면 이러한 것들의 어리석음도 열정도 잘 이용할 줄 알아야만 한다. 3백 개의 자신의 전경을 보유한다는 것. 또한 검은 안경도 : 왜냐하면 그 누구도 우리의 눈 안을, 더구나 '깊은 곳'을 보게 해서는 안 되는 경우가 있기 때문이다. 또한 예의라고 하는 교활하고 유쾌한 악덕을 동반자로 선택하는 것. 용기와 통찰과 공감과 고독이라는 네 가지 덕의 주인으로 머무르는 것. 왜냐하면 고독은 우리에게는 인간과 인간이 접촉하면서 ─ '사교에서' ─ 얼마나 불가피하고 불순하게 될 수밖에 없는지 드러내는 청결이 갖는 숭고한 경향이나 충동으로서의 덕이기 때문이다. 모든 공동체는 어떤 방식으로든, 어느 곳에서든, 어떤 때이든 사람을 ─ '천하게' 만든다.

285.

가장 위대한 사건과 사상은 — 그러나 가장 위대한 사상이 가장 위대한 사건이다 — 가장 늦게 이해된다. 동시대의 세대는 그러한 사건을 경험하지 못한다. — 그들은 그것을 스쳐 지나가며 살아간다. 거기에서는 별들의 세계에서 일어나는 것과 같은 어떤 일이 일어난다. 가장 멀리 떨어진 별빛이 인간에게 가장 늦게 이른다. 그 별빛이 이르기 전에는, 그곳에 별이 있다는 것을 인간은 부정한다. "하나의 정신이 이해되는 데는 몇 세기가 필요한 것일까?" — 이것 역시 정신과 별에게 필요한 순위와 예법을 만들어내기 위한 척도인 것이다. —

286.

"여기에서는 전망은 트이고, 정신은 고양된다."[24] — 그러나 높은 곳에 있고 전망이 트여 있는데도 아래를 내려다보는 반대 부류의 인간이 있다.

287.

— 고귀함이란 무엇인가? '고귀함'이라는 단어가 오늘날에도 여전히 우리에게 의미하는 것은 무엇일까? 모든 것을 불투명하게 하고 납빛이 되게 하는 하늘, 천민 지배가 시작되는 무겁게 드리운 하늘 아래, 사람들은 고귀한 인간을 무엇으로 드러내고, 무엇으로 식별하는가? — 그를 입증하는 것은 행위가 아니다. — 행위는 언제나 다의적이며, 언제나 헤아릴 수 없는 것이다 —. 또한 그를 입증하는

것은 '작품'도 아니다. 오늘날의 예술가들이나 학자들 사이에서는 얼마나 자신이 고귀함을 향한 깊은 갈망에 추동되고 있는지를 자신의 작품으로 드러내는 사람들이 많이 있음을 발견하게 된다 : 그러나 바로 고귀함을 향한 이러한 갈망은 고귀한 영혼 자체를 갈망하는 것과는 근본적으로 다르며, 이는 바로 이러한 영혼이 결핍되었음을 웅변적으로 말해주는 위험한 징표이다. 낡은 종교형식을 새롭고 좀더 깊이 있는 의미로 다시 받아들이기 위해, 여기에서 결정을 하고, 여기에서 순위를 확정하는 것, 그것은 작품이 아니고, **믿음**이다 : 그것은 고귀한 영혼이 자기 자신에 대해 가지고 있는 어떤 근본적인 확신이며, 구할 수도 없고 찾을 수도 없으며 아마 잃어버릴 수도 없을 그 무엇이다. ― 고귀한 영혼은 자기 자신에 대한 경외심을 가지고 있다. ―

288.

그들이 원하는 대로 몸을 뒤틀고 돌릴 수 있다 해도, 그리고 두 손을 배반하는 눈앞에 갖다 댄다고 해도 (― 마치 손은 배반자가 아닌 것처럼 ―) 어쩔 수 없이 정신을 지니고 있는 인간들이 있다 : 결국에는 언제나 그들이 무엇인가 감추고 있다는 것, 즉 정신을 가지고 있다는 것이 밝혀진다. 적어도 가능한 한 오랫동안 사람을 속이고, 성공적으로 자신을 실제의 자신보다 더 어리석게 꾸미기 위한 ― 이것은 일상적인 생활에서 때로 우산처럼 바람직한 것인데 ― 가장 교묘한 수단의 하나는 **열광**이라는 것이다 : 여기에 속하는 것을 덧붙여 말하자면, 예를 들어 덕을 말할 수 있다. 왜냐하면 이것을 알고

있는 것이 분명한 갈리아니⁽²⁵⁾가 말한 것처럼 — : 덕은 열광이기
vertu est enthousiasme 때문이다.

289.

은둔자의 저술에서는 언제나 황야의 메아리 같은 어떤 것, 고독의 속삭임이나 두려워하며 주의를 살펴보는 태도와 같은 것을 듣게 된다. 그의 가장 강한 말과 외침소리에서까지도 어떤 새로운 좀더 위험한 종류의 침묵이, 비밀스러운 침묵이 울려온다. 해마다 밤낮으로 홀로 자신의 영혼과 은밀히 다투거나 대화하면서 함께 앉아 있었던 자, 자신의 동굴에서 — 그것은 미궁일 수 있지만, 황금 갱도일 수도 있다 — 동굴의 곰이 되거나 보물 채굴자가 되거나 보물 수호자와 용이 되어버린 자, 이러한 사람의 상념 자체에는 마침내 어떤 특이한 어스름 빛을 띠고, 심연의 냄새와 함께 곰팡이 냄새를 풍기며, 그 곁을 지나가는 모든 사람에게 찬 기운을 내뿜는, 무어라 전달하기 어렵고 불쾌한 것이 있다. 은둔자는 일찍이 철학자가 — 철학자란 언제나 우선 은둔자였다고 가정하고 — 자신의 고유하고 최종적인 생각을 책에 표현했다고 믿지 않는다 : 사람이란 자기 안에 숨겨져 있는 것을 감추기 위해 책을 쓰는 것이 아닐까? — 도대체 철학자가 '최종적이며 고유한' 생각을 가질 수 있을 것인가를, 그에게는 모든 동굴 뒤에 한층 더 깊은 동굴이 있으며, 또 이는 틀림없는 것이 아닐까 — 표면적인 세계를 넘어선 곳에 좀더 광대하고 낯설고 풍요로운 세계가 있는 것이 아닌가, 모든 근거의 배후에, 모든 '근거를 마련하려는 작업' 아래 하나의 심연이 있는 것이 아닌가 하고 그는 의

심하게 될 것이다. 모든 철학은 전경(前景)의 철학이다. — 이것이
은둔자가 내리는 판단이다 : "철학자가 여기 서서 뒤를 돌아보고 자
신의 주위를 살펴본다는 것은, 그리고 그가 여기에서 더 이상 깊이 파
고들어가지 않고 삽을 내던져버린 것은 무엇인가 자의적인 것이 있
다. — 거기에는 무엇인가 의심스러운 것이 있다." 모든 철학은 또한
하나의 철학을 숨기고 있다. 모든 생각도 하나의 은신처이고, 모든 말
도 하나의 가면이다.

290.

깊이있는 사상가는 모두 오해받기보다는 이해되는 것을 더 두려
워한다. 오해받는 것을 괴로워하는 것은 아마 그의 허영심일 것이
다. 그러나 이해되는 것을 괴로워하는 것은 그의 마음과 공감인데,
이는 언제나 다음과 같이 말한다 : "아, 왜 **그대들은** 나처럼 그것을
그렇게도 힘들게 생각하려고 하는가?"

291.

몇 겹으로 기만적이고 기교적이고 불투명한 동물이며, 다른 동물
에게는 힘으로보다는 간교함과 영리함으로 섬뜩한 동물인 인간은
자신의 영혼을 어쨌든 단순한 것으로 향유하기 위해 선한 양심을 고
안해냈다 ; 모든 도덕은 오랜 기간에 걸친 대담한 기만이며, 그것 때
문에 일반적으로 영혼을 바라보면서 그것을 향유하는 것이 가능하
게 된다. 이러한 관점에서 볼 때, 아마 사람들이 일반적으로 생각하

는 것보다 훨씬 많은 것이 '예술'이라는 개념에 속하게 될 것이다.

292.

철학자란 끊임없이 이상한 일들을 체험하고 보고 듣고 의심하고 희망하고 꿈꾸는 인간이다. 그는 자기 자신의 사상에 의해 밖이나 위나 아래에서도, 그리고 또한 자기에게 독특한 사건이나 번갯불에게 얻어맞는다. 그 자신은 아마 새로운 번개를 잉태하는 뇌우(雷雨)인 것이다. 그는 숙명적 인간이며, 그를 둘러싸고 항상 천둥소리가 울리며 으르렁거리거나 찢어지는 소리가 나고 섬뜩해진다. 철학자 : 아, 때로는 자기에게서 도망치고, 때로는 자기 자신에 대한 두려움을 가지고 있는 존재 — 그러나 너무나 호기심이 강해, 언제나 다시 '자기 자신에게 돌아오는' 존재……

293.

"나는 이것이 마음에 든다. 나는 이것을 내 것으로 하고 이것을 보호하고 모든 사람에게서 지키고자 한다"고 말하는 사람, 일을 이끌고, 결단을 수행하고, 하나의 사상에 충실하고, 한 여성에 매달리고, 무모한 사람을 벌주며 진압할 수 있는 사람, 자신의 분노와 칼을 가지고 있고, 약자, 고통받는 자, 학대받는 자, 그리고 동물마저도 기꺼이 그의 소유가 되고 천성적으로 그에게 속하게 되는 인간, 간단히 말해 천성적으로 **주인인** 인간, — 그러한 인간이 동정을 가지고 있다면, 정말이다! 이러한 동정은 가치가 있다! 그러나 고통받는 자들의 동정이 무엇이 중요한가! 또는 더욱이 동정을 설교하는 자들의 동정이 무엇이 중요하단 말인가! 오늘날 거의 유럽 전역에서는 고통에 대한 병적인 민감성과 신경과민이 있다. 또한 마찬가지로 탄식에서의 불쾌한 무절제가, 종교나 철학적 허튼 소리로 스스로를 어떤 뛰어난 것으로 꾸미고 싶어하는 나약함이 있다. ― 어떤 형식에 맞는 고통의 우상화가 있다. 그러한 열광자 그룹에서 '동정'이라 불리는 유약함이, 내 생각에는 언제나 제일 먼저 눈에 띈다. ― 우리는 이러한 가장 새로운 종류의 악취미를 강력하고도 근본적으로 몰아내지 않으면 안 된다. 마지막으로 내가 바라는 것은, 사람들이 그에 대해 '가이 사버gai saber'라고 하는 훌륭한 부적을 ― 독일인들에게 명료하게 설명한다면, '즐거운 학문'을 ― 가슴과 목에 걸었으면 하는 것이다.

294.

올림포스적인 악덕. ― 순수한 영국인으로서 모든 사색하는 인간들에게서 웃음에 관한 나쁜 평판을 만들어내고자 했던 저 철학자에 거역하여 ― "웃음은 인간 본성이 지닌 나쁜 결함이니, 사색하는 모든 인간은 이를 극복하려고 노력해야 할 것이다"(홉스) ― 나는 그 웃음의 등급에 따라 ― 황금의 웃음을 웃을 수 있는 사람들에 이르기까지 ― 심지어 철학자들의 순위가 있음을 인정하고 싶다. 만일 신들도 철학을 한다면 ― 많은 추론에서 이미 나는 그렇게 추론했는데 ― 그들도 또한 그때 ― 모든 진지한 것들을 희생해서라도 ― 위버멘쉬적이고 새로운 방식으로 웃을 수 있다는 사실을 나는 의심치 않는다! 신

들은 조소하기를 좋아한다 : 그들은 신성한 행위를 할 때조차 웃음
을 멈출 수 없는 것처럼 보인다.

295.

저 위대한 은둔자가 가지고 있는 심정의 천재, 유혹하는 자인 신
이며, 천성적인 양심의 유혹자, 그의 소리는 모든 영혼의 지하세계
에까지 내려갈 수 있으며, 그가 던지는 말 한마디, 눈길 하나에도 유
혹의 동기나 저의가 담겨 있지 않은 것이 없다. 그가 자신을 드러낼
수 있는 것은 대가의 실력에 속한다. — 이것은 그 자신의 참모습을
드러내는 것이 아니고, 그를 따르는 사람들에게 더욱더 그에게 가까
이 오도록 강요하기 위한, 더욱 내면적으로 철저하게 그를 따르도록
하기 위한, 강제 이상의 의미를 드러내는 것이다 : — 심정의 천재,
그는 시끄럽고 자만하는 사람들을 모두 침묵하게 만들며 경청하는
법을 가르치고, 거친 영혼을 지닌 자들을 산산하게 하고, 마치 깊은
하늘이 그들 위에 모습을 비추는 거울처럼 고요하게 누워있고자 하
는 새로운 갈망을 그들에게 맛보게 한다 — . 심정의 천재는 우둔하
고 성급한 손에 망설이는 법을 가르치고 좀더 우아하게 붙잡는 법
을 가르친다. 그는 감추어지고 잊혀진 보물을, 선의와 달콤한 정신
성의 물방울을 흐리고 두꺼운 얼음 밑에서 찾아내며, 오랫동안 여러
가지 진흙이나 모래의 감옥 속에 파묻혀 있었던 모든 황금의 알을
찾는 마법의 지팡이다. 이 심정의 천재와 접촉한 사람이라면 누구나
좀더 풍요로워져가는데, 이는 은혜를 받거나 놀라서도 아니고, 마치
미지의 재물에서 혜택을 입거나 억눌려서가 아니다. 오히려 억지로

열리게 되고, 따스한 바람이 불어와 캐내게 하며, 아마 더욱 불확실
하게 되어 더욱 부드럽고 깨지기 쉽고 부서진 것이 되었으나, 아직
이름도 없는 희망에 부풀고 새로운 의지와 흐름에 넘치고 새로운
불만과 역류에 넘쳐 자신에 대해 좀더 풍요로워지고, 그전보다 더
5 새로워지게 된다…… 그러나 내가 무엇을 하고 있는가, 나의 친구들
이여? 나는 누구에 대해 그대들에게 말하고 있는가? 내가 그대들에
게 한번도 그의 이름을 말한 적이 없을 정도로 스스로를 잊어버렸
단 말인가? 그대들이 이와 같은 방식으로 **칭찬받기**를 원하는 이 의
심스러운 정신이나 신이 누구인지 이미 스스로 알아채지 못하고 있
10 었다면 말이다. 즉 어린 시절부터 언제나 돌아다니며 낯선 고장에
살아본 적이 있는 사람이면 누구나 경험하는 것처럼, 나 역시 희귀
하고 위험한 많은 정신과 부딪쳐왔다. 그러나 무엇보다도 내가 방금
말했던 정신과 부딪혔던 것이다. 이 정신은 언제나 다시 나타나는
바로 **디오니소스 신**이며, 그대들이 알다시피 내가 일찍이 은밀히 경
15 외심을 가지고 내 처녀작을 바쳤던 저 위대한 양의(兩義)적인 신,
유혹자인 신이다. ― 내가 생각하기에는 나야말로 그 신에게 **희생**을
바쳤던 마지막 인간이었다 : 왜냐하면 내가 그 당시에 했던 일을 이
해하는 사람이 아무도 없었기 때문이다. 그 사이 나는 이러한 신의
철학에 관해 많은 것을, 너무나도 많은 것을 배웠으며, 이것은 이미
20 말했듯이 입에서 입으로 전해졌다. ― 나는 디오니소스 신의 마지막
제자이자 정통한 자이다 : 나는 기어이 한번쯤 내 친구인 그대들에
게, 나에게 허락하는 한, 이 철학을 조금은 맛보게 하는 일을 시작해
도 좋을 것이 아닌가? 당연히 반쯤 낮은 목소리로 말이다 : 왜냐하
면 여기에서 문제가 되는 것은 여러 가지 은밀한 것, 새로운 것, 낯

선 것, 기이한 것, 섬뜩한 것이기 때문이다. 이미 디오니소스가 철학자이며, 신들도 철학을 한다는 사실은 나에게는 위험이 없지 않으며 아마도 바로 철학자들 사이에서 불신을 일으킬 수도 있는 새로운 것처럼 생각된다. — 나의 친구 그대들 사이에서는, 그것이 너무 늦게 오게 되거나, 적당한 때 오지 않는다면 몰라도, 이미 저항받는 일은 없을 것이다 : 왜냐하면 내게 은밀히 누설했듯이, 그대들은 오늘날 신과 신들에 대해 마지못해 믿고 있기 때문이다. 아마도 또한 나는 내 이야기를 솔직히 할 때, 그대들 귀의 엄격한 습관에 항상 유쾌하게 울리는 정도를 넘어 더 앞으로 나아가야만 하는 것이 아닌가? 확실히 이미 언급한 신은 이와 같은 대화를 할 때 더 나아가 있으며 훨씬 멀리 나아가 있고, 항상 나보다 먼저 몇 발짝 앞서 있었다······ 만일 인간의 풍습에 따라 그 신에게 아름답고 장엄한 장식의 명칭과 덕성의 명칭을 붙이는 것이 허용된다면, 나는 그의 탐구자로서의 용기나 발견자로서의 용기를, 그의 대담한 성실성과 진실성, 지혜에 대한 사랑을 대단히 징찬해야 할 것이다. 그러나 그러한 신은 이러한 모든 귀한 잡동사니나 장식품을 어떻게 해야 좋을지 모르고 있다. " 너와 너의 동료들이나, 그 밖에 그것이 필요한 사람을 위해 이러한 것을 간직하고 있는 것이 좋을 것이다! 라고 그는 말하고 싶어 할 것이다. 나는 — 내 자신의 벌거벗은 모습을 감출 이유가 없다!" — 사람들은 이러한 종류의 신이나 철학자에게는 아마 수치심이 없을 것이라고 추측한다. — 언젠가 그 신은 이렇게 말한 적이 있었다 : "상황에 따라 나는 인간들을 사랑한다 — 이때 그 신은 그 자리에 있었던 아리아드네Ariadne를 넌지시 암시했다 — : 나에게 인간이란 지상에서 그와 비견될 만한 것이 없는 유쾌하고 용기 있고 창의적인 동물이다. 이 동물은 어떤 미궁에 있어도 여전히 가야 할 올바른 길을 찾아낸다. 나는 그에게 호의를 가지고 있다 : 나는 종종 현재의 그보다 어떻게 하면 그를 앞으로 진전시키고 그를 좀더 강하게, 좀더 악하게, 좀더 깊이 있게 만들 것인가를 숙고하곤 한다." ― "좀더 강하고, 악하고, 깊이 있게라고?" 나는 놀라서 물었다. 그는 다시 한번 말했다. "그렇다. 좀더 강하고 악하고 깊이 있고, 또한 아름답게" ― 그리고 게다가 유혹하는 자인 신은 마치 그가 방금 매혹적인 인사말이라도 한 것처럼 온화한 미소를 지으며 웃었다. 여기에서 동시에 볼 수 있는 것은, 이 신에게 없는 것이 수치심만은 아니라는 것이다 ―. 대체로 몇 가지 점에서 신들도 모두 우리 인간들에게서 배울 수도 있다는 것을 추측할 만한 충분한 이유가 있다. 우리 인간들이 ― 더 인간적이기 때문이다……

296.

아, 그대들은 도대체 무엇이란 말인가, 그대들 내가 기록하고 그려낸 사상이여! 그대들이 여전히 그렇게 다채롭고 젊고 악의적이고 가시가 가득 돋아 있고 은밀한 향냄새를 내어, 내가 재채기가 나게 하고 웃게 한 것은 그리 오래된 일이 아니다 ― 그런데 지금은? 이미 그대들은 자신의 참신함을 잃어버렸고, 그대들 가운데 몇몇은 두렵게도 벌써 진리가 되려고 한다 : 그것들은 벌써 그만큼 불멸의 것으로 그만큼 가슴이 메어질 정도로 성실한 것으로 그만큼 지루한 것으로 보인다! 그러나 이전에는 사정이 달랐단 말인가? 우리는 도대체 어떤 일들을 기록하고 그린다는 말인가, 중국 붓을 사용하는 중국 관리인 우리, 기록할 수 있는 사물들이 영원히 전해지게 만드는 자인 우리, 우리가 오로지 그릴 수 있는 것이란 도대체 무엇이란 말인가? 아, 언제나 막 시들어가려 하고 향기를 잃어가기 시작하는 것뿐이다! 아, 언제나 물러가는 지칠 대로 지친 폭풍우나 누렇게 변한 말년의 감정들뿐이다! 아, 언제나 날다가 지쳐서 헤매는, 이제 손으로 — 우리의 손으로 잡을 수 있는 새들뿐이다! 우리가 영원한 것으로 만드는 것은 더 이상 오래 살 수 없고 날 수 없는 것, 지치고 약해질 대로 약해진 사물들뿐이다! 그대들 내가 기록하고 그려낸 사상들이여, 오직 그대들의 오후만을 위해 나는 색깔을, 아마 많은 색과 많은 다채로운 애정을, 50가지 정도의 황색, 갈색, 녹색, 적색을 가지고 있다 : — 그러나 그 누구도 그대들이 아침에 어떤 모습을 하고 있었는지 알아낼 수 있는 사람은 없다. 나의 고독에서 갑자기 나타난 불꽃과 기적이여, 그대 나의 오래되고 사랑스러운 — — 나쁜 사상들이여!

높은 산에서

후곡(後曲)

　　　　　　　*
　　　　　　* * *
5　　　　 *　　　*
　　　　* *　　* *

　　오 생명의 정오여! 장엄한 시간이여!
　　　　오 여름의 정원이여!
　　서서 살피며 기다릴 때의 불안한 행복 : ―
10　이미 밤낮으로, 나는 친구들을 기다리네,
　　그대 친구들이여 어디에 있는가? 어서 오라! 때가 왔다! 때가 온
　　것이다!

　　잿빛 빙하가 오늘 장미로 치장한 것은
15　　　그대들을 위한 것이 아니었단 말인가?
　　시냇물은 그대들을 찾고, 바람도 구름도 오늘은 그리워하며 몰려
　　들다가,
　　더 높이 창공으로 치솟아오르며,
　　아득하게 먼 새의 시선으로 그대를 찾아 살핀다.
20
　　가장 높은 곳에 그대들을 위해 내 식탁은 마련되었다 : ―
　　　　그 누가 별들
　　가까이 살고 있는가? 그 누가 심연의 무서운 미지의 나라에 살고
　　있는가?

높은 산에서　317

나의 왕국 — 이보다 멀리 뻗어나간 왕국이 어디 있단 말인가?
그리고 나의 꿀을 — 그 누가 그것을 맛본 적이 있단 말인가?……

— 그대들은 와주었구나, 친구들이여! — 아, 이럴 수가, 내가 아닌가,
    그대들이 원했던 이는?
그대들은 머뭇거리며 놀라워하는구나 — 아, 그대들은 오히려 원망해야 하는데!
나는 — 더 이상 내가 아닌가? 손도, 발걸음도, 얼굴 모습도 변해버렸단 말인가?
그리고 그대 친구들에게는, 지금의 나는 — 내가 아니란 말인가?

나는 다른 사람이 되었던가? 나 자신에게도 낯선 자가?
    나 자신에게서 생겨났던가?
너무나 자주 자기 자신을 제어하는 격투자가?
너무나 자주 자신의 힘에 저항하며,
자신의 승리에 의해 상처받고 저지당했던가?

나는 바람이 매섭게 부는 곳을 찾았던가?
    나는 사는 법을 배웠다.
아무도 살지 않는 곳에서, 황량한 북극곰이 사는 극지에서,
인간과 신도, 저주와 기도도 잊어버렸단 말인가?
빙하를 넘어가는 유령이 되었단 말인가?

— 그대 오랜 친구들이여! 보라! 이제 그대들이 바라보네, 창백하고,

사랑과 공포가 가득 차!
아니다, 가라! 화내지 말라! 여기는 ― 그대들은 살 수 있는 곳이 아
니다 :
아득히 먼 얼음과 암벽의 나라 사이에 있는 여기 ―
5 여기에서 우리는 사냥꾼이 되거나 영양(羚羊)처럼 되어야만 한다.

나는 나쁜 사냥꾼이 되었다! ― 보라, 얼마나
내 활이 팽팽하게 당겨졌는지!
그렇게 당긴 자는 가장 강한 자였다 ― :
10 그럼에도 아, 이럴 수가! 이 화살이 위험한 정도는,
어떤 화살도 미치지 못한다. ― 여기서 떠나라! 그대의 안녕을 위
해!……

그대들은 발길을 돌리는구나? ― 오 마음이여, 너는 잘도 견뎌내고,
15 네 희망은 강하게 남아 있다 :
새로운 친구들에게 네 문을 활짝 열어두어라!
낡은 것을 버리고, 기억도 버리고!
너도 한때는 젊었지만, 이제 ― 훨씬 더 젊다!

20 언젠가 우리를 묶어주었던 것은, 희망의 끈, ―
누가 그 글씨를 읽을까,
언젠가 사랑이 적어놓은, 빛 바랜 그 글씨를?
나는 이를 손대기도 꺼려할 만한 양피지와 비교한다,
― 마치 퇴색하고 그을린 모습 같구나.

더 이상 친구는 아니고, 이는 — 내 이를 무어라고 부를까? —
　　　　　단지 친구의 유령일 뿐!
　　　이는 밤마다 내 마음의 창문을 두드리고,
　　　나를 보며 말한다 : "우리는 친구였지?" —
5　　　—오 한때는 장미처럼 향내 나던 시들어버린 말이여!

　　　오 스스로 오해했던 청춘의 그리움이여!
　　　　　내가 그리워했던 사람들,
　　　내 자신의 혈연이며 함께 변해간다고 잘못 생각한 사람들,
10　　그들도 늙어버리고 쫓겨났다 :
　　　오직 변하는 자만이, 나와 인연이 있다.

　　　오 생명의 정오여! 제2의 청춘이여!
　　　　　오 여름의 정원이여!
15　　서서 살피며 기다릴 때의 불안한 행복 : —
　　　이미 밤낮으로, 나는 친구들을 기다리네,
　　　새로운 친구들이여! 어서 오라! 때가 왔다! 때가 온 것이다!

　　　　　　　　*　*
　　　　　　　　 *
20

이 노래는 끝나고, ― 감미로운 외침의 그리움도
　　　　입 안에서 사라졌다 :
　　마술사가 마술을 하자, 적절한 때 친구가 보이나니,
　　이는 정오의 친구로다 ― 아니다! 그가 누구인지 묻지 말라 ―
5　정오에 하나는 둘이 되었다……

　　이제 우리는 축하하며, 하나로 뭉친 승리를 확신하고,
　　　　축제 가운데 축제를 한다 :
　　친구 **차라투스트라**가 왔다, 손님들 가운데 손님이!
10　이제 세계는 웃고 끔찍한 커튼은 찢기고,
　　빛과 어둠을 위한 결혼식이 다가왔다……

　　　　　　＊　　＊　　＊
　　　　　　　＊　　＊
　　　　　　　　＊

원저 편집자주

(1) Arrighetti(편), *Epikur*, Fr.93, 18~19쪽.
(2) G. Chr. Lichtenberg, *Vermischte Schriften V*(Göttingen, 1867), 327쪽.
(3) 오이겐 뒤링을 암시하고 있다.
(4) 보스코비치Ruggiero Giuseppe Boskovich는 폴란드인이 아니라 달라타아인이었다. 니체는 1873년 바젤에서 그의 책을 읽었다. R.G. Boscovich, *Philosophiae naturalis Theoria redacta ad unicam legem virium in natura existentium* (viennae, 1769).
(5) Platon, *Leg.* 689 a~b.
(6) A. Schopenhauer, *Parerga 2*(Leipzig, 1873~74)(Frauenstädt-Ausgabe), 54쪽 참조; 또한 J.-J. Rousseau, *Confessions*, 4권의 다음 구절을 참조할 것: "사상은 그 사상이 원할 때 오는 것이지, 그것이 나를 원할 때 오는 것이 아니다."
(7) P. Mérimée "Notes et souvenirs" zu Stendhal, *Corrépondence in dite* (Paris, 1855)에서 인용.
(8) Stendhal, Rome, Naples et Florence(Paris, 1854), 383쪽에 나오는 "인간이라는 식물은 높이 올라가는 여기에서 더욱 힘차게 성장한다"라는 비토리오 알피에리Vittorio Alfieri의 문장에서 인용
(9) 오히려 니체가 인용한 판본인 Frauenstt-Ausgabe의 137쪽을 참조할 것.
(10) 무정부주의자는 오이겐 뒤링Eugen Dühring 같은 사람을 말하는 것이다.
(11) Stendhal, De *l'amour*, 1권, 1장.
(12) Homer, *Ilias*, VI, 181행.
(13) Tacitus, *Historiae*, V, 8.
(14) Goethe, *Unterredung mit Napoleon, 1808*(1808년 10월 2일자에 다음과 같이 기술하고 있다: "그가 나를 주목하며 바라보았을 때, 그는 '여기에 한 인간이 있구나'라고 말했다. 나는 몸을 굽혀 인사했다"), *Annalen oder Tag und Jahres-Hefte von 1749 bis Ende 1822.*
(15) F. Galiani, *Lettres Madame d'Epinay, I*(Paris, 1882), 217쪽 참조.
(16) Dante, Divina Commedia, *Paradiso II*(Paris, 1855), 22쪽.
(17) Goethe, *Faust II*, 12110행 이하.

(18) Goethe, *Faust I*, 1112행.
(19) Goethe, *Maximen und Reflexionen*, 340번.
(20) Goethe, *Faust I*, 573행.
(21) 〈요한복음〉 20장 17절.
(22) Horaz, *Epist. I*, 10, 24.
(23) Lessing, *Emilia Galotti I*(Leipzig, 1867), 4쪽을 참조할 것.
(24) Goethe, *Faust II*, 11989~11990행.
(25) Galiani, Lettres *Madame d'Epinay*, 2, 276쪽.

옮긴이주

1) 몰리에르(Moliére, 본명은 Jean-Baptiste Poquelin, 1622~1673)는 프랑스가 낳은 가장 위대한 희극작가, 배우로 현대의 찰리 채플린이 그와 비교되곤 한다. 그는 정상적인 것과 비정상적인 것, 현학적인 것과 지혜로운 것의 상호 대비라는 이중적 관계에 기초한 새로운 양식의 희극을 만들었으며, 작품에는 《타르튀프 *Tartuffe*》, 《아내들의 학교 *L'Ecole des femmes*》, 《인간을 혐오하는 자 *Le Misanthrope*》, 그리고 죽음과 의사를 두려워하는 우울증 환자의 문제를 다룬 마지막 희극 《기분으로 앓는 사나이 *Le Malade imaginaire*》 등이 있다.

2) 보스코비치(Ruggero Giuseppe Boscovich, 1711~1787)는 자연철학자, 수학자, 물리학자, 천문학자, 시인으로 라틴어로 된 백여 권의 저작을 기술했다. 그는 인류가 낳은 가장 상상력이 풍부하고 대담한 사람으로 평가받았다. 그가 쓴 가장 중요한 저서로는 《자연에서 존재하는 작용의 단일 법칙을 만드는 자연 철학에 관한 이론 *Philosopiae Naturalis Theoria Redacta ad Unicam Legem Virium in Natura Existentium*》이 있다.

3) 뮌히하우젠(Karl Friedrich Hieronymus von Müchhausen, 1720~1797)은 중부 독일의 수렵가, 군인, 모험가로 일명 '허풍쟁이 남작'으로 알려졌다. 그는 많은 경험과 사건을 과장하여 친구들에게 전해주었는데, 알려진 허황된 많은 이야기는 이 사람과 결부된 것들이다.

4) 붉은 천이란 투우를 할 때 소를 흥분시키기 위해 사용하는 천을 가리키는 것

으로, 여기에서는 흥분을 의미한다.

5) 브루노(Giardano Bruno, 1548~1600)는 16세기 이탈리아의 자연철학자로, 무한한 우주universum 속에는 무수히 많은 세계mundus 즉 태양계가 분포되고 끊임없이 생성 소멸하며, 궁극적인 선이란 우주적 생명과 신비적 합일에 있다고 생각했다. 이러한 사상을 가지고 있던 그는 정통 신앙을 벗어난 이단자로 여겨져 7년간의 옥고를 치른 뒤 화형당했다.

6) 갈리아니(Ferdinando Galiani, 1728~1787)는 파리 주재 나폴리 대사의 서기관을 역임한 이탈리아의 경제학자이자 성직자로, 그가 디드로, 볼테르 등과 주고받은 수많은 편지들은 18세기 유럽의 경제, 정치, 사회 생활상을 알 수 있는 귀중한 자료이다. 중농주의의 대변자인 아베 앙드레 모렐레와 활발한 이론적 논쟁을 벌였으며, 주저인《곡물 거래에 관한 대화*Dialogues sur le commerce des blés*》(1770)에서는 완전한 자유를 옹호하는 중농주의자들을 비판하며, 상업 규제의 필요성을 강조했다.

7) 산스크리트로 쿠르마kūrma란 거북이를 의미하며, 가티gati란 문, 움직임, 출발, 진행 과정 등을 의미하는 것으로, 이 두 용어의 합성어인 쿠르마가티kūrmágati는 거북이처럼 느리게 움직이는 모습을 뜻한다.

8) 산스크리트로 만두카maṇduka는 개구리를 의미하며, 가티gati는 움직이는 모습을 뜻한다. 따라서 이들의 합성어인 만두카가티maṇdukagati는 개구리처럼 걷는 모습을 나타낸다. 원문에는 mandeikagati로 표기되어 있으나, 이는 손으로 쓴 'u'를 착각하여 'ei'로 잘못 표기한 것으로 보인다.

9) 산스크리트로 강가gaṅga는 갠지스 강을, 스로타srota는 강의 흐름을, 가티gati는 움직이는 모습을 의미하는데, 이들의 합성어인 강가스로타가티gangasrotagati는 갠지스 강이 흘러가는 모습을 뜻한다. 원문에는 gangasrotogati로 잘못 표기되어 있다. 두 번째 나오는 'o'는 오식이며 이는 'a'로 표기해야 한다.

10) 부포Boffo는 희가극에서 광대 역할을 하는 가수를 의미한다.

11) 사티로스Satyr는 그리스 신화에 나오는 반인반수(半人半獸)인 숲의 신이자 디오니소스 종자의 한 사람으로 호색을 상징하기도 한다. 사티로스극이란 고대 그리스에서 비극 다음에 상연되는 일종의 익살극으로 많은 사티로스들의 합창이 뒤따라 나온다.

12) 아리스토파네스(Aristophanes, 기원전 약 445~388)는 그리스 고대 희극

의 최대 시인으로, 펠레폰네소스 전쟁을 통해 활약했다. 기상천외한 도착적 세계의 창조, 아름다운 서정주의, 패러디에 뛰어나 많은 극을 썼는데, 현재 《벌(蜂)》, 《구름》, 《평화》, 《새》 등 11편의 작품이 남아 있다.

13) 페트로니우스(Petronius Arbiter, 기원후 66년 사망)는 1세기경 활동했던 로마의 작가로 그 당시 로마 사회의 부패상을 작품으로 묘사했다.

14) 베일(Pierre Bayle, 1647~1706)은 《역사비판사전 Dictionnaire historique et critique》을 통해 18세기 정신사에 큰 영향을 준 프랑스의 회의주의 철학자로, 데카르트의 영향 아래 철학에서의 모든 독단론에 맞서 투쟁했고, 윤리적 문제를 오직 이성에 의해 다루고자 했다.

15) 스탕달(Stendhal, 본명은 Marie Henri Beyle, 1783~1842)은 발자크와 더불어 19세기 프랑스 소설의 2대 거장으로 평가된다. 불후의 명작 《적과 흑 Le Rouge et la Noir》(1830)으로 잘 알려져 있다.

16) 쿤드리 Kundry는 성배(聖杯)와 성창(聖槍) 문제와 구원의 주제를 다룬 바그너의 가극 〈파르지팔 Parsifal〉에 나오는 여주인공으로, '순수한 바보'인 파르지팔에 의해 구원받는다. '구원'의 문제는 바그너가 평생 추구한 작품의 모티프이다.

17) 포르 루아얄 Port-Royal은 프랑스 파리 서쪽에 있는 마을로, 이곳에 있는 수도원을 지칭하기도 한다. 이곳은 네덜란드의 가톨릭 신학자 얀센(Cornelius Jansen, 1585~1638)의 예수회교 비판과 아우구스티누스주의에 기초한 경건주의를 받아들여 16~17세기에 형성된 얀센주의 Jansenism의 중심지가 되었고, 또한 데카르트 학파에게서도 큰 영향을 받았다. 이곳에서의 엄격하고 금욕적인 도덕에 기초한 공동생활은 근대의 교육계에도 지대한 영향을 미쳤다. 이 정신적 운동의 대표자로 아르노(Antoine Arnaud, 1612~1694)가 있으며, 1654년에는 파스칼도 이에 참여했다.

18) 생트 뵈브(Charles-Augustin de Sainte-Beuve, 1804~1869)는 19세기 프랑스의 대표적인 비평가로 치밀한 관찰과 해박한 지식을 통해 저술 활동을 했는데, 이러한 그의 저술은 '정신의 박물관'이라 불린다. 주저로는 세 권으로 된 《포르 루아얄 Port-Royal》(1840~1848)이 있다.

19) 르낭(Ernest Renan, 1823~1892)은 실증주의 및 다윈니즘의 영향을 받아 과학적 실증주의를 세우고자 한 프랑스의 철학자로, 인식의 상대성을 강조하고 형이상학을 불가능한 것으로 간주했다. 그는 종교, 철학, 역사 등 인간의 삶의 모

든 영역에서 삶의 생성 과정을 일체의 신화적 요소를 제거하고 실증적으로 해명하고자 했다. 이러한 작업 가운데 나타난 그의 유명한 주저가《예수의 생애La vie de Jésus》(1863)이다. 이 저서에서 그는 예수를 자신의 종족과 똑같은 용모, 특징을 가진 한 인간으로 묘사함으로써 당대에 커다란 파문을 일으켰고, 콜레즈 드 프랑스Collége de France의 교수직도 잃었다.

20) 마담 드 기용(Madame de Guyon, Jeanne-Marie Bouvier de la Motte-Guyon, 1648~1717)은 정적주의를 신봉했던 프랑스의 신비주의자로, 내적 체험으로 신과 합일되는 것을 중시했는데, 이러한 입장은 정통 카톨릭에서 이단시되었으며 (1699년 교황 이노센트 12세는 정적주의 교리를 이단으로 규정했다), 그녀도 1695년에서 1703년까지 투옥되었다.

21) 용연향Ambra, Amber은 말향고래의 장 배설물로 만든 향을 말한다.

22) 사케티(Saccetti, 약 1330~1401)는 14세기 말경 이탈리아의 인문학자이자 설화 작가로, 풍자와 해학이 풍부한 작품《3백 개의 이야기》를 남겼다. 그는 단테, 페트라르카, 보카치오 등에는 미치지 못했으나, 르네상스의 이탈리아 문학이 황금기를 형성하는 데 크게 기여했다.

23) 키클롭스Cyclops, Zyklop는 그리스 신화에 나오는, 이마에 눈이 하나 있는 거인이다. 그리스의 두 시인(헤시오도스와 호메로스)은 그 모습을 약간 다르게 묘사했다. 헤시오도스에 의하면 키클롭스는 우라누스(Uranus, 하늘의 신)와 가이아(Gaia, 대지의 신) 사이에서 태어났으며, 대장장이 재능이 있어 제우스의 강력한 무기인 천둥벼락을 만들어주었고, 바다의 신 포세이돈에게는 무시무시한 삼지창Triaina을, 죽음과 저승의 신 하데스에게는 몸을 보이지 않게 하는 투구Kynee를 선물했으나, 제우스가 아폴론의 아들 아스클레피우스Asclepius를 천둥번개로 살해하자 아폴론에 의해 비참한 최후를 맞는다. 호메로스의《오디세이아》에서 키클롭스는 시칠리아 섬에 사는 외눈박이 거인으로 오디세우스의 부하들을 잡아 먹었다가 오디세우스의 계략에 의해 장님이 되고 만다.

24) 키메라는 그리스 신화에 나오는 불을 토하는 괴물로, 일명 키마이라Chimaira라고도 불린다. 사자의 머리, 염소의 몸, 뱀의 꼬리를 가진 괴수로 신마(神馬) 페가소스를 탄 벨레로폰Bellerophon에 의해 퇴치되었다. 일설에는 사자와 염소와 뱀의 세 가지 머리를 가지고 있다고도 한다.

25) 칼리오스트로(Alessandro Graf von Cagliostro, 본명은 Giuseppe Balsamo,

1743~1795)는 이탈리아의 연금술사이자 모험가로, 백작을 자칭하며 사기를 저질렀던 인물이다.

26) 카틸리나(Lucius Sergius Catilina, 기원전 108~62)는 로마 공화정 말기의 귀족으로, 기원전 62년에 반역을 꾀하다 실패하여 죽임을 당했다.

27) 보르지아(Cesare Borgia, 1475/6~1507)는 교황 알렉산더 6세의 아들로, 프랑스의 원조를 받아 중부 이탈리아를 정벌하여 통치했던 르네상스 시대의 이탈리아 전제군주였다. 그는 목적을 위해 수단과 방법을 가리지 않았는데, 마키아벨리는 그를 이상적 군주로 보고 이탈리아 통일의 희망을 걸었다.

28) 하페즈(H-afez, 약 1327~1390)는 페르시아 명으로 모하메드 샴스 오드 딘 Mohammed Schams od-Din이며, 페르시아의 유명한 서정 시인이다. 그의 신비주의적 서정시는 괴테에게 많은 영향을 주었다.

29) 알키비아데스(Alcibiades, 기원전 450?~404)는 그리스 아테네의 정치가이자 군인으로, 스파르타, 페르시아, 아테네를 오가며 활동했다.

30) 프리드리히 2세(Friedrich II, 1194~1250)는 호엔슈타우펜 가의 최후의 신성로마제국 황제(재위 1215~1250)로, 십자군을 즉시 일으키지 않은 것과 롬바르디아 정책 등으로 로마 교황에게 세 번이나 파문당했다. 그 자신도 시인이며 7, 8개 국어에 능통하고 학예를 보호했다.

31) 뒤링(Eugen Dühring, 1833~1921)은 독일의 철학자로 유물론적 실증주의의 입장에서 사회주의적 견해에도 접근한 바 있으나, 마르크스에는 반대했다. 그러나 엥겔스는《반(反) 뒤링론》에서 그가 수정주의적 소시민성에 빠져 있다고 공격했다. 후에 대학에서 추방되어 고립된 채 세상을 떠났다.

32) 하르트만(Eduard von Hartmann, 1842~1906)은 독일의 철학자로, '무의식의 철학자'로 잘 알려져 있다. 그는 헤겔과 쇼펜하우어를 종합하며, 행복에 기반을 둔 사이비 도덕을 무의식의 개념으로 폭로하는 실천철학의 원리를 세웠고, 그리스도교에 반대하는 철학적 작업을 했다. 주저에《무의식의 철학*Philosophie des Unbewußten*》(1869)이 있다.

33) 미슐레(Jules Michelet, 1798~1874)는 파리 대학과 콜레주 드 프랑스의 교수를 역임한 프랑스의 역사가로, 역사에서 지리적 환경의 영향을 중시하고 역사 형성의 주체를 민중에 두며 군주나 교회 권력에 저항했다. 저서에《프랑스혁명사》,《19세기사》등이 있다.

34) 에피네(Louise Florence Péronille de la Live d'Epinay, 1726~1783) 부인은 프랑스 귀족 출신의 작가로, 루소와 친교를 맺으며 그의 보호자 역할을 했다. 1756년 초 루소는 몽모랑시의 에피네 부인의 별장에 머물렀고, 이후 뤽상부르 원수(元帥)의 저택으로 거주지를 옮겨《신 엘로이즈la Nouvell Héloïse》(1761),《사회계약론Du Contrat social》(1762),《에밀Émile》(1762) 등 세 권의 대저를 집필했다.

35) 생 테브르몽(Charles de Marguetel de Saint-Denis de Saint-Evremond, 1616?~1703)은 프랑스의 문학자이자 군인으로 네덜란드와 영국에서 망명생활을 했다. 그는 회의주의적·쾌락주의적 자유사상가로, 비극, 문학, 종교, 역사에 관한 많은 에세이를 남겼다.

36) 엘베티우스(Claude Adrien Helvétius, 1715~1771)는 프랑스 계몽기의 유물론 철학자다. 그는 데카르트 이래의 사변적 형이상학에 반대하며 유물론적 인식론에서 출발하여 인간 행동의 문제를 쾌와 불쾌, 이해(利害)와 관심으로 설명하고, 사회 환경의 변혁을 인간 교육의 전제로 설정했다. 그의 이러한 사상은 당시의 왕권과 교권의 공격을 받았으나, 유럽에서 반향을 일으켰고, 19세기의 공상적 사회주의에 영향을 주었다.

37) 캔트cant는 위선적인 말이나 공손한 체하는 말투로, 독일인들이 영국인을 욕할 때 이 말을 자주 사용했다고 한다.

38) 드 스탈(Anne-Louise Germaine de Staël-Holstein, 1766~1817) 부인은 프랑스 혁명기의 혼란한 프랑스 사회에서 자신의 이상을 실현하기 위해 험난한 인생을 살다 간 프랑스의 낭만주의 작가이다. 저서에《문학론 : 사회제도와의 관계에서 본 문학》(1800),《독일론》(1810) 등이 있다.

39) 롤랑(Jeanne Marie Roland de la Platiére, 1754~1793) 부인은 프랑스의 철학자이자 정치가로 공화주의를 신봉하다 프랑스 혁명 당시 1,343명의 귀족, 혁명가, 문학가 등과 함께 콩고르드 광장 앞 단두대에서 죽어갔다. "자유여, 당신의 이름 아래 얼마나 많은 죄가 저질러졌는가!"라는 그녀의 외침은 유명하다.

40) 조르주 상드(본명은 Armandine-Aurore-Lucie Baronne de Dudevant, 1804~1876)는 프랑스 작가로, 음악가 리스트의 소개로 쇼팽을 만나 9년간 그와 함께 살며 쇼팽의 작곡 활동을 도왔다.

41) 드 랑베르(Anne Thérèse de Marguerat de Courcelles, marquise de Lambert,

1647~1733) 부인은 프랑스의 작가이다.

42) 코체부(August Friedrich von Kotzebue, 1761~1819)는 당대에 인기 있었던 독일 드라마작가이다. 괴테와도 의견 차이를 보였고, 나폴레옹을 공박하는 저서를 내기도 했다. 그를 러시아 스파이로 간주한 신학과 학생이었던 잔트(Karl Ludwig Sand, 1795~1820)에 의해 암살당했다.

43) 장 파울(Jean Paul, 본명은 Johann Paul Friedrich Richter, 1763~1825)은 유명한 독일 낭만주의 작가이다. 목사인 아버지가 일찍 사망하여 가난한 생활을 했고, 계몽주의에서 낭만주의에 걸친 시대를 살아갔으며, 독일 문학에서 레싱이나 괴테와 비견되는 작가로 평가받고 있다. 작품으로 독일 교양소설에 속하는《거인Titan》(4권, 1800~1803)과 독일 낭만주의 해명에 귀중한 열쇠를 제공하는《미학입문Vorschule der Ästhetik》(1804)이 있다.

44) 모래Sand란 여기에서는 한때 '신성로마제국의 모래상자'라 불리던 베를린을 둘러싼 지역을 말한다.

45) 실러(Johann Christoph Friedrich Schiller, 1759~1805)는 독일의 유명한 극작가, 시인, 문학 이론가로 바이마르에서 괴테와의 우정과 교류를 통해(바이마르 시내에 있는 두 사람의 집은 걸어서 2, 3분 거리에 있다) 많은 영향을 주고받았다. 작품으로《군도Die Räuber》(1781),《돈 카를로스Don Carlos》(1787),《빌헬름 텔Wilhelm Tell》(1804)과 편지 모음집으로《인간의 미적 교육에 관한 편지Briefe über die ästhetische Erziehung des Menschen》가 있다.

46) 셸리(Percy Bysshe Shelley, 1792~1822)는 바이런과 교류를 하며 살았던 영국의 낭만주의 작가이다. 철학자 윌리엄 고드윈의 영향을 받았으며, 고드윈과 유명한 여권 운동가 메리 울스턴크래프트Mary Wollstonecraft의 딸이자 공포소설《프랑켄슈타인Frankenstein》(1818)의 저자인 메리가 그의 두 번째 아내이다. 어린 딸 클라라의 죽음 등 가정 생활의 여러 사건에 영향을 받아 쓴《프로테우스의 해방Prometheus Unbound》등의 작품이 있다.

47) 바이런(George Noël Gordon Byron, 1788~1824)은 영국의 낭만파 시인으로, 비통한 서정, 풍습에 대한 날카로운 비판과 풍자, 근대의 내적 고뇌 등을 시에 담았으며, 반속(反俗)적인 천재시인으로 평가되었다. 셸리와 더불어 활동했고, 대표적인 작품으로《돈 후안Don Juan》(1819~1823)이 있다.

48) 베버(Carl Maria von Weber, 1786~1826)는 고전음악에서 낭만음악으로

넘어가는 시대에 활동한 독일의 작곡가이자 오페라 단장이다. 대표작으로 오페라 〈마탄의 사수 Der Freischütz〉(1821), 〈오베론Oberon〉(1826)이 있다.

49) 마르슈 (Heinrich August Marschner, 1795~1861)는 작곡가로 독일의 낭만 오페라 확립에 기여했다. 그는 법학을 공부하다가 베토벤의 영향을 받아 작곡으로 인생의 방향을 돌렸으며, 베버 등 초기 낭만주의자들의 자연적인 경향에 관심을 보이며 감정의 영향을 더욱 넓혀 19세기 관현악법을 확장시켰다. 대표적인 오페라 작품으로 〈흡혈귀Der Vampyr〉(1828), 〈한스 하일링Hans Heiling〉(1833) 등이 있다.

50) 멘델스존(Jakob Ludwig Felix Mendelssohn-Bartholdy, 1809~1847)은 독일의 대표적 낭만주의 작곡가이자 피아니스트, 지휘자이다. 대표작으로 〈한여름 밤의 꿈Ein Sommernachtstraum〉(1826), 〈무언가Lieder ohne Worte〉(1830), 〈엘리야Elijah〉(1846) 등이 있으며, 〈한여름 밤의 꿈〉에 포함된 〈결혼 행진곡〉은 오늘날 결혼식장에서 많이 연주됨으로써 우리에게 잘 알려져 있다.

51) 슈만(Robert Schumann, 1810~1856)은 독일의 낭만주의 작곡가로, 피아노 음악, 가곡, 관현악곡으로 유명하다. 오스트리아 작곡가 프란츠 슈베르트와 독일 작가 장 파울에게 깊은 영향을 받았고, 알코올 중독자라는 이유로 법적인 소송 절차를 거쳐 독일의 유명한 피아니스트이자 작곡가인 클라라Clara와 결혼했다. 환청 증세로 자살을 기도하고 1854년 이후 정신병원에서 생활했다. 대표작으로 〈환상곡 Phantasie〉(1841)이 있다.

52) 젝시슈 슈바이츠(Sächsische Schweiz)는 독일 동부 지역 드레스덴에서 동남쪽으로 25킬로미터 정도 떨어진 산악 지역의 작은 마을 이름이다.

53) 데모스테네스(Demosthenes, 기원전 384~322)는 아테네의 정치가이자 고대 그리스에서 가장 뛰어난 웅변가로, 아테네 시민을 선동해 마케도니아의 왕 필리포스와 그의 아들 알렉산드로스 대왕에게 대항하도록 만들었다. 그의 연설문 모음집인 《왕관에 대하여de corona》는 기원전 4세기 아테네의 정치, 사회, 경제 생활을 이해하는 데 귀중한 자료로 평가받고 있다.

54) 키케로(Marcus Tullius Cicero, 기원전 106~43)는 로마의 철학자이자 정치가로, 라틴 산문의 창조자이자 완성자로 불린다. 그리스 철학을 라틴어로 번역하여 라틴어권에 그리스 사상을 전달했다.

55) 지벨(Heinrich von Sybel, 1817~1895)은 독일의 역사가이자 정치가로, 스

승 레오폴트 폰 랑케의 냉담한 역사 연구 태도에서 벗어나 민족주의적 프로이센 중심주의를 대변하며 오토 폰 비스마르크를 지지하여 프로이센의 문서국 국장을 지냈다. 대표작으로 《프랑스 혁명사*Geschichte der Revolutionszeit von 1789 bis 1800*》(5권, 1853~1879)가 있다.

56) 트라이치케(Heinrich Gotthard von Treitzschke, 1834~1896)는 독일의 역사가, 정치평론가로, 오스트리아를 제외하고 프로이센을 중심으로 하는 독일 통일(소독일주의)을 주장했고, 군국주의, 애국주의를 제창했으며, 대외적으로는 강경외교를 주장했다. 저서로《19세기 독일 역사》(5권, 1874~1894)가 있다.

57) 칼라일(Thomas Carlyle, 1795~1881)은 스코틀랜드의 역사가이자 비평가로, 1832년부터 잡지에 연재한 글 모음집《의상의 철학*Sartor Resartus*》으로 유명하다. 그는 여기에서 대자연은 신의 의복이고, 모든 상징, 형식, 제도 등은 허구적인 것에 불과하다고 주장했다. 또한 영웅은 우주의 질서를 깨달아 성실로써 대응하는 용기 있는 사람들이라고 주장하며 역사에서 개인의 역량을 강조하는 영웅주의를 제창하기도 했다.

58) 하이네(Christian Johann Heinrich Heine, 본명은 Harry Heine, 1797~1856)는 유대인 상인 부모 밑에서 태어난 독일 시인으로, 마르크스와도 좋은 관계를 유지했다. 말년에는 척추 경련으로 사지가 마비되고 부분적으로 눈이 멀었다. 인간의 조건에 대한 통절한 비탄이 담긴 음울한 시들을 많이 창작했다. 유명한 작품으로《시가집*Buch der Lieder*》(1827)이 있다.

59) 텐(Hippolyte-Adolphe Taine, 1828~1893)은 프랑스의 평론가, 철학자, 역사가로 콩트의 실증주의 방법을 써서 문학을 과학적으로 연구했으며, 문학 연구에서 인종, 환경, 시대의 3요소를 확립했다. 르낭과 함께 19세기 후반의 대표적인 프랑스 사상가로 평가된다.

60) 앙리 베일Marie Henri Beyle은 프랑스의 소설가 스탕달의 본명이다(옮긴이 주 15번을 참조할 것).

61) 비제(Georges Bizet, 본명은 Alexandre César-Léopold Bizet, 1838~1875)는 프랑스의 작곡가로 대작 〈카르멘Carmen〉(1875)으로 유명하다.

62) 들라크루아(Ferdinand-Victor-Eugène Delacroix, 1798~1863)는 프랑스의 가장 위대한 낭만주의 화가로, 그의 색채 사용법은 영국 화가 터너J.M.W. Turner와 더불어 인상파와 후기 인상파 화가들에게 큰 영향을 주었으며, 현대 표

현주의의 선구자로 평가받고 있다. 〈민중을 이끄는 자유의 여신〉(1830)은 그가 낭만주의 화풍으로 그린 마지막 작품이다. 그는 미술을 통해 자기 존재의 시적 감흥을 전달하고 싶어했는데, 그림을 그릴 때마다 형태와 빛, 교향곡 같은 채색을 창조했고, 조화로운 표현의 통일체를 완성했다.

63) 호라티우스(Quintus Horatius Flaccus, 기원전 65~8)는 아우구스투스 황제 시대에 활동한 뛰어난 서정 시인이며 풍자 작가이다. 노예 아버지 밑에서 태어나 브루투스 군대에서 군대 호민관으로 옥타비아누스를 토벌하는 전투에 참여했으나, 후에 옥타비아누스(=아우구스투스)와 친교하며 〈세기의 찬가 Garmen saeculare〉 등의 시를 지어 그를 돕기도 했다. 그의 《송가Odes》와 《풍자시Satires》, 《서간집Epistles》 등은 교훈적 가치 때문에 고대 이후로 널리 읽히게 되었다.

64) 니체는 "소심(小心, siao-sin)"을 "네 마음을 작게 하라"는 뜻으로 사용했으나, 오늘날 중국어에서는 "주의하라", "조심하라"는 의미로 사용된다.

65) 뮈세(Louis-Charles-Alfred de Musset, 1810~1857)는 프랑스 낭만주의 시인, 극작가, 소설가로 '프랑스의 바이런'이라고 불린다. 1833년 작가 조르주 상드와 사랑에 빠져 함께 이탈리아로 떠났으나 사랑에 실패하고, 그 체험으로 걸작으로 인정받는 연작시 《밤》을 발표했다. 조숙했던 그의 창작력은 30세를 지나면서 쇠약해져갔고, 이후 고독과 슬픔 속에서 생애를 마쳤다.

66) 포(Edgar Allan Poe, 1809~1849)는 미국의 시인, 평론가, 단편소설 작가이다. 그는 도박에 빠져 대학을 중퇴했고, 웨스트포인트 미국 육군사관학교에서도 제명되었으며, 술로 인해 리치먼드의 직장에서 해고되기도 했다. 그러나 자신의 작품세계에서는 공포, 슬픔, 죽음 등의 문제를 신비적이고 공상적으로 그려내는 등 독창적인 작품 활동을 했다.

67) 레오파르디(Giacomo Leopardi, 1798~1837)는 이탈리아의 시인, 학자, 철학자이다. 귀족 가문의 무관심한 부모 밑에서 선천적 불구자로 태어나 16세에 독학으로 그리스어, 라틴어와 6, 7개 언어를 습득했고, 많은 고전 작품들을 번역했다. 하지만 지나친 공부로 한쪽 눈을 실명하고 뇌척수 이상이 생겨 평생 고생하다가, 나폴리에서 콜레라에 걸려 갑자기 숨을 거두었다. 대표적 시집으로 《칸초니 Canzoni》(1824), 《죽음에 다가서는 찬가Appressamento della morte》(1835) 등이, 철학서로 《도덕 소품집Operette morali》(1827)이 있다.

68) 클라이스트(Bernd Heinrich Wilhelm von Kleist, 1777~1811)는 독일의 천

재 극작가, 소설가로, 군인의 아들로 태어나 일찍 부모를 여의고 고난에 찬 짧은 인생을 살았다. 예술적, 정치적, 물질적 불만이 누적되어 절망 끝에 불치병을 앓고 있던 유부녀 포겔과 함께 포츠담 근교의 호수에서 권총 자살을 했다. 비극《펜테질레아*Penthesilea*》(1808)와 독일 희극의 최고 걸작으로 평가받는《깨어진 항아리 *Der zerbrochene Krug*》(1812) 등의 작품이 있다.

69) 고골리(Nikolay Gogol, 1809~1852)는 우크라이나 출신의 러시아 소설가, 유머 작가, 극작가로, 상트페테르부르크 대학교 중세사 조교수를 1년 정도 하다 그만두고, 작품 활동을 했으나 말년에 광신적인 사제의 영향을 받아 작품을 태워버리고 반미치광이 상태로 죽었다. 그러나 그의 장편소설《죽은 혼*Myortvye dushi*》,《검찰관*Revizor*》, 단편소설〈외투Shinel〉등은 19세기 러시아 사실주의 전통의 토대를 이루었다. 훗날 도스토예프스키는 러시아의 모든 사실주의 작가는 '고골리의 외투자락에서' 나왔다고 평가했다.

도덕의 계보
―하나의 논박서

Zur

Genealogie der Moral.

Eine Streitschrift

von

Friedrich Nietzsche.

LEIPZIG
Verlag von C. G. Naumann.
1887.

서문.

우리는 자기 자신을 잘 알지 못한다. 우리 인식자들조차 우리 자신을 잘 알지 못한다 : 여기에는 그럴 만한 충분한 이유가 있다. 우리는 한 번도 자신을 탐구해본 적이 없다.—우리가 어느 날 우리 자신을 **찾는** 일이 어떻게 일어날 수 있다는 말인가? "너희의 보물이 있는 그곳에 너희의 마음도 있느니라"[1]라고 말하는 것은 옳다. 우리의 보물은 우리 인식의 벌통이 있는 곳에 있다. 우리는 태어나면서 날개 달린 동물이자 정신의 벌꿀을 모으는 자로 항상 그 벌통을 찾아가는 중에 있다. 우리가 진정으로 마음을 쓰는 것은 본래 한 가지—즉 무엇인가 '집으로 가지고 돌아가는' 것뿐이다. 그 외의 생활, 이른바 '체험'에 관해서라면,—또한 우리 가운데 누가 그런 것을 살필 만큼 충분히 진지하겠는가? 아니면 그럴 시간이 충분한가? 내가 두려워하는 것은 그러한 일에 우리가 한 번도 제대로 '몰두한' 적이 없었다는 것이다 : 우리의 마음은 거기에 없었다—거기에는 우리의 귀마저 단 한 번도 있지 않았다! 오히려 신적인 경지로 마음을 풀어놓고 자기 자신에 깊이 몰두해 있는 사람의 귀에 마침 온 힘을 다해 정오를 알리는 열두 번의 종소리가 울려퍼졌을 때, 그 사람이 갑자기 깨어나 "지금 친 것이 도대체 몇 시인가?"라고 묻는 것처럼, 우리도 때때로 **훨씬 후에야** 귀를 비비면서 아주 놀라고 당황해서 "도대체 우리는 지금 무엇을 체험한 것인가?"라고 물으면서, 더 나아가 "우리는 도대체 누구인가?"라고 물으면서, 앞에서 말한 것처럼 나중에 이르러서야 우리의 체험, 우리의 생활, 우리 **존재**의 열두 번의 종소리의 진동을 모두 세어보게 된다 — 아! 우리는 그것을 잘못 세는 것이다…… 우리는 필연적으로 우리 자신에게 이방인이다. 우리는 우리 자신을 이해하지 못한다. 우리는 우리 자신을 혼동하지 **않을 수 없다.** "모든 사람은 자기 자신에 대해 가장 먼 존재이다"라는 명제는 우리에게 영원히 의미를 지닌다. — 우리 자신에게 우리는 '인식하는 자'가 아닌 것이다……

2.

— 우리 도덕적 편견의 기원에 관한 나의 사상은 — 바로 이것이야말로 이 논박서에서 문제가 되는 것인데 —《인간적인, 너무나 인간적인. 자유정신을 위한 책 *Menschliches, Allzumenschliches. Ein Buch für freie Geister*》이라는 제목의 저 잠언집에서 최초로 불충분하게 잠정적으로 표현되어 있다. 이 책은 소렌토에서 집필하기 시작했는데, 그것은 방랑자가 걸음을 멈추듯이 나로 하여금 걸음을 멈추고, 그때까지 내 정신이 편력해왔던 드넓고 위험한 땅을 바라볼 수 있도록 해준 어느 겨울 동안이었다. 이 일이 일어난 것은 1876년에서 1877년 사이의 겨울이었다. 사상 자체는 그 전부터 있었던 것이다. 이것의 주요 논제는 이미 내가 다음 여러 논문들에서 다시 취급하게 되

는 사상과 같은 것이었다 : ─부디 이 오랜 중간 시기가 이 사상들에 좋은 역할을 하고, 또 그 사상들이 좀더 원숙해지고 명확해지고 강력해지고 완전한 것이 되어 있기를 바란다! 그러나 내가 오늘날에도 그 사상들을 고집하고 있다는 **사실**, 또한 그 사이에 그 사상들이 스스로 더욱 긴밀하게 서로 결합되어 서로 성장하고 자라 하나가 되었다는 것은 내 안에서 즐거운 확신을 강하게 준다. 처음부터 이 사상들은 내 안에서 개별적으로 제멋대로 산발적으로 나타난 것이 아니라 오히려 공통된 하나의 뿌리에서, 즉 정신의 심층에서 명령하고 더욱 명확하게 이야기하며 더욱 확고한 것을 갈망하는 인식의 **근본 의지**에서 나타난 것이었으리라. 다시 말해 오직 그렇게 하는 것만이 어떤 철학자에게는 어울린다. 우리는 어떤 일에서도 개별적으로 있을 권리가 없다 : 우리는 **개별적으로** 잘못을 저질러도, 개별적으로 진리를 파악해서도 안 될 것이다. 오히려 한 그루의 나무가 열매를 맺는 필연성으로, 우리의 사상과 가치, 우리의 긍정과 부정, 가정(假定)과 의문이 우리 안에서 자라나는 것이다 ─모두 서로 친밀하고 밀접한 관계를 맺고 있으며, 하나의 의지, 하나의 건강, 하나의 토양, 하나의 태양을 증언하고 있다. ─이러한 우리의 열매들이 **그대들의** 입맛에 맞을는지? ─그러나 이것이 나무와 무슨 상관이 있단 말인가! 이것이 **우리**와, 우리 철학자들과 무슨 상관이 있단 말인가!⋯⋯

3.

내가 인정하고 싶지 않은 나 자신의 특유한 의심 때문에 ─이것은 다시 말해 **도덕**에, 지금까지 지상에서 도덕으로 찬양되어온 모든 것에 관계한다—, 내 생애에서 일찍이 부추기지 않았는데도 억누를 수 없이 나타났고, 환경과 나이, 선례, 출신에 반하여 나타났기 때문에, 내가 그것을 나의 '선천성'이라고 부를 만한 권리가 있다고 생각하기까지 한 의심 때문에—나의 호기심과 의혹은 때로 우리의 선과 악이 본래 **어떤 기원**을 갖는가 하는 물음 앞에 멈추어서야만 했다. 사실 악의 기원에 관한 물음은 이미 열세 살 소년 시절 나를 따라다녔다 : '가슴속에 반은 어린아이 장난을, 반은 신(神)을'[(2)] 품고 있던 나이에 나는 최초의 문학적인 어린아이 장난과 최초의 철학적 습작을 하며 이 문제에 몰두했다—그리고 당시 문제 '해결'에 대해서 말하자면, 당연한 일이지만 나는 신에게 영예를 돌려 신을 악의 **아버지**로 만들었다. 바로 내 '선천성'이 나에게서 그렇게 하도록 했을까? 저 새롭고, 부도덕한, 적어도 비도덕적인 '선천성'이, 그 선천성에서 논의되는 아! 반칸트적이고 수수께끼 같은 '정언명법'이—나는 그 사이 점점 더 이 정언명법에 귀를 기울였다. 아니, 귀 기울이는 것 이상이었다—그렇게 하도록 했을까?……다행스럽게도 나는 때로 신학적인 편견을 도덕적인 편견에서 떼어놓을 수 있었고, 악의 기원을 더 이상 세계의 **배후**에서 찾지 않았다. 심리학적 문제 일반에 관한 타고난 감식력을 갖춘데다가 역사적, 문헌학적으로 수련하자 곧장 내 문제는 다른 문제로 옮겨갔다 : 인간은 어떤 조건 아래 선과 악이라는 가치 판단을 생각해냈던 것일까? 그리고 **그 가치 판단들 자체는 어떤 가치를 가지고 있는 것일까?** 그것은 이제까지 인간의 성장을 저지했던 것일까 아니면 촉진했던 것일까? 그것은 삶의 위기와 빈곤, 퇴화의 징조인가? 아니면 반대로 거기에는

삶의 충만함, 힘, 의지가, 그 용기와 확신이, 그 미래가 나타나 있는
가? — 이 문제에 관해 나는 나 자신에게서 많은 해답을 찾아보았고,
그 해답을 찾고자 감히 시도해보기도 했다. 나는 여러 시대와 민족,
개인들의 등급을 구별했고, 내 문제를 세분화해서 다루었으며, 그
해답에서 새로운 물음과 탐구, 추측, 개연성이 나왔다 : 마침내 나는
나 자신의 영토를, 나 자신의 지반을 갖게 되었고, 완전히 말없이 성
장해가는 개화되는 세계를, 아무도 눈치채지 못하는 비밀스러운 정
원을 갖게 되었다…… 우리가 단지 오래도록 침묵을 지킬 줄만 안
다면, 오 우리 인식하는 자, 우리는 얼마나 **행복**한가!……

4.

도덕의 기원에 관한 내 가설을 일부 발표할 동기를 나에게 최초로
준 것은 한 권의 명료하고 깨끗하고 사려 깊으며 또한 조숙한 작은
책이었다. 나는 이 책에서 반대로 뒤집히고 전도된 방식의 계보학적
가설들을, 진정한 **영국적인** 유형의 가설을 처음으로 분명하게 만났
는데, 이것은 모든 반대의 것, 모든 적대적인 것을 지니고 있는 매력
적인 힘으로 내 마음을 끌었다. 그 책의 제목은 《도덕 감정의 기원
Der Ursprung der moralischen Empfindungen》이었다. 책의 저자는 파
울 레 박사Dr. Paul Rée였으며, 출판된 해는 1877년이었다. 내가 이
책만큼 문장 하나하나, 결론 하나하나를 마음속으로 부정할 정도로
그렇게 읽은 책은 아마 없을 것이다 : 그럼에도 불구하고 불쾌함이
나 초조함은 전혀 없었다. 내가 그 당시 집필 중이었던 앞서 말한 저
서에서 나는 기회가 있을 때든 그렇지 않을 때든 그 책의 문장들을

인용했는데, 그것은 이 문장들을 반박하기 위해서가 아니라 ― 내가 반박을 해보아야 별수 있겠는가! ― 오히려 그럴듯하지 못한 것 대신 좀더 그럴듯한 것으로 바꾸고 경우에 따라서는 하나의 오류 대신 다른 오류로 바꾸며 긍정적인 정신에 접근하기 위한 것이었다. 이미 말했듯이 그 당시 나는 처음으로 이 논문들에서 다루고 있는 저 유래의 가설을 내가 궁극적으로는 나 자신에게조차 감추고 싶어 하는 것처럼 미숙하게 밝혔는데, 이는 아직 자유롭지 못했고 아직은 이러한 특별한 일에 대해 특별한 언어를 쓸 수 없었으며 수없이 후퇴하고 동요하고 있었다. 각각의 점에 관해서는 내가 선악의 이중적 전사(前史)(즉 귀족의 영역과 노예의 영역에서 나온 것)에 대해 말하고 있는 《인간적인, 너무나 인간적인》의 45절을 참조하기 바란다. 그리고 금욕적 도덕의 가치와 유래에 대해서는 136절을 참조하기 바란다. 그리고 이타주의적 평가 방식(영국의 모든 도덕계보학자와 마찬가지로 레 박사도 이 방식에서 도덕적 평가 방식 그 자체를 인정하고 있다)과는 하늘과 땅만큼 떨어져 있는, 그보다 훨씬 오래되고 근원적인 종류의 도덕, 즉 풍습의 도덕에 대해서는 96절, 99절, 그리고 제2권 89절을 참조하기 바란다. 그리고 대략 동등한 힘을 지닌 사람들 사이를 조절하는 것(모든 계약, 따라서 모든 법의 전제 조건인 균형)으로서의 정의의 유래에 관해서는 92절,《방랑자 Wanderer》의 26절,《아침놀 Morgenröte》의 112절을 참조하기 바란다. 그리고 형벌의 유래에 관해서는 《방랑자》의 22절과 33절을 참조하기 바란다. 형벌에는 폭행의 목적이 본질적인 것도 근원적인 것도 아니다(레 박사가 생각하는 것처럼 ― 그것은 오히려 특수한 사정 아래 그리고 언제나 부수물로, 첨가물로 형벌에 끼워 넣는 것이다).

5.

　바로 그 무렵 도덕의 기원에 관한 나 자신의 가설이나 타인의 가설보다도 더 중요한 것이 근본적으로 내 마음에 자리잡고 있었다(아니 더 정확히 말하자면, 나는 그러한 가설을 단지 어떤 목적을 위한 것으로 생각했는데, 그것은 그 목적에 이르는 많은 수단 가운데 하나일 뿐이었다). 나에게 중요한 것은 도덕의 **가치**였다. — 그것에 대해 나는 거의 홀로 나의 위대한 스승인 쇼펜하우어와 대결해야만 했는데, 그 책에 담긴 정열과 내밀한 항의는 마치 그 책 앞에 있는 사람을 향하는 듯했다(— 왜냐하면 그 책 또한 하나의 '논박서'였기 때문이다). 특히 문제가 되는 것은 '비이기적인 것'의 가치, 즉 동정 본능, 자기 부정 본능, 자기 희생 본능의 가치였는데, 이것이야말로 바로 쇼펜하우어가 오랫동안 미화하고 신성시하고 저편 세계의 것으로 만들었던 것이며, 이러한 것들이 결과적으로 그에게 '가치 자체'로 남게 되었고, 그는 이러한 것들을 기반으로 삶에 대해 그리고 자기 자신에 대해서까지 **부정**을 말했다. 그러나 바로 이러한 본능에 대하여 내 안에서 더욱 근본적인 의구심이, 더욱 깊이 파고드는 회의가 항의했던 것이다! 바로 여기에서 나는 인류의 커다란 위험을, 그 숭고한 유혹과 매혹을 보았다. — 그러나 무엇으로의 유혹과 매혹인가? 허무로인가? — 바로 여기에서 나는 종말이 시작되는 것을, 정체(停滯)되어 있음을, 회고하는 피로를, 삶에 **반항하는** 의지를, 연약하고 우울한 것을 예고하는 마지막 병을 보았다 : 나는 더욱 퍼져나가 철학자들마저 휩쓸어 병들게 하는 동정의 도덕을 섬뜩하게 된 우리 유럽 문화의 가장 무서운 징후로, 새로운 불교와 유럽인의 불교, **허무주의**에 이르는 우회로로 파악했다…… 이 현대 철학자들이 동정을 선호하고 과대평가하는 것은 말하자면 새로운 현상이다 : 지금까지 철학자들은 바로 동정이 **가치가 없다**는 데는 의견이 일치해 있었다. 나는 플라톤, 스피노자, 라 로슈푸코La Rochefoucauld 와 칸트의 이름만을 들겠다. 이들 네 사람의 정신은 서로 다른 점이 많지만, 동정을 경시한다는 한 가지 점에서는 의견이 같다. ―

6.

동정과 동정 도덕의 **가치**에 관한 이러한 문제는 (― 나는 현대의 수치스러운 감정의 허약화에 반대하는 자이다―) 처음에는 단지 개별적인 문제, 의문부호 자체로 보일 뿐이다. 그러나 한번 이 문제에 매달려 의문을 던지는 것을 **배운** 사람은, 내게 일어났던 것과 같은 일이 그에게도 일어나게 될 것이다 : ―어마어마하게 새로운 전망이 그에게 열리고 하나의 가능성이 현기증처럼 그를 사로잡으며, 온갖 불신, 의혹, 공포가 솟아올라 도덕에 대한, 모든 도덕에 대한 믿음이 흔들리고, ―마침내 새로운 요구가 들리게 된다. 이 **새로운 요구**, 그것을 우리는 다음과 같이 말해보자 : 우리에게는 도덕적 가치들을 **비판하는** 것이 필요한데, 이러한 가치들의 가치는 우선 그 자체로 문제시되어야만 한다 ― 이를 위해서는 이러한 가치들이 성장하고 발전하고 변화해온 조건과 상황에 대한 지식이 필요하다(결과와 증후로서의, 가면과 위선으로서의, 질병과 오해로서의 도덕. 그러나 또한 원인과 치료제로서의, 자극제와 억제제로서의, 독으로서의 도덕). 그와 같은 지식은 지금까지 존재한 적도 요구된 적도 없었다. 사람들은 이러한 '가치들'의 가치를 주어진 것으로, 사실로, 모든 문제 제기를 넘어서 있는 것으로 받아들였다. 사람들은 지금까지도 '선한 사람'을 '악한 사람'보다 훨씬 더 가치가 있다고 평가하는 일이나, 대체로 인간이라는 것을 (인간의 미래를 포함하여) 촉진하고, 인간에게 공리, 번영을 가져온다는 의미에서 훨씬 더 가치가 있다고 평가하는 일에 조금도 의심하거나 동요하지 않았다. 만일 그 반대가 진리라고 한다면, 사정은 어떤가? 만일 '선한 사람'에게도 퇴행의 징후가 있다면, 그리고 이와 마찬가지로 현재를 살리기 위해 **미래를 희생**한 어떤 위험, 유혹, 독, 마취제가 있다면, 사정은 어떤가? 아마 현재의 삶이 좀더 안락하고 위험이 적지만 또한 좀더 하찮은 양식으로, 좀더 저열해지는 것이 아닐까?…… 그리하여 인간 유형이 스스로 이를 수 있는 **최고의 강력함과 화려함**에 이르지 못하게 될 때, 바로 도덕에 그 책임을 지운다면? 그리하여 그 도덕이야말로 위험 가운데 위험이라고 한다면?……

7.

하여튼 이러한 전망이 나에게 펼쳐진 이래, 나 스스로 박식하고 대담하며 근면한 동료를 찾으려고 한 이유가 있었다(나는 오늘날에도 여전히 그 일을 하고 있다). 오직 새로운 물음만을 가지고, 말하자면 새로운 눈을 가지고 도덕의—실제로 존재했고, 실제로 생명을 지녔던 도덕의—광막하고 아득하며 숨겨진 땅을 여행해볼 필요가 있다. 그리고 이것은 이 땅을 처음 **발견하는 것**과 거의 같은 일이 아닐까?…… 이 경우 내가 다른 사람들 가운데 앞에서도 언급한 레 박사를 생각했다면, 그 이유는 그가 물음 자체의 속성상, 해답을 얻

기 위해서는 올바른 방법을 선택할 수밖에 없으리라는 점을 내가
전혀 의심하지 않았기 때문이다. 이 점에서 나는 잘못 생각한 것인
가? 어쨌든 나의 소망은 예리하고 공정한 눈을 가진 사람에게 좀더
나은 방향을, 실제적인 **도덕의 역사**에 이르는 방향을 제시하는 것이
었으며, **푸른 하늘을 헤매는 것 같은** 영국적인 가설에 빠지지 않도록
적당한 시기에 그에게 경고해주는 것이었다. 도덕 계보학자에게 어
떤 색은 바로 푸른색보다도 백 배나 더 중요할 수 있다는 것은 명백
하다. 즉 그것은 말하자면 **회색**인데, 문서로 기록된 것, 실제로 확증
할 수 있는 사실, 실제로 있었던 것이다. 간단히 말하면, 오랫동안
판독하기 어려웠던 인간의 도덕적 과거사의 상형문자 전체이
다!—이 **문자**를 레 박사는 잘 알지 못했다. 그러나 그는 다윈을 읽
었다 :—그래서 그의 가설에는 다윈적인 야수와 '더 이상 물지 않
는' 극히 현대적이며 겸손한 도덕적 유약자가 적어도 대화하는 식
으로 점잖게 악수를 나누고 있다. 이 도덕적 유약자는 선량해 보이
고 어떤 세련된 무관심의 표정을 하고 있는데, 그 얼굴에는 일말의
염세주의와 피로가 뒤섞여 있기조차 하다 : 이 모든 것을—도덕의
문제—그렇게 진지하게 다루는 것은 본래 전혀 소용없는 일처럼
보인다. 그와는 반대로 이제 내게는 사람들이 그것을 진지하게 다루
는 것보다 더 가치 있었던 일은 없어 보인다. 그러한 보람있는 한 예
를 들자면, 아마 언젠가는 그 문제를 **명랑하게** 다룰 수 있을지 모른
다는 것이다. 즉 이 명랑함은, 나의 말로 하면, **즐거운 학문**이며—보
람된 일이다 : 물론 이것이 모든 사람의 관심사는 아니지만, 오랫동
안 용감하고 근면하며 남 모르는 진지함을 가진 사람에게는 보람인
것이다. 그러나 언젠가 우리가 마음속 가득히 "앞으로 나아가라! 우

리의 낡은 도덕도 희극에 속한다!"고 말하게 될 때, 우리는 '영혼의 운명'이라는 디오니소스적 드라마를 쓰기 위한 새로운 갈등과 가능성을 발견하게 될 것이다— : 그리고 현존하는 위대하고 노련하며 영원한 우리의 희극 시인, 그는 틀림없이 이것을 이용하게 될 것이다! 내기를 해도 좋다……

8.

만일 이 저서가 어떤 사람에게 이해하기 어렵고 귀에 거슬린다 해도, 그 책임이 반드시 내게 있는 것은 아니라고 생각한다. 사람들이 먼저 이전의 내 저서들을 읽었고 이때 약간의 노고를 아끼지 않았다는 내 전제를 함께 전제한다면, 이 저서는 아주 분명하다 : 사실 이전의 나의 저서들은 그리 쉽게 접근할 수 있는 것이 아니다. 예를 들어 나의 '차라투스트라'에 관해 말하자면, 그의 말 한마디 한마디에 때로는 깊이 상처받고 또 때로는 깊이 황홀해본 적이 없는 사람은 누구도 그 책에 통달한 자라고 나는 인정할 수 없다 : 이러한 경험을 한 후에야 그는 이 작품이 태어난 평온한 경지에, 그 태양빛 같은 밝음, 아득함, 드넓음, 확실함에 존경심을 지니고 참여하는 특권을 누릴 수 있을 것이다. 그리고 또 하나의 경우 잠언 형식 때문에 이해하기 어렵게 된다 : 그것은 사람들이 이 형식을 **충분히 진중하게 다루고 있지 않기** 때문이다. 올바르게 새겨 넣으며 쏟아낸 잠언은 읽는다고 해도 '해독(解讀)'되는 것은 아니다. 오히려 이제 비로소 그 **해석**이 시작되어야만 하며, 거기에는 해석의 기술이 필요하다. 이 경우 내가 '해석'이라 부르는 하나의 모범을 이 책 세 번째 논문에서

보였다 : ― 이 논문의 맨 앞에는 하나의 잠언이 놓여 있으며, 논문
자체는 이에 대한 주석이다. 물론 이와 같이 읽는 기술을 연습하기
위해서는, 무엇보다도 오늘날에는 가장 잘 잊혀진 한 가지 일이 필
요하다 ― 이렇게 잊혀졌기 때문에 내 저서들을 '읽을 수 있게 되기'
까지는 아직 시간이 필요하다 ―. 이 한 가지 일을 위해서 사람들은
거의 소가 되다시피 해야 하며 어느 경우에도 '현대인'이 되어서는
안 된다 : 이는 **되새김하는 것**[反芻]을 말한다……

오버엥가딘의 질스-마리아에서
1887년 7월

제1논문 :
'선과 악', '좋음과 나쁨'

1.

—지금까지 유일하게 도덕의 발생사를 해명하려고 시도한 것에 우리가 감사해야만 하는 이 영국의 심리학자들,—그들 스스로가 우리에게는 적지 않은 수수께끼가 된다. 솔직히 말해, 그들은 그 때문에 심지어 살아 있는 수수께끼로 그들이 쓴 저서 이전의 어떤 본질적인 것을 지니고 있다—**그들 자신이야말로 흥미로운 존재다!** 이 영국의 심리학자들— 그들이 본래 원하는 것은 무엇인가? 우리는 그들이 자의적이든 비자의적이든 언제나 같은 일에만 종사하고 있는 것을 본다. 즉 그들이 우리 내면 세계의 치부를 전면에 내세우며, 인간의 지적 자부심이 마지막으로 찾고자 **원했던** 바로 그곳에서 (예를 들어 습관의 타성 속에서, 망각 속에서, 맹목적이고 우연한 관념의 연결과 역학 속에서, 또는 순수하게 수동적이고 자동적인 어떤 것, 반사적이고 분자적인 어떤 것, 철저하게 우둔한 어떤 것 속에서) 진정으로 작용하는 요소, 주도적인 요소를, 발전을 위해 결정적인 요소를 찾고자 하는 것을 본다.—이 심리학자들을 항상 **이러한** 방향으로만 몰고 가는 것은 도대체 무엇인가? 은밀하고 음흉하고 천박하고 아마 자기 자신마저도 알 수 없는 인간 경시의 본능인가? 아니면 염세주의적 의혹이자 환멸을 느끼고 우울해하는 원한을 품어 서슬 퍼렇게 된 이상주의자들의 불신인가? 아니면 그리스도교 (그리고 플라톤)에 대한, 아마 한 번도 의식의 경계선을 넘어서지 못한

잠재되어 있는 사소한 적대감이나 원한인가? 아니면 더욱이 현존재에게는 기괴하고 고통스러울 정도로 역설적이며 의심스러운 일, 무의미한 일에 대한 호색적인 취향인가? 아니면 마지막으로—이러한 모든 것을 다소 포함하는 약간의 천박함, 약간의 음울, 약간의 반그리스도교적인 것, 후춧가루를 원하는 약간의 근질거리는 욕망 등인가?…… 그러나 사람들이 내게 하는 말은 개구리들이 자신의 영역, 즉 늪 속에 적당히 있듯이, 사람들 주변과 사람들 속으로 기어들어 뛰어다니는 것은 단지 늙고 차디찬 권태로워 하는 개구리들뿐이라는 것이다. 나는 그런 의견에 반대하며 더욱이 그런 것을 믿지 않는다. 사정을 잘 알 수 없는 처지에서도 바랄 수가 있다면, 나는 진정 영국의 심리학자들의 경우에 사정이 반대이기를 바란다.—즉 이 영혼의 탐구자들이자 현미경 관찰자들이 근본적으로 용감하고 도량이 넓고 긍지를 지닌 동물이며 자신의 심정과 고통을 자제할 줄 알고 진리를 위해, 심지어 단순하고 쓰디쓰고 추하고 불쾌하며 반그리스도교적이며 반도덕적인 진리를 위해, 그 모든 진리를 위해, 모든 소망을 희생하도록 훈련되었으면 하고 바란다…… 왜냐하면 그러한 진리는 존재하기 때문이다.—

2.

이 도덕의 역사학자들 가운데 위세를 부리고 싶어하는 선한 정령에게 경의를 표하자! 그러나 유감스럽게도 이들에게는 **역사적 정신** 자체가 결여되어 있으며, 그들이 바로 역사의 모든 선한 정령 자체에게서 방치되어버렸다는 것은 확실하다! 그들 모두는 낡은 철학자들의 관습이 그러하듯이, **본질적으로** 비역사적으로 생각한다. 이 점에 관해서는 의심할 여지가 없다. 그들이 다루는 도덕 계보학의 미숙함은 '좋음'이라는 개념과 판단의 유래를 탐구하는 것이 문제될 때, 처음부터 바로 드러난다. 그들은 다음과 같이 선언한다 —"원래 비이기적 행위란 그 행위가 표시되어, 즉 그 행위로 인해 **이익을 얻는** 사람의 입장에서 칭송되고 좋다고 불렸다. 그 후 사람들은 이 칭송의 기원을 **망각하게** 되었고 비이기적 행위가 **습관적으로** 항상 좋다고 칭송되었기에, 이 행위를 그대로 좋다고도 느꼈던 것이다. 마치 그 행위가 그 자체로 선한 것인 듯." 이 최초의 추론 과정에 이미 영국의 심리학자들의 특이체질의 전형적인 특징이 함축되어 있다는 것은 바로 알 수 있다. —'공리', '망각', '습관' 그리고 마지막으로 '오류', 이 모든 것이 가치 평가의 기초가 되고 있으며, 보다 높은 인간은 그 평가를 지금까지 인간 일반의 일종의 특권인 양 자랑해 왔다. 이러한 자부심은 **마땅히** 꺾여야만 하며, 이러한 가치 평가는 탈가치화되어야만 한다 : 그러나 그러한 것이 이루어졌는가?……

그러나 첫째로 나에게 분명한 것은, 이 이론에서 '좋음'이라는 개념의 본래적인 발생지를 잘못된 장소에서 찾고 설정하고 있다는 사실이다. '좋음'이라는 판단은 '좋은 것'을 받았다고 표명하는 사람들의 입장에서 나오는 것은 **아니다**. 오히려 그것은 '좋은 인간들' 자신에게 있었던 것이다. 즉 저급한 모든 사람, 저급한 뜻을 지니고 있는 사람, 비속한 사람, 천민적인 사람들에 대비해서, 자기 자신과 자신의 행위를 좋다고, 즉 제일급으로 느끼고 평가하는 고귀한 사람, 강한 사람, 드높은 사람들, 높은 뜻을 지닌 사람들에 있었던 것이다. 그들은 이러한 **거리의 파토스**Pathos der Distanz에서 가치를 창조하고 가치의 이름을 새기는 권리를 비로소 가지게 되었던 것이다 : 그들에게 공리가 무슨 상관이 있었단 말인가! 공리의 관점은 바로 그처럼 최고의 등급을 정하고 등급을 분명하게 하는 가치 판단이 뜨겁게 용솟음치는 곳과 연관해볼 때 실로 낯설고 부적절하다 : 이 경우 이 감정은 온갖 타산적인 영리함이나 공리적 계산이 전제하는 저 미온적인 것과는 정반대에 이르게 된다.—그것도 한 번만 그렇다든지 예외적인 한 순간만 그렇다는 것이 아니라, 영구적으로 그렇다는 것이다. 앞에서 말했듯이, 고귀함과 거리의 파토스, 좀더 높은 지배 종족이 좀더 하위의 종족, 즉 '하층민'에게 가지고 있는 지속적이고 지배적인 전체 감정과 근본 감정—**이것이야말로 '좋음'과 '나쁨'**이라는 대립의 기원이다. (이름을 부여하는 지배권은 멀리까지 미쳐서, 언어 자체의 기원을 지배자의 권력을 표현하는 것으로 간주하도록 허용해야만 하는 정도까지 이른다 : 그들은 '이것은 이러이러하다'고 말한다. 그들은 모든 사물과 사건을 한 마디 소리로 봉인하고, 말하자면 이러한 행위를 통해 그것을 점유해버린다.) 이러한 기원에서 드러나는 사실은, '좋음'이라는 용어가 저 도덕 계보학자들의 미신이 억측하는 것처럼, 처음부터 필연적으로 '비이기적' 행위와 결부된 것이 결코 아니라는 것이다. 오히려 이러한 '이기적', '비이기적'이라는 대립의 전체가 인간의 양심에 더욱 떠오르게 되는 것은 귀족적 가치 판단이 몰락할 때 비로소 일어난다.—이 대립과 더불어 마침내 표현되는 (또한 가지각색의 **말로 표현되는**) 것은, 내 언어를 사용해본다면, **무리 본능**이다. 또 그럴 경우에도 이러한 본능이 주인이 되어 도덕적 가치 판단이 저 대립에 직접 연결되고 부착될 때까지는 여전히 오랜 세월이 걸리게 된다(예를 들면 현대 유럽에서 그러한 경우가 있다 : 오늘날 '도덕적', '비이기적', '사욕 없는' 이라는 것을 같은 가치의 개념으로 받아들이는 선입견이 이미 '고정관념'이나 정신병과 같은 세력으로 지배하고 있다).

3.

그러나 두 번째로, '좋음'이라는 가치 판단의 유래에 관한 저 가설이 역사적인 근거가 없다는 것은 완전히 차치하고, 그 가설은 자기 안에서조차 심리학적 모순이라는 병에 걸려 있다. 비이기적 행위의 공리성이 그러한 행위를 칭송하는 기원임이 틀림없으며, 그리고 이러한 기원은 **망각되어야 하지만**—또한 이렇게 망각하는 것이 어떻게 **가능하단** 말인가? 그러한 행위의 공리성이 언젠가 중단되었단 말인가? 사실은 정반대이다 : 이러한 공리성은 오히려 어느 시대나 경험하는 일상적인 것이었으며 부단히 언제나 새롭게 강조되어온 것이었다. 따라서 그것은 의식에서 사라져버리는 대신, 즉 잊혀지게 되는 대신, 더욱 확실하게 의식에 새기지 않으면 안 되었다. 예를 들어 허버트 스펜서Herbert Spencer에 의해 대표되는 저 반대되는 이론이 얼마나 더 합리적인가[3] (그렇다고 해서 그의 이론이 더 진실한 것은 아니지만—) : {스펜서에 의하면} '좋음'이라는 개념은 '공리적', '합목적적'이라는 개념과 본질적으로 동일한 것으로 평가되며, 따라서 '좋음'과 '나쁨'을 판단할 때 인류는 '공리적이고 목적에 맞는', 그리고 '해롭고 목적에 맞지 않는'에 관한 **잊지 못하고, 잊을 수 없는** 바로 그들 자신의 경험을 요약하고 승인한 것이다. 이 이론에 따르면 좋음이란 이전에 공리성이 증명된 것이다 : 따라서 그것은

'최고로 가치 있는', '그 자체로 가치 있는' 것이라고 인정할 수 있다. 이러한 설명 방법도 앞에서 말했듯이 잘못된 것이다. 그러나 최소한 설명 자체는 합리적이며 심리학적으로 근거가 있다.

4.

여러 가지 언어로 표현된 '좋음'이라는 명칭이 어원학적인 관점에서 본래 무엇을 의미하는가 하는 물음이 나에게 **올바른** 길을 제시해주었다 : 여기에서 나는 이 모든 것이 **동일한 개념 변화**에 기인함을 발견했다. —즉 어느 언어에서나 신분을 나타내는 의미에서의 '고귀한', '귀족적인'이 기본 개념이며, 여기에서 필연적으로 '정신적으로 고귀한', '귀족적인', '정신적으로 고귀한 기질의', '정신적으로 특권을 지닌'이라는 의미를 지닌 '좋음'이 발전해 나오는 것이다 : 언제나 저 다른 발전과 평행해 진행되는 또 하나의 발전이 있는데, 이는 '비속한', '천민의', '저급한'이라는 개념을 결국 '나쁨'이라는 개념으로 이행하도록 만든다. 후자에 대한 가장 웅변적인 예는 '슐레히트schlecht[나쁨]'라는 독일어 단어 자체이다 : 이는 '슐리히트schlicht[단순한]'와 같은 말이다 —'슐레히트 벡schlechtweg[단지]', '슐레히터딩스schlechterdings[오로지]'와 비교해보라— 그것은 본래 오로지 귀족과 대립해 있을 뿐인 아무런 의심의 곁눈길도 하지 않는 단순한 사람, 평범한 사람을 나타내는 것이었다. 대략 30년 전쟁 무렵, 즉 훨씬 후에 이르러, 이 의미는 오늘날 사용하는 의미로 바뀌었다. —이것은 나에게는 도덕 계보학에 관한 **본질적인** 통찰로 보인다. 이러한 통찰이 뒤늦게 발견되었다는 것은 현대 세계의 민주주의적 선입견이 유래에 관한 모든 물음에 끼친 해로운 영향 때문이다. 그리고 이 영향은 겉으로는 가장 객관적인 자연과학과 생리학의 영역에까지 미치고 있는 듯 보이는데, 여기에서는 단지 이를 시사하는 데 그칠 수밖에 없다. 그러나 이러한 선입견이 일단 고삐가 풀려 증오에까지 이르렀을 때, 특히 도덕과 역사에 어떤 폐해를 끼칠 수 있는지는 악명 높은 버클Buckle의 경우(4)가 보여주고 있다. 영국에서 유래된 현대 정신의 **평민주의**가 다시 한번 그 본토에서 진흙으로 뒤덮인 화산처럼 격렬하게 지금까지 모든 화산이 해왔던 저 파괴적이고 시끄럽고 야비한 웅변으로 폭발했던 것이다.―

5.

타당한 근거가 있기 때문에 **내밀한** 문제라 부를 수 있고, 선택적으로 오직 몇몇 사람의 귀에만 향하게 되는 **우리의** 문제에 관해서 말하자면, 적지 않게 흥미로운 일은 '좋음'이라는 의미를 나타내는 저 단어들과 어근에는 고귀한 인간이 자기 자신이야말로 좀더 고급의 인간이라고 느끼는 주된 뉘앙스가 아직도 다채롭게 비춰지고 있음을 확인하는 것이다. 사실 그들은 아마 대부분의 경우 간단히 힘의 우월성('힘이 강한 자', '주인', '명령하는 자'로서)에 따라, 또는 이러한 우월성을 가장 가시적으로 드러내는 특징에 따라, 예를 들어 '부자'나 '재산가'(이것은 아리아arya라는 말의 의미이며, 이에 상응하는 말은 이란어와 슬라브어에도 있다)라고 부른다. 그러나 그들은 또한 **전형적인 성격의 특징**에 따라 자신을 부르기도 한다 : 그리고 우리가 여기에서 문제시하는 것이 바로 이러한 경우이다. 예를 들어 그들은 스스로를 '성실한 자'라고 부른다 : 이는 먼저 그리스 귀족에게서 나타나는데, 그 대변자가 메가라의 시인 테오그니스Theognis이다. 이 점을 표현하기 위한 단어 에스틀로스ἐσθλός[1] 어근에 따르면 존재하는 자, 현실성을 지닌 자, 실질적인 자, 진실한 자를 의미한다. 그 다음에 주관적으로 전용되어 진실한 자가 성실한 자를 의미하게 되었다 : 이러한 개념 변화의 단계에서 이 말은 귀족을 나타내는 슬로건이나 표어가 되며, '귀족적'이라는 의미로 완전히 바뀌어버리고, 테오그니스가 다루고 묘사하는 것처럼, **거짓말하는** 평민과 구별하기 위한 말이 된다. — 그리고 마침내 이 단어는 귀족이 몰락한 후에 정신적 고귀함을 표시하는 것으로 남게 되고, 말하자면 익어서 달콤해진다. 카코스κακός[2]와 데이로스δειλός[3](아가토스ἀναθός[4]에 반대되는 천민을 뜻한다)라는 단어에는 비겁함이 강조되어 있다 : 이것은 아마 여러 가지로 해석할 수 있는 아가토스의 어원학적 유래를 어떤 방향으로 탐구해야 할 것인지에 대한 하나의 암시를 주고 있다. 라틴어 마루스malus[5] (이 말의 옆에 나는 메라스μέλας[6]란 말을 놓고 싶다)라는 말에서 평민은 어두운 피부를 가진 사람들로, 특히 검은색 머리카락을 가진 사람들로('여기에 검은 사람이 있다 —') 특징지을 수 있으며, 지배자가 된 금발의, 즉 아리아계 정복 종족과는 피부색으로 가장 분명하게 구별되는 이탈리아 땅의 아리아계 이전의 주민으로 특징지을 수 있다. 최소한 켈트어는 정확히 그에 상응하는 경우를 나에게 제공했다. — 핀fin이라는 말 (예를 들어 핀갈Fin-Gal이라는 이름에서)은 귀족을 특징적으로 나타내는 말로, 마침내 선하고 고결하고 순수 혈통의 사람을, 원래는 어둡고 검은 머리카락을 지닌 원주민과는 반대로 금발의 사람을 의미했다. 덧붙여 말하자면 켈트족은 완전히 금발의 종족이었다. 좀더 정밀한 독일의 인종학적 지도에서 나타나는 본래의 검은 머리카락을 지닌 주민의 지대를, 켈트적 유래와 혼혈 문제와 연관시키는 것은 부당하다. 비르쇼Virchow는 여전히 그렇게 연관시키고 있지만 말이다 :
오히려 이 지역에서는 독일의 아리아 이전의 주민이 우세하다. (이와 똑같은 말이 거의 유럽 전체에도 적용된다 : 본질적으로 볼 때 피지배 종족이 결국 거기에서 다시 피부색과 작은 두개골 크기에서 그리고 아마도 심지어는 지적·사회적 본능에서 우세하게 되었다 : 현대의 민주주의가, 훨씬 더 현대적인 무정부주의가 그리고 오늘날 유럽의 모든 사회주의자에 공통적인 이른바 '공동체Commune'와 원시사회 형태의 경향이 대체로 엄청난 **선조 복원**을 의미하는 것이 아닐까라고 — 그리고 정복 종족과 **지배 종족**인 아리아 종족이 생리학적으로도 열등한 위치에 있지 않다고 우리 가운데 누가 보증할 수 있단 말인가? ……) 라틴어 보누스bonus[7]를 나는 '전사(戰士)'로 해석해도 된다고 생각한다 : 만일 내가 보누스를 그보다 오래된 두오누스duonus로 소급해 추적하는 것이 당연하다면 말이다(벨룸bellum=두엘룸duellum=두엔-룸duen-lum을 비교해 보라. 내게는 여기에 저 두오누스의 뜻이 내포되어 있는 것처럼 보인다).[8] 그러므로 보누스란 갈등하고 분쟁하는duo 사람, 즉 전사를 뜻한다. 우리는 고대 로마의 한 남성에게서 그의 '좋음'을 이루는 것이 무엇인지 보게 된다. 우리 독일어 '좋은Gut'이라는 단어 자체도 '신과 같은 사람', '신적인 종족의 사람'을 의미하는 것이 아닐까? 그리고 이것은 고트인이라는 민족의 (본래는 귀족의) 이름과 같은 것이 아닐까? 이렇게 추측하는 근거를 밝히는 작업은 여기에서의 작업에 속하지 않는다. —

6.

　최고의 세습 계급이 동시에 **성직자** 계급이며, 따라서 그 계급을 전체적으로 나타내기 위해 그들의 성직자 기능을 상기시키는 술어를 선호하게 되는 경우, 정치적 우위를 나타내는 개념이 언제나 정신적 우위를 나타내는 개념으로 옮겨간다는 이러한 규칙에는 우선 지금까지는 어떤 예외도 없다(예외가 나타날 실마리는 있을지라도). 이 경우 예를 들어 처음에는 '순수'와 '불순'이 신분 표시로 대립된다. 그리고 여기에서도 이후에 '좋음'과 '나쁨'이 더 이상 신분을 나타내지 않는 의미에서 발전해간다. 더욱이 '순수'와 '불순'이라는 개념을 처음부터 너무 무겁고 너무 폭넓게 심지어 상징적으로까지 받아들이지 않았으면 한다 : 오히려 고대인의 모든 개념은 처음에는 우리가 거의 생각할 수 없을 정도로 거칠고 서툴게 표면적으로 협소하게 솔직하게 그리고 특히 **비상징적으로** 이해되었다. '순수한 사람'이란 처음에는 단순히 몸을 씻는 자, 피부병을 일으킬 만한 어떤 음식도 먹는 것을 기피하는 자, 낮은 계층에 속하는 더러운 여자들과는 잠을 자지 않는 자, 피에 혐오감을 갖는 자에 불과했다. ― 그 이상도, 더 이상도 아니다! 다른 한편으로 바로 여기에서 왜 그렇게 일찍이 대립된 평가가 위험한 방식으로 내면화되고 격화될 수 있었는지의 문제는 물론 본질적으로 성직자적 귀족주의의 전체 성격에서 밝혀진다. 그리고 사실상 이러한 평가가 대립함으로써 마침내 인간과 인간 사이에는 자유정신의 아킬레스조차도 전율하지 않고는 건널 수 없는 깊은 간격이 벌어지게 되었다. 그러한 성직자적 귀족주의와 그곳을 지배하며 행동을 기피하고 부분적으로는 침울하고, 부분적으로는 감정을 폭발하는 습관 속에는 처음부터 **건강하지 못한 것이**

있다. 그러한 습관의 결과로 어느 시대의 성직자에게도 거의 피할 수 없이 붙어 있는 내장질환과 신경쇠약증이 나타난다. 그러나 이러한 질병에 대해 그들 자신이 치료제로 고안해낸 것은 — 결국 치료해야만 하는 질병보다 그 부작용이 백 배나 더 위험한 것으로 입증되었다고 말할 수밖에 없지 않은가? 인류 자체는 이러한 성직자적 치료법의 단순함이 지닌 부작용에 여전히 병들어 있다! 예를 들어 어떤 식이요법(육식 금지), 단식, 성적 금욕, '황야로의' 도피(이것은 웨어 미첼Weir Mitchel[19] 식의 격리법이며, 물론 금욕주의적 이상의 모든 히스테리에 가장 효과적인 치료법인 비만요법과 과식요법이 그 뒤를 따르지 않는 것은 물론이다)를 생각해보라 : 게다가 감각에 적대적이고 나태하고 교활하게 만드는 성직자들의 형이상학 전체와 이슬람교 성직자와 브라만승 — 브라만(梵)을 유리단추와 고정관념으로 이용한다 — 의 방식에 따른 자기 최면을 생각해보라. 그리고 그 근본 치료, 즉 **허무**(또는 신 : 신과의 신비적 합일을 향한 갈망이란 불교도의 허무, 열반 Nirvâna을 향한 갈망이다 — 그 이상은 아니다!)에 대한 최후의 너무나 명백한 일반적인 포만 상태를 생각해보라. 성직자들에게는 치료제와 치료술뿐만 아니라, 오만, 복수, 명민, 방종, 사랑, 지배욕, 덕, 질병 등 이 **모든 것**이 훨씬 더 위험하게 된다. — 물론 또 어느 정도 공정하게 덧붙여 말할 수 있다면, 인간의, 성직자적 인간의 이와 같이 **본질적으로 위험한** 생존 형식의 기반 위에서 비로소 인간 일반은 **흥미로운 동물**이 되었고, 여기에서 비로소 인간의 영혼은 좀더 높은 의미에서의 **깊이**를 얻었으며 **사악**하게 되었다. — 이것이야말로 다른 짐승에 대해 지금까지 지녀왔던 우월함의 두 가지 근본 형식인 것이다!……

7.

— 성직자의 가치 평가 방식이 기사적, 귀족적 가치 평가 방식에서 분리되어 그 대립으로 발전해 나갈 수 있는 것이 얼마나 쉬운지 사람들은 이미 잘 알았을 것이다. 성직자 계급과 전사 계급이 서로 질투하면서 대립하고 보상에 관해 서로 의견을 일치하지 않으려고 할 때마다, 특히 대립하게 하는 자극이 주어졌다. 기사적, 귀족적 가치 판단이 전제하는 것은 강한 몸과 생기 넘치고 풍요롭고 스스로 억제할 길 없이 넘쳐나는 건강 그리고 그것을 보전하는 데 필요한 조건들, 즉 전쟁, 모험, 사냥, 춤, 결투놀이와 강하고 자유로우며 쾌활한 행동을 함축하고 있는 모든 것이다. 성직자의 고귀한 가치 평가 방식은 — 우리가 보듯이 — 전제가 다르다 : 전쟁이 문제시될 때, 그들에게는 사정이 좋지 않은 것이다! 성직자들은 잘 알려졌듯이 **가장 사악한 적이다** — 도대체 왜 그럴까? 왜냐하면 그들은 가장 무력한 자들이기 때문이다. 그들의 무력감에서 태어난 증오는 기이하고 섬뜩한 것, 가장 정신적이고 독이 있는 것으로 성장한다. 세계사에서 모든 거대한 증오자들은 항상 성직자였으며, 또한 가장 정신이 풍부한 증오자들도 성직자였다 : — 성직자의 복수심에 비하면 대체로 다른 모든 정신은 거의 문제되지 않는다. 무력한 자들이 주입한 정신이 없다면 인간의 역사는 실로 우둔한 것이 되었을 것이다 : — 즉시 가장 큰 예를 들어보자. 이 지상에서 '고귀한 자', '강력한 자', '지배자', '권력자'에 대항해 행해진 어떤 것도 유대인들이 이들에 반항하며 행했던 것과 비교하면 말할 만한 가치가 없을 정도다 : 성직자 민족인 유대인, 이들은 자신의 적과 압제자에게 결국 오직 그들의 가치를 철저하게 전도시킴으로써, 즉 **가장 정신적인 복수**

행위로 명예회복을 할 줄 알았다. 오직 이렇게 하는 것만이 성직자적 민족에게, 가장 퇴보한 성직자적 복수욕을 지닌 민족에게 적합한 것이었다. 유대인이야말로 두려움을 일으키는 정연한 논리로 귀족적 가치 등식(좋은 = 고귀한 = 강력한 = 아름다운 = 행복한 = 신의 사랑을 받는)을 역전하고자 감행했으며, 가장 깊은 증오(무력감의 증오)의 이빨을 갈며 이를 고집했던 것이다. 즉 "비참한 자만이 오직 착한 자다. 가난한 자, 무력한 자, 비천한 자만이 오직 착한 자다. 고통받는 자, 궁핍한 자, 병든 자, 추한 자 또한 유일하게 경건한 자이며 신에 귀의한 자이고, 오직 그들에게만 축복이 있다. ― 이에 대해 그대, 그대 고귀하고 강력한 자들, 그대들은 영원히 사악한 자, 잔인한 자, 음란한 자, 탐욕스러운 자, 무신론자이며, 그대들이야말로 또한 영원히 축복받지 못할 자, 저주받을 자, 망할 자가 될 것이다!"라고 말하며…… 이러한 유대의 가치 전환의 유산을 누가 상속했는지 우리는 알고 있다…… 유대인이 모든 선전포고 가운데 가장 근본적인 이 선전포고로 행사한 어마어마하고 지극히 숙명적인 주도권에 관해서 나는 다른 기회에 언급했던 다음의 문구를 떠올려본다(《선악의 저편 *Jenseits von Gut und Böse*》, 제195절). ― 즉 유대인과 더불어 **도덕에서의 노예 반란이 시작된다** : 저 반란의 배후에는 2천 년의 역사가 있으며, 그것이 승리했기 때문에, 바로 그런 이유로 오늘날 우리의 눈에서 멀어지게 된 것이다……

8.

——그러나 그대들은 이것을 이해하지 못하는가? 승리하기 위해서 2천 년이 필요했던 일을 볼 만한 눈이 그대들에게는 없단 말인가?…… 이 점에 관해서 놀랄 것은 없다 : 오랜 세월에 걸친 모든 사건들은 보기 어렵고 조망하기 어렵다. 그러나 **이것은** 다음과 같은 사건이다 : 즉 복수와 증오, 유대적 증오의 — 그와 같은 것이 지상에 존재한 적이 없는, 즉 이상을 창조하고 가치를 재창조하는 가장 깊고, 숭고한 증오의 — 저 나무 줄기에서 그와 비교할 수 없는 것, **새로운 사랑이**, 가장 깊이 있고 숭고한 종류의 사랑이 자라났던 것이다 : — 이것 또한 다른 어떤 줄기에서 자라날 수 있었겠는가?…… 그러나 그 사랑은 복수를 향한 저 갈증을 본래 부정하는 것으로, 유대적 증오의 대립물로 솟아오른 것이라고는 생각하지 말기 바란다! 아니다. 진실은 그 반대다! 이러한 사랑은 증오의 나무줄기의 수관(樹冠)으로, 가장 순수한 청명함과 넘치는 햇빛 속에 승리감에 도취된 채, 차츰 넓게 뻗어나가는 수관으로서 발생했던 것이다. 이 수관은 저 증오의 뿌리가 온갖 깊이 있는 것과 사악한 것으로 더욱 깊고 탐욕스럽게 파고들었던 것과 똑같은 충동으로, 말하자면 빛과 고도(高度)의 나라에서 저 증오를 목적으로 승리와 약탈, 유혹을 추구하고 있었던 것이다. 사랑의 복음의 화신 이 나자렛의 예수, 가난한 자, 병든 자, 죄지은 자에게 축복과 승리를 가져다준 이 '구세주' — 그야말로 바로 가장 섬뜩하고 저항하기 어려운 형태의 유혹이 아니었던가, 바로 **유대적** 가치와 이상 혁신의 유혹이며 우회로가 아니었던가? 이스라엘은 겉으로 보기에는 이스라엘의 적대자이자 해체하는 자인 바로 이 구세주라는 우회로를 통해서만 그들의 숭고한 복

수욕이라는 마지막 목적에 이른 것이 아닌가? 이스라엘 자체가 전 세계에 대한 복수의 진정한 도구를 마치 불구대천의 원수처럼 부정하고 이를 십자가에 달 수밖에 없었던 것, 따라서 '세계 전체'가, 즉 이스라엘의 모든 적대자가 주저없이 바로 이 미끼를 삼킬 수 있었던 것, 이것이야말로 진정 **위대한** 복수 정책이며, 멀리 보는 지하의 술책, 사전 계획에 따라 서서히 손길을 뻗치는 복수의 은밀한 검은 술책에 속하는 것이 아닌가? 다른 한편 정신이 아무리 섬세해도 도대체 이보다 더 **위험한** 미끼를 생각해낼 수 있단 말인가? 유혹하고 도취시키고 마비시키고 타락시키는 힘에서 '신성한 십자가'라는 저 상징에, '십자가에 매달린 신'이라는 저 전율할 만한 역설에, **인간을 구원하기 위해 신 스스로 십자가에 못 박힌다는 저 상상할 수 없는** 마지막 극단적인 잔인함의 신비에 견줄 만한 것이 있을까?…… 적어도 이 기호 아래 이스라엘이 자신의 복수와 모든 가치를 전도함으로써 지금까지 모든 다른 이상, 모든 **고귀한** 이상을 누르고 다시 승리했다는 것은 확실하다. ─

9.

── "그러나 당신은 더 **고귀한** 이상에 대해 무슨 이야기를 하고 있단 말인가! 우리는 사실에 따르도록 하자 : 민중이 승리했다 ─ '노예'라든가, '천민'이라든가, '무리'라든가, 아니면 그것을 어떻게 불러도 좋다 ─ 그리고 이것이 유대인에 의해 일어난 것이라면, 그것도 좋다! 그들 이상으로 세계사적 사명을 지닌 민족은 없었다. '주인'은 처리되어 없어졌고, 평범한 사람의 도덕이 승리했다. 이러한

승리를 동시에 피에 독을 타는 것으로 보는 사람도 있을 수 있다(이 승리에 의해 인종이 섞였다). — 나는 이를 부인하지 않는다. 그러나 이 독을 타는 것은 의심의 여지 없이 **성공했다**. 인류의 (즉 '주인'으로부터의) '구원'은 이루어지게 되었다. 모든 것은 눈에 띄게 유대화되고 그리스도교화되고, 천민화되어갔다 (어떤 말을 쓰든 상관없다!). 이 독이 인류의 몸 전체로 스며드는 진행 과정은 멈출 수 없는 것처럼 보이며, 심지어 그 속도와 행보는 이제부터 더욱 완만해지고 미묘해지고 조용해지며 신중해질 수 있을 것이다. — 시간은 있다 …… 이러한 목적에서 보면 교회는 오늘날 아직도 **필연적인** 사명을 가지고 있는 것일까, 과연 아직도 존재할 권리가 있는 것일까? 아니면 교회 없이도 지낼 수 있을까?라는 의문이 생긴다. 교회는 저 과정의 속도를 더한다기보다는 오히려 저지하고 억제하는 것처럼 보이지 않는가? 진정 이 점이야말로 교회가 유용한 이유가 될 수 있을 것이다…… 확실히 교회는 바로 좀더 섬세한 지성과 진실로 현대의 취향에 거슬리는 거칠고 조야한 것이 되었다. 교회는 적어도 좀 섬세한 것이 되어야 하지 않을까?…… 교회는 오늘날 사람을 끈다기보다는 오히려 더 소외시키고 있다…… 교회가 없다면, 우리 가운데 누가 자유정신이 될 것인가? 우리를 역겹게 하는 것은 교회이지, 교회의 독이 아니다…… 교회를 도외시한다면 우리 역시 그 독을 사랑하는 것이다……" — 이것은 어느 '자유정신'이, 자기 자신을 충분히 드러냈던 어느 존경할 만한 동물이, 뿐만 아니라 어느 민주주의자가 내 말에 첨부한 에필로그이다. 그는 그때까지는 내 말에 귀를 기울이고 있었으나 내가 침묵하는 것을 견딜 수 없었던 것이다. 말하자면 나에게는 이 시점에서 침묵해야 할 일이 많았다. —

10.

　도덕에서의 노예 반란은 **원한** 자체가 창조적이 되고 가치를 낳게 될 때 시작된다 : 이 원한은 실제적인 반응, 행위에 의한 반응을 포기하고, 오로지 상상의 복수를 통해서만 스스로 해가 없는 존재라고 여기는 사람들의 원한이다. 고귀한 모든 도덕이 자기 자신을 의기양양하게 긍정하는 것에서 생겨나는 것이라면, 노예 도덕은 처음부터 '밖에 있는 것', '다른 것', '자기가 아닌 것'을 부정한다 : 그리고 이러한 부정이야말로 노예 도덕의 창조적인 행위인 것이다. 가치를 설정하는 시선을 이렇게 전도시키는 것 ― 이렇게 시선을 자기 자신에게 되돌리는 대신 **반드**시 밖을 향하게 하는 것 ― 은 실로 원한에 속한다 : 노예 도덕이 발생하기 위해서는 언제나 먼저 대립하는 어떤 세계와 외부 세계가 필요하다. 생리적으로 말하자면, 그것이 일반적으로 활동하기 위해서는 외부의 자극이 필요하다. ― 노예 도덕의 활동은 근본적으로 반작용이다. 고귀한 가치 평가 방식에서 사정은 정반대 : 그것은 자발적으로 행동하고 성장한다. 그것은 자기 자신에게 더 감사하고 더 환호하는 긍정을 말하기 위해 자신의 대립물을 찾을 뿐이다. 그것의 부정적인 개념인 '저급한', '천한', '나쁜'은 철저히 생명과 정열에 젖어 있는 고귀한 가치 평가 방식의 긍정적인 근본 개념인 '우리 고귀한 자, 우리 선한 자, 우리 아름다운 자, 우리 행복한 자!'에 비하면 얇게 태어난 창백한 대조 이미지일 뿐이다. 고귀한 가치 평가 방식을 잘못 이해하고 현실에 대해 죄를 범하게 된다면, 이것은 그 평가 방식을 제대로 충분히 알지 **못하면서**, 그것을 실제로 아는 것을 냉정하게 가로막는 영역에서 일어난다 : 이 것은 사정에 따라서는 스스로 경시하는 영역, 즉 천한 사람과 하층

민의 영역을 잘못 이해하게 된다. 다른 면에서 언급할 점은 경멸, 멸시, 우월적 시선의 감정이 설혹 경멸당하는 사람의 모습을 **위조하는** 일이 있다고 해도, 이는 어떤 경우에도 무력한 자의 퇴행적 증오, 복수가 자신의 적을 — 물론 그 초상(肖像)에 — 위조하는 것에는 훨씬 못 미치게 된다. 사실 이 경멸에는 너무나 많은 태만과 경시, 너무나 많은 무시와 성급함이, 심지어는 너무나 많은 자기 희열까지 함께 뒤섞여 있기 때문에, 자신의 대상을 실재의 풍자적인 모습이나 괴물로 변형시킬 수 없을 것이다. 예를 들어 그리스 귀족이 자신과 하층민을 구별하는 데 사용한 모든 단어에 부여하는 거의 호의적이라고까지 할 수 있는 뉘앙스를 간과하지 말기 바란다. 그 단어들에 끊임없이 일종의 동정, 배려, 관용이 혼합되고 가미된 결과, 마침내 평민을 나타내는 데 어울리는 거의 모든 단어는 결국 '불행한', '불쌍한'이라는 뜻을 표현하는 것으로 남게 되었다(*데이로스* δειλός, *데이라이오스* δείλαιος, *포네로스* πονηρός, *모크테로스* μοχθηρός 라는 말[10]을 참조해보라. 마지막 두 말은 원래 일하는 노예와 짐 나르는 짐승으로서의 평민을 나타내는 말이었다).— 또 다른 한편으로 '나쁜', '저급한', '불행한'이라는 말은 그리스인들의 귀에는 결코 그치지 않는 하나의 음조로, '불행한'이라는 의미가 압도하는 하나의 음색으로 울려퍼졌다. 이는 경멸하는 경우에서까지도 스스로의 본성을 부정하지 않는 고귀한 고대 귀족적 가치 평가 방식의 유산인 것이다(문헌학자들은 *오이치로스* οἰζυρός, *아놀보스* ἄνολβος, *틀레몬* τλήμων, *디스티케인* δυστυχεῖν, *킴포라* ξυμφορά와 같은 단어들[11]이 어떤 의미에서 사용되는지 상기해볼 필요가 있다). '출신이 좋은 사람들'은 스스로를 '행복한 사람'이라고 **느꼈다**. 그들은 먼저 적을 고려함으로써 자신의 행복을 인위적으로 꾸미거나 경우에 따라서 스스로 행복하다고 설득하거나 **기만할**(원한을 지닌 모든 사람이 습관적으로 그렇게 하듯이) 필요가 없었다. 그와 같이 그들은 힘이 가득 넘쳐나는, 따라서 **필연적으로** 능동적인 인간으로, 행복과 행위가 분리될 수 없음을 알고 있었다. — 그들에게 활동한다는 것은 필연적으로 행복을 염두에 둔 것이다(여기에서 *에우 프라테인* εὖ πράττειν, 즉 '잘 행동하다'는 말이 나왔다). — 이 모든 것은 무력한 자, 억압받는 자, 독이 되는 증오의 감정으로 곪아터져 고통을 느끼는 자의 수준에서 나타나는 '행복'과는 아주 대조를 이룬다. 이러한 사람들에게서 행복이란 본질적으로 마취, 마비, 안정, 평화, '안식일', 정서적 긴장 완화, 안도로, 간단히 말하자면 **수동적인 것으**로 나타난다. 고귀한 인간은 자기 자신에 대해 신뢰와 개방성을 가지고 살아가는 데 반해(**겐나이오스** γενναῖος 즉 '고귀한 혈통의'라는 단어는 '정직한'이라는 뉘앙스와 '순박한'이라는 뉘앙스를 강조하는 말이다), 원한을 지닌 인간은 정직하지도 순박하지도 않으며 자기 자신에 대해서 진지하지도 솔직하지도 않다. 그의 영혼은 **곁눈질을 한다**. 그의 정신은 은신처, 샛길, 뒷문을 좋아한다. 은폐된 모든 것을 그는 자신의 세계로, **자신의 안정으로**, **자신을** 생기 있게 만드는 것으로 여긴다. 그는 침묵하는 법, 잊어버리지 않는 법, 기다리는 법, 잠정적으로 자신을 왜소하게 만들고 굴종하는 법을 알고 있다. 원한을 지닌 이러한 인간 종족은 결국 반드시 어떤 고귀한 종족보다도 훨씬 더 **영리하게** 된다. 또한 그들은 영리하다는 것을 완전히 다른 척도로, 즉 최고급의 생존 조건으로 존경하게 된다. 이에 반해 고귀한 인간에게 영리함이라는 것은 사치와 세련됨이라는 미묘한 뒷맛이 따르기 쉽다 : — 이것은 여기에서는 그리 중요한 것이 아니다. 오히려 조절해나가는 **무의식적** 본능의 완벽한 기능의 확실성이나, 심지어는 위험이든 적이든 무모하게 돌진해가는 것 같은 어떤 어리석음이, 아니면 그 어떤 시대에도 고귀한 영혼이 스스로를 다시금 인지하게 되었던 분노, 사랑, 경외, 감사, 복수 등을 열광적으로 순간적으로 분출하는 것이 중요하다. 고귀한 인간의 원한 자체는, 그것이 나타나는 일이 있을지라도, 바로 잇달아오는 반작동으로 수행되고 약해지기 때문에 **해독**을 **끼치지** 않는다 : 다른 한편으로 말하자면 이것은 모든 약자와 무력한 자에게서는 불가피하게 나타나는 그 무수히 많은 경우에도 전혀 나타나지 않는다. 자신의 적, 자신의 재난, 자신의 **비행(非行)**까지도 그렇게 오랫동안 진지하게 생각할 수 없다는 것 — 이것은 조형하고 형성하며 치유하고 또한 망각할 수 있는 힘을 넘치게 지닌 강하고 충실한 인간을 나타내는 표시이다(현대 세계에서 이에 대한 가장 좋은 예가 미라보Mirabeau[12]다. 그는 사람들이 자신에게 가한 모욕과 비열한 행위를 기억하지 못했고, 이미 잊어버렸기 때문에 용서할 수도 없었다). 그러한 인간은 다른 인간의 경우에는 몸 속으로 파고드는 많은 벌레를 단 한번에 흔들어 떨어버린다. 도대체 이 지상에 진정 '적에 대한 **사랑**'이 있을 수 있다면, 그것은 오직 그러한 인간에게서만 가능할 것이다. 고귀한 인간은 이미 자신의 적에게 얼마나 큰 경외심을 가지고 있는 것일까! — 그리고 그러한 경외심은 이미 사랑에 이르는 다리이다……그는 자신을 두드러지게 하기 위해 스스로 자신의 적을 요구한다. 그는 경멸할 것이 전혀 없고, **아주 크게** 존경할 만한 적이 아니면 참을 수 없다! 이에 반해 원한을 지닌 인간이 생각할 수 있는 '적'을 상상해보자 — 바로 여기에 그의 행위가 있고 그의 창조가 있다 : 그는 '나쁜 적'을, '악한 사람'을 생각해내고, 사실 그것을 근본 개념으로 거기에서 그것의 잔상(殘像) 또는 대립물로 다시 한번 '선한 인간'을 생각해낸다 — 그것이 자기 자신인 것이다!……

11.

고귀한 인간의 경우는 정반대이다. 고귀한 인간은 '좋음'이라는 근본 개념을 먼저 자발적으로, 즉 자기 자신에게서 생각해내고, 거기에서 비로소 '나쁨'이라는 관념을 만들게 된다! 이 고귀한 기원을 지닌 '나쁨'과 끝없는 증오의 도가니에서 나온 저 '악함böse'을 비교해보자. — 전자가 후에 만들어진 것이며 병렬적으로 나타나는 것이자 일종의 보색(補色)이라면, 후자는 이에 반해 원형이며 시원이자 노예 도덕이라는 구상에서 나온 본래의 **행위**이다. — 겉으로 보기에 '좋음'이라는 개념에 대치된 '나쁨'과 '악함'이라는 두 개의 단어는 얼마나 다른가? 그러나 '좋음'이라는 개념은 같은 개념이 아니다 : 오히려 원한 도덕이라는 의미에서 도대체 **누가** '악한' 자인가 하고 질문을 던져야 한다. 이에 대해 가장 엄격하게 대답한다면 다음과 같다 : 바로 이와는 다른 도덕에서의 '좋은 사람', 바로 고귀한 자, 강한 자, 지배자가 본래 악한 사람인데, 이는 단지 변색되고 해석이 뒤바뀌고 원한의 독기 어린 눈으로 관찰되었을 뿐이다. 여기에서 우리는 적어도 다음과 같은 한 가지 사실만은 부정하고 싶지 않다 : '좋은 사람'을 단지 적대자로만 알았던 사람은 또한 **악한 적대자** 외에는 알지 못했다. 풍습, 존경, 관습, 감사에 의해, 더구나 서로 감시

함으로써, 동등한 자들 사이의 질투로 엄격하게 구속된 사람들, 그리고 다른 한편으로는 서로의 태도에서 고려, 자제, 온정, 신뢰, 긍지, 우정이라는 점에서 매우 상상력이 풍부하다고 증명된 사람들, — 이들이 외부로 향하게 되어 낯선 것, 이방의 것과 접하기 시작하는 곳에서는 고삐 풀린 맹수보다 더 나을 것이 없게 된다. 그들은 그곳에서 모든 사회적 구속에서 벗어나 자유를 즐긴다. 그들은 사회의 평화 속에 오랫동안 감금되고 폐쇄되었기 때문에 나타나는 긴장을 황야에서 보상한다. 그들은 아마도 소름끼치는 일련의 살인, 방화, 능욕, 고문에서 의기양양하게 정신적 안정을 지닌 채 돌아오는 즐거움에 찬 괴물로서 맹수적 양심의 순진함으로 **되돌아간다**. 그것은 마치 학생들의 장난을 방불케 하는 것이며, 그들은 시인들이 오랜만에 노래를 부르고 기릴 수 있는 것을 가졌다고 확신한다. 이러한 모든 고귀한 종족의 근저에서 맹수, 즉 먹잇감과 승리를 갈구하며 방황하는 화려한 **금발의 야수**를 오해해서는 안 된다. 이러한 숨겨진 근저는 때때로 발산될 필요가 있다. 짐승은 다시 풀려나 황야로 돌아가야만 한다 : 로마, 아라비아, 독일, 일본의 귀족, 호메로스의 영웅들, 스칸디나비아의 해적들 — 이러한 욕망을 지니고 있는 점에서 그들은 모두 같다. 고귀한 종족이란 그들이 지나간 모든 자취에 '야만인'이라는 개념을 남겨놓은 자들이다. 그들의 최고의 문화에서도 이에 대한 의식이 드러나고 그것에 대한 자긍심마저 드러난다(예를 들어 페리클레스는 저 유명한 추도연설에서 아테네 사람들에게 다음과 같이 말했다. "우리의 대담한 용기는 모든 육지와 바다에 길을 열었고, 모든 곳에 **좋게든 나쁘게든** 불멸의 기념비를 세웠다"[5]). 미친 것처럼 부조리하게 돌변하는 것처럼 보이는 고귀한 종족의 이러한

'대담한 용기', 무슨 일을 저지를지 모르는 그들 모험의 예측할 수 없음 — 페리클레스는 아테네 사람들의 사려 없음 ραϑυμια을 뛰어난 것으로 강조했다[6] — 안전, 육체, 생명, 쾌적함에 대한 그들의 무관심과 경시, 모든 파괴에서, 승리와 잔인함에 탐닉하는 것에서 보여지는 그들의 놀랄 만한 명랑함과 쾌락의 깊이 — 이 모든 것은 그것 때문에 고통받은 사람들에게는 '야만인', '사악한 적대자', '코트인', '반달인'의 모습으로 파악되었다. 독일인이 권력을 장악하자, 그들이 일으키는 저 깊고도 얼음처럼 차가운 불신은 오늘날 역시 그렇지만, — 몇 세기 동안이나 유럽이 금발의 게르만 야수의 광포함을 보아왔던 지울 수 없는 공포의 여운인 것이다(비록 고대 게르만인과 우리 독일인 사이에는 개념상의 친족성이 거의 없고 하물며 혈연관계가 거의 없다고 할지라도 말이다). 나는 일찍이 헤시오도스가 문화 시대의 순서를 생각해, 이를 금, 은, 동으로 표현하고자 했을 때 느낀 그의 곤혹스러움에 주의를 환기시켰다 : 그는 화려하지만, 마찬가지로 무섭고 폭력적인 호메로스의 세계가 나타내는 모순을 해결하는 데 한 시대를 둘로 나누고, 이제 그것을 전후로 배치하는 것 외에는 방법이 없음을 알았다. — 그 하나는 트로이와 테베의 영웅과 반신(半神)의 시대인데, 이는 자기 안에 자신의 선조를 가지고 있는 고귀한 종족의 기억에 남은 세계이다. 그 다음이 청동 시대로, 짓밟힌 자, 약탈당한 자, 학대받은 자, 끌려다닌 자, 팔린 자의 후예들에게 보인 그와 똑같은 세계이다 : 즉 이것은 이미 말했듯이, 가혹하고 냉엄하고 잔인하며 감정이나 양심도 없고 모든 것을 부수어버리고 피투성이가 되는 동(銅)의 시대인 것이다. '인간'이라는 맹수를 온순하고 개화된 동물, 즉 **가축**으로 길들이는 데 **모든 문**

화의 의미가 있다는 것이 어찌 되었든 오늘날 진리로 믿어지고 있는데, 만일 이것이 진실이라면, 고귀한 종족과 그들의 이상을 결국 모욕하고 제압하게 된 저 반응 본능과 원한 본능은 모두 의심할 여지 없이 본래의 **문화**의 **도구**라고 보아야만 할 것이다. 물론 이렇게 말한다고 해서 문화 도구를 **소유한** 자가 동시에 문화 자체를 표현하고도 있다는 말은 아닐 것이다. 오히려 그 반대가 진실하다고 할 수도 있을 뿐만 아니라, ─ 아니! 이것은 오늘날 **명백한** 사실이다! 이들 억압적이고 보복을 갈구하는 본능을 소유한 자들, 유럽적이고 비유럽적인 모든 노예의 후손들, 특히 아리아 이전의 모든 주민의 후손들 ─ 그들은 인류의 **퇴보**를 나타낸다! 이러한 '문화의 도구'는 인류의 치욕이며, 오히려 '문화' 일반에 대한 회의(懷疑)이며 반론인 것이다! 사람들이 고귀한 종족의 근저에 있는 금발의 야수에 대한 공포에서 벗어나지 못하고 경계하게 되는 것은 지극히 당연한 일이 될 수 있다 : 두려워하지 **않지만** 대신 이때 덜된 자, 왜소한 자, 쇠약해진 자, 중독된 자의 구역질 나는 모습에서 더 이상 빠져나갈 수 없다면, 동시에 경탄하면서 두려움을 맛보는 것이 오히려 백 배 더 낫지 않을까? 이러한 선택의 사실이 **우리의** 운명 아닌가? 오늘날 **우리에게** '인간'을 혐오하게 하는 것은 무엇인가? ─ 의심의 여지 없이 우리는 인간에 대해 **괴로워하고** 있기 때문이다. ─ 그것은 공포가 아니다. 오히려 우리는 인간을 더 이상 두려워할 것이 없으며, '인간'이라는 벌레가 전경에서 우글거리고 있다는 사실이며, '길들여진 인간', 구제할 수 없이 평범하고 달갑지 않은 인간이 벌써 자신을 목표와 정점으로, 역사의 의미로, '보다 높은 인간'으로 느낄 줄 안다는 사실이다. ─ 그러한 인간이 오늘날 유럽의 악취를 발산시키기 시작한 넘쳐나는 덜된 자, 병든 자, 피로에 지친 자, 노쇠한 자와 스스로를 구별하는 한, 스스로를 적어도 비교적 잘난 자, 적어도 아직은 생활능력이 있는 자, 적어도 삶을 긍정하는 자로 느낄 만한 어떤 권리를 가지고 있다는 사실이다……

12.

―나는 이 자리에서 탄식과 마지막 기대를 억누를 수가 없다. 내가 정말 참을 수 없는 것이란 무엇일까? 내가 홀로 해결하지 못하는 것, 나를 질식시키고 초췌하게 만드는 것은 무엇일까? 그것은 나쁜 공기다! 나쁜 공기란 말이다! 무언가 잘못된 것이 내 근처로 다가오며, 내가 잘못된 영혼의 내장에서 나는 냄새를 맡아야만 한다는 사실이다!…… 그 밖의 것이라면 어떤 고난, 궁핍, 나쁜 날씨, 중병, 신고(辛苦), 고독이든 견뎌내지 못할 것이 무엇이 있겠는가? 사람들은 지하의 투쟁적인 생존을 영위하기 위해 태어났기 때문에, 근본적으로 다른 모든 일도 잘 해결하게 될 것이다. 사람들은 언제나 되풀이해서 세상에 나타나고 되풀이해서 승리의 황금 시간을 체험한다.―그리고 사람들은 그때 위급한 모든 경우에 언제나 더 팽팽하게 당겨지는 활처럼, 부러지지 않고 팽팽하게 당겨져 새로운 것, 좀 더 어려운 것, 멀리 있는 것을 향하도록 태어난 것처럼, 그렇게 서 있는 것이다.―그러나 때때로―선악의 저편에, 숭고한 수호의 여신들이 있다면―내가 한번 볼 수 있게 해달라! 아직도 두려움을 느끼게 만들 만한 완전한 것, 마지막으로 이루어진 것, 행복한 것, 강력한 것, 의기양양한 것을 내가 한번 볼 수 있게 해달라! 인간을 변

호하는 인간, 인간을 보완하고 구원하는 행복의 경우를, 그리고 그 때문에 인간에 대한 믿음을 견지할 수 있는 경우를 한번 볼 수 있게 해달라! 유럽인의 왜소화와 평균화는 우리의 최대 위험을 숨기고 있기 때문이다. 왜냐하면 이 모습이 우리를 지치게 만들기 때문이다. 오늘날 우리는 좀더 위대해지려는 그 어떤 것도 보지 못한다. 우리는 더욱 아래로, 아래로 내려가며, 좀더 빈약한 것, 좀더 선량한 것, 좀더 영리하고 안락한 것, 좀더 평범하고 무관심한 것, 좀더 중국적이고 그리스도교적인 것으로 되어가는 것을 예감하고 있다—인간은 의심할 여지 없이 '더 좋게' 된다…… 여기에 바로 유럽의 운명이 있다—인간에 대한 공포와 더불어 우리는 또한 인간에 대한 사랑과 경외심, 인간에 대한 희망, 아니 인간에 대한 의지도 잃어버렸다. 이제 인간의 모습은 우리를 지치게 만든다—이것이 허무주의가 아니라면, 오늘날 무엇이 허무주의란 말인가?…… 우리는 **인간에게** 지쳐 있다……

13.

그러면 우리 다시 돌아가보자 : '좋음'의 **다른** 기원의 문제, 즉 원한을 지닌 인간이 생각해온 좋음이라는 문제가 해결되기를 기다리고 있다.—어린 양들이 커다란 맹금류를 싫어한다는 것은 이상한 일이 아니다 : 이는 커다란 맹금류가 어린 양들을 채어가는 것을 비난할 만한 이유가 되지 않는다. 그리고 어린 양들이 자기들끼리 "이 맹금류는 사악하다. 가능한 한 맹금류가 아닌 자, 아마 그 반대인 어린 양이야말로 좋은 것이 아닌가?"라고 말할지라도 그 이상을 수립하는 데는 전혀 비난할 만한 것이 없다. 하물며 맹금류는 이를 약간 비웃는 눈길로 바라보게 되고, 아마 "우리는 그들, 이 선한 어린 양들을 전혀 싫어하지 않는다. 우리는 오히려 그들을 사랑한다 : 연한 양보다 맛있는 것은 없다"고 말하게 될 것이다. ― 강한 것에게 강한 것으로 나타나지 않기를 요구하고, 그것이 압박욕, 제압욕, 지배욕, 적대욕, 저항욕, 승리욕이 아니기를 요구하는 것은 바로 약한 것에게 강한 것으로 나타나기를 요구하는 것만큼 불합리하다. 일정량의 힘이란 바로 그와 같은 양의 충동, 의지, 작용이다. ― 오히려 이것은 바로 이와 같은 충동 작용, 의지 작용, 활동 작용 자체와 전혀 다르지 않다. 오직 모든 작용을 작용하는 자, 즉 '주체'에 의해 제약된 것으로 이해하고 오해하는 언어의 유혹(언어 속에서 화석화된 이성의 근본 오류) 아래에서만 다르게 나타날 수 있다. 그것은 마치 사람들이 번개를 섬광에서 분리하여 후자를 번개라 불리는 어떤 주체의 **활동**이며 작용이라고 가정하는 것과 마찬가지로, 민중의 도덕도 마치 강자의 배후에는 강한 것을 나타내거나 나타내지 않는 것을 **자유롭게 할 수 있는** 일종의 중립적인 기체가 있는 것처럼, 강한 것을 강한 것을 표현하는 것과 분리한다. 그러나 그러한 기체는 존재하지 않는다. 활동, 작용, 생성 뒤에는 어떤 '존재'도 없다. '활동하는 자'는 활동에 덧붙여 단순히 상상에 의해 만들어진 것이다. ― 활동이 모든 것이다. 사람들은 번개가 번쩍일 때, 실제로는 활동을 중복시킨다. 이것이 활동의 활동이다 : 같은 사건을 한 번은 원인이라고 보고 다른 한 번은 결과라고 보는 것이다. 자연과학자들이 "힘이 움직이게 한다. 힘이 무엇을 일으키는 원인이다"라고 하며 그와 같은 것을 말했지만, 사태를 좀더 잘 만든 것은 아니다. ― 우리의 과학 전체는 그 모든 냉정함, 감정에서 해방되었음에도 불구하고 여전히 언어의 유혹에 사로잡혀 있으며, '주체'라고 하는 뒤바뀐 기형아에서 헤어나오지 못하고 있다. (예를 들어 원자란 그러한 기형아이며, 칸트의 '물자체'도 또한 같은 것이다.) : 뒤로 물러나 숨은 채 희미하게 빛을 내고 있는 복수와 증오의 감정이 "**강자가 약해지는 것도, 맹금류가 어린 양이 되는 것도 마음대로이다**"는 믿음을 스스로를 위해 이용하고, 게다가 실제로 이 믿음을 그 어떤 믿음보다도 더 열렬히 견지한다고 해도 놀랄 것이 없다. — 이로 말미암아 그들은 맹금에게 맹금이라는 **책임을 지우는** 권리를 스스로 획득하게 된다…… 억압당한 자, 유린당한 자, 능욕당한 자가 무력감이라는 복수심에 불타는 간계에서 "우리는 악한 인간과 다른 존재가 되도록 하자, 즉 선한 존재가 되게 하자! 그리고 선한 인간이란 능욕하지 않는 자, 그 누구에게도 상처 주지 않는 자, 공격하지 않는 자, 보복하지 않는 자, 복수를 신에게 맡기는 자, 우리처럼 자신을 숨긴 채 사는 자, 모든 악을 피하고 대체로 인생에서 요구하는 것이 적은 자, 즉 우리처럼 인내하는 자, 겸손한 자, 공정한 자이다"라고 스스로를 설득하지만, — 이것은 본래, 냉정하게 선입견 없이 들었다고 하더라도, "우리 약자는 어차피 약하다. 우리는 우리의 힘이 미치지 못하는 일은 아무것도 하지 않거니와, 이것은 좋은 것이다"라고 말하는 것에 불과하다. — 그러나 이 가혹한 사태, (커다란 위험에 처했을 때, '지나친' 활동을 하지 않기 위해 스스로 죽은 체하는) 곤충류마저도 지니고 있는 가장 저급한 수준의 이러한 영리함은 무력감이라는 저 화폐 위조와 자기 기만 덕분에 체념하며 조용히 기다리는 미덕이라는 화려한 의상을 입었던 것이다. 이것은 마치 약자의 약함 자체가 — 이는 또한 그의 **본질**이며 활동, 그의 유일하고 피할 수 없으며 분리할 수 없는 현실 전체를 말한다―하나의 임의적 수행 능력이며, 의욕된 것, 선택된 것, **행위**, **공적**(功績)인 것처럼 보이는 것과 마찬가지로. 이러한 종류의 인간에게는 거짓으로 자기 자신을 신성시하곤 하는 자기 보존과 자기 긍정의 본능에서 선택의 자유를 지닌 중립적인 '주체'에 대한 믿음이 **필요**하다. 주체(또는 더욱 통속적으로 말하자면 영혼)란 아마 지금까지는 지상에서 최상의 신조였을 것이다. 왜냐하면 이것은 죽어야 하는 수많은 인간 존재, 모든 종류의 약자, 억압받는 자로 하여금 약함 자체를 자유로 해석하고, 그들이 그저 그렇게 존재하는 모습을 **공적**으로 해석하는 저 숭고한 자기 기만을 가능하도록 했기 때문이다.

14.

―이 지상에서 어떻게 이상이 **제조되는가**의 비밀을 조금이라도 내려다보고 싶은 사람은 누구인가? 누구에게 그런 용기가 있단 말인가?…… 좋다! 여기에서는 이러한 어두컴컴한 공장 내부가 잘 보인다. 나의 호기심 많은 모험가여, 그대 잠시만 기다리라 : 우선 그대들의 눈이 이러한 현혹적으로 아른거리는 불빛에 익숙해져야만 한다…… 그렇다! 그러면 좋다! 이제 이야기해보자! 그 아래에서 무슨 일이 일어나고 있는가? 가장 위험한 호기심을 가진 사람이여, 그대가 본 것을 말해보라―이제 **나는** 듣는 사람이다.―

―"나는 아무것도 보지는 못하지만, 그만큼 더 잘 듣습니다. 구석구석에서 조심스럽고 음험하며 낮게 속삭이는 소리와 귓속말이 들

려옵니다. 나는 사람들이 거짓말을 하는 것 같은 생각이 듭니다. 소리의 울림마다 사탕처럼 달콤한 부드러움이 있지요. 약한 것을 기만하여 공적으로 바꾸려고 하지요. 이것은 의심할 여지가 없습니다. ─ 당신이 말씀하신 그대로입니다." ─

─ 계속 얘기하라!

─"보복하지 않는 무력감은 '선'으로 바뀝니다. 불안한 천박함은 '겸허'로 바뀝니다. 증오하는 사람들에게 복종하는 것은 '순종'(말하자면 그들이 말하는 자, 즉 이러한 복종을 명령하는 자 ─ 그들은 이를 신이라 부릅니다)으로 바뀝니다. 약자의 비공격성, 약자가 풍부하게 지니고 있는 비겁함 자체, 그가 문 앞에 서서 어쩔 수 없이 기다려야만 하는 것은 여기에서 '인내'라는 미명이 되고, 또한 저 미덕으로 불립니다. 복수할 수 없는 것이 복수하고자 하지 않는 것으로 불리고, 심지어는 용서라고 불리기까지 할 것입니다("왜냐하면 그들은 자신이 무엇을 하고 있는지 모르기 때문입니다(7) ─ 오로지 우리만이 그들이 무엇을 하고 있는지 알고 있습니다!"). 사람들은 또한 '자신의 적에 대한 사랑'(8)에 대해서도 이야기합니다 ─ 땀을 뻘뻘 흘리면서 말입니다."

─ 계속 하라!

─"이러한 밀담자와 구석에 있는 화폐 위조자들이 모두 이미 서로 따뜻하게 의존하며 웅크려 있다는 것은 의심할 여지가 없지만, 그들은 가련합니다. ─ 그들은 자신의 가련함이 신에 의해 선택받은 영예이며, 마치 사람들이 가장 사랑하는 개를 때리는 것과 같은 것이라고 내게 말합니다. 아마도 이러한 가련함은 또 준비, 시련, 훈련일 겁니다. 아마 그 이상일지도 모릅니다. ─ 언젠가는 변상되고 엄

청난 이자가 붙어 금으로, 아니 행복으로 변제될지도 모르는 그러한 것입니다. 이것을 그들은 '축복'이라고 부릅니다."

— 계속하라!

—"이제 그들은 내게 다음의 것을 알게 해줍니다. 즉 그들이 침을 핥아야만 하는(그것은 두려움 때문이 아닙니다, 결단코 두려움 때문이 아닙니다! 오히려 신이 모든 권력기구를 존경할 것을 명했기 때문입니다[9]) 지상의 강자와 주인보다 그들이 훨씬 훌륭하다는 것—그들이 훨씬 훌륭할 뿐만 아니라, '더 좋은 것을 가지고 있으며', 하여튼 언젠가는 더 좋은 것을 가지게 될 것이라는 사실을 말입니다. 그러나 충분합니다! 충분합니다! 나는 더 이상 견딜 수가 없습니다. 공기가 나쁩니다! 공기가 나빠요! **이상을 제조하는** 이 공장은 내게는 새빨간 거짓말 때문에 고약한 냄새가 나는 것같이 생각됩니다."

— 아니! 잠깐 기다리라! 모든 검은 것에서 하얀 것, 젖, 순수를 만들어내는 이 마술사들의 걸작에 대해 당신은 아직 아무 말도 하지 않았다 : —당신은 그들의 세련된 완성 상태, 그들의 가장 대담하고 정교하며 명민하고 기만적인 예술가적 조작이 무엇인지 알아채지 못한 것이 아닌가? 주의해보라! 복수와 증오에 차 있는 이 지하실의 동물들—그들은 바로 복수와 증오에서 무엇을 만들고 있는가? 당신은 이 말을 들어본 적이 있는가? 당신이 오직 그들의 말만 믿고 있었다면, 당신은 자신이 원한의 인간 가운데 있다는 사실을 느낄 수 있겠는가?······

—"알고 있습니다. 다시 한번 귀 기울이지요(아! 아! 아! 하고 코를 막는다). 그들이 종종 이야기한 것들, 즉 "우리 착한 사람들—우

리야말로 정의로운 자이다"라는 내용이 이제야 들립니다 : ─ 그들이 열망하던 것, 이것을 그들은 보복이라고 부르지 않고, "**정의의 승리**"라 부릅니다. 그들이 증오한 것은 자신의 적이 아닙니다. 아닙니다! 그들은 '**부정**'을, '무신(無神)'을 증오합니다. 그들이 믿고 바란 것은 복수를 향한 희망이나 달콤한 복수('꿀보다 달콤한'이라고 이미 호메로스가 말했던(10))에 취해 있는 것이 아니라, 무신론자들에 대한 신의 승리, **정의로운** 신의 승리입니다. 그들이 사랑해야 할 것으로 지상에 남아 있는 것은 서로 증오하는 그들의 형제들이 아니라, 그들이 지상에 있는 모든 착한 자, 모든 정의로운 자라고 말한 '서로 사랑하는 그들의 형제들'(11)입니다."

─그들에게 삶의 온갖 고통에 위로가 되는 것─ 미리 상정하는 미래의 축복의 환상을 그들은 어떻게 부르는가?

─"무엇이라고요? 내가 제대로 들은 것입니까? 그들은 그것을 '최후의 심판', 그들 나라, 즉 '신의 나라'의 도래라고 부릅니다 ─ 그러나 **그날이 오기까지는** 그들은 '믿음 속에서', '사랑 속에서', '희망 속에서'(12) 사는 것입니다."

─충분하다! 충분하다!

15.

무엇에 대한 믿음 속에서? 무엇에 대한 사랑 속에서? 무엇을 향한 희망 속에서?─이들 약자들─그들 역시 언젠가는 강자가 되고자 한다. 의심할 여지 없이 언젠가는 **그들의** '나라' 역시 도래해야 할 것이다─앞서 말한 것처럼, 그것은 그들 사이에서 단지 '신의 나라'라

고 불린다 : 그들은 모든 일에서 이처럼 겸손한 것이다! 이것을 체험하기 위해 죽음을 넘어 오래 살 필요가 있다. —'믿음과 사랑, 희망 속에서' 사는 이 지상의 삶을 영원히 '신의 나라'에서 보상받기 위해 영원한 생명이 필요하다. 무엇을 위한 보상이란 말인가? 무엇으로 보상한다는 말인가?…… 단테가 전율을 불러일으키는 솔직함으로 지옥 문 위에 "영원한 사랑이 나 또한 창조해냈다"[13]는 명문(銘文)을 걸었을 때, 그가 무례한 실수를 한 것이라고 나는 생각한다 : —그것은 어찌 되었든 그리스도교의 천국과 그 '영원한 축복'의 문 위에 "영원한 **증오**가 나 또한 창조했다"라는 명문을 거는 것이 나을 수도 있다. — 허위에 이르는 문 위에 진리를 걸어도 된다는 말인가! 그러면 도대체 저 천국의 축복이란 무엇이란 말인가?…… 우리는 그것을 이미 알고 있다. 그러나 그러한 문제에서 결코 경시할 수 없는 권위로 위대한 스승이며 성자인 토마스 폰 아퀴나스[14]가 우리에게 분명히 증언하는 말을 듣는 것이 훨씬 더 낫다. 그는 양처럼 부드럽게 다음과 같이 말한다. "천국에 있는 축복받은 사람들은 저주받은 자들이 벌받는 것을 보고, **그것으로 해서 자신들의 축복을 더욱 기쁘게 여기리라.**" 아니면 의기양양한 교부의 입에서 힘찬 어조로 말하는 그 소리를 듣고자 하는가? 이 교부는 자신의 그리스도교인들에게 공개적인 구경거리를 즐기는 잔인한 환락을 그만두도록 하는데, 이것은 무슨 까닭인가? 그는 《구경거리 *De spectaculis*》 29쪽에서부터 이렇게 말하고 있다. —"믿음은 우리에게 많은 것을 주며, **훨씬 강한 것을** 베푼다. 구원 덕분에 완전히 다른 기쁨이 우리 마음대로 된다. 우리에게는 투기하는 자들 대신 우리의 순교자가 있다. 우리가 피를 바란다면, 이제 우리에게는 그리스도의 피가 있다…… 그러

나 그리스도가 재림하고 승리하는 날, 우리를 기다리는 것은 무엇인가!"―이 환희에 찬 환상가[13]는 계속한다 : "그러나 물론 또 다른 구경거리가 있다. 그곳에는 최후의 영원한 심판의 날이 있고, 예기치 않은 민족이 있고, 조롱거리가 있고, 이때 그렇게 오래된 시대와 그처럼 많은 소산이 불길 속에서 타버리는 것이다! 그때가 되면 얼마나 광대한 장면이 펼쳐지겠는가! 얼마나 탄복할 것인가! 얼마나 웃어야 할까! 어디서 기뻐해야 할까! 어디서 춤추어야 할까! 천국에 영접되었다고 알려진 그렇게 많고도 많은 왕들이 위대한 주피터와 그들의 승천을 목격한 증인들과 더불어 어두운 지옥에서 신음하는 모습을 볼 때! 그리고 주의 거룩한 이름을 능욕한 총독들이 스스로 그리스도를 따르는 자들을 불태워 죽인 능욕의 불길보다 더 흉포한 불길 속에서 타 없어지는 것을 볼 때! 그리고 현자들 외에 저 철학자들이, 신과 관계되는 것은 거의 없다고 주장했기 때문에, 영혼이란 존재하지 않는다거나 적어도 이전의 육체로는 되돌아오지 않는다고 수장했기 때문에 자신들의 제자들 앞에서 수치심에 사로잡혀 불태워지는 것을 볼 때! 또한 시인들이 라다만투스Rhadamantus나 미노스Minos의 법정이 아닌, 그리스도의 법정 앞에서 아무 영문도 모르고 떨고 있는 것을 볼 때! 그때 비극에 처한 자들의 소리를, 자기 자신에게 덮친 재난을 한탄하는 소리(더 잘 표현하면, 여전히 분노에 차 지르는 절규)를 물론 더 잘 들을 수 있으리라. 그때 그 배우들의 몸짓이 불 속에서 벌 받아 소멸되는 것을 알게 되리라. 그때 전차를 모는 마부가 화염 속에서 완전히 불타며 전차를 모는 모습을 볼 것이다. 그때 경기자들이 경기장에서가 아니라, 화염 속에서 창을 던지며 겨루는 모습을 보게 될 것이다. 그러나 그때 나는 그들이 그

때까지 살아 있기를 바라는 것은 아니지만, 오히려 그 때문에 주님을 욕되게 한 자들을 더욱 **지칠 줄 모르고** 응시하고 싶다. "여기에—내가 말한다면—목수와 매춘부의 아들(다음부터 나오는 말 전체로 보아, 특히 탈무드 법전에서도 잘 알려진 이러한 예수 어머니의 칭호가 알려주는 것처럼, 테르툴리아누스는 여기에서부터는 유대인을 의미하고 있다), 안식일을 파괴한 자, 사마리아인이자 귀신 들린 자인 그가 있다. 여기에 유다에게서 사들인 자가 있다. 여기에 갈대와 주먹으로 얻어맞은 자, 침으로 모욕당한 자, 쓴 즙과 신 즙을 먹힌 자가 있다. 여기에 부활했다는 말을 듣기 위해 제자들이 은밀히 훔쳐 사라져 버린 자, 또는 심은 식물들이 많은 사람에 의해 짓밟히지 않도록 정원사가 운반해놓은 자가 있다." 대법관이든, 집정관이든, 검찰관이든, 사제이든 그들이 아무리 관대해도 이러한 구경거리를 보여주고, 이렇게 **마음을 즐겁게 해주는** 자가 있을 것인가? 그러나 우리는 이제라도 어느 정도 **신앙에 의해** 이 광경을 마음속에 그려볼 수 있다. 눈으로 본 적이 없고 귀로 들은 적이 없고 마음으로 그 누구도 드러낸 적이 없는 것(《고린도전서》 2장 9절)이란 도대체 무엇이란 말인가? 내가 믿는 바로는 이것은 원형경기장보다 두 개의 무대 관람석(1등석과 4등석, 또는 일설에 의하면 희극무대와 비극무대)보다, 어떤 경기장보다도 재미있는 광경인 것이다."—**신앙에 의해**Per fidem라고 기록되어 있다.

16.

결론을 내려보자. '좋음과 나쁨', '선과 악'이라는 두 개의 **대립되는** 가치는 이 지상에서 수천 년간 지속되는 무서운 싸움을 해왔던 것이다. 그리고 또한 두 번째 가치가 확실히 오랫동안 우세하게 지배했다고 해도, 지금까지도 승패를 결정하지 못한 채 싸움이 계속되는 곳이 없는 것도 아니다. 그 사이 싸움은 더욱 고조되고 이로 인해 더욱 깊어지고, 더욱 정신적이 되었다고 말할 수도 있을 것이다. 그 결과 오늘날 이러한 의미에서 분열되었다는 것, 현실적으로도 여전히 저 대립의 투쟁 장소가 되고 있다는 것보다 아마도 '더 높은 본성', 더 정신적인 본성을 나타내는 더 결정적인 표시는 없을 것이다. 인간의 역사 전체를 거쳐 오늘날까지 읽을 수 있는 것으로 남아 있는 어떤 저서에 쓰어진 바에 의하면, 이 싸움의 상징은 '로마 대 유대, 유대 대 로마'를 의미하는 것이다 : ─지금까지 이 싸움보다, 이 문제 제기보다, 이 불구대천의 적의를 품은 대립보다 더 큰 사건은 없었다. 로마는 유대인 가운데서 반(反)자연 자체와 같은 어떤 것, 마치 자신과 반대되는 괴물을 느꼈다. 로마에서 유대인은 '전 인류에 대한 증오의 **죄를 지은 것**'으로 여겨졌다. 인류의 구원과 미래를 귀족적 가치, 즉 로마적 가치의 절대 지배와 연관시키는 것이 옳다면, 이는 정당한 것이다. 이에 반해 유대인은 로마에 대해 무엇을 느끼고 있었겠는가? 이것은 무수한 징조에서 추측할 수 있을 것이다. 그러나 가슴속에 묻어둔 복수가 폭발하면서 쓰어진 모든 폭발 가운데 가장 황량한 책 〈요한묵시록〉을 다시 한번 가슴에 떠올려보는 것으로 충분하다. (더욱이 바로 이 증오의 책에 사랑의 사도의 이름을 기록하고, 저 열광적으로 반했던 복음을 사도의 것으로 해버린 그리스도교적 본능의 심오한 논리정연함을 평가절하해서는 안 된다— : 또한 이러한 목적을 위해 문헌적으로 위조하는 것이 대단히 많이 필요했다 하더라도, 그 안에는 하나의 진리가 숨겨져 있다.) 로마인은 강자이며, 고귀한 자이다. 그들보다 강하고 고귀한 자는 지금까지 지상에 존재한 적이 없었으며, 결코 꿈꾸어본 적도 없었다. 그들이 남겨 놓은 모든 것, 하나하나의 비명(碑銘)은 만일 거기에 씌어진 것이 무엇인지 알 수 있다면, 사람을 매혹시킨다. 반대로 유대인들은 저 탁월한 원한을 품은 성직자적 민족이며, 유례 없는 민중 도덕의 천재성을 구유하고 있는 민족이다 : 무엇이 제1급이고 무엇이 제5급인지 느낄 수 있도록, 이와 유사한 재능을 지닌 민족들, 즉 중국인과 독일인을 유대인과 비교해보라. 우선 로마와 유대 가운데 누가 **승리했는가**? 그러나 이것은 전혀 의심할 여지가 없다 : 그러나 오늘날 로마 자체에서— 로마에서뿐만 아니라, 지구의 거의 절반에 걸쳐, 즉 오직 인간이 길들여져 있거나 길들여지기를 바라는 곳은 어디에서나—모든 최고 가치의 정수로 여기고 그 앞에서 머리를 숙이게 되는 자가 누구인지 생각해보라. 이는 다 아는 것처럼, **세 명의 유대인과 한 명의 유대인 여자**(나자렛의 예수와 어부 베드로, 양탄자를 짜는 바울, 그리고 처음에 언급한 예수의 어머니 마리아)다. 로마가 의심할 여지 없이 몰락했다는 사실은 대단히 주목할 만하다. 물론 르네상스에서 모든 고전적 이상, 모든 사물에 관한 고귀한 가치 평가 방식이 화려하고 무서울 정도로 부흥했다 : 로마 자체는 세계적인 유대 교회당의 모습을 하고 '교회'라 불리는, 자기 위에 새로 세워진 유대화된 로마의 압력 아래 마치 가사 상태에서 깨어난 사람처럼 몸을 움직였다 : 그러나 바로 유대는 종교개혁이라고 불리는 저 근본적으로 천민적인 (독일과 영국의) 원한 운동 덕분에 다시금 승리를 거두게 되었다. 종교개혁에서 필연적으로 귀결되는 결과인 교회부흥을 ― 또한 고전적 로마의 옛 묘지의 정적(靜寂)을 복구하는 것도 함께 포함하여 생각해볼 만하다. 그때보다도 심지어 더 결정적이고 깊은 의미에서 유대는 또 한 번 프랑스 혁명과 더불어 고전적 이상에 대해 승리를 거두었다 : 유럽에 있었던 마지막 정치적 고귀함, 17세기, 18세기 **프랑스**의 정치적 고귀함은 민중의 원한 본능 아래 붕괴되고 말았다. ― 지상에서는 한 번도 이보다 더 큰 환호의 소리, 이보다 더 소란스러운 열광하는 소리가 들린 적이 없었다! 그것이 진행되던 와중에 실로 엄청난 사건, 뜻밖의 사건이 일어났다 : 고대의 이상 자체가 **살아 있는 모습으로** 그리고 들어보지도 못한 화려함으로 인류의 눈과 양심 앞에 나타났다. ― 그리고 다시 한번 **다수의 특권**이라는 원한의 낡아빠진 허위적 구호에 대해서, 인간을 저열하고 비굴하게 만들며 평균화시키고 하강과 몰락으로 가져가는 의지에 대해서, **소수의 특권**이라는 무섭고도 매혹적인 반대 구호가 예전보다도 훨씬 더 강력하고 단순하게 진지하게 울려퍼졌다! 마치 **다른** 길을 지시하는 최후의 암시처럼, 일찍이 존재했던 인간 가운데 가장 유일하고 뒤늦게 태어난 인간 나폴레옹이 나타났다. 그리고 그에게서 **고귀한 이상 그 자체**는 문제로 육화되었다. ― 그것이 어떤 문제인지 잘 생각해보라 : 비인간Unmensch과 위버멘쉬의 이러한 종합인 나폴레옹을······

17.

― 이것으로 문제가 끝났는가? 모든 이상의 대립 가운데 최대의 것인 저 대립이 영원히 해결되었는가? 아니면 단지 연기된 것일 뿐인가, 멀리 연기된 것인가?…… 오래 전에 타오르던 불이 더 오랜 준비를 거쳐 언젠가는 훨씬 더 무섭게 불타오르는 일이 있어야만 하는 것은 아닌가? 더욱이 바로 그렇게 되기를 온 힘을 다해 바라야만 하는 것은 아닌가? 심지어 그렇게 되기를 원해야 하는 것은 아닌가? 심지어 그렇게 되도록 촉진시켜야 하지 않는가?…… 나의 독자들처럼 여기서 숙고하고 지속적으로 생각하기 시작한 사람은 바로 이 문제의 결말을 내기 어려울 것이다. ― 최근의 내 저서에 적합하게 들어맞는 '**선악의 저편**'이라는 저 위험한 표제어를 내가 사용하고자 한다는 것, 즉 내가 **원하는** 것이 오래 전부터 충분히 밝혀졌다고 가정한다면, 내게는 결말을 지을 만한 충분한 근거가 있는 것이다…… 이것은 적어도 '좋음과 나쁨의 저편'이라는 의미는 **아니다**. ―

니체의 주

　　내가 지금까지 단지 학자들과 그때그때 대화하면서만 표명해왔던 내 소망을
5　공개적이고 형식을 갖추어 표현하기 위해, 나는 이 논문이 내게 준 기회를 진지
　　하게 받아들이고 싶다. 즉 어떤 철학과가 일련의 학술 현상논문을 모집함으로써
　　도덕사 연구를 촉진하는 데 기여할 수 있으리라 생각한다 : ─아마 이 책은 바로
　　이 방향에 강력한 자극을 주게 될 것이다. 이러한 종류의 가능성에 대해 다음과
　　같은 문제가 제기된다 : 이 문제는 본래의 직업적인 철학자뿐만 아니라 문헌학
10　자와 역사학자도 주목할 만한 문제다.
　　　"도덕 개념의 발달사에 대해서 언어학, 특히 어원학적 연구는 어떤 시사점을 주는
　　가?"
　　　─ 다른 한편으로 이 문제들(지금까지 논했던 가치 평가의 가치에 관한 문제)
　　에 대해 생리학자와 의학자들이 참여하도록 하는 것도 물론 필요하다 : 철학, 생
15　리학, 의학 사이의 원래부터 냉담하고 불신하는 관계를 가장 우호적이고 생산적
　　인 교류관계로 바꾸는 데 철학자들이 전체적으로 성공한 후에는, 또한 이들 하나
　　하나의 경우에 대변자와 매개자 역할을 하는 것은 전문적인 철학자에게 위임하
　　는 것이 좋을 것이다. 사실상 역사와 민속학적 연구가 알고 있는 모든 가치 목록,
　　모든 "너는 해야만 한다"는 말에는 어떤 경우에도 심리학적 탐구나 해석보다도,
20　먼저 **생리학**적 탐구나 해석이 필요하다. 이 모든 것은 의학이 비판하기를 기다린
　　다. 그리고 "이러한 혹은 저러한 가치 목록과 '도덕'의 **가치**는 무엇인가?"라는 문
　　제는 여러 가지 관점에서 제기되어야 할 것이다. 특히 "무엇을 위해 가치가 있는
　　가?"라는 문제는 충분히 정밀하게 상호 해명될 수 없다. 예를 들어 어떤 종족이
　　지닌 최대한의 지속능력에 관해 (또는 그들이 특정한 기후 풍토에 적응하는 능

5 력을 증진하는 것이나 최대 다수를 보존하는 문제에 관해) 명백히 가치를 지닌 사례, 좀더 강력한 유형을 형성하는 일이 문제가 되는 경우라면, 이는 완전히 동일한 가치를 지니지는 않을 것이다. 다수의 복리와 소수의 복리는 대립되는 가치의 관점이다 : 그 **자체로** 이미 전자가 보다 높은 가치가 있다고 생각하는 것을 우리는 영국 생물학자들의 순진함에 맡기고자 한다…… **모든** 과학은 이제부터 철학자의 미래 과제를 위해 준비하지 않으면 안 된다 : 이 과제란 철학자가 **가치의 문제를** 해결해야만 하며 **가치의 등급을** 정해야만 한다는 식으로 이해된다.

제2논문 :
'죄', '양심의 가책' 및 기타

1.

약속할 수 있는 동물을 기르는 것 — 이것이야말로 자연이 스스로 인간에게 부여한 바로 그 역설적인 과제 자체가 아닐까? 이것이야말로 인간에 관한 본래의 문제가 아닐까?…… 이 문제가 높은 수준에서 해결되었다는 사실은 **망각**의 힘이라는 반대 방향으로 작용하는 힘을 아주 중하게 여기는 사람에게는 한층 놀라운 일로 보일 것임이 틀림없다. 망각이란 천박한 사람들이 믿고 있듯이 그렇게 단순한 타성력vis inertiae이 아니다. 오히려 이것은 일종의 능동적인, 엄밀한 의미에서의 적극적인 저지 능력이며, 이 능력으로 인해 단지 우리가 체험하고 경험하며 우리 안에 받아들인 것이 소화되는 상태(이것을 '정신적 동화'라고 불러도 좋다)에 있는 동안, 우리 몸의 영양, 말하자면 '육체적 동화'가 이루어지는 수천 가지 과정 전체와 마찬가지로, 이것이 우리의 의식에 떠오르지 않는다. 의식의 문과 창들을 일시적으로 닫는 것, 우리의 의식 아래 세계의 작동 가능한 기관이 서로 협동하든가 대항하기 때문에 일어나는 소음과 싸움에서 방해받지 않고 있는 것, 새로운 것, 특히 고차적 기능과 기관에 대해, 통제하고 예견하며 예정(우리의 유기체는 과두적인 조직으로 만들어져 있기 때문이다)하는 데 다시 자리를 마련하기 위한 약간의 정적과 의식의 백지 상태tabula rasa — 이것이야말로 이미 말했듯이, 능동적인 망각의 효용이며, 마치 문지기처럼 정신적 질서와 안정, 예법을 관리하는 관리자의 효용이다 : 여기에서 바로 알 수 있는 것은 망각이 없다면 행복도, 명랑함도, 희망도, 자부심도, **현재도** 있을 수 없다는 것이다. 이러한 저지 장치가 파손되거나 기능이 멈춘 인간은 소화불량 환자에 비교될 수 있다(비교할 만한 것 이상이다―). 그는 그 무엇도 '해결'할 수 없다…… 이러한 망각이 필요한 동물에게 망각이란 하나의 힘, 강건한 건강의 한 형식을 나타내지만, 이 동물은 이제 그 반대 능력, 즉 기억의 도움을 받아 어떤 경우, 말하자면 약속해야 하는 경우에 망각을 제거하는 기억을 길렀던 것이다 : 이것은 결코 한 번 새겨진 인상을 다시 벗어날 수 없다는 수동적인 상태가 아니며, 단순히 한 번 저당 잡힌 말[言]을 마무리할 수 없다는 소화불량도 아니고, 오히려 다시 벗어나지 않으려는 능동적인 **의욕 상태**, 일단 의욕한 것을 계속하려는 의욕, 즉 본래적인 **의지의 기억**인 것이다 : 따라서 근원적인 "나는 하고자 한다", "나는 하게 될 것이다"와 의지의 본래적인 분출, 그 의지의 **활동** 사이에는 새로운 낯선 사물과 상황, 심지어는 의지적 행위 자체인 하나의 세계가 이러한 의지의 긴 연쇄 고리를 뛰어넘지 않고도 아무 걱정 없이 끼어들 수 있게 된다. 그러나 이 모든 것의 전제가 되는 것이 무엇이란 말인가! 이와 같이 미래를 미리 마음대로 처리하기 위해, 인간은 필연적으로 일어나는 사건을 우연적인 사건과 구분하고 인과적으로 사고하며 먼 앞날의 일을 현재의 일처럼 보고 예견하며, 무엇이 목적이고 무엇이 그 목적의 수단인지 확실히 결정하고 대략 계산하며 산출할 수 있는 방법을 배웠어야만 하지 않는가! ― 약속하는 인간이 그렇게 행동하듯이, 결국 그러한 방식으로 스스로의 **미래를 보증할 수 있기 위해서**, 인간 자신은 우선 스스로 자기 자신의 관념에 대해서조차도 예측할 수 있고 규칙적이며 필연적인 존재가 되었어야 하는 것이 아닌가!

2.

바로 이것이야말로 책임의 유래에 관한 오랜 역사이다. 약속할 수 있는 동물을 기른다는 저 과제는, 우리가 이미 이해한 것처럼, 그 조건과 준비로 우선 인간을 어느 정도까지는 필연적이고 같은 모양으로 서로 동등하게 규칙적으로 따라서 예측할 수 있게 **만드는** 좀더 상세한 과제를 함축하고 있다. 내가 '풍습의 윤리'라고 부른 저 거대한 작업(《아침놀》, 9, 14, 16절을 참조할 것) ─ 인류가 지속되는 오랜 세월 동안 인간이 자기 자신에게 행한 본래적인 작업, 즉 인간의 역사 **이전의** 작업 전체는 비록 그것에 또한 너무나 많은 냉혹함, 포학, 우둔함과 무지가 포함되어 있다 하더라도, 이 점에서는 의미가 있는 것이며 대단히 정당한 것이 된다 : 인간은 풍습의 윤리와 사회적 강제라는 의복에 힘입어 실제로 예측할 수 있게 **만들어졌다.** 이에 반해 우리가 거대한 과정의 종점, 즉 나무가 마침내 그 열매를 무르익게 하고, 사회성과 풍습의 윤리가 무엇에 이르는 수단에 불과했다는 것이 마침내 드러나는 지점에 서서 본다면, 우리는 그 나무에 가장 잘 익은 열매로 **주권적 개인**을 발견하게 될 것이다. 이는 오직 자기 자신과 동일한 개체이며, 풍습의 윤리에서 다시 벗어난 개체이고, 자율적이고 초윤리적인 개체(왜냐하면 '자율적'과 '윤리적'은 서로 배타적이기 때문이다), 즉 간단히 말해 **약속할 수 있는** 자기 자신의 독립적인 오래된 의지를 지닌 인간이다.─그와 같은 인간 안에는 마침내 성취되어서 자기 안에서 육화된 것에 대해 온갖 근육을 경련시킬 정도로 자부하는 의식이, 본래의 힘과 자유에 대한 의식이, 인간 일반에 대한 완성된 감정이 보인다. 실제로 약속할 수 있는 자유롭게 된 인간, 이러한 **자유의지**를 지배하는 자, 이러한 주권자 — 그는 약속을 할 수 없으며 자기 자신조차 보증할 수 없는 모든 사람에게 자기가 얼마나 뛰어났는지를, 얼마나 많은 신뢰와 두려움과 경외심 — 그는 이 세 가지를 모두 '받을 만한 가치가 있다' — 을 불러일으키는지 어찌 모를 수 있겠는가? — 이렇게 자기 자신을 지배하는 것과 더불어, 환경을 지배하는 것도 그리고 자연과 의지가 모자라 신뢰할 수 없는 모든 피조물을 지배하는 것도 필연적으로 그에게 맡겨져 있다는 것을 어찌 모를 수 있다는 말인가? '자유로운' 인간, 즉 오랫동안 지속되어 부수기 어려운 의지를 소유한 자는 이렇게 소유할 때 또한 자신의 **가치 척도**가 있다 : 그는 자신을 기준으로 하여 타인을 바라보며, 존경하기도 하고 경멸하기도 한다. 그는 필연적으로 자신과 동등한 자, 강한 자, 신뢰할 수 있는 자들(약속할 수 있는 자들)을 존경한다. — 즉 주권이 있는 자처럼 육중하고 드물게 서서히 약속하는 자, 자신의 믿음을 아끼는 자, 그가 신뢰할 때는 **두드러지게 하는** 자, 불행한 일이 있음에도, 자신의 말을 '운명에 대항하여' 지킬 만큼 충분히 자신이 강하다는 것을 알고 있기 때문에, 신용할 수 있는 말을 타인에게 주는 자를 존경하는 것이다 — : 또한 필연적으로 그는 약속할 수 없으면서 약속하는 허약 체질의 경솔한 인간에게는 발길질을 해댈 것이며, 입에 약속을 담고 있는 그 순간 이미 약속을 깨버리는 거짓말쟁이에게는 응징의 채찍을 가할 것이다. **책임**이라는 이상한 특권에 대한 자랑스러운 인식, 이 희한

한 자유에 대한 의식, 자기 자신과 운명을 지배하는 이 힘에 대한 의식은 그의 가장 밑바닥 심연까지 내려앉아 본능이, 지배적인 본능이 되어버렸다 : ― 만일 그 스스로 이에 대한 한 단어가 필요하다고 가정한다면, 이것을, 이 지배적인 본능을 무엇이라 부르게 될 것인가? 그러나 의심할 여지 없이 이 주권적 인간은 그것을 **양심**이라고 부른다……

3.

자신의 양심이라고?…… 우리는 여기에서 최고의, 거의 기이한 모습으로 접하게 되는 '양심'이라는 개념의 배후에는 이미 오랜 역사와 형태의 변천이 있다는 것을 미리 짐작할 수 있다. 자기 자신을, 더욱이 긍지를 가지고 보증할 수 있는 것, 또한 자기 자신을 **긍정할 수 있다는 것** ― 이것은 이미 말했듯이, 하나의 잘 익은 열매이며, 또한 만숙(晚熟)한 열매이기도 하다 : ― 이 열매가 얼마나 오래 떫고 신 채 나무에 매달려 있어야만 했던가! 그리고 훨씬 오랫동안 그러한 열매는 전혀 볼 수가 없었다. ― 분명히 모든 것이 나무에서 준비되었고 바로 그 열매가 성숙하기 위해 성장해갔음에도 그 누구도 그 열매를 약속할 수 없었을 것이다! ― "어떻게 인간이라는 동물에 기억을 만들 수 있을까? 어떻게 부분적으로는 우둔하기도 하고, 부분적으로는 멍청하기도 한 이 순간적인 오성, 이 망각의 화신에게 언제나 기억에 남는 인상을 각인할 수 있겠는가?"…… 누구나 생각해볼 수 있듯이, 이러한 태곳적부터 내려오는 문제는 부드러운 대답과 수단으로는 해결되지 않았다. 아마 심지어는 인간의 역사 이전 시기 전체에서 인간의 **기억술**만큼 더 무섭고 섬뜩한 것은 없을 것이다. "기억 속에 남기기 위해서는, 무엇을 달구어 찍어야 한다 : 끊임없이 **고통을 주는 것**만이 기억에 남는다"―이것은 지상에서 가장 오래된 (유감스럽게도 가장 오래 지속된) 심리학의 주요 명제다. 오늘날까지도 지상에서 인간이나 민족의 생활 속에 장엄, 진지함, 비밀스러움, 음울한 색조가 있는 곳에서는 어디서나, 일찍이 지상 모든 곳에서 약속하고 저당 잡히고 서약을 할 때 얼마간의 공포가 **영향을 끼친다는** 사실을 사람들은 말하고 싶을지도 모른다 : 과거가, 가장 오래 지속되고 깊이가 있으며 냉혹한 과거가, 우리가 '진지'해질 때, 우리에게 숨결을 불어넣어 우리 안에서 용솟음쳐 오른다. 인간이 스스로 기억을 만들어야 할 필요가 있다고 여길 때, 피나 고문, 희생 없이 끝난 적은 없었다. 가장 소름끼치는 희생과 저당(첫 아이를 바치는 희생도 여기에 속한다), 가장 혐오스러운 신체 훼손(예를 들면 거세), 모든 종교 의례 가운데 가장 잔인한 의식 형태(모든 종교는 그 가장 깊은 근거에서 잔인성의 체계다)―이 모든 것의 기원은 고통 속에 가장 강력한 기억의 보조 수단이 있음을 알아차린 저 본능에 있다. 어떤 의미에서는 금욕주의 전체가 이에 속한다 : 몇 개의 관념들은 지워질 수 없고 눈앞에 있는 것, 잊을 수 없는 '고정된' 것이 될 수밖에 없는데, 이것은 이러한 '고정 관념들'을 통해 신경과 지성의 전 조직에 최면을 걸기 위한 것이다.―금욕주의적 절차와 생활 형식들은 이 관념들을 그 외의 모든 관념과의 경합에서 떼어내어 '잊을 수 없는' 것으로 만들기 위한 수단이다. 인류가 '기억에 남겨둔 것'이 나쁘면 나쁠수록, 인류의 관습의 모습은 더욱 무섭게 된다. 특히 형법의 냉혹함은 인류가 망각을 극복하고, 사회적 공동생활의 몇몇 원시적 요건들을 순간적으로 감정과 욕망의 노예가 된 이러한 사람들의 기억 속에 **자리잡게** 하기 위해 얼마나 많은 노력을 했는지 알 수 있는 척도를 제공해준다. 우리 독일인들은 확실히 스스로를 특별히 잔인하고 냉혹한 민족이라고 생각하지 않으며, 더군다나 특별히 경박하고 무위도식하며 지낸다고는 생각하지 않는다 ; 그러나 '사상가의 민족'(말하자면 오늘날에도 최대의 신뢰와 진지함, 무취미, 객관성을 그들에게서 찾을 수 있으며, 이러한 속성으로 인해 유럽의 모든 고관을 육성할 권리가 있다고 주장하는 저 유럽 민족)을 기르기 위해, 지상에서 얼마만큼의 노고가 있었는지를 이해하기 위해서, 우리의 고대 형벌 제도를 살펴보는 것만으로도 충분하다. 이 독일인들은 자신의 천민적 근본 본능과 그에 뒤따르는 야수같이 거친 언행을 통제하기 위해, 스스로 무서운 수단을 사용하여 기억하게 만들었다 : 예를 들면 돌로 쳐 죽이는 형벌(— 이미 전설이 되어 있듯이 맷돌을 죄인의 머리 위에 떨어뜨리는), 수레로 사지를 찢어 죽이는 형벌(형벌의 영역에서 독일의 천재가 가장 독자적인 창의성과 특이성을 발휘한), 말뚝으로 꿰뚫어 죽이는 형벌, 말로 찢어발기거나 밟아 죽게 만드는 형벌['사지(四肢)를' 찢는], 범인을 기름이나 포도주로 삶는 형벌(14세기나 15세기에도 행해졌다), 인기 있었던 살가죽 벗기는 형벌('가죽끈 만들기'), 가슴에서 살점을 저며내는 형벌, 그리고 또 범죄자에게 꿀을 발라 이글대는 태양 아래 파리떼가 우글거리게 놓아두는 형벌 등 고대 독일의 형벌을 생각해보라. 그러한 모습이나 전례의 도움으로 사람들은 마침내 사회생활의 편익을 누리고 살기 위해 **약속**했던 일에 관해 대여섯 가지의 "나는 원하지 않는다"는 것을 기억 속에 담게 된 것이다. — 그리고 실제로, 이와 같은 기억 덕분에 사람들은 마침내 '이성에' 이르렀다! —아, 이성, 진지함, 감정의 통제, 숙고라 불리는 이러한 음울한 일 전체, 인간의 이러한 모든 특권과 사치 : 이것을 위해 얼마나 값비싼 대가를 지불했단 말인가! 모든 '좋은 것'의 근저에는 얼마나 많은 피와 전율이 있단 말인가!……

4.

그러나 죄의식, 전체적인 '양심의 가책'이라는 저 다른 '음울한 사실'은 도대체 어떻게 세상에 나타났단 말인가? —이 문제를 가지고 우리는 우리 도덕의 계보학자들에게로 되돌아가보자. 다시 한번 말하거니와—아니 내가 아직 아무 말도 하지 않았던가? —그들은 전혀 쓸모가 없다. 다섯 뼘 정도에 해당하는 단순한 '현대적' 경험만이 있을 뿐이다. 과거에 대한 지식도 없고, 과거를 알고자 하는 의지도 없다. 더욱이 역사적 본능도 지니고 있지 않고, 바로 여기에 필요한 '제2의 시각'도 지니고 있지 않으면서—그럼에도 불구하고 도덕의 역사를 연구하고자 한다 : 그러한 결과로 끝나는 것은 당연한데, 이것은 단순히 진리를 다루기 어렵기 때문만은 아니다. 지금까지의 이들 도덕의 계보학자들은, 예를 들어 '죄Schuld'라는 저 도덕의 주요 개념이 '부채Schulden'라는 극히 물질적인 개념에서 유래되었다는 것을 막연하나마 생각해본 적이 있었던가? 아니면 형벌이 일종의 **보복**으로 의지의 자유와 부자유에 관한 어떤 전제와도 전혀 무관하게 발전해왔다는 것을 막연하나마 생각해본 적이 있었던가? — 그런데 오히려 '인간'이라는 동물이 '고의', '과실', '우연', '책임 능력'

과 그 반대 개념들을 매우 원시적으로 구분하기 시작하고, 형벌을 측정할 때 이를 고려하도록 하기 위해서는 먼저 **고도**의 인간화의 단계가 필요할 정도였다. 오늘날에는 너무나 진부해졌고 겉보기에는 자연스럽고도 어찌할 수 없는 저 사상, 도대체 정의감이 어떻게 지상에 나타났는가라는 문제를 설명해야 하고, "범죄자는 형벌을 받는다. 왜냐하면 그는 달리 행위할 수도 있었을 것이기 **때문이다**"는 내용을 담지해야만 했던 사상은 극히 뒤늦게 달성된 인간의 판단과 추리의 교묘한 형식이다. 이 형식을 처음부터 있었던 것으로 잘못 여기는 사람은 고대 인류에 관한 심리학에 거친 손길로 폭행하는 것이 된다. 인류 역사의 오랜 기간을 통해 악행의 주모자가 자신의 행위에 책임을 져야 한다는 **이유로**, 즉 오직 죄를 지은 자만이 벌을 받아야 한다는 전제 아래 형벌을 받았던 것은 **아니다** : — 오히려 형벌은, 오늘날 역시 부모가 아이들에게 벌을 주는 것처럼, 고통스러운 피해에 대해 가해자에게 표출하는 분노에서 가해졌던 것이다. 그러나 이 분노는, 모든 손해에는 그 어딘가에 **등가물**이 있으며, 심지어 가해자를 **고통**스럽게 해서라도 실제로 배상받을 수 있을 것이라는 관념에 의해 억제되고 변용되었다. 이 원시적으로 뿌리 깊은, 아마 이제는 더 이상 그 뿌리를 뽑을 수 없을 것인 관념, 즉 손해와 고통은 등가라는 관념은 어디서 힘을 얻었던 것일까? 나는 이것이 **채권자**와 **채무자** 사이의 계약 관계에 있다는 사실을 이미 밝혔다. 이 계약 관계는 대체로 '권리의 주체'가 존재하는 것과 마찬가지로 오래된 것이며, 그 입장에서 보면 다시 매매, 교환, 통상, 왕래라는 근본 형식으로 환원되는 것이다.

5.

　이러한 계약 관계를 눈앞에 생생히 그려본다는 것은 물론 앞에서 언급한 것으로 처음부터 예상할 수 있는 것이지만, 그러한 관계를 만들고 승인했던 고대 인류에 대해 많은 의혹과 저항을 불러일으킨다. 그러나 바로 이 관계에서 **약속이 이루어지게 된다**. 바로 이 관계에서 약속하는 자에게 기억하게 하는 것이 문제가 된다. 의심할 수 있는 것은 바로 여기가 냉혹함, 잔인함, 고통을 찾아내는 발굴장이 될 것이라는 사실이다. 채무자는 자신이 되갚을 것이라는 약속에 신용을 불러일으키기 위해서, 자신이 한 약속의 진지함과 성스러움을 보증해주기 위해서, 그리고 자기 자신에게는 상환을 의무나 책임으로 자신의 양심에 새기기 위해서, 계약의 효력은 그가 상환하지 못할 경우 채권자에게 그가 그 외에 '소유'하고 있는 어떤 것, 그 밖에 그의 권한에 있는 것을, 예를 들면 자신의 육체나 자신의 아내, 혹은 자신의 자유, 또는 자신의 생명 역시 저당 잡히는 것이다(혹은 특정한 종교적 전제가 있는 곳에서는 심지어 자신의 죽복이나 영혼의 구원까지도, 마침내는 무덤 속의 평안까지도 저당 잡히는 것이다 : 이렇듯 이집트에서는 채무자의 시체는 무덤 속에서도 채권자 앞에서는 안식을 얻을 수 없었다 ― 바로 이집트인에게서도 이러한 안식은 물론 중요한 의미가 있었다). 더구나 특히 채권자는 채무자의 육체에 온갖 종류의 능욕과 고문을 가할 수 있었다. 예를 들면, 부채 액수에 적합해 보이는 크기만큼 그의 육체에서 살로 도려낼 수 있었던 것이다 : ―오래전부터 곳곳에서는 이러한 관점에서 사지 하나하나와 신체의 각 부분을 정확하게, 부분적으로는 무서울 정도로 세세하게, **합법적으로** 가격을 산정해왔다. 로마의 12표법이 그러한 경우 채권자가 잘라낼 수 있는 분량의 많고 적음은 중요하지 않다 ("좀더 많이, 또는 좀더 적게 잘라낼지라도 그것은 불법이 아니다") 라고 선포했을 때, 나는 이것을 이미 좀더 자유롭고 좀더 크게 계산하고 있는, **로마**의 법률관을 나타내는 증거이자 진보라고 생각한다. 이 배상 형식 전체의 논리를 명료하게 해본다면, 이는 충분히 기묘하다. 등가는 다음과 같이 주어졌다. 즉 손해에 대해 직접적인 이익을 받는 대신 (즉 금전이나 토지, 어떤 종류의 소유물로 보상을 받는 대신) 채권자에게는 배상이나 보상으로 일종의 **쾌감**을 누릴 권한이 주어졌다.—이는 자신의 권력을 무력한 자에게 마음껏 발휘할 수 있다는 쾌감이기도 하며, "악을 저지르는 즐거움을 위해 악을 저지른다"(15)는 육욕적 쾌락이기도 하고 폭행을 즐기는 것이기도 하다 : 이러한 즐김은 채권자의 사회적 지위가 낮고 천할수록 더 높게 평가되며, 채권자는 그것을 좀더 높은 신분에 있는 자가 맛보는 좋은 한입의 음식, 아니 그 맛보기로 가볍게 여길 수 있었다. 채무자에게 '형벌'을 가함으로써 채권자는 일종의 **지배권**에 참여한다 : 그리하여 마침내 그 또한 한 인간을 '아래에 있는 존재'로 경멸하고 학대할 수도 있다는 우월감을—아니면 최소한 실제의 형벌권, 형벌 집행권이 이미 '당국'에 넘어갔을 경우에는, 그 사람이 경멸당하고 학대받는 것을 **보는** 우월감을 한번 맛볼 수 있는 것이다. 보상이란 즉 잔인함을 지시하고 요구하는 권리를 가지고 있다는 데서 성립한다.

6.

'죄', '양심', '의무', '의무의 신성함' 등과 같은 도덕적 개념 세계의 발생지는 이 영역, 즉 채무법이다.―그 개념 세계의 발단은 지상에서의 모든 대사건과 마찬가지로 철저히 오랫동안 피로 물들었다. 저 세계는 근본적으로 피와 고문이라는 어떤 냄새를 단 한 번도 완전하게 씻어버린 적이 없지 않은가라고 덧붙여 말해도 되지 않을까? (심지어 늙은 칸트에게서도 그런 적이 없다 : 정언명법에는 잔인함의 냄새가 난다……) 이와 마찬가지로 여기에서도 '죄와 고통'이라는 저 무섭고 아마도 풀어버릴 수 없게 된 관념의 결합이 처음으로 고정되었다. 다시 한번 물어보건대, 고통은 어느 정도까지 '부채'를 보상할 수 있는 것일까? 고통스럽게 **만드는 것**이 최고로 만족을 주는 정도까지이며, 피해자가 손해에 대한 불쾌감을 함께 염두에 두면서, 손해를 이상한 반대의 쾌감과 바꾸는 정도까지이다 : 고통스럽게 **만드는 것**―이것은 진정한 **축제**였으며, 이미 말했듯이, 채권자의 신분이나 사회적 지위에 위배되면 될수록 더 높은 값을 지닌 어떤 것이었다. 이것은 추측하여 말하는 것이다 : 왜냐하면 이러한 지하에 파묻힌 일들을 밝히는 작업이 고통스럽다는 사실을 차치하고라도 철저히 규명하는 것은 힘든 일이기 때문이다. 이 경우 '복수'라는 개념을 그 와중에 서툴게 사용하는 사람은, 통찰을 좀더 쉽게 하기보다는, 오히려 더 덮어버리고 모호하게 할 뿐이다 (― 복수 자체는 실로 "고통스럽게 만드는 것이 어떻게 보상이 될 수 있는가?"와 같은 문제로 귀결된다). 어느 정도까지 **잔인함**이 고대인의 성대한 축제의 환락을 이루고 있었는지, 그들의 거의 모든 환락의 구성 요소로 뒤섞여 있었으며, 다른 한편으로는 잔인성을 향한 욕망이 얼마나 소박하고 순진하게 나타났는지, 바로 '사심 없는 악의'(또는 스피노자의 말로 하자면, 악의 있는 동정)를 그들은 얼마나 근본적으로 인간의 정상적인 속성으로 여겼고—따라서 양심을 단호하게 **그렇다고** 긍정하는 것으로 여겼는지, 이러한 사실을 온 힘을 다해 생각해보는 것은, 내가 보기에는 잘 길들여진 가축(말하자면 현대인, 말하자면 우리)의 섬세한 감각에, 더욱이 그 위선에 거스르는 일이다. 좀더 깊이 있는 안목을 가진 사람은 아마 오늘날에도 역시 인간의 가장 오래되고 근본적인 이러한 축제의 환락을 충분히 인식할 수 있을 것이다. 《선악의 저편》 229절에서 (그 전에 《아침놀》 18절, 77절, 113절에서) 나는 고급 문화의 역사 전체를 일관되게 관통하는 (그리고 어떤 중요한 의미에서 생각해본다면, 심지어 역사를 형성하기까지 하는) 잔인함이 점점 더 정신화되고 '신성화'되는 것을 조심스럽게 지적했다. 어쨌든 사형, 고문, 이단자의 처형 없이는 가장 큰 규모의 제후의 결혼식이나 민족 축제를 생각할 수 없었고, 또 주저하지 않고 자신의 악의나 잔인한 조롱을 쏟아낼 수 있었던 사람 없이는 귀족적 가정 생활을 생각할 수 없었다는 것은 그리 먼 이야기가 아니다 (—공작부인의 궁정에서 읽히고 있는 《돈키호테 *Don Quixote*》를 떠올려보라 : 우리는 오늘날 《돈키호테》의 어느 부분을 읽어도 혀에 쓰디쓴 맛을 느끼며 거의 고문당하는 듯한 가책을 갖는데, 이는 저작자나 동시대인에게는 대단히 이상한 일이며 이해될 수 없는 일일 것이다.—그들은 이것을 책 가운데 가장 명랑한 책으로 전혀 양심의 가책 없이 읽었으며, 이 책을 읽고 거의 죽도록 웃었다). 고통을 보는 것은 쾌감을 준다. 고통스럽게 만드는 것은 더욱 쾌감을 준다.—이것은 하나의 냉혹한 명제이다. 하지만 그 밖에도 아마 이미 원숭이도 시인하게 될 오래되고 강력한 인간적인, 너무나 인간적인 근본 명제이다 : 왜냐하면 원숭이는 기이한 잔인함을 생각해냄으로써 인간을 이미 충분하게 예고하고 있으며, 마치 인간의 '서곡을 연주하는 것' 같다고 설명되고 있기 때문이다. 잔인함 없는 축제란 없다 : 인간의 가장 오래되고 긴 역사는 이렇게 가르치고 있다 ─ 그리고 실로 형벌에서도 **축제적인 것**이 많이 있다! ─

7.

덧붙이자면, 나는 이러한 사상으로 삶의 권태라는 시끄럽고 삐걱삐걱 소리가 나는 물방아에 우리의 염세주의자들이 새로운 물줄기를 대는 데 도와줄 의도가 전혀 없다. 반대로 인류가 자신의 잔인함을 아직 부끄럽게 여기지 않았던 그때가 염세주의자들이 존재하는 현재보다 지상에서의 삶이 더 명랑했다는 사실을 분명히 입증해야만 한다. 인간의 **인간**에 대한 수치가 커져가는 상황에 따라 인간을 뒤덮고 있는 하늘의 어둠은 점점 더 확산되었다. 피로에 지친 염세주의적 눈길, 삶의 수수께끼에 대한 불신, 삶에 대한 구토에서 나오는 얼음같이 찬 부정 ─ 이러한 것들은 인류의 **최악**의 시대를 나타내는 표식이 아니다 : 이러한 것들은 늪이 존재할 때, 그에 속하는 늪의 식물들이 존재하는 것처럼, 오히려 세상에 알려진다. ─ 내가 생각하고 있는 것은 그 덕분에 '인간'이라는 동물이 결과적으로 자신의 모든 본능을 부끄럽게 여기게 된 병적인 유약화와 도덕화에 관한 것이다. '천사'(여기에서는 더 가혹한 용어를 사용하지 말자)가 되는 도중에 인간은 저 상한 위와 설태가 낀 혓바닥을 양육했으며,

이로 인해 인간은 동물적인 즐거움이나 순진함을 역겨워했을 뿐만 아니라, 삶 자체가 무미건조해졌다.—이렇게 해서 인간은 자기 자신 앞에서 때때로 코를 쥐고 서서, 교황 이노센트 3세와 함께 비난하면서도 자신이 혐오하는 것의 목록을 만든다['불결한 생식(生殖), 모태에서의 구역질 나는 양육, 인간을 발육시키는 물질의 더러움, 지독한 악취, 침의 분비와 오줌과 대변의 배설']. 고통이 언제나 생존에 **반대되는** 논증 가운데 첫번째 논증으로, 생존의 최악의 의문부호로 활보해야만 하는 오늘날, 이와는 반대로 판단했던 시대를 떠올려보는 것이 좋으리라. 왜냐하면 사람들은 고통스럽게 **만드는 것** 없이는 지낼 수가 없었으며, 그 안에서 최고의 매력을, 삶에 이르는 진정한 유혹물을 보았기 때문이다. 아마도 그 당시— 유약한 사람에게는 유혹의 말이 되겠지만—고통은 오늘날처럼 그렇게 고통스럽지 않았다. 가장 훌륭한 체질을 가진 유럽인들도 거의 절망하게 하는 심한 내부 염증에 걸린 흑인들(이들을 선사시대 인간의 대표로 본다면—)을 치료해본 적이 있는 의사라면 적어도 그런 결론을 내리게 될 것이다. 흑인들에게서 내부 염증의 고통은 유럽인이 겪는 정도는 아니다. (인간의 고통을 느낄 수 있는 감수성을 표시하는 곡선은 상층 문화에 속하는 만 명 내지 천만 명의 상층부를 경험하자마자, 실로 이상하게 갑자기 하강하는 것처럼 보인다. 그리고 나 개인도 지금까지 과학적 연구의 목적으로 해부용 칼로 연구된 모든 동물의 고통을 전부 합쳐도, 한 명의 신경질적인 교양 있는 여성의 하룻밤의 고통에 비하면 전혀 문제가 되지 않는다는 것을 의심치 않는다.) 게다가 아마도 잔인함에 대한 쾌감 역시 사실은 사라질 필요가 없을 것이라는 가능성도 인정할 수 있을 것이다 : 다만 이 쾌감은 오늘날 고통이 더 심하다는 사정에 비추어 승화되고 섬세해지는 것이 필요하다. 그것은 말하자면 상상적인 것과 정신적인 것으로 번역되어 드러나고, 그것들에게서는 가장 섬세하고 위선적인 양심에까지도 아무런 혐의를 일으키지 않을 만큼 오직 안심할 만한 명칭으로만 장식된 채 드러나야 할 것이다('비극적 연민'이란 그러한 한 명칭이며, '십자가에 대한 향수'라는 것도 또 하나의 다른 명칭이다). 사실 고통에 대해 사람을 분격하게 하는 것은 고통 자체가 아니라, 고통의 무의미함이다 : 그러나 고통 속으로 비밀스러운 구원 장치 전체를 집어넣어 해석한 그리스도교에게도, 모든 고통을 방관자의 입장이나 고통스럽게 만드는 자의 입장에서 해석할 줄 알았던 고대의 소박한 인간에게도 그러한 **무의미한** 고통이란 전혀 존재하지 않았다. 숨겨지고 알려지지 않으며 목도되지 않은 고통을 세상에서 처리하고 이를 솔직히 부정할 수 있기 위해서, 당시의 인간들은 거의 신과 모든 높이와 깊이를 가지고 있는 중간 존재들을, 즉 숨겨진 곳에서 서성거리기도 하고 어둠 속에서도 보며, 흥미 있는 고통스러운 광경을 쉽게 놓치지 않는 그 어떤 존재를 발명할 필요까지 있었다. 그러한 발명 덕분에 그 당시 사람들의 삶은 언제나 스스로를 정당화하고 자신의 '재난'을 정당화하는 술책에 능했던 것이다. 오늘날 이렇게 하기 위해서는 아마 다른 보조적인 발명(예를 들어 수수께끼로서의 삶이라든가 인식 문제로서의 삶)이 필요할 것이다. "신이 그것을 바라보고 즐거워하는 재난은 모두 정당하다" : 선사적 감정의 논리는 이렇게 울려퍼진다. — 이것은 진정 선사적 논리였을 뿐인가? **잔인한** 광경을 즐기는 친구로 생각된 신들 — 오, 이 태고의 관념 자체가 어느 정도까지 우리 유럽의 인간화에도 파고들어와 있는 것일까! 이 점에 관해서는 칼뱅이나 루터와 상의해보아도 좋다. 어쨌든 그리스인들 역시 그들 자신의 신들을 행복하게 해주기 위해서 잔인함의 즐거움보다 더 좋은 간식을 바칠 줄 몰랐다는 것은 확실하다. 당신은 도대체 호메로스가 자신의 신들로 하여금 인간의 운명을 내려다보게 한 것은 어떤 눈이었다고 생각하는가? 근본적으로 트로이전쟁과 그와 유사한 비극적이고 무서운 사건들은 어떤 궁극적 의미를 지니고 있단 말인가? 의심할 여지 없이 이것들은 신들을 위한 축제극을 의미하는 것이었다 : 그리고 이러한 것에 대해서 시인이 다른 사람들보다 '신적인' 속성이 있는 한, 시인들을 위한 **축제극**이기도 했다…… 후에 그리스의 도덕 철학자들이 도덕적인 논쟁이나 유덕자의 영웅주의나 자기 가책을 신의 눈이 내려다보고 있다고 생각했던 것은 이와 같은 것이었다 : '의무를 진 헤라클레스'는 무대 위에 올려졌으며, 그 자신도 그것을 알고 있었다. 목격자 없는 덕행이란 이 배우의 민족에게는 전혀 생각할 수 없는 것이었다. '자유의지', 즉 선악에서 인간이 절대적 자율성을 가지고 있다는 발명은 당시 유럽을 위해 처음으로 만들어진 저 대담하고도 숙명적인 철학자의 발명이었지만, 이는 무엇보다도 인간과 인간의 덕행에 대한 신들의 관심이 **결코 고갈될 수 없다**는 생각을 인정하기 위해 만들어진 것이 아닌가? 이러한 지상의 무대에서 진실로 새로운 것, 진실로 전대미문의 긴장, 갈등, 파국은 결코 없어서는 안 될 것이다 : 완전히 결정론적으로 생각된 세계란 신들에게는 알 수 있는 세계이며, 결과적으로 곧 싫증이 나게 된다. — 이러한 **신들의 친구인** 철학자들이 자신의 신들에게 그러한 결정론적인 세계를 요구하지 않은 것에는 충분한 이유가 있다! 고대 인간은 모두 연극과 축제 없이는 행복을 생각할 수 없었던, 근본적으로 공개적이고 근본적으로 명백한 세계로 '관중'을 세심하게 고려했던 것이다.—그리고 이미 말했듯이, 대단한 **형벌**에도 실로 축제적인 것이 많이 있다!……

8.

우리의 연구 과정을 다시 시작해본다면, 죄의 감정과 개인적인 의무의 감정은 이미 우리가 보아왔듯이, 그 기원을 존재하는 가장 오래되고 근원적인 개인 관계에, 즉 파는 자와 사는 자, 채권자와 채무자의 관계에 두고 있다: 여기에서 비로소 개인이 개인과 상대했으며, 여기에서 비로소 개인이 스스로를 개인과 **견주었다**. 이러한 관계를 이미 인정할 수 없을 정도로 저급한 문명은 발견된 적이 없다. 값을 정하고 가치를 측정하고 등가물을 생각해내며 교환하는 것 — 이것은 어떤 의미에서는 사유라고 할 수 있을 만한 인간의 원초적 **사유를 미리 지배하고 있었다**: 여기에서 가장 오래된 종류의 명민함이 길러졌고, 마찬가지로 여기에서 인간이 다른 동물에 대해 가진 긍지나 우월감의 싹도 최초로 얻었다고 추정할 수 있을 것이다. 아마 '인간manas'이라는 우리의 용어도 바로 **이러한** 자기 감정의 그 무엇인가를 표현하는 것이리라: 인간이란 가치를 재고 평가하고 측정하는 존재, '평가하는 동물 자체'로 묘사된다. 사고 파는 것은 심리적인 부속물과 더불어, 심지어는 어떤 사회의 조직 형태나 집단의 시초보다도 더 오래된 것이다: 오히려 교환, 계약, 죄, 권리, 의무, 보상 등의 감정의 싹은, 동시에 힘과 힘을 비교하고 측정하고 계산하는 습관과 더불어, 개인의 권리라는 가장 초보적 형식에서 이제 가장 조야하고 원시적인 사회 복합체(다른 유사한 복합체와 비교하여)로 **이행했다**. 눈은 이제 이러한 관점에 초점을 맞추게 되었다 : 움직이기는 어렵지만 일단 움직이기만 하면 단호하게 같은 방향으로 계속 나아가는 고대인의 사유에 특유한 저 둔중한 일관성으로, 곧 "어느 사물이나 그 가격을 지닌다. **모든 것은 대가로 지불될 수 있다**"는 중요한 일반화에 이른 것이다. ─ 이것은 **정의**의 가장 오래되고 소박한 도덕의 규준이며, 지상에서의 모든 '호의', 모든 '공정', 모든 '선한 의지', 모든 '객관성'의 발단이었다. 이러한 최초 단계에서의 정의란 거의 동등한 힘을 지니고 있는 사람들 사이에서 서로 타협하고 조정을 통해 다시 '합의'하려는 좋은 의지이다. ─ 그리고 힘이 열등한 자에 관해 말하자면, 그들 상호 간에 조정할 수 있도록 **강제하는** 선한 의지인 것이다. ─

9.

계속해서 선사시대의 척도로 재보면 (덧붙여 말하자면, 선사시대란 어느 시대나 존재하고 있거나 다시 존재할 수 있다) : 공동체와 구성원의 관계 역시 채권자와 채무자의 관계라고 하는 저 중요한 근본 관계 속에 있다. 사람은 공동체 속에 살고 있으며, 공동체의 이익을 누리고 있다(오오, 얼마나 이익이 될 것인가! 우리는 오늘날 때때로 이것을 과소평가하고 있다). 사람들은 공동체 **밖에 있는** 인간, 즉 '평화가 없는 인간'이 직면해 있는 어떤 침해나 적의를 걱정하지 않고 평화와 신뢰 속에서 보호받고 보살핌을 받으며 살고 다 ─ 어떤 독일인은 '비참élend'이라는 말의 본래의 의미를 잘 알고 있다―. 이와 같이 사람들은 바로 이러한 침해나 적의를 고려하여 자신을 공동체에 저당 잡히고 의무를 지게 되었다. **그렇지 않으면 어떤 일이 일어날 것인가?** 공동체, 즉 기만당한 채권자는 예상할 수 있는 것처럼 가능한 한 변상을 시킬 것이다. 이 경우 가해자가 일으킨 직접적인 손해는 거의 문제가 되지 않는다 : 직접적인 손해를 도외시하더라도, 범죄자는 이제까지 그가 관계해온 공동체 생활의 모든 재산과 편리에 관련하여, 무엇보다도 파괴자, **전체를 거역하며** 계약을 파괴한 자, 약속을 파괴한 자인 것이다. 범죄자는 그가 받은 것으로 드러난 이익과 가불(假拂)을 상환하지 않을 뿐만 아니라, 심지어 채권자에게 폭력을 가하기까지 하는 채무자인 것이다 : 그렇기 때문에 그는 이제부터 당연히 이러한 모든 재산과 이익을 상실하게 될 뿐만 아니라―오히려 이제는 **이러한 재산이 얼마나 자신에게 중요한 것인가**를 기억하게 될 것이다. 손해를 입은 채권자인 공동체의 분노는 범죄자가 지금까지 받았던 보호에서 야만적이며 법률의 보호 밖에 놓인 상태로 그를 다시 되놀려보낸다 : 공동체가 그를 몰아내는 것이다.―그리고 이제 그에게는 온갖 적의를 나타내도 된다. 이러한 문명화 단계에서 '형벌'이란 모든 권리와 보호뿐만 아니라, 모든 은혜마저 상실했고 증오를 받으며 저항할 능력이 없어져버린 굴복당한 적에게 취해지는 정상적인 조치를 단순히 모사한 것이며 **흉내낸** 것일 뿐이다. 따라서 모든 무자비와 잔인함에는 '패배자는 가련하다!'는 군법과 전승 축제가 있다 : ―여기에서 분명히 설명되는 것은 역사 안에서 형벌이 나타날 때 그 모든 **형식**은 전쟁 자체(전쟁의 제물을 바치는 의식을 포함하여)가 부여했다는 것이다.

10.

공동체는 힘이 강해짐에 따라 개인의 위법 행위를 더 이상 그렇게 중요하게 여기지 않는다. 왜냐하면 그러한 위법 행위는 더 이상 그 전만큼 공동체 전체가 존립하는 데 위험하고 전복적인 것으로 간주되지 않아도 되기 때문이다 : 범죄자는 더 이상 '평화가 없는 상태에 놓이거나' 추방당하지 않게 된다. 더 이상 그전처럼 제멋대로 일반의 분노를 개인에게 퍼부을 수 없다. — 오히려 이제부터는 범죄자는 이러한 분노, 특히 직접적인 피해자의 분노 앞에 전체의 입장에서 신중하게 방어되고 보호된다. 먼저 범죄 행위를 당한 당사자의 분노를 진정시키기 위한 타협, 사건을 국한시켜 더욱 확산되고 일반화되는 관여나 동요를 예방하고자 하는 노력, 등가물을 찾아 소송 전체를 조정하려는 시도(조정 작업compositio), 특히 모든 범죄를 어떤 의미로든 **변상할 수 있는 것**으로 간주하고, 최소한 어느 정도까지는 범죄자와 그의 행위를 **분리하고자 하는** 의지가 더욱 구체적으로 나타나는 것 — 이것은 형법이 좀더 장기적으로 발전되는 과정에서 더욱 명확하게 각인되는 특징들이다. 공동체의 힘과 자기 의식이 커감에 따라, 형법 또한 더욱 완화된다. 공동체의 힘이 약화되고 위기가 심화됨에 따라 그 엄격한 형식은 다시 드러나게 된다. '채권자'는 좀더 부유해질수록 좀더 인간적이 되었다. 결국은 괴로움을 겪지 않고 얼마나 그 침해를 견딜 수 있는가 하는 것이 그의 부유함을 재는 척도이기도 하다. 그 사회의 가해자를 **처벌하지 않고** 내버려두는 것 — 이와 같이 사회를 위해 존재하는 가장 고귀한 사치를 허용할 수 있는 사회의 힘의 의식이라는 것도 생각해볼 수 없는 것은 아니다. 그때 사회는 "내 기생충이 도대체 나와 무슨 상관이 있다는 말인가? 살면서 번성하도록 놓아두자. 내게는 아직 충분한 힘이 있다!"
고 말할 것이다…… "모든 것은 변상될 수 있다. 모든 것은 변상되어
야만 한다"라는 명제로 시작된 정의(正義)는 잘못을 너그럽게 관용
하며 지불할 능력이 없는 자들을 그저 방임함으로써 끝난다.─정
의는 지상의 모든 선한 것과 마찬가지로, **자기 자신을 지양하는 것**으
로 끝난다. 이러한 정의의 자기 지양 : 이것이 어떤 미명으로 불리는
지 사람들은 알고 있다─이것이 **자비**이다. 그 자체로 잘 알려져 있
듯이, 이것은 좀더 강한 자의 특권이며, 더 잘 표현한다면, 그가 가
진 법의 저편이다.

11.

─정의의 기원을 완전히 다른 지반 위에서─즉 원한의 지반 위
에서─찾고자 하는 최근에 나타난 시도를 여기에서 반박해보자.
심리학자들이란 원한 자체를 한번 정확하게 연구하려는 관심을 가
져야만 한다고 할 때, 그 심리학자들에게만 미리 귓속말을 해보자 :
즉 이 원한이라는 식물은 오늘날 무정부주의자들과 반유대주의자
들 사이에서 가장 아름다운 꽃을 피우며, 더구나 향기는 다르지만
제비꽃처럼 언제나 남몰래 피어 있었다. 동일한 것에서는 언제나 반
드시 동일한 것이 나타나야만 하듯이, 그러한 집단 가운데, 이미 때
때로 그랬던 것처럼─앞의 제1논문 14절을 참조하라!─, 복수를
정의의 이름으로 신성시하려는 시도─마치 정의란 근본적으로 단
지 피해 감정이 발전한 것에 불과한 것처럼─와 복수와 더불어 **반
동적** 감정을 일반적으로 모두 포괄해 추후에 존중하려는 시도가 다

시 나타나는 것을 보는 것은 그리 놀라운 일이 아닐 것이다. 나는 후자의 시도 자체 때문에 최소한 기분을 상하고 싶지는 않다 : 나에게 이것은 심지어 생물학적 문제 전체를 고려할 때(지금까지 이러한 문제를 다룰 때 저 감정의 가치는 경시되어 있었다) 하나의 **공적**처럼 보인다. 내가 오직 주의를 환기시키고 싶은 것은 이러한 새로운 뉘앙스의 과학적 공정성(증오, 질투, 시기, 불신, 숙원, 복수에 유리한)이 발생한 것은 원한 정신 자체라고 하는 사정이다. 즉 이러한 '과학적 공정성'은 저 반동적 감정보다도 한층 더 높은 생물학적 가치가 있으며, 따라서 **과학적으로** 낮게 평가되거나 높이 평가되는 데 올바로 공헌했다고 내가 생각하는 다른 한 무리의 감정들, 즉 지배욕, 소유욕 등과 같은 실로 **능동적인** 감정들(오이겐 뒤링*E. Dühring*의 《생명의 가치*Werth des Lebens*》, 《철학 강좌*Cursus der Philosophie*》, 그리고 근본적으로 그의 작품 전체)이 문제가 되자, 곧 중단되고 극도의 적의와 편견을 강조하는 데 자리를 내주게 된다. 이러한 경향을 일반적으로 말하는 것은 이 정도로 하자 : 그러나 정의의 고향은 반동적 감정의 영역 위에서 찾을 수 있다는 뒤링의 개별적인 명제에 관해서는, 우리는 진리를 사랑하기에 이를 냉정히 뒤집어 정의의 정신이 점령한 **최후의** 영역이 반동적 감정의 영역이다!라는 다른 명제를 그것에 대립시킨다. 올바른 인간이 자신의 가해자에게조차 올바른 태도를 지니며(단순히 냉정하거나 신중하거나 낯설어 하거나 무관심하거나 하는 것만이 아니다 : 올바른 태도를 지닌다는 것은 언제나 **적극적인** 태도인 것이다), 개인적인 훼손, 모욕, 비방을 당할지라도 올바른 눈, 즉 **심판하는** 눈이 가진 높고도 맑은, 깊고도 부드럽게 응시하는 객관성이 흐려지지 않는 것이라고 진실로 여긴다면,

이것이야말로 지상에서의 완성품이며 최고의 원숙함이다. ― 이것은 여기에서는 기대하지 않는 것이 더 현명하며, 어쨌든 너무 쉽게 믿어서는 안 되는 무엇이기도 하다. 일반적으로 가장 올바른 사람들에게서도 그들의 눈을 충혈시키거나 그 눈에서 공정성을 쫓아내는 데는, 이미 약간의 공격과 악의나 아부로도 충분하다는 것은 확실하다. 능동적인 인간, 공격적이고 지배적인 인간은 언제나 반동적인 인간보다 백 걸음 정도나 더 정의에 가깝다. 그러한 능동적인 인간에게는 반동적 인간이 하거나 할 수밖에 없는 방식으로, 대상을 그릇되게 편파적으로 평가할 필요가 전혀 없는 것이다. 그러므로 사실상 어느 시대나 공격적인 인간은 좀더 강하고, 좀더 용기 있고, 좀더 고귀한 인간으로 또한 **좀더 자유로운** 눈과 **좀더 훌륭한** 양심을 자신의 편에 지녀왔던 것이다 : 이미 잘 알고 있는 바이지만, 이와는 반대로 도대체 양심에다 '양심의 가책'을 발명한 자는 누구인가 ― 그는 원한의 인간이다! 마지막으로 역사를 되돌아보자 : 지금까지 대체로 법의 운영 전체 그리고 또 법에 대한 진정한 요구가 지상에서 친숙하게 느껴지게 된 것은 도대체 어떤 영역에서였던가? 반동적 인간의 영역에서였던가? 전혀 그렇지 않다 : 오히려 능동적인 인간, 강한 인간, 자율적인 인간, 공격적인 인간의 영역에서였다. 역사적으로 고찰해볼 때, 지상에서의 법은 ― 위에서 말한 선동가를 불쾌하게 하는 말이 되겠지만(이 사람은 언젠가 "복수설은 붉은 정의의 실마리처럼 내 모든 연구와 노력을 관통해왔다"[16]고 자신에 대해 고백한 적이 있었다) ― 바로 반동적 감정에 **대항하는** 투쟁이요, 능동적이고 공격적인 힘쪽에서 그 힘의 일부를 사용하여 반동적 파토스가 벗어나는 것을 막아주고 절도 있게 하며 강제로 타협하도록 하는 그와 같은 반동적 감정과의 싸움을 말한다. 정의가 행해지고 올바로 유지되는 곳에서는 어디서나 더 강한 힘이 그에 예속된 더 약한 자들(집단이든 개인이든)에게서 불합리한 원한의 분노에 종지부를 찍는 수단을 찾는 것을 보게 된다. 그 수단은 때로는 원한의 대상을 복수의 손길에서 빼앗거나, 때로는 복수 대신 그 편에서 평화와 질서의 적과 투쟁하기도 하고, 때로는 타협을 생각하거나 제안하거나 경우에 따라서는 강요하기도 하며, 때로는 손해의 확실한 등가물을 규범으로 삼아, 이제부터는 원한이 이를 기준으로 결단코 보상하게 한다. 그러나 최고 권력이 우세한 반대 감정이나 뒷감정에 대해 행하고 실시하는 가장 결정적인 요소는—이 권력은 그것을 하기에 충분한 힘이 있으면, 언제나 그렇게 한다—**법률**을 제정하는 것이며, 그 권력의 눈으로 보아 대체로 무엇이 허용되며 옳고, 무엇이 금지되며 부당하다고 여겨질 수 있는지를 명령하는 포고이다 : 최고 권력이 법률이 제정된 후에 개인적이거나 집단 전체의 침해나 자의적인 행위를 법률에 대한 침범이나 최고 권력 자체에 대한 저항으로 다룰 때, 이는 그 예속된 자들의 감정을 그러한 침범으로 생긴 직접적인 손해에서 벗어나게 해주며, 결국 피해자의 관점만을 보거나 인정하게 하는 모든 복수가 바라는 것과는 정반대의 것에 이른다 — : 이 다음에 사람들의 눈은 행위를 더욱 더 **비개인적인 것**으로 평가하도록 훈련되며, 피해자의 눈마저 그렇게 훈련된다(이미 앞에서 언급했듯이, 비록 이것이 최후에 이루어지는 것이라 할지라도 말이다).—따라서 법률이 제정되고 나서야 '옳음(법)'과 '옳지 않음(불법)'이 있게 된다(이것은 뒤링이 주장하는 것처럼, 침해 행위가 있고 난 후의 것이 **아니다**). 법과 불법을 **그 자체로** 이야기하는 것은 전혀 의미가 없다. 삶이란 **본질적으로**, 즉 그 근본 기능에서 다치기 쉽고 폭력적이며 착취적이고 파괴적으로 작용하며, 이러한 성격 없이는 전혀 생각할 수 없는 것인 한, 당연히 침해, 폭력, 착취, 파괴란 **그 자체로** '불법적인 것'이 될 수 없다. 우리는 심지어 더욱 의심스러운 다음의 사실을 인정해야만 한다 : 최고의 생물학적인 관점에서 보면, 법률 상태란 힘을 목적으로 하는 본래의 삶의 의지를 부분적으로 제약하는 것으로, 그리고 그 전체 목적에 예속된 개별적인 수단으로, 즉 더 **거대한 힘의 단위를 창조하는** 수단으로 언제나 **예외적인 상태**일 뿐이라는 것이다. 하나의 법 질서를 권력의 복합체의 투쟁에 사용되는 수단이 아니라, 모든 투쟁 일반을 **방지하는** 수단으로서 절대 지상적이고 보편적인 것이라고 생각한다면, 이는 각각의 의지를 동등한 것으로 생각해야 한다는 뒤링의 공산주의적 전범에 따르는 것이며, **삶에 적대적인** 원리이자, 인간을 파괴하는 것이자 해체하는 것이 될 것이고, 인간의 미래를 암살하려는 기도이며, 피로의 징후, 허무에 이르는 사잇길이 될 것이다. ―

12.

여기에서 형벌의 기원과 목적에 대해 한 마디 더 해보자 ― 유감스럽게도 사람들은 서로 별개로 떨어지거나 떨어져야만 하는 이 두 가지 문제를 일상적으로 하나의 문제로 다루고 있다. 그러나 이 경우에 기존의 도덕의 계보학자들은 어떻게 취급해왔는가? 그들은 언제나 그렇게 취급해왔듯이, 이를 소박하게 다루고 있다 ― : 그들은 형벌에서 예를 들면 복수나 위협이라든가 하는 어떤 '목적'을 찾아내고, 그 다음에는 순진하게 이러한 목적을 형벌을 유발하는 요인으로 여겨 그 시초에 붙이고—끝내는 것이다. 그러나 '법에서의 목적'은 법의 발생사에서 아주 최후에 써먹어야 한다 : 오히려 모든 종류의 역사학에서 다음의 명제보다도 더 중요한 명제는 없다. 그 명제는 이룩해내자면 힘이 들지만, 그러나 실제로 이룩해내야 **하는 것이다.**—즉 어떤 일의 발생 원인이나 궁극적인 효용성, 실제적인 사용과 목적 체계로의 편입은 전체와 만나면서 서로 떨어져 있는 것이다. 현존해 있는 것, 어떤 방식으로든 이루어진 어떤 것은 그보다 우세한 힘에 의해 새로운 견해로 언제나 다시 해석되며 새롭게 독점되어 새로운 효용성으로 바뀌고 전환된다. 유기체적 세계에서 일어난 모든 생기Geschen는 하나의 **제압**이자 **지배**이며, 그리고 다시금 모든 제압과 지배는 지금까지의 '의미'와 '목적'이 필연적으로 불명료해지거나 완전히 지워져야만 하는 새로운 해석이자 정돈이다. 어떤 생리 기관(또는 법률제도, 사회적 풍습, 정치적 관습, 예술이나 종교적 의례의 형식)의 **유용성**을 아무리 잘 이해했다고 해도, 이것만으로는 아직 그것이 어떻게 발생했는지를 이해하고 있는 것은 아니다 : 이것은 고루한 사람의 귀에는 몹시 불쾌하고 불편하게 들릴 수도 있을 것이다.—왜냐하면 옛날부터 사람들은 어떤 사물, 어떤 형식, 어떤 제도의 명백한 목적과 효용성에는 또한 발생 근거가 포함되어 있는 것으로, 즉 눈은 보기 위해 만들어진 것이고, 손은 붙잡기 위해 만들어진 것으로 파악할 수 있다고 믿어왔기 때문이다. 그처럼 형벌 또한 처벌하기 위해 고안된 것이라고 생각했다. 그러나 모든 목적, 모든 효용성이란 하나의 힘에의 의지가 좀더 힘이 약한 것을 지배하게 되고, 그 약한 것에 그 스스로 어떤 기능의 의미를 새겼다는 **표시**에 불과하다. 어떤 '사물', 어떤 기관, 어떤 관습의 역사 전체도 이와 같이 항상 새로운 해석과 정돈이라는 계속되는 기호의 연쇄일 수 있으며, 그 해석과 정돈의 원인들은 서로 연관성을 가질 필요가 없으며, 오히려 사정에 따라서는 단지 우연하게 일어나고 교체될 뿐이다. 따라서 어떤 사물, 어떤 관습, 어떤 기관의 '발전'이란 하나의 목적을 향한 진보 과정이 아니고, 더욱이 최소한의 힘과 희생으로 이르게 되는 논리적이고 가장 짧은 진보 과정은 결코 아니다. ─ 오히려 그것은 다소간 깊어지고, 다소간 서로 독립적으로 그와 같은 사물, 관습, 기관에 미치는 제압 과정의 연속이며, 덧붙이자면, 이에 반대하여 매번 행해지는 저항이며, 방어와 반(反)작용을 목적으로 시도된 형식의 변화이자, 또한 성공한 반대 활동의 성과이기도 하다. 형식은 유동적이지만, 그러나 '의미'는 더욱 유동적이다…… 모든 개개의 유기체에서조차 사정은 다르지 않다 : 유기체 전체가 본질적으로 성장함에 따라 개별적인 기관의 '의미'도 바뀐다. ─ 상황에 따라서는 그 기관들이 부분적으로 소멸하거나(예를 들면, 중간지(中間肢)가 없어짐으로써) 그 수가 줄어드는 것은 커지는 힘과 완전성을 나타내는 기호일 수 있다. 내가 말하고자 하는 것은 다음과 같다 : 부분적으로 **효용성이 없어지는 것**, 위축과 퇴화, 의미와 합목적성의 상실까지도, 간단히 말해 죽음까지도 실제적인 진보의 조건에 속한다 : 이 실제적인 진보는 언제나 **더 큰 힘**을 향한 의지와 행로의 모습으로 나타나며, 언제나 수많은 더 작은 힘들을 희생시킴으로써 이루어지게 된다. 더욱이 '진보'의 정도는 그것을 위해 희생되어야만 했던 모든 것의 양에 따라 **측정된다**. 집단으로서의 인류가 개개의 **더 강한** 인간 종족의 번영을 위해 희생된다는 것 ― 이것도 진보일 것이다……― 나는 역사적 방법론이라는 이 기본 관점을 더욱 강조한다. 그것은 근본적으로 바로 오늘날 지배적인 본능과 시대 취향에 상반되기 때문이다. 이 본능과 시대 취향은 모든 생기(生起)에 작용하고 있는 힘-의지에 관한 이론보다는, 오히려 이 생기의 절대적 우연성, 아니 기계론적 무의미성과 조응하려고 한다. 지배하고, 지배하려는 모든 것에 반대하는 민주주의적인 특이체질, 현대적인 **지배자 혐오주의**(나쁜 사실에 대해 나쁜 말을 만들어 본다면)는 점차 정신적인 영역, 가장 정신적인 영역으로 자리를 옮기고 변장했기 때문에, 오늘날 그것은 단계적으로 이미 가장 엄밀하고 겉보기에 가장 객관적인 과학에 침투하고 있으며, 침투해도 **무방할 정도가 되었다**. 나에게는 그것이 이미 생리학과 생물학 전체를 지배하는 것처럼 보인다. 당연한 일이지만, 그것은 생리학과 생물학에서 하나의 근본 개념, 진정한 **능동성**이라는 근본 개념을 마술로 없어지게 함으로써 해를 끼치고 있다. 이에 대해 저 특이체질의 압력으로 '적응'이라는 것이, 즉 이차적인 능동성, 단순한 반동성(反動性)이 전면에 나서게 된다. 삶 자체까지도 외적인 환경에 대해 점점 더 합목적성을 더해가는 내적인 적응으로 정의되었다(허버트 스펜서 Herbert Spencer). 그러나 이 정의는 생명의 본질을, 그 **힘에의 의지**를 오해하고 있다. 이 정의는 자발적이고 공격적이며 침략적이고 새롭게 해석하며 새롭게 방향을 정하고 조형하는 힘들―이 힘들의 작용으로 비로소 '적응'도 이루어진다―이 원리적으로 우선임을 간과하고 있다. 이 정의는 유기체 자체의 내부에서 생명에의 의지가 능동적이고 형식을 부여하는 형태로 나타나는 최고 기관의 지배적인 역할을 부정하는 것이다. 헉슬리Huxley가 스펜서를―그의 '행정적 허무주의'를 비난했던 것을 떠올려보자 : 그러나 이것은 '행정' 이상의 문제이다……

13.

— 우리는 본론으로, 즉 **형벌**의 문제로 되돌아가 그것을 두 가지로 구분해야만 한다 : 그중 하나는 형벌에서 비교적 **지속적인 것**, 즉 관례, 동작, '극(劇)', 어느 정도 엄격한 절차들의 연속이며, 다른 하나는 형벌에서 **유동적인 것**, 즉 의미, 목적, 그러한 절차의 실행에 결부된 기대 등이다. 여기에서 앞에서 전개된 역사적 방법론이라는 근본 관점에 따라 유추해봄으로써 당장 다음의 사실을 전제할 수 있다. 즉 절차 자체가 그것을 형벌에 이용하는 것보다 훨씬 오래되고 앞선 것이며, 형벌에서 이용하는 것은 비로소(오래 전에 존재하고 있었지만, 다른 의미로 사용된) 절차에 **삽입**되었고 해석되었다는 것, 즉 간단히 말해 사실은 우리의 순진한 도덕 계보학자와 법률 계보학자들이 지금까지 가정해왔던 것과 같지 **않다**는 것이다. 이들 계보학자들은 모두, 마치 일찍이 사람들이 손이란 잡기 위해 만들어졌다고 생각한 것처럼, 절차란 형벌을 가할 목적으로 **고안된 것**이라고 생각했다. 이제 형벌에서 또 하나의 요소인 유동적인 것, 즉 형벌의 '의미'에 관해 말하면, 극히 후기 문화의 상태(예를 들면 현재의 유럽)에서는 '형벌'이라는 개념은 사실상 하나의 의미를 제시하는 것이 아니라, '의미들'의 전체 종합을 제시한다 : 대체로 지금까지의 형벌의 역사는, 즉 다양한 목적으로 형벌을 이용해온 역사는 결국에는 분해하기 어렵고 분석하기 어려우며 강조되어야 하지만, 전혀 정

의할 수 없는 일종의 통일체로 결정화된다. (오늘날 도대체 왜 사람들이 형벌을 받는지를 명확히 말하는 것은 불가능하다 : 과정 전체가 기호학적으로 그 안에 요약되어 있는 개념들은 모두 정의하기가 어렵다. 단지 역사가 없는 것만을 정의할 수 있을 뿐이다.) 이에 반해 초기 단계에서는 저 '의미들'의 종합이 아직은 분해할 수 있고 또 변경할 수도 있는 것처럼 보인다. 우리는 여전히 각각의 개별적인 경우에 종합의 요소들이 어떻게 자신의 가치를 변화시키고 그에 따라 그 위치를 다시 잡는지, 그리하여 때로는 이러한 요소가 그리고 때로는 저러한 요소가 나머지 다른 요소들을 희생시키면서 나타나 지배하고, 상황에 따라서는 하나의 요소(위협하려는 목적과 같은)가 다른 나머지 요소들 전체를 폐기해버리는 듯한 것을 인식할 수 있다. 형벌의 '의미'가 얼마나 불분명하며 추가로 덧붙는 것인지, 얼마나 우연적인지 그리고 하나의 동일한 절차가 근본적으로 다른 의도에 따라 어떻게 사용되며 해석되고 준용될 수 있는지에 관해 적어도 하나의 관념을 제시하기 위해서, 비교적 적은 우연한 자료를 근거로 내가 몰두했던 도식이 여기에 있다. 위해(危害)를 제거하는 것, 계속적으로 해를 끼치는 것을 방지하는 것으로서의 형벌. 피해자에게 어떤 형태로든 (또한 감정의 배상 형태라도) 손해를 보상하는 것으로서의 형벌. 소요가 확산되는 것을 방지하기 위해 균형의 교란 상태를 격리시키는 것으로서의 형벌. 형벌을 결정하고 집행하는 자들에 대한 공포를 일으키게 하는 것으로서의 형벌. 범죄자가 이제까지 누려왔던 이익을 일종의 조정하는 것으로서의 형벌(예를 들면 범죄자가 광산 노예로 사역되는 경우). 어떤 퇴화적 요인을 제거하는 것으로서의 (어떤 상황에서는 중국의 법률에서 보이는 것처럼⁽¹⁷⁾ 일족(一族) 전체를 제거하는 것으로 그리고 이로 말미암아 종족을 순수하게 보존하거나 어떤 사회적 유형을 고착시키는 수단으로서의) 형벌. 축제로서, 즉 마침내 진압된 적을 능욕하거나 조롱하는 것으로서의 형벌. 수형자에 대해서든, 형 집행을 목격하는 자에 대해서든 ― 이른바 '교도(矯導)하는 것', 기억을 새기게 하는 것으로서의 형벌. 범법자를 지나친 복수로부터 보호하는 권력의 입장에서 맺은 사례비 지불로서의 형벌. 복수가 강한 종족에 의해 여전히 유지되고, 특권으로 요구되는 한, 복수의 자연 상태와 타협하는 것으로서의 형벌. 평화, 법률, 질서, 정부의 적에 대한 선전포고와 전투 규칙으로서의 형벌, 그런데 이 적은 공동체에는 위험한 자, 그 공동체의 전제가 되는 계약을 파기하는 자, 그리고 반역자, 배신자, 평화를 파괴하는 자로, 전쟁에서 사용하는 무기로 공격해야 하는 대상이다. ―

14.

이 목록표는 확실히 완전하지는 않다. 형벌에 모든 종류의 효용성의 짐을 지게 한 것은 분명한 사실이다. 그럼으로써 오히려 확실히 통속적인 의식으로는 형벌의 가장 본질적인 요소라고 여기는 이른바 **효용성**을 형벌에서 제거할 수 있을 것이다. 오늘날 여러 가지 이유 때문에 흔들리고 있는 형벌에 대한 믿음은 바로 그와 같은 효용성에서 언제나 가장 강력한 발판을 발견하고 있다. 형벌은 죄지은 사람에게 **죄책감**을 불러일으키는 가치를 지니고 있어야만 한다. 사람들은 '양심의 가책'이나, '회한'이라 불리는 저 정신적인 반응을 일으키는 고유한 도구를 형벌에서 찾는 것이다. 그러나 그렇기 때문에 오늘날에도 사람들은 스스로 현실과 심리를 잘못 파악하고 있는 것이다. 그러니 인간의 가장 오랜 역사, 즉 인간의 선사시대에 대해서는 얼마나 많은 오류를 범했겠는가! 진정한 양심의 가책을 느낀다는 것은 바로 범죄자나 수형자 사이에서는 대단히 드문 일이며, 감옥이나 교도소는 이러한 집게벌레 종족이 번식하기 좋은 온상이 **아니다** : — 이 점에 관해서는, 많은 경우 그와 같은 판단을 내리는 것을 매우 꺼리며 자신들의 소망에 반하는 판단이라고 생각하는 양심적인 관찰자들도 모두 의견을 같이한다. 대체적으로 말해서, 형벌이란 사람들을 무감각하게 단련하며 냉혹하게 만든다. 형벌은 사람을 집중하게 만든다. 형벌은 소외감을 격화시킨다. 형벌은 저항력을 강화한다. 형벌이 사람의 활력을 꺾고 비참한 굴종과 자기 비하를 초래한다면, 그러한 결과는 확실히 건조하고 음산한 엄숙함이라는 특징을 가지고 있는 형벌의 평균적인 효과보다도 더 생기를 돋우지 못하게 한다. 그러나 우리가 인간의 역사 **이전**에 존재하는 저 수천 년을 생각한다면, 바로 형벌을 통해서만 죄책감 발달이 가장 강력하게 **억제되었다**고 주저하지 않고 단정할 수 있을 것이다. — 적어도 형벌의 폭력을 당하는 희생자에 대해서는 그렇다고 말할 수 있다. 범죄자가 바로 재판 절차나 형 집행 절차 자체를 목격함으로써 얼마나 자신의 행위나 행동 방식을 **그 자체로** 비난받아야 할 일이라고 생각하는 데 방해받게 되는지를 결코 경시해서는 안 된다 : 왜냐하면 범죄자는 정확히 같은 종류의 행동이 정의를 위해 행해지고, 그러고 나서 선이라 불리고 선한 양심으로 행해지는 것을 보기 때문이다 : 즉 간첩 행위, 계략, 매수, 모함이나, 교활하고 닳고 닳은 경찰과 검사의 술수 전체, 게다가 다양한 종류의 형벌에도 명백히 나타난 것처럼, 물론 감정으로는 용서할 수 없는 것이지만, 원칙적으로는 허용되는 강탈, 폭압, 능욕, 감금, 고문, 살해 등 — 이 모든 것을 자신의 재판관은 결코 **그 자체로** 비난받거나 처벌받아야 할 행위로 생각하는 것이 아니라, 단지 어떤 관점에서 적용하기 위한 행위로 생각하고 있다고 범죄자는 보기 때문이다. '양심의 가책'이라는 우리 지상의 식물들 가운데 가장 섬뜩하고 흥미로운 이 식물은 이러한 토양 위에서 성장한 것이 아니다. — 사실 재판관이나 형 집행자들의 의식에조차도 지극히 오랫동안 자신들이 '죄인'과 연관되어 있다는 의식은 생기지 **않았다**. 오히려 그들이 다룬 대상은 손해를 일으킨 자, 책임이 없는 한 조각의 숙명이었다. 그리고 그 후 형벌이 또다시 한 덩어리의 숙명처럼 범죄자의 머리 위로 떨어졌을 때, 그 자신은 예측하기 어려운 사건, 무시무시한 자연적 사건, 더 저항할 수 없게 바위 덩어리가 무너져내리며 짓누르는 사건 등이 돌발적으로 일어나는 느낌 외에는 아무런 '내적인 고통'도 느끼지 않았다.

15.

이 사실은 언젠가 위험한 방식으로 스피노자의 의식에 떠오르게 되었다(이 점에서 스피노자를 오해하고자 진정 **노력하고 있는** 스피노자의 해석자들이 불쾌해하고 있다. 예를 들어 쿠노 피셔Kuno Fischer를 말할 수 있다). 그것은 어떤 기억을 스치면서 과연 자신에게조차 그 유명한 양심의 가책이라는 것이 남아 있는가 하는 의문에 잠겨 있던 어느 날 오후의 일이었다. 그는 선과 악을 인간의 상상력 아래 있는 것으로 제시했으며, 신은 모든 것을 선한 이성 아래서 한다("그러나 이것이 의미하는 바는 신이란 운명에 예속되며, 아마 모든 불합리한 것 가운데 가장 불합리한 것이 될 것이다"(18) —)고 주장하는 신을 모독하는 자들에게 통분을 품고 자신의 '자유로운' 신의 영광을 변호했다. 스피노자에게 세계는 또다시 **양심의 가책**이 고안되기 전 순진무구의 상태로 되돌아가 있었다 : 그렇다면 양심의 가책은 어떻게 되었단 말인가? 그는 마침내 스스로에게 다음과 같이 말했다 : "환희의 대립—즉 슬픔이란 기대되는 모든 것에 반하는 결과가 나온 과거 사건을 생각하는 것에 뒤따르는 것이다"(《윤리학 *Ethica*》제3부, 정리 18, 주석 1, 2). 급히 형벌을 받게 된 악행의 장본인이 수천 년 동안 자신들의 '범행'에 대해 느꼈던 것도 **스피노자와 다르지 않았다** : 즉 "이 일에서 생각지 않은 나쁜 일이 벌어졌구나" 하는 느낌이었지, "그런 일을 하지 말아야만 했을걸"이라는 느낌은 **아니었다** —. 그들은, 마치 사람들이 어떤 병이나 불행이나 죽음에 복종하듯이, 예를 들면 오늘날에도 러시아인들이 저 반항 없는 용감한 숙명론으로 인생에 대처하는데 우리 서양인들보다 유리한 위치에 있는 것처럼, 이러한 숙명론으로 형벌에 복종했던 것이다. 만일 당시에 행위를 비판하는 것이 있었다면, 그것은 신중함이었다 : 의심할 나위 없이 우리는 형벌의 본래 **효과**를, 무엇보다도 신중함을 강화시킨다는 점에서, 기억을 연장시킨다는 점에서, 앞으로 더 조심스럽게 더 의심을 품고서, 더 은밀하게 일을 수행하려는 의지에서, 많은 일을 영구히 하기에는 사람들이 너무 유약하다는 통찰에서, 자기 비판을 하는 가운데 일종의 개선을 가져온다는 점에서 구해야만 한다. 인간이나 동물에게서 대체로 형벌에 의해 이루어질 수 있는 것은 공포심이 커지는 것이며 신중함이 강화되는 것이고 욕망이 지배하는 것이다 : 그러고 보면 형벌은 인간을 길들이는 것이지만, 인간을 '더 나은' 존재로 만들지는 않는다. ― 오히려 반대로 주장하는 것이 더 옳을 수도 있을 것이다. ('손해가 사람을 영리하게 만든다'라는 속담이 있다. 그러나 영리해질수록 나쁘게 되기도 한다. 다행스럽게도 우둔해지는 경우도 종종 있다.)

16.

이 자리에서 이제 나는 '양심의 가책'의 기원에 관한 나 자신의 가설을 우선 잠정적으로나마 표현하는 것을 피할 수 없게 되었다 : 이 가설은 사람들의 귀에 쉽게 들리지 않는 것이며 오랫동안의 사려와 관찰과 숙고가 있어야 할 것이다. 나는 양심의 가책을 인간이 일반적으로 경험했던 모든 변화 중에서도 가장 근본적인 저 변화의 압력 때문에 빠져들 수밖에 없었던 심각한 병이라고 간수한다. ― 저 변화란, 인간이 결국 사회와 평화의 구속에 갇혀 있다는 사실을 알았을 때의 변화를 말한다. 육지동물이 되든가 사멸하든가를 강요받았을 때 바다동물에게서 일어났어야만 한 상황이, 야만, 전쟁, 방랑, 모험에 운 좋게 잘 적응한 이 반(半)동물에게도 일어났던 것이다. ― 단 한번에 그들의 모든 본능은 가치를 상실하고 '고리가 빠져버렸다'. 그들은 지금까지는 물에 의해 운반되던 곳을 이제는 발로 걷고 '자기 스스로를 운반'해야만 했다 : 엄청난 무게가 그들 위에 놓였다. 가장 간단한 일을 할 때도 그들은 스스로 서툴게 느꼈다. 이 새로운 미지의 세계 앞에서 그들에게는 더 이상 조절하며 무의식중에 확실히 안내해주는 본능이라는 그들의 오래된 안내인이 없었다.—이 불행한 인간인 그들은 사유, 추리, 계산, 인과의 결합으로 축소되었고, '의식'으로, 즉 그들의 가장 빈약하고 가장 오류를 범하기 쉬운 기관으로 축소되었다! 내 생각에는 지상에서 그처럼 비참한 감정, 그와 같이 납처럼 무거운 불쾌감이 있은 적이 없었다.—그렇다고 해서 저 오래된 본능이 돌연 그 요구를 멈춘 것은 아니었다! 단지 그들의 의지대로 되는 것이 어려웠고 거의 불가능했을 뿐이었다. 대체로 이 본능들은 새로운, 말하자면 지하의 만족을 찾아야 했다. 밖으로 발산되지 않는 모든 본능은 **안으로 향하게 된다**. — 이것이 내가 인간의 **내면화**라고 부르는 것이다 : 이것으로 인해 후에 '영혼'이라고 불리는 것이 인간에게서 자라난다. 처음에는 두 개의 피부 사이에 펼쳐진 것처럼 얇았던 내면 세계 전체가 인간이 밖으로 발산하는 것이 **저지됨**에 따라 더 분화되고 팽창되어 깊이와 넓이와 높이를 얻게 되었다. 오래된 자유의 본능에 대해 국가 조직이 스스로를 방어하기 위해 구축한 저 무서운 방어벽은—특히 형벌도 이러한 방어벽에 속한다—거칠고 자유롭게 방황하는 인간의 저 본능을 모두 거꾸로 돌려 **인간 자신**을 향하게 하는 일을 해냈다. 적의, 잔인함과 박해, 습격이나 변혁이나 파괴에 대한 쾌감—그러한 본능을 소유한 자에게서 이 모든 것이 스스로에게 방향을 돌리는 것, 이것이 '양심의 가책'의 기원이다. 외부의 적과 저항이 없어지고, 관습의 억누르는 협소함과 규칙성 속에 처박혀 성급하게 스스로를 찢고 박해하고 물어뜯고 흥분시키고 학대했던 인간, 자신의 감옥의 창살에 부딪혀 상처투성이가 되고 사람들이 '길들이고자' 한 이 동물, 스스로 모험과 고문대와 불안하고 위험한 야만 상태를 만들 수밖에 없었던 이 궁핍한 자, 황야의 향수에 지쳐 있는 쇠약해진 자―이 바보, 그리워하면서 절망하는 이 죄인이 '양심의 가책'을 발명한 자가 된 것이다. 그러나 이와 더불어 인류가 오늘날까지 치유하지 못하고 있는 가장 크고도 무시무시한 병, 즉 인간의 인간에 대한, 자기 자신에 대한 고통이라는 병이 야기되었던 것이다 : 이것은 인간이 동물적인 과거를 강제로 떼어놓은 결과이며, 말하자면 새로운 상태나 생존조건으로 뛰어들어 추락한 결과이고, 지금까지 자신의 힘과 쾌락과 공포의 기반이었던 오래된 본능에 선전포고한 결과이다. 여기에서 바로 덧붙여 말하자면, 다른 한편으로는 동물의 영혼이 스스로에게 등을 돌리고 자신과 반대의 편을 든다는 사실과 더불어 지상에는 어떤 새로운 것, 깊이 있는 것, 들어본 적이 없는 것, 수수께끼 같은 것, 모순으로 가득 찬 것, **미래로 충만한 것**이 존재하게 되었으며, 지상의 모습은 이로 말미암아 근본적으로 변했다. 사실 그때 시작하여 결말의 전망이 전혀 보이지 않는 연극의 진가를 평가하기 위해서는 신과 같은 관객이 필요했다.―그것은 어떤 우스꽝스러운 천체를 무대로 해서 의미 없이 아무도 모르게 연주되기에는 너무 미묘하고 불가사의하고 역설적인 광경인 것이다! 그때부터 인간은 헤라클레이토스의 '커다란 어린아이'[19]―이것은 제우스나 우연이라고 불리기도 한다―가 하는 전혀 예기치 않은 가장 자극적인 행운의 주사위 놀이 중 하나로 헤아려지게 된 것이다. 인간은 마치 자기 자신에 의해 무엇인가가 고지되고 준비되는 것처럼, 마치 인간이란 목적이 아니라, 단지 길, 우발적 사건, 다리, 커다란 약속인 것처럼, 스스로에게 어떤 흥미와 긴장과 희망을, 거의 확신이기까지 한 것을 불러일으켰다.

17.

　양심의 가책의 기원에 관한 이러한 가설의 전제는 첫째, 그러한
변화는 점진적인 변화도 자발적인 변화도 아니었으며, 새로운 조건
으로 유기적으로 발전해 들어가는 것을 나타내는 것도 아니고, 오히
려 단절과 비약, 강제 그리고 그것에 대해 어떤 투쟁도, 단 한 번의
원한도 없었던 불가피한 숙명으로 나타나는 것이다. 그러나 두 번째
는 지금까지 방해를 받지 않고 형태도 없이 살던 주민을 하나의 고
정된 틀 속에 집어넣는 작업은 폭력 행위로 시작했듯이, 오직 폭력
행위로만 끝을 맺게 되었고, 따라서 가장 오래된 '국가'는 무시무시
한 폭정으로 인정사정없이 으깨버리는 기계장치로 나타나 작업을
계속 진행한 결과, 민중과 반(半)동물이라는 저 원료는 마침내 반죽
되어 부드러워졌을 뿐만 아니라, **형태를 이루게 되었다**는 것이
다. ― 나는 '국가'라는 용어를 사용했지만, 이것이 무엇을 의미하는
지는 자명하다 ― 그것은 전투적으로 조직되어 있고 조직력이 있으
며, 수적으로 아마 어마어마하게 우세할 것이지만 아직은 형태를 짓
지 못하면서 여전히 유랑하고 있는 주민들에게 주저없이 무서운 발
톱을 들이댄 어떤 금발의 맹수 무리, 정복자 종족, 지배자 종족을 의
미하는 것이다. 이와 같은 형태로 '국가'가 지상에서 시작된 것이다
: 국가가 '계약'으로 시작되었다는 저 몽상은 정리되었다고 나는 생
각한다. 명령할 수 있는 자, 천성적으로 '지배자'인 자, 일에서나 몸
짓에서 폭력적으로 나타나는 자 ― 이러한 사람에게 계약을 한다는
것이 무슨 의미가 있다는 말인가! 사람들은 그러한 존재를 고려하
지 못한다. 그들은 운명처럼 다가오며, 아무런 이유도, 이성도, 고려
도, 구실도 없이 다가오며 번개가 와 있듯이 거기 와 있고, 그들 자

신이 또한 미움을 받기에는 너무 무섭게, 너무 돌발적으로 너무나
신념에 가득 차고 너무 '다르게' 존재한다. 그들이 하는 일은 본능적
으로 형식을 창조하는 일이며, 형식을 새겨 넣는 일이다. 그들은 존
재하는 예술가 중 가장 본의 아니게 무의식적인 예술가들이다
: ─간단히 말해 그들이 나타나는 곳에는 어떤 새로운 것, 즉 살아
있는 어떤 지배 조직이 성립된다. 이 지배 조직 안에서 여러 부분과
기능들은 한계가 정해지면서 관계를 이루고 있었고, 전체의 관점에
서 하나의 '의미'가 삽입되어 있지 않은 것은 전혀 자리를 찾을 수
없다. 그들, 즉 이 천부적인 조직자들은 죄가 무엇인지, 책임이 무엇
인지, 숙고가 무엇인지 알지 못한다. 그들 안에는 저 무서운 예술가
적 이기주의가 지배하고 있는데, 그것은 청동처럼 빛나고 마치 어머
니가 아이들에게서 정당화되듯이, 스스로 '작품' 속에서 영원히 정
당화된다는 것을 미리 알고 있다. **그들** 사이에서 '양심의 가책'이 발
생한 것은 아니라는 것, 이것은 처음부터 자명하다.─그러나 이 추
악한 식물은 **그들이 없었다면** 생장하지 못했을 것이다. 이 식물은 그
들의 망치로 두드리는 작업과 예술가적 폭력의 압력 아래 어마어마
한 양의 자유가 세상에서, 최소한 가시적인 세계에서 구축되지 않았
다면, 다시 말해 **잠재적인 것으로** 되어버리지 않았다면, 생기지 않았
을 것이다. 폭력으로 잠재적인 것이 되어버린 이러한 **자유의 본
능**─우리는 이 점을 이미 알고 있지만 ─, 억눌리고 뒤로 물러나고
내면 세계로 유폐되어 마침내 오직 자기 자신에게만 발산하고 드러
내게 되는 이러한 자유의 본능 : 오로지 이것이야말로 **양심의 가책**
의 시작인 것이다.

18.

이러한 현상 전체가 처음부터 추악하고 고통스럽다고 해서 이를 벌써 경시하는 것은 피해야 한다. 근본적으로 저 폭력적 예술가와 조직자에게서 중요하게 작용하고 국가를 건설하는 것과 동일한 능동적인 힘이, 여기에서는 내면적으로 더욱 작아지고 옹졸해져 그리고 방향을 뒤로 돌려 괴테의 말로 하자면, '가슴의 미궁' 속에서 양심의 가책을 만들어내고 부정적인 이상을 건설하는 것이다. 이것이 바로 **자유의 본능**(내 말로 하자면 힘에의 의지)이다 : 단지 이 힘의 조형적이고 폭력적인 성질이 나타나는 그 소재가 여기에서는 인간 자신일 따름이며, 그 자신의 동물적인 오래된 자기일 뿐이다 — 좀 더 규모가 크고 명백한 저 현상들의 경우처럼, **다른** 인간, **다른** 인간들이 아닌 것이다. 이러한 은밀한 자기 학대, 이러한 예술가적 잔인함, 자기라는 이 둔중하고 반항적이며 고통스러워하는 소재에 형식을 부여하며, 그것에 의지, 비판, 모순, 경멸, 부정을 구워 넣는 이러한 쾌감, 괴롭히는 쾌감 때문에 스스로를 괴롭히며 의도적으로 스스로 분열하는 영혼이 하는, 무서울 정도로 쾌락에 넘치는 이러한 일, 이러한 **능동적인** '양심의 가책' 전체는 결국 — 이미 짐작하고 있겠지만 — 이상적이고 공상적인 사건들의 진정한 모태로도 충만한 새롭고 기이한 아름다움과 긍정을 드러냈고, 또 아마 요컨대 아름다움을 처음으로 드러낸 것이기도 하다…… 만일 처음에 모순 그 자체가 의식에 떠오르지 못했다면, 만일 처음에 추한 것이 스스로에게 '나는 추하다'고 말하지 않았다면, '아름다움'이란 도대체 무엇이란 말인가?…… 적어도 이러한 힌트를 받은 뒤에는 **무아**(無我), **자기 부정**, **자기 희생** 같은 모순된 개념 속에 어느 정도까지 이상과 아름다움이 암시되어 있을 수 있는가 하는 수수께끼는 그다지 풀기 어려운 일이 아닐 것이다. 이제 다음의 한 가지 사실을 알게 될 것이고 이에 대해 나는 전혀 의심하지 않는다. 즉 자기가 없는 자, 자기 자신을 부정하는 자, 자기 자신을 희생하는 자가 느끼는 쾌감은 처음에 어떤 종류의 것이었는가 하는 것이다 : 이 쾌감은 잔인함이다. — **도덕적** 가치로서의 '비이기적인 것'의 유래와 이 가치가 성장한 지반을 표시하는 일에 대해서는 잠정적으로 다음의 사실을 지적하는 것 정도만 해두자 : 양심의 가책이야말로, 자기 학대를 하고자 하는 의지야말로 비이기적인 것의 **가치**를 낳는 전제가 된다. —

19.

양심의 가책이란 하나의 병이다. 이것은 의심할 여지가 없다. 그러나 이것은 임신이 병이라는 것과 같은 의미에서의 병인 것이다. 이 병이 가장 무섭고 가장 숭고한 정점에 이르게 된 조건들을 찾아보자 : 우리는 이 병과 더불어 도대체 무엇이 처음으로 세계에 나타나게 되었는지 보게 될 것이다. 그러나 이를 위해서는 긴 호흡이 필요하다. — 그리고 먼저 우리는 다시 한번 앞서의 관점으로 되돌아가야만 한다. 이미 앞에서 오래 이야기해왔지만, 채무자의 채권자에 대한 사법적인 관계는 다시 한번 그리고 실은 역사적으로 극히 주목할 만하고 깊이 생각해볼 만한 방식으로, 우리 현대인들이 아마 가장 이해하기 어려운 관계로, 즉 **현존하는 사람들**과 그들의 **조상**에 대한 관계로 뒤섞여 해석되었다. 원시적인 종족 집단 내부에서 — 우리가 말하는 것은 태곳적이다 — 현재의 세대는 앞선 세대,

특히 종족의 기초를 세운 최초의 세대에게 어떤 법률적인 의무를
지고 있음을 언제나 인정한다(이것은 결코 단순한 감정상의 채무가
아니다 : 이러한 감정상의 채무는 인류 일반이 오랫동안 존속하는
한 이유 없이 부정되어서는 안 될 것이다). 여기에는 종족이 철저히
조상의 희생과 공헌에 의해서만 **존속한다**는 확신이, ─ 희생과 공헌
으로 이것을 그들의 조상에게 **지불해야** 한다는 확신이 지배한다 :
즉 이것은 **부채**를 승인한다는 것이며, 더구나 이 부채는 이러한 조
상이 위력 있는 정령으로 계속 살아서 종족에게 새로운 이익과 가
불(假拂)을 그들의 힘으로 끊임없이 보증한다는 사실에 의해 끊임
없이 늘어간다. 조상이 무상으로 그렇게 하는 것일까? 그러나 거칠
고 '영혼이 빈약한' 시대에는 '무상'이란 없다. 우리가 그들에게 되
돌려줄 수 있는 것은 무엇일까? 희생(가장 조야하게 이해하자면 처
음에는 음식물), 축제, 예배당, 예배, 특히 복종이었다. ─ 왜냐하면
모든 관습은 조상들이 만든 작품으로 그들의 법령이자 명령이기도
한 것이기 때문이다 ─ : 조상들에게 충분히 지불된 것일까? 이러
한 의혹은 남아서 자라난다 : 때때로 이러한 의혹은 '채권자'에게 한
꺼번에 엄청난 상환을, 어떤 어마어마한 대상(代償)(예를 들면 악
명 높은 장자 희생이나, 어떤 경우에도 피, 즉 사람의 피)을 지불하
도록 강요한다. 선조와 그의 힘 앞에서 느끼는 **공포**, 선조에 대한 부
채 의식은 이러한 종류의 논리에 따라 종족 자체의 힘이 커지는 것
에 비례하여, 종족 자체가 더욱 승리를 거두고 독립적이 되고 존경
받고 두려움을 받는 정도에 비례하여, 반드시 커진다. 결코 그 반대
가 아니다! 종족을 위축시키는 각각의 단계나 온갖 불행한 우발적
인 사건들이나 퇴화되고 해체되기 시작하는 모든 징조는 오히려 언

제나 종족 창시자의 정신에 대한 공포 역시 **감소시키고**, 그 창시자의 영민함, 보호 능력, 위력의 현시에 대한 생각을 점점 더 약화시킨다. 이러한 거친 논리가 이르게 되는 종점을 생각해보자 : 이렇게 **가장 강력한 종족의 선조**는 자라나는 공포 자체의 상상으로 마침내 어마어마한 존재로 커가고, 신적인 무서움과 상상할 수 없는 어둠 속으로 밀려 들어갈 수밖에 없게 된다 : ─ 선조는 마침내 필연적으로 하나의 **신**으로 변형되는 것이다. 아마도 여기에 신들의 기원 자체, **공포**로부터의 기원이 있을 것이다!…… '그러나 경건으로부터의 기원도'라고 덧붙이는 것이 필요하다고 생각하는 사람은 인류의 저 가장 오랜 시대, 인류의 원시시대에 대해서는 그 주장을 유지하기가 어려울 것이다. 더구나 고귀한 종족이 형성된 **중간** 시대에는 물론 말할 필요가 없다 : ─ 이들 고귀한 종족은 사실 이 시기에 자신들에게 구현된 모든 특성, 즉 **고귀한** 특성들을 이자까지 붙여 자신의 창시자와 선조들(영웅들, 신들)에게 상환했던 것이다. 우리는 신들의 귀족화와 고귀화(이것은 물론 결코 신들의 '신성화'가 아니다)에 관해서는 뒤에 다시 조망해볼 것이다 : 지금은 이 죄의식이 발전하는 전체 과정만을 잠정적으로 끝까지 따라가보자.

20.

역사가 가르치는 바에 의하면, 신적인 것에 부채를 지고 있다는 의식은 혈연에 기초한 '공동체'의 조직 형태가 몰락한 후에도 결코 사라지지 않았다. 인류는 '좋음과 나쁨'이라는 개념을 세습귀족(위계질서를 세우려는 그들의 심리적 성향과 함께)에게서 이어받은 것과 똑같은 방식으로, 종족신과 부족신의 유산과 함께 또한 아직 지불하지 않은 부채 부담의 유산과 그와 같은 것을 상환하려는 열망의 유산도 덧붙여 이어받았다. (이러한 과정을 수행한 것은 저 광대한 노예 주민과 농노 주민들이었는데, 이들은 강제에 의해서든, 굴종이나 모방에 의해서든 그들을 지배하는 자의 신에게 올리는 의식(儀式)에 적응해버렸다. 그리하여 이러한 유산은 그들에게서 사방으로 넘쳐흘러갔다.) 신에 대한 채무 감정은 수천 년을 걸쳐 끊임없이 성장했고, 더욱이 언제나 지상에서 신의 관념과 신에 대한 감정이 성장하고 고양되는 것에 정비례하여 계속 성장했던 것이다. (인종 간에 있었던 투쟁, 승리, 화해, 융합에 관한 모든 역사, 위대한 인종을 모두 종합하는 일에서 모든 민족적 요소의 최종 위계질서에 앞서는 모든 일은 그들 신의 계보의 혼란에, 그들의 투쟁과 승리와 화해의 전설에 반영되어 있다. 세계제국으로 나아가는 길은 언제나 보편적인 신에게로 나아가는 길이기도 하며, 독립적인 귀족을 제압하며 행해지는 전제 정치는 언제나 어떤 일신교로 나아가는 길을 여는 것이기도 하다.) 따라서 지금까지 도달한 최대의 신인 그리스도교 신의 출현은 또한 최대한의 채무 감정을 지상에 나타나게 했다. 만일 우리가 점차 **정반대의 운동**을 일으켰다고 한다면, 그리스도교 신에 대한 믿음은 어쩔 수 없이 쇠퇴해가며, 이 사실에서 오늘날에는 이미 인간의 죄의식도 현저하게 쇠퇴했으리라는 사실을 어떤 사소한 개연성 없이도 추론할 수 있을 것이다. 무신론의 완벽하고 결정적인 승리는 인간을 그들의 태초, 그들의 제1 원인에 부채가 있다는 이 감정 전체에서 해방시킬 수도 있으리라는 전망을 배제할 수 없다. 무신론과 일종의 **제2의 순수성**은 상호 의존 관계에 있는 것이다. —

21.

　이것은 간략하게나마 '죄', '의무'라는 개념과 종교적 전제의 연관성에 대해 잠정적으로 말한 것이다 : 나는 지금까지 이러한 개념들을 본래 도덕화하는 작업(그러한 것을 양심으로 되돌리는 것, 더 정확히 말하자면, 양심의 가책을 신의 개념과 연루시키는 것)은 의도적으로 도외시했다. 그리고 앞 절 끝 부분에서 마치 이러한 도덕화란 전혀 존재하지 않는 것으로, 따라서 심지어는 그 개념들의 전제가 되는 우리의 '채권자'인 신에 대한 믿음이 무너진 후에는 이제 저 개념들도 어쩔 수 없이 사라져버린다고 말하기까지 했다. 사실은 그것과는 무서울 정도로 다르다. 죄와 의무라는 개념을 도덕화하여 이것을 양심의 가책으로 되돌리면서, 실은 이미 언급한 발전 방향을 **역전**시키거나, 최소한 그 운동을 정지시키려는 시도가 실제로 일어났다 : 이제 바로 부채를 종국적으로 상환하려는 전망은 영원히 비관적으로 닫아버릴 **수밖에 없게 된다**. 이제 시야는 청동처럼 단단한 불가능에 부딪혀 절망적으로 되돌아올 **수밖에 없게 된다**. 이제 저 '죄'나 '의무' 같은 개념들은 뒤로 향하지 **않을 수 없게 된다** — 도대체 누구를 향한 것일까? 의심할 여지 없이 그것은 먼저 '채무자'를 향했던 것이며, 이제 양심의 가책은 그런 식으로 채무자에게 뿌리를 내려 침투하고 확장해나가고 무좀처럼 넓고 깊게 성장하며, 그 결과 마침내는 부채를 해결할 수 없다는 것과 더불어 속죄도 해결할 수 없다는 생각, 즉 보상이 불가능하다는('**영원한 벌**'의) 사상이 배태된 것이다 —. 그러나 마침내 그 사상은 심지어는 '채권자'를 향하게 되기까지 한다. 이 점에 대해서는 이제 인간의 제1원인을, 인류의 시초를, 이제 저주에 사로잡히게 된 인류의 시조('아담', '원죄', '의지의 부자유')를, 또는 그 모태에서 인간이 생겨났지만, 이제는 악의 원리가 그 안에 투입된 자연('자연의 악마화')을, 아니면 **무가치한 것 자체**로 남아 있는 생존 일반(생존을 허무주의적으로 포기함, 허무를 갈망함 또는 생존에 '반대되는 것'을, 달리 존재하는 것을, 불교나 그와 유사한 것을 갈망함)을 생각해보라.— 마침내 우리는 고통받는 인간이 일시적으로 위안을 찾은 역설적이고 무시무시한 방책인 저 **그리스도교**의 천재적 장난 앞에 갑자기 서게 된 것이다 : 즉 신 스스로가 인간의 죄 때문에 자기를 희생한다. 신 스스로가 자신을 자기 자신에게 지불한다. 신이란 인간이 상환할 수 없게 된 것을 인간에게서 벗어나 상환할 수 있는 유일한 존재이다 — **사랑에서**(이것을 믿어야만 할까?), 자신의 채무자에 대한 사랑에서, 채권자가 자신의 채무자를 위해 자신을 희생한다! ……

22.

이 모든 사태와 더불어 그리고 그러한 사태 아래서 도대체 어떤 일이 일어났는지는 이미 짐작하고 있을 것이다 : 자기를 괴롭히려는 저 의지가 내면화되어 자기 안으로 내몰린 동물적 인간, 길들이기 위해 '국가'에 갇힌 동물적 인간의 저 뒤로 물러난 잔인함이 그것이다. 이 갇힌 인간은 이러한 고통을 주려는 의욕의 **좀더 자연적인** 출구가 막힌 후에 스스로에게 고통을 주기 위해 양심의 가책을 고안해냈다.— 양심의 가책을 지닌 이러한 인간은 자기 고문을 소름 끼칠 정도의 냉혹함과 준엄함으로 몰고 가기 위해, 종교적 전제를 자기 것으로 만들었다. 신에 대한 죄책감 : 이 사상은 인간에게는 고문의 도구가 된다. 인간은 신에게서 벗어나기 어려운 자신의 동물적 본능으로 찾아낼 수 있는 것 중 최후의 반대의 것을 보게 된다. 그는 이러한 동물적 본능 자체를 신에 대한 죄로('주님', '아버지', 세계의 시조와 태초에 대한 적의, 반역, 반란으로) 고쳐 해석한다. 그는 '신'과 '악마'의 모순에 팽팽하게 걸려 있다. 그는 자신과 자기 존재의 본성, 자연성, 사실성에 대한 모든 부정을 던져버리며, 이를 자기 자신에게서 끄집어낸 긍정으로, 육체를 가지고 현실적으로 존재하는 인간으로, 신으로, 신성으로, 신의 심판으로, 신의 처형으로, 저편 세계로, 영원으로, 끝없는 고문으로, 지옥으로, 헤아릴 수 없는 벌과 죄로 생각했다. 이것이야말로 정신적 잔인함 속에 자리잡고 있는 그 무엇과도 견줄 수 없는 일종의 의지의 착란이다 : 즉 이것은 스스로를 구원할 수 없을 만큼 죄가 있으며 저주받아야 할 것으로 보는 인간의 의지이다. 이것은 어떤 벌도 죄에는 상응할 수 없기에 스스로 벌을 받아야 한다고 생각하는 인간의 의지이다. 이것은 이러한 '고정관념'의 미궁에서 나오는 탈출구를 단번에 차단시키기 위해, 사물의 가장 깊은 근거를 벌과 죄의 문제로 오염시키고 독을 타려는 인간의 의지이다. 이것은 그와 같은 이상 앞에서 자신이 절대적으로 무가치함을 분명히 확인하기 위해, 하나의 이상—'성스러운 신'의 이상—을 세우려는 인간의 의지이다. 오, 이 미쳐버린 가련한 짐승인 인간이여! 만일 **행위의 야수성**을 조금이라도 방해받게 되었을 때, 그대들은 어떤 생각을 하게 되며, 어떤 반자연이, 어떤 어처구니없는 발작이, 어떤 **관념의 야수성**이 즉시 폭발해버리는 것일까!…… 이 모든 것은 지극히 흥미로운 일이지만, 암담하고 음울하고 쇠약해진 슬픔을 띠고 있기도 하기 때문에, 억지로라도 너무 오랫동안 이 심연을 들여다보는 것은 삼가야만 한다. 의심할 것도 없이 여기에는 병이, 지금까지 인간에게서 창궐했던 가장 무서운 **병**이 있는 것이다 : — 이 고문과 부조리의 밤에 어떻게 **사랑**이 외치는 소리가, 그리워하는 환희가 외치는 소리가, **사랑**에서의 구원이 외치는 소리가 울려퍼졌는지 아직도 들을 수 있는 사람은(그러나 오늘날에는 이 소리를 들을 수 있는 귀를 가진 사람이 더 이상 없다!) 견뎌내기 어려운 전율에 휩쓸려 얼굴을 돌리고 만다…… 인간에게는 이렇게 놀랄 만한 일이 많이 있다!…… 대지는 너무 오랫동안 이미 정신병원이었다!……

23.

이것만으로도 '신성한 신'의 기원에 관해서는 충분할 것이다.—신들에 관한 관념은 **그 자체로** 반드시 이러한 상상력 악화에 이르는 것은 아니라는 사실, 즉 신들이 현재화되는 것을 우리가 한순간도 허용해서는 안 된다는 사실, 유럽이 지난 수천 년 간 장인적 수완을 보여왔던 이러한 인간의 자기 고행이나 자기 능욕을 위해서 신이라는 것을 고안하는 것보다도, 신을 고안하는 데 **더 고귀한** 방식이 있다는 사실,—이것은 다행스럽게도 **그리스 신들**에게 던지는 저 시선에서도 끄집어낼 수 있다. 이 그리스 신들은 고귀하고 자주적인 인간이 반영된 것이며, 그것에 비추어 인간 안에 있는 **동물**은 스스로 신격화되었음을 느꼈고 자기 자신을 물어뜯지도 **않았고** 자기 자신에게 사납게 날뛰지도 **않았다!** 이러한 그리스인들은 바로 '양심의 가책'을 자신에게서 떼어놓고 그들의 영혼의 자유를 즐길 수 있게,

오랫동안 자신의 신들을 이용했다 : 즉 그것은 그리스도교가 자신의 신을 이용해왔던 것과는 정반대되는 의미의 것이었다. 그들, 이 화려하고 사자처럼 용맹한 어린아이들은 이 점에서 **극히 극단적으로** 나아갔다. 그들이 너무 경솔하다는 점을 때때로 이해시키려고 한 호메로스가 노래한 제우스의 권위 자체보다 더 사소한 권위란 없다. '놀라운 일이로다!'라고 일찍이 제우스는 말했다. — 에기스토스 Ägisthos의 경우, 즉 **매우 나쁜 경우**가 문제가 되고 있다 —

"놀라운 일이로다, 죽을 운명을 지닌 자들이
　　　　　신들을 책망하다니!
오직 우리에게서만 악이 나온다고 그들은 생각하지만, 그러나
　　　　　그들 자신은
어리석음 때문에, 또한 운명을 거슬러
　　　　　참담함을 빚어내는구나."[20]

그럼에도 불구하고 사람들은 이 경우에도 이 올림포스의 관람자와 심판사가 그 때문에 그를 인간에게 원한을 품거나 악의를 갖지 않는다는 것을 동시에 보고 듣는다 : "그들은 얼마나 **어리석은가**!" 그는 죽을 운명을 지닌 자들이 나쁜 짓을 저지를 때 이렇게 생각하는 것이다. —'어리석음', '무분별', 약간의 '머릿속의 혼란스러움', 이러한 많은 것을 가장 강하고 용감한 시대에 살았던 그리스인들조차도 스스로 많은 재화(災禍)와 불운의 원인으로 **인정했다** : — 인정한 것은 어리석음이었지 **죄가 아니었다**! 당신들은 이것을 이해하겠는가?…… 그러나 이 머릿속의 혼란스러움조차도 하나의 문제였다—"그렇다면, 어떻게 그러한 머릿속의 혼란스러움이 가능하단 말인가? 도대체 어디에서 그러한 혼란이 왔단 말인가? 우리가 보아

왔듯이, 우리 고귀한 혈통의 인간, 행복한 인간, 성공한 인간, 가장 훌륭한 사회에 살고 있는 인간, 고귀한 품성을 지니고 있는 인간, 유덕한 인간의 머릿속에 그러한 혼란이 일어날 수 있단 말인가?"—수세기 동안 고귀한 그리스인은 그의 무리 가운데 누군가가 범한 그 자신도 이해할 수 없는 온갖 만행과 악행을 볼 때마다 스스로 물었다. 그는 머리를 흔들면서 마침내 자신에게 "아마도 신이 그를 우롱했음이 틀림없어"라고 말했다…… 이러한 해결책은 그리스인들에게는 **전형적이다**…… 이와 같이 그 당시에는 어느 정도까지 나쁜 일에서도 인간을 변호하는 데 신이 이용되었다. 신은 악의 원인으로 이용되었다—그 당시에는 신들은 벌주는 것을 맡은 것이 아니라, **더 고귀한 것**, 즉 죄를 맡은 것이다……

24.

—나는 세 가지 물음으로 끝내고자 한다. 사람들은 이것을 보게 될 것이다. "여기에서 도대체 하나의 이상이 세워지게 되는가 아니면 무너지게 되는가?" 사람들은 아마 나에게 이렇게 물어보게 될 것이다…… 그러나 당신들은 지상에서 **모든** 이상을 수립하는 데 얼마나 비싼 대가를 치렀는지 스스로에게 충분히 물어본 적이 있는가? 그 때문에 항상 얼마나 많은 현실이 비방되고 오해되었으며, 얼마나 많은 거짓이 신성화되었으며, 얼마나 많은 양심이 혼란에 빠지게 되었으며, 얼마나 많은 '신'이 그때마다 희생되어야만 했던가? 하나의 성전(聖殿)이 세워질 수 있기 위해서는, 하나의 성전이 **부서져야만** 한다 : 이것은 법칙이다—이 법칙이 적중되지 않는 경우가 있다면 나

에게 제시해보라!…… 우리 현대인들, 우리는 수천 년간 양심의 해부와 자기 동물성 학대의 상속인이다 : 이 점에서 우리는 가장 오래 훈련했고, 이 점이 아마 우리의 예술적 기질이며, 어쨌든 우리의 세련됨, 우리의 나쁜 취미의 버릇이다. 인간은 너무 오랫동안 자신의 자연적 성향을 '나쁜 눈'으로 보아왔기 때문에, 이 성향은 인간에게서 마침내 '양심의 가책'과 밀접하게 연결되었다. 정반대의 시도 **자체**가 가능할 것이다. — 그러나 그런 시도를 할 만큼 강한 사람이 있는가? — 즉 이는 저편 세계의 것, 감각에 반하는 것, 본능에 반하는 것, 자연에 반하는 것, 동물성에 반하는 것에 이르려는 저 모든 열망을, 간단히 말해 전체적으로는 삶에 적대적인 이상이자 세계를 비방하는 자의 이상인 지금까지의 이상들을 양심의 가책과 밀접하게 연결하는 **반자연적인** 성향들이다. 오늘날 그러한 희망과 요구를 누구를 향해 한다는 말인가?…… 이것으로 인해 사람들은 바로 **선한** 인간들을 적으로 돌리게 될 것이다. 게다가 당연한 일이지만, 안일한 인간들, 유화(宥和)적인 인간들, 허영심이 있는 인간들, 몽상적인 인간들, 지쳐버린 인간들은 스스로를 적대시하게 될 것이다…… 자기 자신을 다루는 데 준엄함과 고매함을 알게 하는 것보다 사람들에게 더 깊은 고통을 주며 근본적으로 사람들을 갈라놓는 것이 무엇이란 말인가? 그리고 또한 — 우리가 세상 모든 사람처럼 하고, 세상 모든 사람처럼 '그저 되는 대로' 살아갈 때, 세상 사람들은 모두 우리를 얼마나 환호하며 우리에게 호의적일까!…… 저 목표를 달성하기 위해 바로 이 시대에 있을 법한 것과는 **다른** 방식의 정신이 필요하다 : 그것은 전쟁과 승리로 단련되었으며, 정복, 모험, 위험, 그리고 심지어는 고통까지도 필요하게 된 정신이다. 이 정신에 이르기 위해서는 날카로운 고지의 바람과 겨울의 방랑, 어떤 의미에서의 얼음과 산악에도 익숙해질 필요가 있다. 이 정신에 이르기 위해서는 일종의 숭고한 악의조차 필요하며, 커다란 건강에 속하는 극단의 자기 확신성을 갖는 인식의 방자함이 필요하다. 간단하고도 좀 나쁘게 말하자면, 이 **커다란 건강**이야말로 필요한 것이다!…… 이것이 바로 오늘날에도 가능할까? …… 그러나 언젠가는 썩은 냄새가 나고 자기 회의적인 이 현대보다 더 강한 시대가 되면, 위대한 사랑과 경멸을 지닌 **구원**의 인간이, 자신이 미는 힘으로 모든 것을 초월한 저편의 경지에서 언제나 되풀이하여 밀려나오는 창조적 정신이 우리에게 다가오고 말 것이다. 그의 고독은 마치 현실에서 도피하는 것처럼 민중에게서 오해받게 된다 ─ : 이것은 단지 그가 현실 속으로 침잠해 들어가고 몰입하고 몰두해 들어가는 것에 지나지 않으며, 따라서 그는 언젠가 그곳에서 나와 다시 밝은 빛을 받게 될 때, 이러한 현실의 구원을, 즉 지금까지의 이상이 현실에 부과했던 저주에서 벗어나는 구원을 가져오게 한다. 이러한 미래의 인간은 지금까지의 이상으로부터도 우리를 구원해주며, 그 이상에서 **성장할 수밖에 없는** 것 즉 격렬한 구토에서, 허무를 향하는 의지에서, 허무주의에서 우리를 구원해주게 된다. 이러한 정오와 위대한 결단의 종소리는 의지를 다시금 자유롭게 만들며, 대지에는 목표를, 인간에게는 희망을 되돌려준다. 안티크리스트이자 반(反)허무주의자, 신과 허무를 초극한 이자, ─그는 언젠가 올 수밖에 없다……

25.

—그러나 내가 여기에서 무슨 말을 하고 있는가? 그만 하자! 그만 하자! 이 자리에서 나에게 어울리는 것은 단 한 가지, 침묵하는 것이다 : 그렇지 않으면 나는 나보다 젊은 자, '더 미래에 있는 자', 더 강한 자에게만 허용된 권한을 침해하는 것이 된다.—오직 **차라투스트라**에게만, 무신론자인 **차라투스트라**에게만 허용된 권한을……

제3논문:
금욕주의적 이상이란 무엇을 의미하는가?

> 무관심하고, 비웃으며, 포악하게
> ―지혜는 우리에게 이러한 것을 원한다:
> 지혜는 여성이며, 지혜는 오직 전사만을
> 사랑한다.
> 《차라투스트라는 이렇게 말했다》

1.

금욕주의적 이상이란 무엇을 의미하는가? — 예술가들에게는 아무것도 의미하지 않을 수도 있거나, 또는 너무 많은 것을 의미할 수도 있다. 철학자들이나 학자들에게는 높은 정신성을 위한 유리한 선행 조건들을 냄새맡는 후각이나 본능을 의미한다. 여성들에게는 잘해야, **더욱** 유혹하기 위한 애교나 아름다운 육체가 보이는 약간의 부드러움이나 포동포동 살쪄 예쁜 동물의 천사 같은 것을 의미한다. 생리적인 실패자나 부조화자(죽어야 할 운명을 지닌 **대다수의 인간들**)에게는 이 세계에 '너무 선하게' 존재하려는 시도이자, 방탕의 성스러운 형식이며, 만성적인 고통이나 권태와 싸우려는 그들의 주요한 무기를 의미한다. 성직자들에게는 본래의 성직자적인 믿음이나, 그들의 권력의 최상의 도구, 또는 권력을 지향하는 '최고의' 면허를 의미한다. 마지막으로 성자(聖者)들에게는 동면을 하기 위한 구실이며, 그들의 가장 최후의 영예욕이자, 허무('신') 속에서의 안식이고, 그들의 착란의 형식을 의미한다. 그러나 일반적으로 금욕주의적 이상이 인간에게 그렇게 많은 의미를 지니고 있다는 **사실**, 그 안에는 인간 의지의 근본 사실, 즉 인간 의지가 지닌 공허의 공포가 표현되어 있다 : 인간의 의지는 **하나의 목표가 필요하다.** — 이 의지는 아무**것도 의욕하지 않는 것**보다, 오히려 **허무를 의욕하는 것이다.** — 내 말을 이해하겠는가?······내 말을 이해했는가?······"**전혀 모르겠습니**

다! 선생님!"—그럼 처음부터 시작해보자.

2.

금욕주의적 이상이란 무엇을 의미하는가?—또는 나에게 종종 조언해주기를 청했던 유일한 사례를 들자면, 즉 예를 들어 리하르트 바그너 같은 예술가가 만년에 순결에 경의를 표하고 있다면, 이는 무엇을 의미하는가? 어떤 의미에서 물론 그는 항상 순결을 지켜왔다. 그러나 금욕주의적 의미에서는 최근에 와서야 그것을 지켰던 것이다. 이러한 '의미'의 변화, 이러한 급격한 의미의 전환은 무엇을 의미하는가?—왜냐하면 그것이 바그너로 하여금 곧바로 그 반대로 급변하게 했기 때문이다. 한 예술가가 반대로 급변한다는 것은 무엇을 뜻하는가?……우리가 이 문제에서 약간 이야기를 멈추고, 아마도 바그너의 생애 가운데 가장 좋고, 가장 강했으며, 가장 쾌활하고, **가장 용기 있었던** 시절을 상기해본다면, 다음의 사실이 우리에게 다가오게 된다: 즉 그것은 〈루터의 결혼die Hochzeit Luther's〉이라는 악상이 그를 내면 깊이 사로잡던 때의 일이었다. 우리가 오늘날 이 결혼곡 대신 《마이스터징어》를 가지게 된 것은 도대체 무슨 운명이란 말인가? 후자에는 아마 전자에서 느낄 수 있었던 감흥이 얼마나 더 남아 있단 말인가? 그러나 이 〈루터의 결혼〉에서도 순결의 찬미가 이야기되고 있다는 것은 의심할 여지 없이 명백한 사실이다. 물론 관능에 대한 찬미도 다루어졌다:—나는 바로 이러한 것이 당연하다고 생각했고, 바로 그렇게 하는 것이 또한 '바그너적'이었다고 생각했다. 순결과 관능이 필연적으로 대립하는 것은 아니기 때문이다. 모든 좋은 결혼, 모든 본래의 애정이란 이러한 대립을 넘어서는 것이다. 내 생각에는, 바그너가 사랑스럽고 씩씩한 루터의 코미디의 도움으로 독일인들이 다시금 이러한 유쾌한 사실을 마음에 새기도록 해주었다면 좋았을 것이다. 왜냐하면 독일인들 가운데는 관능을 비방하는 자가 언제나 많이 있었고, 현재도 많이 있기 때문이다. 그리고 루터가 자신의 **관능**을 행하는 용기를 가지고 있었다는 것보다 더 큰 루터의 공헌은 아마 없을 것이다(이 당시 그것은 부드럽게 '복음의 자유'라고 불렸다⋯⋯). 그러나 실제로 순결과 관능이 대립하는 경우가 있다 할지라도, 다행히 그것은 비극적인 대립으로까지 갈 필요는 없는 것이다. 이것은 최소한 '동물과 천사' 사이에 존재하는 불안정한 균형을 즉각 생존의 반대 근거로 생각하지 않는, 심신이 건전하고 쾌적한 모든 사람에게 해당될 것이다. ─ 괴테나 하페즈 같은 가장 섬세하고 명랑한 사람들은 거기에서 오히려 **더 많은** 삶의 자극을 보았던 것이다. 그러한 '모순'이야말로 사람들을 생존하도록 유혹한다⋯⋯다른 한편 실패한 돼지들이 한번 순결을 숭배하게 된다면 ─ 그러한 돼지들이 있다! ─ 그들은 그 안에서 단지 자신과는 반대되는 것, 실패한 돼지들과는 반대되는 것을 보게 되며 숭배하게 된다는 것은 너무나도 명백하다. 오, 얼마나 비극적인 울음소리와 열정으로 그렇게 하고 있단 말인가! 이것은 상상할 수 있는 일이다. ─ 리하르트 바그너가 의심할 여지 없이 자신의 생애 말년에까지 음악으로 표현하고 무대에 올리고자 했던 저 넘쳐흐르는 불쾌한 대립을 말이다. 그러나 **무엇 때문인가?**라고 당연히 물어볼 수 있을 것이다. 도대체 돼지들이 바그너와 무슨 관계가 있으며, 또 우리와는 무슨 관계가 있단 말인가? ─

3.

여기에서 물론 저 또 다른 문제, 즉 저 남성다운(아, 실은 남성답지 못한) '시골 바보', 바그너의 유혹의 수단에 걸려 결국 가톨릭교도가 되어버린 저 가련한 놈, 자연아인 파르지팔Parsifal이 바그너와 도대체 어떤 관계가 있었는가 하는 문제를 비켜갈 수 없다. ─ 뭐라고? 도대체 이 파르지팔이 **진지하게 취급된** 적이 있었던가? 사람들은 말하자면 반대의 것을 추측하고 심지어는 바랄 수도 있을 것이다. 즉 바그너의 파르지팔은 마치 종막극이나 사티로스 드라마처럼 명랑하게 취급되었으며, 이것을 가지고 비극작가 바그너는 자신에게 상응하는 귀한 방식으로 우리에게서, 또한 자기 자신에게서 무엇보다도 **비극**에 작별을 고하고자 했다는 것, 즉 비극적인 것 자체에 대해, 이전부터 나타나는 완전히 전율할 만한 세속적인 진지함이나 세속적인 참담함에 대해서, 금욕주의적 이상의 반(反)자연 속에 있는 일시적으로 극복된 **가장 조야한 형식**에 대해, 과도하게 넘쳐흐르는 최고의 경솔한 패러니로 작별을 고하고자 했다는 것을 추측하고 싶을 것이다. 그렇다면 이는 이미 말했듯이, 위대한 비극작가에게만 어울리는 것이었으리라. 모든 예술가와 마찬가지로, 비극작가가 자기 자신과 자신의 예술을 자신의 **아래로** 내려다볼 수 있을 때, ─ 그가 자기 자신에 대해 **비웃을 수** 있을 때, 그때서야 그는 비로소 자신의 위대함의 마지막 절정에 이르게 되는 것이다. 바그너의 '파르지팔'은 자기 자신조차도 비웃을 수 있는 그의 은밀한 우월감의 웃음이며, 그가 최후에 도달한 최고의 예술가의 자유, 예술가의 초연성의 승리인가? 이미 말했듯이, 사람들은 그것을 바랄 것이다 : 도대체 **진지하게 취급된** 파르지팔이란 무엇이 될 수 있단 말인가? 그에게서 (사람들이 나에게 반대하며 표현했던 말처럼) 인식과 정신과 관능에 대한 광적인 증오의 산물을 보는 것이 정말 필요하단 말인가? 한 묶음의 증오와 호흡 속에서 감성과 정신에 대한 저주를 볼 필요가 있단 말인가? 그리스도교적이며 병적인, 반(反)계몽주의적 이상으로의 개종과 전향을 볼 필요가 있단 말인가? 그리고 마지막으로 그때까지 자기 의지의 모든 힘을 기울여 그와는 정반대되는 것을, 즉 그의 예술에 대해서 **최고의 정신화와 관능화**를 추구해왔던 예술가의 입장에서 자기 자신을 부정하는 것과 자기 자신을 말살하는 것마저 볼 필요가 있단 말인가? 그것도 그의 예술에 대해서뿐만 아니라, 그의 삶에 대해서 말이다. 한때 바그너가 얼마나 열광하여 철학자 포이어바흐의 발자국을 뒤따라갔는지 기억해보라 : "건강한 관능"이라는 포이어바흐의 말—이것은 1830년대와 40년대에 많은 독일인들에게와 마찬가지로(—이들은 '청년 독일파'라 불렸다) 바그너에게는 구원의 말처럼 들렸다. 그는 결국 이것에 대해 **달리 생각하는 법을 배웠는가**? 최소한 그는 최후에 그것을 다시 **가르치려는** 의지를 가졌던 것으로 보이기 때문이다……그것도 무대 위에서 아래를 향해 파르지팔의 나팔을 불어대는 것만 한 것은 아니다 :—그의 말년의 울적하고 부자유스럽고 당황해 하는 저작 속에는 어떤 비밀스러운 소망과 의지가, 겁먹고 불확실하고 감추어진 의지가 드러나는 수많은 문구가 있다. 이 의지는 실은 전향, 개종, 부정, 그리스도교, 중세를 설교하고, 자신의 신도들에게 "아무것도 아니다! 다른 곳에서 구원을 구하라!"고 말하고자 한다. 심지어 '구원자의 피'까지 불러들이기도 한다……

4.

고통스러운 많은 것을 내포하고 있는 그와 같은 경우에 대한 내 생각을 말해보려 한다—이것은 하나의 **전형적인** 경우이다—: 어떤 예술가를 가능한 한 그의 작품에서 분리시키고, 예술가 자신을 그의 작품처럼 진지하게 생각하지 않는 것이 확실히 가장 좋은 자세이다. 예술가는 결국 그의 작품의 선행 조건이나 모태나 토양에 불과하며, 경우에 따라서는 그 위에서 또 거기에서 작품이 성장하는 비료나 거름인 것이다.—그러므로 예술가란 대부분의 경우에, 그의 작품을 즐기고자 한다면 잊어버려야만 하는 무엇이다. 어떤 작품의 **기원**을 통찰하는 것은 정신의 생리학자나 해부학자와 연관되는 일이지, 결코 미학적 인간이나 예술가와 연관되는 일이 아니다! 파르지팔의 작가나 창작자는 중세 영혼의 명암 속으로 깊고, 철저히, 놀라울 정도로 적응하며 침잠해가는 것을, 정신의 모든 높이나 엄격함이나 훈련에서 적대적으로 분리되는 것을, 일종의 지적 **도착(倒錯)** (내가 이 용어를 쓰는 것을 관대히 보아주기 바란다)을 면할 수는 없다. 마치 임신한 여성이 임신에 따르는 메스꺼움이나 이상한 느낌을 면할 수 없는 것과 같이 말이다 : 이러한 것은 이미 말했듯이, 어린아이의 탄생을 기뻐하기 위해서는, **잊어버려야만** 하는 것이다. 우리는 심리적으로 접근해보면 예술가가 영국인들과 이야기할 때 너무나도 쉽게 빠지게 되는, 마치 예술가 자신이 묘사하고 구상하고 표현할 수 있는 것과 같은 것인양 혼동하는 데 주의해야만 한다. 만일 예술가가 그것과 같다면, 그리고 사실이 그러하다면, 그는 그것을 전혀 묘사하거나 구상하거나 표현하지 않을 것이다. 호메로스가 아킬레스였고, 괴테가 파우스트였다면, 호메로스는 아킬레스를 창작하지 않았을 것이며, 괴테는 파우스트를 창작하지 않았을 것이다. 완전무결한 예술가란 영원히 '실재적인 것'이나 현실적인 것과는 동떨어진 존재이다. 다른 한편 그가 얼마나 자신의 가장 내적인 현존이 품고 있는 이러한 영원한 '비실재성'과 허구성에 때로는 절망할 정도로 싫증이 날 수 있는가를,— 그래서 그는 바로 그 자신에게 가장 금지되어 있는 것, 현실적인 것에 손을 뻗어 현실적으로 **되고자** 시도하는 것은 당연하다는 것을 이해할 수 있다. 그것이 어떤 성공을 가져올 것인가? 그것은 추측할 수 있다……이것이 예술가의 **전형적인 불완전한 욕망**이라는 것이다 : 늙어버린 바그너도 사로잡혔고, 그가 너무나 값비싸게 숙명적으로 대가를 지불할 수밖에 없었던 것은 이와 같은 불완전한 욕망이었다(— 그는 이것으로 인해 귀한 친구 몇 명을 잃었다). 그러나 결국 이러한 욕망을 완전히 도외시하더라도, 파르지팔에 의해서가 아니라, 좀더 의기양양하게, 좀더 자신 있게, 좀더 바그너적으로— 자신의 전체 의욕에 대해 덜 현혹되게, 덜 애매하게, 덜 쇼펜하우어적으로, 덜 허무주의적으로, **다른 방법으로** 그가 우리와 그의 작품에 작별을 고했더라면 하고 바그너 자신을 위해 도대체 바라지 않는 사람이 있겠는가?……

5.

—그러면 금욕주의적 이상이란 무엇을 의미하는가? 우리가 점차 파악하게 되겠지만 예술가의 경우 그것은 전혀 **아무것도** 의미하지 않는다!……또는 그것은 전혀 아무것도 의미하지 않는다고 말할 수 있을 만큼 많은 것을 의미한다!……먼저 우리는 예술가를 떼내어

따로 다루어보자:이러한 예술가들은 그들의 가치 평가나 그 가치
평가의 변화가 그 자체로 관심을 끌 만큼, 세상 속에서나 세상에 대
해 오랫동안 충분히 독립적이지 못했다! 그들은 어느 시대에나 어
떤 도덕, 어떤 철학, 어떤 종교의 시종이었다. 그들이 유감스럽게도
자주 그들의 추종자들이나 후원자들에게 지나치게 나긋나긋한 감
언이설을 하는 사람들이었고, 구세력이나 새로 등장한 세력을 예민
하게 분간하는 아첨자들이었다는 것을 완전히 별문제로 하고도 말
이다. 그들에게는 항상 적어도 보호벽이나 후원자나 이미 세워진 권
위가 필요하다:예술가들은 결코 독립해 있지 못하며, 홀로 선다는
것은 그들의 가장 깊은 본능에 위배되는 것이다. 그러므로 예를 들
어 리하르트 바그너는 "때가 왔다"고 했을 때, 철학자 쇼펜하우어를
자신의 선행자나 보호벽으로 삼았다 : ―쇼펜하우어의 철학이 후
원하지 않고도, 70년대 유럽에서 우위를 차지하게 된 쇼펜하우어의
권위 없이도, 바그너가 금욕주의적 이상에 대한 용기를 가졌으리라
는 것 또한 그 누가 생각이나 할 수 있을 것인가?(물론 이 경우 **새로
운** 독일에서 경건한, 조국에 대한 경건한 사고방식의 우유를 마시지
않은 예술가가 도대체 있을 수 있었겠는가라는 문제는 고려하지 않
고 말이다). ―이로 말미암아 우리는 더 진지한 문제에 봉착해 있다
: 한 사람의 진정한 **철학자**가, 즉 쇼펜하우어처럼 진정으로 독립적
인 정신이나 스스로에 대한 용기를 지니고 있으며, 또 홀로 설 수 있
고, 선행자나 위의 지시를 기다리지 않는 강철같은 눈빛을 지닌 남
자이자 기사(騎士)가 금욕주의적 이상을 신봉한다면, 이것은 무엇
을 의미하는 것인가?―여기에서 우리는 많은 부류의 인간마저 매
료시킨 주목할 만한 쇼펜하우어의 **예술**에 대한 입장을 바로 언급해

보자 : 왜냐하면 명백히 이것 때문에 **먼저** 리하르트 바그너는 쇼펜하우어에게 달려갔으며(잘 알다시피, 시인 헤르벡Herwegh에게 설득당해(21)), 또한 이것 때문에 바그너의 초기와 후기의 미학적 신념 사이에 완벽한 이론적 모순이 생겨나는 정도에 이르게 되었기 때문이다.―그의 초기의 미학적 신념은 예를 들면, 《오페라와 드라마 Oper und Drama》에 표현되어 있으며, 후기의 미학적 신념은 1870년 이후에 간행된 작품 속에 표현되어 있다. 특히 이것은 아마도 가장 놀랄 만한 일이지만, 바그너는 이때부터 **음악 그 자체**의 가치와 입장에 대한 자신의 견해를 가차없이 변경했다 : 지금까지 그가 음악을 하나의 수단이나 매개체, 또는 성공하기 위해서는 반드시 어떤 목적이나 남성이 필요한―즉 드라마가 필요한 여성으로 간주했다는 것이 그와 무슨 상관이 있었다는 말인가! 쇼펜하우어의 이론과 혁신으로, 즉 쇼펜하우어가 파악하고 있듯이, 음악의 **주권**으로 더욱 위대한 음악의 영광을 위해 **더 많은** 것을 할 수 있다는 것을 그는 갑자기 알았던 것이다. 이 음악이란 모든 다른 예술과는 다른 위치에 있으며, 독립적인 예술 자체이고, 다른 예술처럼 현상의 모사를 제공하는 것이 아니라, 오히려 의지 자체의 언어를 그것의 가장 독자적이고 근원적이며 본원의 계시로 직접 심연에서 끄집어내어 말하는 것이다. 쇼펜하우어의 철학에서 발생하는 것처럼 보이는 이러한 음악의 이상한 가치 상승과 더불어 **음악가** 자체도 갑자기 전례 없이 가치가 상승했다 : 이제 음악가는 신탁을 전하는 자, 성직자, 아니 성직자 이상의 존재, 사물 '그 자체'를 부는 일종의 파이프, 저편 세계의 전화기가 되었다.―그 후 이 신의 복화술사(腹話術師)인 그는 음악만을 말한 것은 아니었다.―그는 형이상학을 말했다 : 어느 날

마침내 그가 **금욕주의적 이상**에 대해 말했다는 것이 뭐 그리 이상한 일인가?……

6.

쇼펜하우어는 미학적 문제에 관한 칸트의 견해를 이용했다. — 비록 그가 그것을 칸트적인 눈으로 보지 않았음은 아주 분명하지만 말이다. 칸트는 미의 술어 가운데 인식을 명예롭게 만드는 것, 즉 비개인성과 보편 타당성을 우대하고 전경에 세우는 것이 예술에 경외를 표하는 것이라고 생각했다. 이것이 본질적으로 그릇되지 않았는지 하는 문제는 여기에서 다룰 만한 것이 못 된다. 내가 오직 강조하고자 하는 점은 칸트도 다른 모든 철학자와 마찬가지로 예술가(창작자)의 체험에서 미학적 문제를 바라보는 대신, 오직 '관람자'의 관점에서 예술과 미에 대해 숙고했고, 이 경우 아무도 모르게 '관람자' 자신을 '미'의 개념 속으로 집어넣었던 것이다. 그러나 최소한 이 '관람자'만이라도 미를 다루는 철학자들에게 충분히 알려져 있었더라면! — 즉 그것이 어떤 중요한 **개인적인** 사실이나 경험으로, 미의 영역에서 가장 고유하고 강력한 체험, 욕망, 경이, 황홀의 충만으로 알려져 있었더라면! 그러나 내가 두려워하는 바대로, 언제나 사정은 반대였다 : 우리는 처음부터 그들이 내린 정의를 수용했는데, 그 안에는 칸트가 미에 대해 내린 저 유명한 정의와 마찬가지로, 좀더 섬세한 자기 체험의 결여가 근본 오류라는 살진 벌레의 형태로 앉아 있는 것이다. 칸트는 "미란 **무관심하게** 사람들을 즐겁게 하는 것이다"라고 말했다. 무관심하게! 미를 일찍이 행복의 약속이라고 부른 진정한 관람자이자 예술가인 스탕달[22]이 내린 저 다른 정의와 이것을 비교해보자. 어쨌든 여기에서는 칸트가 오직 미적 상태라고 강조했던 바로 그 무관심이라는 것이 거부되고 삭제되었다. 누가 옳단 말인가? 칸트인가 아니면 스탕달인가? ─ 물론 우리의 미학자들이 칸트의 편을 들어, 미의 마력 아래 **심지어는** 실오라기 하나 걸치지 않은 여성의 서 있는 모습마저도 '무관심하게' 볼 수 있다고 지치지 않고 주장한다면, 그들의 허튼 짓을 약간은 비웃어도 좋을 것이다:─ **예술가들의** 체험은 이러한 까다로운 점에 '더 관심이 있으며', 따라서 어쨌든 피그말리온Pygmalion[14]은 반드시 '미적 취미가 없는 인간'은 아니었다. 우리는 그러한 논증에 반영되어 있는 우리 미학자들의 천진무구함을 좀더 호의적으로 생각해주자. 우리는 예를 들어 칸트가 시골 목사의 순박함으로 촉각의 속성을 가르칠 수 있다는 것을 칸트의 영예로 간주해주자! ─ 우리는 칸트와는 완전히 다르게 예술에 근접해 있었지만, 그럼에도 불구하고 칸트적 정의의 속박에서 빠져나오지 못했던 쇼펜하우어로 되돌아가보자 : 어떻게 이런 일이 일어났단 말인가? 놀랄 만한 사정이 있었다 : '무관심하게'라는 용어를 그는 너무나 개인적인 방식으로, 그에게서 통례적인 일에 속할 수 있는 체험에서 해석했다. 쇼펜하우어는 미적 관조의 효과에 대해서 확실하게 말한 것만큼, 다른 것에 대해서는 확실하게 말한 것이 거의 없다. 그는 미적 관조야말로 루플린이나 장뇌(樟腦)와 유사하게 **성적인** 관심의 상태를 억제하는 작용을 한다고 말한다. 그는 이와 같이 '의지'에서 해방되는 것이야말로 미적 상태의 커다란 장점이자 효용이라고 찬양하는 데 지치지 않았다. '의지와 표상'에 관한 그의 근본 사상이, '의지'에서 구원되는 것을 오직 '표상'에 의해서만 가능하다는 사상이 저 성적 체험을 일반화하는 데서 그 기원을 취해온 것이 아닌가라고 묻고 싶을지도 모른다. (덧붙여 말하자면, 쇼펜하우어의 철학에 관한 모든 물음에서, 그것이 26세밖에 안 된 젊은이의 생각이며, 따라서 그것은 쇼펜하우어 개인의 특성뿐만 아니라, 인생에 있어 그 나이 또래의 특성을 지니고 있다는 것을 결코 무시해서는 안 된다.) 예를 들어 그가 미적 상태를 칭송하기 위해 쓴 수많은 구절 가운데 가장 명료한 한 구절을 들어보자 (《의지와 표상으로서의 세계 Welt als Wille und Vorstellung》, 제1권 231쪽[23]). 다음과 같이 말하는 그 어조, 고통, 행복, 감사에 귀를 기울여보자. "이것은 에피쿠로스가 최고의 선이요, 신들의 상태라고 찬미했던 고통 없는 상태이다. 그 순간이야말로 우리는 보잘것없는 의지의 충동에서 벗어나는 것이다. 우리는 의욕의 고역의 안식일을 축하하며, 익시온Ixion의 수레바퀴는 조용히 멈추는 것이다."…… 얼마나 격렬한 말인가! 얼마나 고통과 기나긴 권태의 모습을 나타내는 것인가! '그 순간'과 그 밖에 '익시온의 수레바퀴', '의욕의 고욕', '보잘것 없는 의지의 충동' 등이 얼마나 거의 병적인 시간의 대립을 나타내는 것일까!—그러나 쇼펜하우어 자신이 백 번 옳다고 하더라도, 이것이 미의 본질을 통찰하는 데 어떤 일을 할 수 있단 말인가? 쇼펜하우어는 미의 효과 중 하나, 즉 의지를 진정시키는 효과를 기술했다.—이것 또한 한결같은 효과일 것인가? 이미 말했듯이, 쇼펜하우어 못지않게 관능적이지만, 행복하게 잘 태어난 천성의 소유자인 스탕달은 미의 또 다른 효과를 강조한다 : 즉 "미는 행복을 약속한다." 미에 의한 **의지의**('관심의') **자극**이야말로 그에게는 사실로 생각된다. 결국 우리는 쇼펜하우어 자신에게, 이 점에서 그가 칸트주의자라고 생각하는 것은 매우 부당하며, 그는 미에 관한 칸트의 정의를 전혀 칸트식으로 이해하지 않았고, ─ 그에게도 미는 '관심'에서 사람들을 즐겁게 하는 것, 실로 가장 강렬하고 극히 개인적인 관심에서, 즉 고통에서 벗어나려는 고통받는 사람들의 관심에서 나온 것이라고 항의할 수 있지 않을까?…… "한 철학자가 금욕주의적 이상을 신봉한다면, 이것은 무엇을 의미하는 것인가?"라는 우리의 최초의 물음으로 되돌아간다면, 우리는 여기에서 적어도 하나의 힌트를 얻게 된다: 그 철학자는 **고통에서 벗어나려고** 한다는 것이다. ─

7.

'고통'이라는 말을 들었다고 해서 바로 어두운 표정을 짓지 말도록 하자 : 바로 이 경우에도 그 말에 대해 충분히 고려하고 충분히 생각해 뽑아낼 만한 것이 남아 있다. 무엇인가 웃어야만 할 것조차 남아 있는 것이다. 즉 우리는 성욕을 사실상 개인적인 적(敵)으로 취급했던(그 도구인 여성, 이러한 '악마의 도구'를 포함하여) 쇼펜하우어가 좋은 상태를 유지하기 위해 적이 **필요했다**는 것, 노기를 띤 담즙의 검푸른 언어를 좋아했다는 것, 격정에 넘쳐 화를 내기 위해 화를 냈다는 것, 자신의 적이 없었더라면, 헤겔이 없었더라면, 여성이나 관능이나 생존하고 거주하고자 하는 완전한 의지가 없었더라면, 그는 병이 들었을 것이고, **염세주의자가** 되어버렸을 것이라는 사실을(─ 왜냐하면 아무리 그가 그렇게 되기를 원했다 해도, 그는 그러한 존재가 아니었기 때문이다) 경시하지 말도록 하자. 그러한 것이 없었더라면 쇼펜하우어는 살아 있지 **않았을** 것이며, 인생에 작별을 고했을 것이라는 데 내기를 걸어도 좋다 : 그러나 그의 적이 그를 세상에 묶어놓았고, 그의 적이 그를 끊임없이 생존하도록 유혹했으며, 그의 분노는 고대 견유학파 사람들과 마찬가지로, 그의 청량제였으며, 그의 휴양과 보수, 그의 구토 방지제와 **행복**이었다. 쇼펜하우어의 경우 극히 개인적인 것에 대해서는 이 정도만 해두자. 다른 한편 그에게는 또한 어떤 전형적인 것이 있다.—여기에서 이제 우리는 우리의 문제로 돌아가자. 지상에 철학자가 있다면, 그리고 철학자들이 있었던 곳에서는 어디서나 (철학을 하기 위한 천부적인 재능의 대립된 양극을 말하자면, 인도에서 영국에 이르기까지) 관능에 대한 철학자 특유의 과민함과 악 감정이 있다는 것은 논쟁의 여지가 없다.—쇼펜하우어는 그 가장 웅변적이고, 그것을 들을 수 있는 귀를 가지고 있는 사람에게는, 매혹시키며 가장 황홀해 하는 폭발일 따름이다.—금욕주의적 이상 전체에 관한 철학자들 특유의 선입견이나 애착이 있는 것도 사실이다. 그것에 대해서나 그것에 반하거나 우리는 스스로를 속이지 말자. 이미 말했듯이 이 양자는 전형적인 것이다. 철학자에게 이 양자가 결여되어 있다면, 그는—틀림없이—항상 '자칭 철학자'일 따름이다. 이것은 무엇을 **의미하는**가? 왜냐하면 이러한 사실을 먼저 해석해야 하기 때문이다 : 이 사실 **자체**는 저 '물자체'와 마찬가지로 영원히 우매한 상태로 거기 있다. 모든 동물은, 따라서 철학자라는 동물도 자신의 힘을 완전히 방출할 수 있고 최대한의 힘의 감정에 이르는 데 맞는 최선의 좋은 조건들을 본능적으로 추구하는 것이다. 모든 동물은 이와 마찬가지로 본능적으로, '모든 이성보다 상위에 있는' 예민한 후각으로 최적에 이르는 이러한 길을 막거나 막을 수도 있는 온갖 종류의 방해자나 장애물을 기피하게 된다 (이는 내가 말하는 '행복'에 이르는 길이 아니라, 힘, 행위, 가장 강한 행동을 지향하는 길이자, 대부분의 경우 사실은 불행에 이르는 길이다). 이와 같이 해서 철학자는 결혼할 것을 권유할지도 모르는 것들을 포함하여 **결혼**을 회피한다.—결혼은 최적에 이르는 그의 길에 놓인 장애물이며 재난인 것이다. 지금까지 위대한 철학자 가운데 그 누가 결혼한 사람이 있었던가? 헤라클레이토스, 플라톤, 데카르트, 스피노자, 라이프니츠, 칸트, 쇼펜하우어―이들은 결혼하지 않았다. 더욱이 우리는 그들이 결혼한다는 것을 단 한 번도 **생각**할 수도 없다. 결혼한 철학자란 **코미디**에 속한다. 이것이 나의 명제이다 : 저 예외가 되는 소크라테스, 악의적인 소크라테스는 일부러 바로 **이러한** 명제를 입증하려고 아이러니컬하게도 결혼했던 것 같다. 모든 철학자는 자신의 아들이 태어났다는 이야기를 듣는다면 일찍이 부처가 말했던 것처럼 말하리라 : "라후라Râhula가 내게 태어났구나. 나에게 하나의 구속이 씌워졌구나"[24] (라후라는 여기에서 "작은 악령"을 의미한다). 만일 이전에 아무 생각 없는 시간을 보냈다면, 모든 '자유정신'에게는 일찍이 그와 똑같은 것에 부처가 부딪혔던 것처럼, 숙고의 시간이 올 것임이 틀림없다.—부처는 홀로 생각했다. "순수하지 못한 장소인 집에서 생활하는 것은 번거롭다. 자유는 집을 떠나는 데 있다" : "이렇게 생각했기 때문에, 그는 집을 떠났다."[25] 금욕주의적 이상에는 **독립**에 이르는 많은 다리가 암시되어 있기에, 어떤 철학자는 어느 날엔가 온갖 부자유를 부정해버리고 어딘가의 **황야**로 가버린 저 결단자의 이야기를, 설령 그가 단순한 억센 나귀에 불과하고, 완전히 강한 정신과는 반대되는 존재였다고 하더라도, 진심 어린 환희와 박수 없이는 들을 수 없었던 것이다. 그렇다면 금욕주의적 이상이란 철학자에게 무엇을 의미하는 것일까? 내 대답은 이렇다—이것을 오래전부터 알고 있었으리라 : 철학자는 최고의 가장 대담한 정신성을 추구할 수 있는 최적 조건을 바라보면서 웃음짓는다.—따라서 그는 '생존'을 부정하지 **않는다**. 그는 이 점에서 오히려 **자신**의 생존을, **오직** 자신의 생존만을 긍정한다. 그는 아마도 이것을 "세계가 망할지언정, 철학은 살고, 철학자도 살고, **나도 살아남으리라!**"는 불경스러운 소망이 그에게 멀리 있지 않을 정도까지 긍정하게 될 것이다……

8.

보는 바와 같이 이 철학자들은 금욕주의적 이상의 **가치**에 대한 청렴한 증인이나 재판관도 아니다! 그들은 **자기 자신만을** 생각한다.—그들에게 "성자"가 무슨 상관이란 말인가! 그들은 이때 **그들**에게 가장 없어서는 안 될 것을 생각하고 있다. 즉 강제나 방해나 소음으로부터의 자유, 일이나 의무나 걱정으로부터의 자유와 두뇌의 명석함을, 사상의 춤이나 도약이나 비상(飛翔)을 생각하는 것이다. 동물적 존재는 모두 좀더 정신화되고 날개를 갖게 되는 고지의 공기처럼, 희박하고 청명하고 자유롭고 건조한 좋은 공기를 생각하며, 지하실 속에 있는 온갖 안식을, 멋지게 사슬에 묶여 있는 모든 개를 생각한다. 그들이 생각하는 것은 적개심과 어지러운 원한에서 부르짖는 소리도 아니고, 상처받은 명예심을 갉아먹는 설치류의 벌레도 아니며, 오히려 물레방아처럼 부지런하게 돌지만 멀리 떨어져 있는 겸손하며 순종적인 내장이며, 낯설고 저편 세계의, 미래와 사후의 일에 파묻힌 심정이다. — 요컨대 그들이 금욕주의적 이상에서 생각하는 것은 신적으로 되었고 날게 된, 그래서 휴식을 취하기보다는 삶의 위로 더욱 날아다니는 동물의 좀더 명랑한 금욕주의인 것이다. 금욕주의적 이상의 세 가지 거창한 수식어가 무엇인지 잘 알 것이다 : 즉 이것은 청빈, 겸손, 순결이다 : 이제 위대하고 생산적이고 창조적인 정신을 지닌 모든 사람의 생활을 가까이에서 한번 살펴보자. — 그 안에는 세 가지 점이 모두 어느 정도까지는 항상 재발견될 것이다. 명백한 일이지만, 이것이 그들의 '덕'과 같은 것은 결코 아닐 것이며 — 이러한 유의 인간이 덕과 무슨 상관이 있단 말인가! — 오히려 그들의 **최선의** 생존과 **가장 아름다운** 생산성을 이루는 가장 고유하고 자연스러운 조건들이다. 이 경우 그들의 지배적인 정신성은 먼저 억제할 길이 없는 민감한 자부심이나 제멋대로의 관능을 제어했어야만 했고, 또한 그들의 정신성은 아마 사치품이나 특산물을 좋아하는 성향에 대해서, 또한 낭비적인 자유주의적 태도에 대해서 전적으로 그들의 '황야'를 향하는 의지를 유지한다는 것은 진정 힘들었을 것이다. 그러나 이 정신성은 다른 모든 본능에 대해 자신의 요구를 관철한 **지배적인** 본능으로 그 의지를 행했던 것이며, — 여전히 그렇게 하고 있는 것이다. 이 의지를 유지하지 않는다면, 그것은 지배적일 수가 없다. 그러므로 '덕'은 이것과 아무런 관계가 없다. 뿐만 아니라, 내가 방금 말한, 강하고 독립적인 천품을 지닌 정신이 물러나 외롭게 머물고 있는 **황야란** — 아, 그것은 교양 있는 사람들이 꿈꾸어오던 황야와는 얼마나 달리 보일 것인가! — 경우에 따라서는 바로 이러한 교양 있는 사람, 그들 자신의 황야인 것이다. 확실한 사실은 정신의 모든 배우가 그 안에서는 도저히 견딜 수 없었다는 것이다. — 그들에게 이것은 전혀 낭만적인 것도 아니며, 시리아적인 것도 아니고, 무대에서 사용하는 황야도 전혀 아니다! 물론 그 안에는 또한 낙타가 없는 것도 아니다 : 그러나 완전한 유사점은 거기에 한정되어 있다. 아마도 자발적인 암흑의 상태, 자기 자신을 피해 가는 것, 소음이나 명예나 신문이나 영향에 대한 혐오, 어떤 사소한 직무나 일상, 드러내는 것보다는 감춰둘 만한 어떤 것, 그것을 보고 있다는 것이 기분 전환이 되는 무해하고 쾌활한 동물이나 새들과 자주 접촉하는 것, 산과 벗하는 것, 그러나 죽은 산이 아니라, 하나의 눈을 가진 (말하자면 영혼을 지닌) 산과 벗하는 것, 확실히 혼동할 수도 있으면서 책망받지 않고 그 누구와도 이야기를 나눌 수 있는 완전히 모든 사람에게 열려 있는 여관에 있는 방 하나 — 이것이 여기에서의 '황야'인 것이다 : 아, 그곳은 아주 적막하다. 나의 말을 믿어다오! 헤라클레이토스가 거대한 아르테미스 신전의 뜰과 주랑 뒤로 숨어 들어갔을 때, 이 '황야'는 좀더 가치가 있는 것이었음을 나는 인정한다 : 그러한 신전이 왜 우리에게는 없는가? (— 아마도 그러한 신전이 우리에게 없는 것은 아닐 것이다 : 지금 나는 산 마르코 광장의 가장 아름다운 내 서재를 회상하고 있다. 봄이라고 한다면, 또한 10시에서 12시 사이의 오전 시간을 말이다.) 그러나 헤라클레이토스가 회피했던 것은 우리가 지금 피하는 것과 똑같은 것이다 : 에페소스 사람들의 소란스러움과 민주주의자들의 잡담, 그들의 정치, 그들의 '제국'(알다시피 페르시아를 말한다)에 관한 새로운 소식, '오늘날'에 관한 그들이 모은 시장의 잡동사니가 그것이다. — 왜냐하면 우리 철학자는 먼저 한 가지, 즉 '오늘날'과 관계되는 모든 것에서 휴식을 취할 필요가 있기 때문이다. 우리는 정적(靜寂)과 냉

정함을, 고귀함과 요원한 것을, 지나간 것과 그것을 바라보고 있어
도 영혼이 스스로 변호할 필요가 없고 잡아맬 필요가 없는 모든 것
을 존중한다.—즉 **소리 높여** 말하지 않더라도 말할 수 있는 것이라
면 존중하는 것이다. 하나의 정신이 말할 때, 그 정신이 가지고 있는
음색에도 귀를 기울여보자 : 모든 정신은 자신의 음색을 가지고 있
고, 자신의 음색을 사랑한다. 예를 들어 거기에서 정신은 선동자임
이 틀림없다. 말하자면 머리가 빈 얼간이거나 속이 텅 빈 용기임이
틀림없다: 또한 그 속으로 들어간 것은, 무엇이든 커다란 공허의 메
아리로 작용하며, 그 안에서 둔탁하고 둔중한 소리로 되돌아 나온
다. 거기에 있는 저 정신은 거의 쉰 목소리로 말한다 : 아마도 쉰 목
소리로 **생각했던** 것일까? 그럴 가능성도 있다—생리학자들에게 물
어보라—그러나 **말로써** 생각하는 사람은 연설가로 생각하는 것이
지, 사상가로 생각하는 것은 아니다(이것은 그가 근본적으로 사실
에 대해 생각하지 않거나, 사실적으로도 생각하지 않고, 오히려 사
실에 관한 것만을 생각하며, 그가 진정 **그 자신**과 자신의 청중을 생
각하고 있다는 것을 드러낸다). 거기에 있는 이러한 세 번째 정신은
끈덕지게 이야기한다. 그는 우리 몸에 너무 가까이 다가오며, 그의
숨결이 우리에게 닿게 한다.—비록 그가 하는 말이 책을 통해서라
고 할지라도, 우리는 자신도 모르게 입을 다물게 된다 : 그의 문체의
어조가 그 이유를 말하고 있다.—즉 그는 시간이 없으며, 자기 자신
을 잘 믿을 수 없고, 오늘이 아니면 결코 말하게 되지 않을 것이라고
말하는 것이다. 그러나 자기 자신에 대해 확신을 가지고 있는 어떤
정신은 나직이 말한다. 그는 감추어진 것을 찾고 있으며, 스스로를
기다리게 한다. 철학자는 세 가지 현란하고 요란한 것, 즉 명예, 제

후, 여성을 회피한다는 점에서 인정받게 된다 : 이것은 그러한 것들
이 그에게로 다가오는 일이 없음을 말하는 것이 아니다. 그는 너무
밝은 빛은 싫어한다 : 그러므로 그는 자신의 시대와 그 '대낮'을 싫
어하는 것이다. 그 안에서 그는 그림자처럼 있게 된다 : 해가 지면
질수록, 그는 더욱 커지게 되는 것이다. 그의 '겸손'에 관한 한, 어둠
을 참아내듯이, 또한 어떤 종류의 종속이나 위장도 참아낸다 : 더구
나 그는 번개에 의해 마음이 혼란스러워지는 것을 두려워한다. 그는
너무나도 고립되어 버려져 있는 나무의 무방비 상태에 대해 공포를
지닌다. 이 나무로 인해 모든 나쁜 날씨는 그가 변덕을 부리게 하고,
모든 변덕은 나쁜 날씨를 부추긴다. 그의 **모성** 본능, 그 안에서 자
라나고 있는 모든 것에 대한 은밀한 사랑은 **자기 자신**을 생각할 필요
가 줄어든 상황을 그에게 지시한다. 이것은 여성의 모성 본능이 지
금까지 여성 일반의 종속적 위치를 확고히 유지했던 것과 같은 의
미이다. 결국 이 철학자들은 아주 미미한 것을 요구한다. 그들의 표
어는 "소유하는 자는 소유당한다"는 것이나 — . 이것은 내가 되풀
이해서 말하듯이, 덕에서, 만족이나 소박함을 지향하는 훌륭한 의지
에서 나오는 것이 **아니라**, 오히려 그들의 최고 지배자가 이것을 그
들에게서 요구하기 때문에, 영리하고도 냉혹하게 요구하고 있기 때
문에 나온 것이다 : 이 최고 지배자는 오직 한 가지 일에만 의미를
두게 되며, 시간, 힘, 사랑, 관심 등 모든 것을 오직 그 일을 위해서만
모으고, 오직 그 일을 위해서만 저장한다. 이러한 유의 인간은 적의
로 인해 방해받는 것을 좋아하지 않으며, 우정에게 방해받는 것을
좋아하지 않는다 : 그는 쉽게 잊고 쉽게 경멸한다. 그러한 유의 인간
은 순교자를 만든다는 것이 악취미라고 생각한다 : "진리를 위해 고

통받는다는 것"―이러한 것을 그는 야심가나 정신의 주역이나 그 밖에 그것을 할 만한 시간이 충분히 있는 사람에게 위임한다(―그 자신, 철학자들은 진리를 위해 **해야 할** 그 무엇이 있다). 그들은 중요한 말을 삼가며 사용한다. 사람들은 그들에게조차 '진리'라는 말은 모순되며, 허풍 떠는 것처럼 들린다고 말한다……마지막으로 철학자들의 '순결'에 관하여 말한다면, 이러한 유의 정신은 분명 어린 아이들과는 다른 곳에 생산성이 있다. 아마 그들의 이름이 존속되는 것도, 그 작은 불멸성도 다른 곳에 있을 것이다(고대 인도의 철학자들에게는 "스스로의 영혼이 세계라고 여기는 자에게 자손이 왜 필요하단 말인가?"라는 생각이 좀더 거리낌없이 표현되었다). 운동선수나 경마기수가 여자를 멀리할 때, 그것이 순결이 아닌 것처럼, 이 태도에는 어떤 금욕주의적 가책이나 관능에 대한 증오에서 오는 순결 같은 것은 전혀 없다 : 오히려 그들의 지배적인 본능은 적어도 중대한 임신기에 있는 여자를 멀리하고자 하는 것이다. 모든 예술가는 크게 정신적으로 긴장하거나 준비 상태에 있을 때의 동침이 얼마나 해로운 영향을 미치는지 알고 있다. 그들 가운데 가장 강하고 확실한 본능을 지닌 자들에게 그것을 알기 위한 경험, 쓰라린 경험이 필요한 것은 아니다.―오히려 이 경우 만들어지고 있는 작품을 위해 그 밖의 저장되고 남아 있는 모든 힘과 동물적 생명의 활력을 가차없이 사용하는 것은 그들의 '모성' 본능이다 : 이때에는 좀더 큰 힘이 좀더 적은 힘을 **소모해버린다**.―덧붙여 이러한 해석에 따라 위에서 언급한 쇼펜하우어의 경우를 준비해보자 : 미를 관찰하는 것은 그에게 분명 그의 본성의 **주요한 힘**(성찰력과 통찰력)을 해방시키는 자극으로 작용했다. 그리하여 이 주요한 힘은 폭발하여 단번에 의식의 주인이 되었다. 이것으로 말미암아 미적 상태에 속하는 저 특유한 달콤함과 풍요로움이 바로 '관능'이라는 요소에서 유래될 수도 있다는 (사춘기에 이른 소녀의 특성인 저 '이상주의'도 이와 동일한 기원을 갖는 것처럼) 가능성을 완전히 배제해서는 안 된다. 그러므로 관능이란 쇼펜하우어가 믿었던 것처럼, 미적 상태가 나타날 때 소멸하는 것이 아니라, 단지 변형되는 것이며, 성적 자극으로 더 이상 의식에 드러나지 않는 것이다. (이러한 관점에 대해 나는 지금까지 언급되지 않았고, 해명되지 않았던 **미학의 생리학**이라는 좀더 미묘한 문제들과 연관해 다음 번에 언급할 것이다.)

9.

우리가 보아왔듯이, 어떤 금욕주의, 즉 최선의 의지가 품은 엄격하고 좀더 쾌활한 금욕은 좀더 높은 정신성을 이루기 위한 유리한 소선이며, 동시에 또한 자연적인 귀결이다 : 바로 철학자들이 금복주의적 이상을 약간의 편견 없이는 다룬 일이 없다고 해서, 처음부터 놀랄 일은 아니다. 진지하게 역사적으로 검토해보면 심지어 금욕주의적 이상과 철학 사이의 유대는 더 밀접하고 견고하다는 것이 증명된다. 이러한 이상의 **걸음마 끈**을 붙잡고서야 철학은 대체로 자신의 최초의 발걸음을 지상에 내딛는 법을 배웠다.─아, 아직 서투르고 아, 아직 찌푸린 표정이며 아, 넘어지고 실패할 것 같은 모습이며, 구부러진 다리로 조심스럽게 아장아장 걷는 이 작은 연약한 자여! 처음에는 철학에서도 모든 좋은 것에서와 같은 사정이 일어났다.─그들은 오랫동안 자기 자신에 대한 용기를 가지지 못했고, 언제나 누가 그들을 도와주러 오지 않나 하고 주변을 둘러보았으며, 더욱이, 그들을 바라보았던 모든 사람을 두려워했던 것이다. 철학자가 지니고 있는 충동이나 덕을 하나하나 순서대로 세어보자. — 그의 의심하는 충동, 그의 부정하는 충동, 그의 기다리는 ('억제하는') 충동, 그의 분석적 충동, 그의 연구하고 탐색하고 감행하는 충동, 그의 비교하고 균등화하려는 충동, 그의 중립성과 객관성을 지향하려는 의지, 모든 '노여움과 질투가 **없는 상태**'를 지향하려는 그의 의지 — : 이 모든 것이 가장 오랫동안 도덕과 양심의 첫 번째 요구에 역행했다는 것을 사람들은 이미 잘 알고 있지 않은가? (루터도 즐겨, 영리한 부인, 영리한 창녀라고 부른 **이성** 일반에 대해서는 말할 필요도 없이) 만일 어떤 철학자가 스스로를 의식하게 되었다고 한다면, 그는 직접 자신이 생생하게 "우리는 **금단의 것**을 추구한다"는 것을 느껴야만 했을 것이며, — 결과적으로 '스스로 느끼고', 스스로 의식하게 되는 것을 **주의해야만 했을 것이다**······이미 말했듯이, 우리가 오늘날 자랑스럽게 생각하는 모든 좋은 것에서도 사정은 전혀 다르지 않다. 심지어 고대 그리스인들의 척도로 재어본다고 할지라도, 우리의 현대적인 존재 전체는, 나약함이 아니라 힘이며 힘의 의식인 한, 순수한 오만이나 무신론처럼 보인다 : 왜냐하면 오늘날 우리가 숭배하고 있는 것들과 정반대되는 것들이 가장 오랫동안 양심을 자신의 편으로 삼고 신을 자신의 경호원으로 삼아왔기 때문이다. 오늘날 오만이란 자연에 대한 우리의 전체 태도이며, 기계나 안심할 수 있는 기술 전문가와 엔지니어의 발명에 힘입어 자연에 가하는 폭행이다. 오만이란 신에 대한 우리의 태도이며, 말하자면 인과성이라는 거대한 그물망 뒤에 숨어 있는 이른바 목적이나 윤리의 거미에 대한 우리의 태도이다. ─ 우리는 루이 11세와 투쟁한 용감한 찰스 왕처럼, "나는 세계적인 거미와 싸운다"고 말할 수도 있을 것이다. 오만이란 우리 자신에 대한 우리의 태도이다. ─ 왜냐하면 우리는 어떤 동물에게도 허용되지 않는 실험을 우리 자신에게 하며, 살아 있는 몸에 깃들인 영혼을 호기심에서 기꺼이 해부하기 때문이다 : 영혼의 '구원'이 또한 우리에게 무슨 상관이 있단 말인가! 후에 이르러 우리는 우리 자신을 구원한다 : 병에 걸리는 것은 배우는 바가 많으며, 건강한 것보다 더 배우는 바가 많다는 것을 우리는 의심하지 않는다. ─ 오늘날에는 심지어 **병들게 하는** 자가 어떤 의사나 '구원자'보다도 더 필요하다고 생각한다. 의심의 여지 없이 우리는 이제 우리 자신을 폭행하고 있다. 우리는 영혼의 호두를 까는 사람들이며, 마치 인생이란 바로 호두를 까는 것일 뿐이라는 듯 질문하며 의문을 품는 사람들이다. 따라서 우리는 필연적으로 매일 더욱 의심을 품는 자, 물을 만한 **가치가 있는** 자가 되어야만 하며, 따라서 아마도 **또한** 더욱 **살** 만한 **가치가 있는** 자가 되어야만 하지 않는가?……
모든 좋은 것은 전에는 나쁜 것들이었다. 하나하나의 원죄에서 어떤 유전적인 덕이 생겨났다. 예를 들어 결혼은 오랫동안 공동체의 법을 침범하는 것으로 생각되었다. 옛날에는 매우 불손하게도 한 여성을 홀로 독점할 경우에는 배상을 했다 (예를 들어, 초야권이 그에 해당하는데, 이는 캄보디아에서는 오늘날에도 이러한 '낡은 미풍양속'의 수호자인 승려들의 특권이다). 부드럽고 호의적이고 관대하며 동정적인 감정들은 ─ 이것은 점차 높은 가치로 높이 자리잡게 되어, 거의 '가치 자체'가 되었다 ─ 오랫동안 그 자신에 대한 자기 경멸을 지녀왔다 : 사람들은 오늘날 가혹함을 부끄럽게 여기는 것처럼, 온순

함을 부끄럽게 여겼다(《선악의 저편》, 260절). 법에 대한 복종
: ─ 지상 곳곳에 있는 고귀한 종족들은 스스로 복수를 단념하고 스
스로에 대한 권한에 폭력을 사용하도록 허용하는 데 얼마나 양심의
저항을 느꼈던 것일까! '법'이란 오랫동안 하나의 금지였으며, 불법
이었고, 혁신이었다. 그것은 폭력으로 나타났고, 그 폭력에 복종하
는 것을 사람들은 스스로에 대한 치욕으로만 여겼다. 지상에서 그
어떤 가장 작은 발자국이라 할지라도 이전에는 정신적이고 육체적
인 고통과 싸워왔던 것이다 : 이러한 전체적 관점, 즉 "전진뿐만이
아니다. 그렇다! 걸음걸이, 움직임, 변화는 무수히 많은 고문의 고통
이 필요했던 것이다"는 바로 오늘날 우리에게는 아주 낯설게 들린
다. ─ 나는 이것을 《아침놀》 18절에서 밝혔다. 이 책에서 다음과 같
이 말했다. "오늘날 우리가 자부하고 있는 약간의 인간의 이성과 자
유의 감정보다 더 비싼 대가를 치른 것은 없다. 그러나 이러한 자부
심이 있었기에 오늘날 우리에게는 인류의 성격을 확정짓는 진정한
결정적인 주요 역사로 '세계사'에 선행하는 '풍습의 윤리'의 저 어마
어마한 시대적 거리를 느끼는 것이 거의 불가능하게 되었다 : 여기
에서는 고통이 덕으로, 잔인성이 덕으로, 꾸밈이 덕으로, 복수가 덕
으로, 이성의 부정이 덕으로 통용되었고, 이에 반해 평안이 위험으
로, 지식욕이 위험으로, 평화가 위험으로, 동정이 위험으로, 동정받
는 것이 모욕으로, 노동이 모욕으로, 광기가 신성으로, **변화가 부도
덕적이고 불행 자체를 품고 있는 것으로** 어디서나 통용되었던 것이
다!" ─

10.

    그 책의 42절에서는 명상적 인간이라는 가장 오래된 종족이 어떤 평가 속에서, 어떤 평가의 **압력** 아래 살아야만 했는지를 논의했다. — 즉 그들이 두려움의 대상이 아닐 때에는, 그만큼 경멸당했던 것이다! 명상은 위장한 모습으로, 애매한 겉모습으로, 사악한 마음씨와 또 종종 불안에 찬 머리로 처음으로 이 지상에 나타났다 : 이러한 점은 의심의 여지가 없다. 명상적 인간의 본능 속에 있는 비활동적이고 사변적이며, 비전투적인 요소는 오랫동안 깊은 불신감으로 그들을 에워쌌다 : 이것에 대항하기 위해서는 단호하게 자기 자신에 대해 **공포**를 불러일으키는 것 외에는 다른 방법이 없었다. 예를 들어 고대 브라만들이 이것을 잘 알고 있었다! 이 가장 오래된 철학자들은 그들의 생존과 출현에 하나의 의미를, 하나의 근거나 배경을 부여할 줄 알았고, 그것에 의해 사람들은 그들을 **두려워하게 되었다** : 좀더 자세히 살펴본다면, 훨씬 근본적인 욕구에서, 즉 자기 자신에 대한 공포의 경외를 얻고자 하는 욕구에서 그렇게 한 것이다. 왜냐하면 그들은 자기 자신 안에서 그 자신에 **반하는** 모든 가치 판단을 발견했으며, '자기 자신 속에 존재하는 철학자'에 대항하는 모든 종류의 의심이나 저항과 싸워 압도해야만 했기 때문이다. 이 일을 그들은 무서운 시대의 인간으로서, 자기 자신에 대한 잔인성과 창조적인 자기 거세라는 무서운 방법을 사용하여 수행했다. — 그것은 이 힘을 갈구하는 은둔자들이나 사상의 혁신자들의 주요 수단이었는데, 그들은 스스로 자신의 혁신을 **믿**을 수 있도록 자기 자신 안에서 먼저 신들과 인습을 극복할 필요가 있었다. 내가 기억하고 있는 것은 비슈바미트라Viçvamitra왕[15])에 관한 유명한 이야기인데, 그는 수천 년에 걸친 자기고행으로 그러한 힘의 감정과 자신감을 얻게 되어, 감히 하나의 **새로운 천국**을 건설하려고 했다 : 이것은 지상에서 가장 오래되고 가장 최후의 철학자 이야기에 관한 섬뜩한 상징이다.—언젠가 '새로운 천국'을 세워본 적이 있는 사람은 누구나 그것을 세우기 위한 힘을 먼저 **그 자신의 지옥** 속에서 발견했다……우리는 이 사실 전체를 간략한 형식으로 요약해보자 : 철학적 정신은 또한 어느 정도는 **존재할 수 있기** 위해서는 항상 먼저 명상적인 인간의 **이전부터 확정되어 있는** 유형, 즉 성직자나 마술사나 예언가, 즉 일반적으로 말해 종교적 인간으로 자신을 가장하고 변화시키지 않으면 안 되었던 것이다 : **금욕주의적 이상**은 오랫동안 철학자에게 그 출현의 형식으로, 실존의 전제로 도움이 되었다.—그는 철학자가 되기 위해, 금욕주의적 이상을 **표명**해야만 했다. 그가 그것을 표명할 수 있으려면 그와 같은 것을 **믿어야만** 했다. 철학자들에게 특유한 세계 부정적인, 삶을 적대시하는, 감각을 믿지 않고 관능에서 벗어난 초탈(超脫)의 태도는 최근까지 견지되어왔으며, 이것이 거의 **철학자들의 태도** 자체로 간주되었는데,—이것은 무엇보다도 철학이 일반적으로 발생하고 유지되어왔던 긴급한 조건들의 결과이다 : 즉 아주 오랫동안 철학은 금욕주의의 외투나 피복이 아니라면, 금욕주의의 자기 오해가 아니라면, 지상에 **전혀 존재할 수 없었을** 것이다. 일목요연하고도 명백히 표현해본다면, **금욕주의적인 성직자**는 최근에 이르도록 불쾌하고 어두운 애벌레 형태를 하고 있었는데, 이러한 형태에서만 철학은 살 수 있었으며 기어다녔던 것이다……이러한 것이 진정 **변화했던가**? 이러한 애벌레 속에 숨어 있던 다채롭고 위험한 날짐승인 저 '정신'은 진정 좀더 양지바르고, 따뜻하고, 밝은 세계 덕분에 결국 또한 옷을 벗어 던지고 햇빛 속으로 나올 수 있었던가? 오늘날에는 이미 자부심, 대담성, 용기, 자신감, 정신의 의지, 책임에 대한 의지, 의지의 자유가 충분히 구비되어 있어, 진실로 이제는 지상에 '철학자'가 **존재할 수** 있게 되었단 말인가?……

11.

금욕주의적 성직자에 대해 살펴본 다음 지금에서야 우리는 "금욕주의적 이상이란 무엇을 의미하는가?"라는 우리의 문제로 진지하게 재촉하며 자리를 옮기게 된다.—지금에서야 이 문제가 '진지'해졌다 : 이제서야 우리는 **진지함의 진정한 대표적 문제**와 마주 서 있는 것이다. "모든 진지함이란 무엇을 의미하는가?"—아마 여기에서 우리는 이미 좀더 근본적인 이러한 질문을 하게 된다 : 이는 당연히 생리학자에게 물어볼 질문이지만, 그러나 그 점에 대해서 잠시 빠져나가보자. 금욕주의적 성직자는 자신의 신앙뿐만 아니라, 자신의 의지, 자신의 힘, 자신의 관심을 저 이상에 포함시킨다. 생존하고자 하는 그의 **권리**는 저 이상과 더불어 일어나기도 하고 쓰러지기도 한다 : 즉 만일 우리가 저 이상의 적대자라고 한다면, 우리가 여기에서 무서운 적대자와 자신의 존재를 위해 저 이상을 부정하는 자와 투쟁하는 그러한 자와 부딪힌다는 것이 뭐 놀랄 일인가?……다른 한편으로 우리의 문제에 대한 그러한 식의 편파적인 태도가 이 문제를 푸는 데 특별히 유용하리라고는 처음부터 생각할 수 없을 듯하다. 금욕주의적 성직자는, 여성이 '여성 자체'를 변호하고자 할 때 실패하곤 하는 것과 같은 이유에서, 그의 이상을 최선을 다해 변호하는 것조차 잘 되지 않는다.―더구나 여기에서 야기된 논쟁거리에 관한 가장 객관적인 심판관이나 재판관이 될 수 없음은 말할 필요도 없다. 따라서 우리는 그에 의해 반박을 너무 잘 당한다는 것을 두려워하기보다는, 오히려 우리에 대해 그가 스스로 변호하는 것을 도와주어야만 할 것이다―이것은 이제 이미 명백한 일이다―……여기에서 논쟁하게 될 사상은 금욕주의적 성직자의 편에서 본 우리의 삶에 관한 **가치 평가**이다 : 그들은 이와 같은 삶을(우리의 삶이 귀속되는 것들, 즉 '자연', '세계', 생성과 무상의 전체 영역과 더불어), 삶이 그 자신을 반대하거나, **그 스스로를 부정하지 않는 이상**, 우리의 삶이 대립하거나 배제해버린 완전히 다른 종류의 생존과 관련을 맺게 한다. 이 경우, 즉 금욕주의적 삶의 경우에 삶이란 저 다른 생존을 위한 하나의 다리로 간주된다. 금욕주의자는 삶을 결국 출발한 지점으로 되돌아가야만 하는 미로처럼 취급한다. 또는 행위에 의해 반박당하고―반박당해야만 하는 오류처럼 취급한다 : 왜냐하면 그는 사람들이 자신과 함께 가기를 **요구하며**, 할 수 있다면, 생존에 관한 **자신의 가치 평가**를 함께 하기를 강제하기 때문이다. 이는 무엇을 의미하는가? 그와 같은 기괴한 평가 방식은 예외적인 경우나 진기한 일로 인류의 역사 가운데 기입되는 것이 아니라, 가장 폭 넓고 영속적으로 존재하는 사실 가운데 하나이다. 멀리 떨어진 천체에서 읽는다면, 우리 지구상의 생존이라는 대문자는 아마 다음과 같은 결론을 이끌게 될 것이다. 즉 지구는 본래 **금욕주의적인 별**이다. 자신에 대해, 지구에 대해, 모든 생명에 대해 깊은 불만에서 전혀 벗어나지 못하면서, 고통을 주는 것을 즐기면서―아마도 유일한 즐거움으로 여기면서, 가능하면 스스로에게 많은 고통을 주는 불만에 차고 오만

하며 불쾌한 피조물의 은둔처일 것이라고. 어쨌든 우리는 금욕주의적 성직자가 얼마나 규칙적이고도 보편적으로, 거의 모든 시대에 나타나는지 생각해보자. 그는 개별적인 종족에 속하는 것이 아니다. 그는 곳곳에서 성장하고 있다. 그는 모든 계층에서 자라나온다. 그는 자신의 평가 방식을 유전에 의해 배양하여 증식시키지 않는다. 실상은 반대의 경우이며, — 대체로 말해서, 어떤 깊은 본능이 오히려 그의 번식을 금지시킨다. 이러한 **삶에 적대적인 종족**을 되풀이하여 계속해서 성장시키고 증식시키는 것은 최고급의 필요성임이 틀림없다. — 이러한 자기 모순적인 유형이 소멸되지 않는 것은 **삶 그 자체의 관심사임이** 틀림없다. 왜냐하면 금욕주의적 삶이란 하나의 자기 모순이기 때문이다 : 여기에는 견줄 데 없는 원한이, 즉 삶에서의 어떤 것에 대해서가 아니라, 삶 자체, 그 가장 깊고, 강력하며, 가장 기저에 있는 조건들을 지배하고 싶어 하는 기갈 들린 본능과 힘의 의지의 원한이 지배하고 있다. 여기에서는 힘의 원천을 봉쇄하기 위해 힘을 사용하려는 시도가 이루어진다. 여기에서는 생리적인 발달 자체에, 특히 그것을 표현하는 것이나 아름다움과 기쁨에 대해 서툴고 음험한 눈초리가 쏠린다. 반면 잘못된 것이나 발육 부전의 것, 고통이나 사고, 추악한 것이나 자발적인 희생, 자기 상실이나 자기 질책이나 자기 희생에 대해서는 어떤 희열을 느끼게 되거나 **추구**된다. 이 모든 것은 지극히 역설적이다 : 우리는 여기에서 그 자체로 균열되기를 **바라는**, 그 자체로 이러한 고통 속에서 **향유하며**, 그 자신의 전제 조건인 생리적인 삶의 능력이 **감소함**에 따라 심지어는 더욱 자신을 확신하게 되고 더욱 의기양양해지는 균열 앞에 서게 된다. "바로 마지막 죽음의 고통 속에서의 승리" : 이 최상의 기호 아래 옛날부터 금욕주의적 이상은 싸워왔다. 이러한 유혹의 수수께끼 속에서, 이러한 환희와 고통 속에서 그 이상은 자신의 가장 밝은 빛을, 자신의 구원을, 자신의 마지막 승리를 인정했던 것이다. 십자가crux와 호두nux와 빛lux ― 이것들은 그 이상에서 하나이다. ―

12.

이와 같이 모순과 반(反)자연을 향한 생생한 의지가 **철학을 하게** 되었다고 가정해보자 : 그 의지는 자신의 가장 내면적인 자의를 어디에 표출하게 될 것인가? 가장 확실하게 진실이라고, 실재적이라고 느끼게 된 것에 표출하게 될 것이다 : 그 의지는 진정한 삶의 본능이 가장 무조건적으로 진리를 설정하는 바로 그곳에서 **오류를** 찾게 될 것이다. 그 의지는 예를 들어 베단타 철학의 금욕주의자들이 한 것처럼, 육체적인 것을 환영으로 격하시키고, 동시에 고통이나 다수성도, '주관'과 '객관'이라는 개념의 대립 전체도 격하시킬 것이다―오류다, 오류 외에는 아무것도 아니다!라고 할 것이다. 자신의 자아에 대한 믿음을 거부하고, 스스로 자신의 '실재성'을 부정하는 것은―얼마만한 승리란 말인가! ― 이미 감각이나 외관에 대한 단순한 승리가 아니라, 좀더 고차적인 종류의 승리이며, **이성에 대한 폭행이자 잔인성이다** : 이성의 금욕주의적 자기 경멸이나 자기 조소가 "진리와 존재의 왕국이 있다. 그러나 바로 이성은 거기에서 **축출되어버렸다**"고 선언함에 따라, 그 승리의 환열(歡悅)은 절정에 이르렀다……(덧붙여 말하자면, '사물의 예지적 성격'이라는 칸트의 개념에서조차 이성이 이성에 대립하게 하기를 좋아하는 이러한 탐욕적인 금욕주의자의 분열성과 같은 것이 있다 : 즉 칸트에게서 '예지적 성격'이란 지성에게는 사물이 **전혀 파악될 수 없**다는 것을 지성이 바로 이해하게 되는 일종의 사물의 속성을 의미한다.) ─ 결국 우리는 바로 인식하는 자로, 정신이 너무 오랫동안 외견상으로는 방자하고 무용하다고 자기 자신에 대해 분노를 터뜨린 익숙한 관점과 평가를 그렇게까지 단호하게 역전시킨 데 대해 감사할 수밖에 없다 : 이러한 식으로 한번 달리 보는 것, 달리 보고자 **의욕하는 것**은 지성이 미래의 '객관성'을 확보하기 위한 적지 않은 훈련이며 준비인 것이다. 객관성이란 '무관심한 직관'으로 이해해서는 안 되며(이것은 이해할 수 없는 것이며 불합리다), 오히려 지성의 찬반을 **제어할 수 있고**, 이것을 떼었다 붙일 수 있는 능력으로 이해해야 하며, 따라서 사람들은 인식을 위해 바로 관점과 정서적 해석의 **차이**를 이용할 줄 알게 된 것이다. 철학자 여러분, 이제부터 우리는 '순수하고 의지가 없고 고통이 없고 무시간적인 인식 주관'을 설정한 저 위험하고 낡은 개념의 허구를 좀더 잘 경계해야 할 것이다. 우리는 '순수 이성'이나, '절대 정신'이나, '인식 자체'와 같은 그러한 모순된 개념의 촉수(觸手)를 경계해야 할 것이다 : 여기에서는 도저히 생각할 수 없는 하나의 눈이 있다는 것을 항상 생각하도록 요구하고 있는데, 이는 전혀 어떤 방향도 가져서는 안 되는 하나의 눈이며, 이러한 눈에서 본다면 본다는 것이 또한 어떤 무엇을 본다는 것이 되는 능동적이고 해석적인 힘은 저지되어야만 하고, 결여되어 있어야만 한다. 따라서 여기에서 눈이 요구하는 바는 언제나 불합리와 이해할 수 없는 것이다. 오직 관점주의적으로 보는 것만이, **오직** 관점주의적인 '인식'만이 존재한다 : 우리가 한 사태에 대해 **좀더 많은** 정서로 하여금 말하게 하면 할수록, 우리가 그와 같은 사태에 대해 **좀더 많은** 눈이나 다양한 눈을 맞추면 맞출수록, 이러한 사태에 대한 우리의 '개념'이나 '객관성'은 더욱 완벽해질 것이다. 그러나 의지를 모두 제거하고, 정서를 남김없이 떼어낸다는 것은, 우리가 그것을 할 수 있다고 가정해도, 어떻게 할 수 있단 말인가? 이것은 지성을 **거세하는 것**을 의미하는 것이 아닌가?……

13.

그러나 우리의 문제로 되돌아가보자. '삶에 **거스르는 삶**'이라는 금욕주의자들에게서 표현되는 것처럼 보이는 자기 모순이란—이것은 우선 명백하다—심리학적으로가 아니라, 생리학적으로 생각해 볼 때, 단지 무의미할 뿐이다. 이것은 단지 **외견상** 그럴 수 있을 뿐이다. 이것은 일종의 잠정적인 표현이며, 하나의 해석, 형식, 정돈이며, 그 진정한 본성이 오랫동안 이해될 수 없었고, 오랫동안 **그 자체로** 표시될 수 없었던 그 무엇에 관한 심리적인 오해임이 틀림없다.—이것은 인간 인식의 오래된 **틈** 사이에 끼어 있었던 단순한 말에 불과하다. 이에 대해 사실을 간명하게 말해보자 : **금욕주의적 이상은 퇴화되어가는** 삶의 방어 본능과 구원 본능에서 생겨난 것이다. 그러한 삶은 모든 수단을 강구해 자신을 보존하려고 하며, 자신의 생존을 위해 투쟁한다. 이것은 국부적인 생리적 장애와 피로가 있음을 의미하는데, 이에 대해 삶의 가장 깊은, 제 기능을 발휘하며 남아 있는 본능은 끊임없이 새로운 수단이나 착상으로 투쟁하고 있다. 금욕주의적 이상은 그러한 수단이다 : 따라서 사정은 이러한 이상을 찬양하는 자들이 생각하는 것과는 정반대이며,—삶은 이 이상 속에서 그러한 이상을 통해 죽음과 싸우며 죽음에 대항하여 싸운다. 금욕주의적 이상은 삶을 보존하기 위한 기교인 것이다. 이와 같은 이상이 인간을 지배하고 제어할 수 있었다는 것, 특히 문명과 인간의 순화가 성취된 곳에서는 어디에서나 그랬다는 것은 역사가 가르쳐주는 대로이지만, 그 사실 안에는, 지금까지의 인간 유형에는, 적어도 길들여진 인간의 유형에는 **병적인 것**이, 인간의 죽음과의 생리학적 싸움(더욱 자세히 말하자면, 삶의 권태와의, 피로와의, '종말'을 바라는 소망과의 싸움)이라는 중요한 사실이 표현되어 있다. 금욕주의적 성직자는 다르게 되고 싶은, 다른 곳에 존재하고 싶은 체화된 소망이며, 실은 이러한 소망의 최고점이며, 이 소망의 진정한 열정이자 정열이다 : 그러나 그 소망의 **힘**이야말로 그를 여기에 붙잡아매는 질곡이다. 이것으로 말미암아 그는 여기에 존재하고 인간으로 존재하기 위한 좀더 유리한 조건들을 만들어내도록 작업해야만 하는 도구가 된다.—이러한 **힘**으로 말미암아 그는 모든 종류의 덜된 자, 부조화자, 대우를 제대로 받지 못한 자, 실패자, 자기 스스로 괴로워하는 자들의 전체 무리를 생존에 묶어두게 되는데, 이때 그는 본능적으로 목자로 그들 앞에 서게 되는 것이다. 내가 말하는 것을 이미 이해하고 있겠지만, 이 금욕주의적 성직자, 이 외견상 삶의 적대자, 이 **부정하는 자**—그는 바로 삶의 아주 거대한 **보존하는** 힘과 **긍정하는** 힘에 속하는 것이다……저 병적인 것은 무엇에 연결되어 있는 것일까? 왜냐하면 인간은 다른 어떤 동물보다도 더 병적이고 불확실하고 변하기 쉽고 불확정적이기 때문이다. 이 점은 의심할 여지가 없다.—그는 병적인 동물이다 : 이것은 어디에서 기인하는 것일까? 확실히 인간은 또한 다른 동물들을 모두 묶어 생각한 것보다 더 대담하고 혁신적이고 반항적이며 운명에 대해 도전적이었다 : 위대한 자기 실험자이며 최후의 지배를 위해 동물, 자연, 신들과 싸우는 만족할 줄 모르는 자이자 싫증을 모르는 자인 인간―언제까지나 정복되지 않는 자, 자기 자신의 충동력 때문에 결코 휴식을 모르는 영원히 미래적인 존재인 인간은, 그래서 그의 미래가 가차없이 박차처럼 모든 현재의 살 속에 파고드는 인간 : ―이처럼 용기 있고 풍요로운 동물이 어째서 또한 가장 위험하고, 모든 병든 동물 가운데 가장 오래 가장 깊이 병든 존재가 아닐 수 있겠는가?……인간은 이것에 싫증이 났다. 종종 이러한 싫증이 전체로 번지는 유행병이 있다 (―죽음의 무도의 시대인 1348년경) : 그러나 이러한 혐오, 이러한 피로, 이러한 자기 자신에 대한 불만까지도―이 모든 것은 인간에게 매우 강력하게 나타나기 때문에, 이것이 바로 다시 하나의 질곡이 된다. 인간이 삶에 대해 말하는 부정은 마치 마법에 의한 것처럼, 더욱 부드러운 긍정의 충만함을 드러낸다. 이러한 파괴나 자기 파괴의 거장인 인간이 스스로에게 **상처를 준다** 할지라도―훗날 이 상처 자체야말로 인간으로 하여금 **살 것을** 강요하는 것이다……

14.

병적인 상태가 인간에게 좀더 정상적이 되면 될수록―우리는 이 정상이라는 성격을 부정할 수 없다―우리는 정신과 육체의 강인함이라는 보기 드문 경우를, 즉 인간의 **행운의 사례**를 더욱 높이 존중해야만 하며, 잘난 인간들을 가장 나쁜 공기, 병적인 공기에서 더욱 엄격하게 보호해야만 한다. 이것이 행해지고 있는가?……병자는 건강한 자들에게 가장 큰 위험이다. 강자에게 닥치는 재앙은 가장 강한 자에게서 오는 것이 **아니라**, 가장 약한 자에게서 온다. 이것을 알고 있는가?……대체로 생각해본다면, 인간에 대한 공포가 감소되기를 원해야 할 만한 것이 전혀 없지 않은가 : 왜냐하면 이러한 공포는 강자를 어쩔 수 없이 강하게 해주며, 상황에 따라서는 무서운 자가 되게 하기 때문이다. — 이것이 잘난 인간의 유형을 **제대로** 유지시키는 것이다. 두려워해야 할 것, 다른 어떤 숙명보다도 숙명적으로 작용하는 것은 커다란 공포가 아니라, 인간에 대한 커다란 **혐오**이다. 또한 마찬가지로 인간에 대한 커다란 **동정**이다. 만일 어느 날 이 두 가지가 교미를 한다면, 어찌할 방법 없이 바로 가장 섬뜩한 어떤 것이, 즉 인간의 '최후의 의지', 허무를 지향하는 그의 의지, 허무주의가 세상에 나타나게 될 것이다. 그리고 사실 이것을 위한 많은 준비가 이루어지고 있다. 냄새를 맡기 위한 코를 가지고 있을 뿐만 아니라, 눈과 귀를 가시고 있는 사람은 그가 오늘날에도 들어가는 곳이면 거의 어디서나 정신병원이나 병원의 공기 같은 것을 느끼게 된다. — 내가 말하고 있는 것은 당연히 인간의 문화권이나 바로 지상에 존재하는 모든 종류의 '유럽'에 관한 것이다. 인간의 가장 커다란 위험은 **병자**이다 : 악인이나 '맹수'가 아니다. 처음부터 실패자, 패배자, 좌절한 자 — **가장 약한 자**들인 이들은 대부분 인간의 삶의 토대를 허물어버리고, 삶이나 인간이나 우리 자신에 대한 우리의 신뢰에 가장 위험하게 독을 타서 그것을 의심하게 만드는 자들이다. 어디에서 사람들은 깊은 비탄이 실려오는 저 가려진 눈길을, 그러한 인간이 자기 스스로에게 말하는 바를 드러내는 선천적 불구자의 저 내

향적인 눈길을—탄식하는 저 눈길을 벗어날 수 있단 말인가. 이 눈길은 이렇게 탄식한다 : "내가 다른 어떤 존재였으면 좋았을 것을! 그러나 희망이 없다. 나는 나 자신인 것이다 : 내가 어떻게 나 자신에게서 벗어날 수 있을 것인가? 어쨌든—나는 나 **자신에 대해 진저리가 난다!**"……자기 경멸의 이러한 땅 위에서, 진정한 늪지대에서 모든 잡초, 온갖 독초들이 자라나며, 이 모든 것은 그렇게 작게, 그렇게 숨어서, 그렇게 비열하게, 그렇게 달콤하게 자라나는 것이다. 여기에는 복수의 감정이나 뒤에 남은 감정의 벌레들이 우글거린다. 여기에는 비밀스러움과 은폐의 냄새가 악취를 풍긴다. 여기에는 언제나 악의적인 음모의 그물이—잘난 인간들이나 승리한 인간들에 대한 고통받는 자의 음모가 거미줄을 치게 된다. 여기에서 승리한 인간의 모습은 **증오의 대상이 된다.** 이러한 증오를 증오로 인정하지 않으려고 이 무슨 기만인가! 무슨 호언장담이나 태도를 소모하고 있으며, 얼마나 '대단한' 비방의 기교인가! 이러한 못난 자의 입에서 어떤 고귀한 웅변이 흘러 나온단 말인가! 그들의 눈에는 얼마나 많은 달콤하고 끈적거리고 겸허한 복종이 젖어 있을 것인가! 그들은 도대체 무엇을 바라고 있는 것일까? 최소한 정의, 사랑, 지혜, 우월감을 **나타내는 것**—이것이 이러한 '최하층 인간', 이러한 병자의 야심인 것이다! 그러한 야심은 사람들을 얼마나 능숙하게 만드는가! 특히 여기에서 덕을 각인하는 것이나 심지어 울리는 소리마저도, 덕의 황금의 음색까지도 모방하게 되는 위조지폐자의 능숙함은 놀랄 만하다. 그들, 이러한 약자들이나 치료할 수 없는 병자들은 이제 덕을 완전히 스스로 독점했는데, 이 점은 의심의 여지가 없다 : 그들은 이렇게 말한다. 즉 "우리만이 선한 인간이며, 의로운 인간이다. 우리

만이 선한 의지를 가진 인간이다." 그들은 생생한 비난으로, 우리들
에 대한 경고로 우리 주변을 배회한다. — 마치 건강, 성공, 강함, 자
부심, 힘의 감정 자체가 이미 사람들이 언젠가는 그 대가를, 쓰라린
대가를 치러야 할 사악한 것처럼 말이다 : 오, 얼마나 그들은 근본적
으로 대가를 치르게 **만들** 준비가 되어 있으며, 얼마나 그들은 **사형
집행인**이 되기를 갈망하고 있는 것일까! 그들 가운데는 재판관으로
변신한 복수심에 들끓는 사람이 가득하며, 이들은 언제나 독침처럼
'정의'라는 말을 입에 담고, 언제나 입을 뾰족 세워, 불만족스럽게
사물을 보지 않고 기분 좋게 거리를 걷는 모든 사람에게 언제나 침
을 뱉을 준비가 되어 있다. 그들 가운데는 또한 저 허영에 찬 가장
구역질나는 유형의 인간이 없는 것도 아니며, '아름다운 영혼'을 나
타내려고 하며, 일그러진 관능을 시구나 기저귀에 싸, '마음의 순수'
로 시장에 내놓으려는 거짓된 불구자들이 없는 것도 아니다 : 이것
이 도덕으로 자위행위를 하는 인간이나 '자기 만족자'의 유형이다.
어떤 형태의 우월감을 나타내고자 하는 병자들의 의지나 건강한 자
들을 압제하는 샛길을 찾는 그들의 본능 — 실로 가장 약한 자들
의 힘을 향한 이러한 의지가 발견되지 않는 곳이 있단 말인가! 특히
병든 여자는 지배하고 억압하고 폭력을 행하는 정묘함에서 그 누구
도 능가할 수 없다. 병든 여자는 살아 있는 자이든, 죽은 자이든 이
런 일을 하는 데 조심스럽게 다루지 않는다. 그녀는 가장 깊이 묻힌
것을 다시 파헤친다(보고스족이 말하기를, "여자는 탐욕스런 이기
주의자이다"). 모든 가족, 모든 단체, 모든 공동체의 배경을 살펴보
라 : 그 어느 곳에서든지 건강한 사람에게 대항한 병자들의 싸움이
있다. — 대부분은 약간의 독이 섞인 분말가루를 가지고, 아프게 찌

르는 말로, 교활한 인내자의 무언극으로, 그러나 때로는 또한 '고상한 분노'를 가장 잘 연출하고자 **요란한 몸짓을** 하는 저 병자의 바리새주의로 조용하게 싸우는 것이다. 격분해 날뛰며 지르는 병든 개들의 목쉰 소리, 물며 덤벼드는 그러한 '고상한' 바리새인들의 기만과 격노, 이것이 과학의 신성한 영역에까지 들릴 수 있게 되는 것이다 (나는 귀 있는 독자에게 다시 한번 저 베를린의 복수의 사도 오이겐 뒤링Eugen Dühring을 상기시키고자 한다. 그는 오늘날 독일에서 가장 점잖지 못하고 역겨운 도덕적 주술을 사용하는 자이다 : 뒤링은 심지어 자신의 동료인 반유대인들 가운데 오늘날 최초의 도덕적 허풍선이다.) 이들 생리적으로 실패한 자들이자 벌레 먹은 자들, 이들 모두는 원한의 인간들이며, 지하의 복수에 완전히 몸을 떠는 토양이며, 행복한 자들에 대해 감정을 터뜨릴 때에도, 또한 복수의 가면무도회를 할 때에도, 복수의 구실을 만드는 데도, 지치지 않고 싫증을 모르는 자들이다 : 그들은 도대체 언제 최후의 가장 세련되고 가장 섬세한 복수의 승리에 이를 수 있을 것인가? 그것은 의심할 여지 없이 그들 자신의 불행을, 모든 불행 일반을 행복한 자들의 **양심에 밀어 넣는** 데 성공할 때인 것이다 : 그러면 이들 행복한 자들은 어느 날엔가는 자신들의 행복을 수치스럽게 여기기 시작할 것이고, 아마 서로 다음과 같이 이야기할 것이다 : "행복한 것은 부끄러운 일이다! **너무 많은 불행이 있다!**"……그러나 이와 같이 행복한 자들, 잘난 자들, 몸과 정신이 강한 자들이 자신의 **행복에 대한 권리**를 의심하기 시작하는 것보다 더 크고 더 숙명적인 오해는 없을 것이다. 이런 '전도된 세계'는 없어져버려라! 이러한 부끄러운 감정의 유약화는 없어져버려라! 병자가 건강한 사람을 병들게 하는—이것이 그 유약화일 것이다―일이 **없다는** 것―이것이야말로 지상에서 최고의 관점이 되어야 할 것이다 : ―그러나 이를 위해서는 스스로 병자의 모습을 경계하면서, 건강한 사람은 병자와 **떨어져** 있고, 건강한 사람이 병자와 바뀌지 않도록 해야 한다는 이 모든 일이 필요하다. 또는 간호인이나 의사가 되는 것이 그들의 임무일까?……그러나 그들은 **자신의** 임무를 더 이상 심하게 잘못 인식하고 부정할 수 없을 것이다.―위에 있는 자는 밑에 있는 자의 도구로까지 자신을 격하시켜서는 안 되며, 거리의 파토스는 또한 영원히 양자의 임무를 **마땅히** 분리시켜야만 한다! 그들의 생존의 권리, 음조가 틀리고 깨어져 버린 종에 대해 완벽한 음조를 지닌 종(鐘)의 특권은 실로 천 배나 더 큰 것이다 : 오직 그들만이 미래의 **보증인**이며, 오직 그들만이 인류의 미래에 대해 **책임**을 지고 있는 것이다. 그들이 할 수 있고, 해야만 하는 것은 결코 병자들이 할 수 없는 것이며 해서도 안 되는 것이다 : **그들만이** 해야 하는 것을 이들 병자가 할 수 있도록 한다면, 이들 병자가 어떻게 병자의 의사나 위안자나 '구원자'의 역할을 할 수 있겠는가?……그러므로 좋은 공기가 필요하다! 좋은 공기가! 어쨌든 문화의 모든 정신병원이나 병원의 근처에서 멀리 떨어지자! 그러므로 좋은 사교 모임, **우리의** 사교 모임이 필요하다! 어쩔 수 없을 때에는 고독이 필요한 것이다! 그러나 어쨌든 안으로 향하는 부패와 은밀한 병자의 벌레 먹은 자리에서 나는 악취에서 멀리 떨어지자!……나의 친구들이여, 이것은 우리가 바로 우리 자신을 위해 간직해두었을 수도 있는 두 가지 가장 악질적인 전염병에 대해서 적어도 잠시라도 우리 자신을 지키기 위해서 하는 것이다.―즉 인간에 대한 커다란 혐오에 대해서! 인간에 대한 커다란 동정에 대해서!……

15.

　병자를 간호하고, 병자를 건강하게 만드는 것이 어째서 전혀 건강한 사람의 임무가 될 수 **없는**지를 깊이 이해했다면 — 나는 사람들이 이 점을 실로 **깊이 파악하고** 이해할 것을 바란다 — 이로 말미암아 또한 어떤 필요성이 있다는 것도 — **그 스스로 병든** 의사나 간호인이 필요하다는 것도 이해되는 것이다 : 이제 우리는 금욕주의적 성직자의 의미를 분명히 파악한다. 금욕주의적 성직자는 우리에게 병든 무리의 예정된 구원자, 목자, 변호인으로 생각된다 : 이것으로 우리는 그의 거대한 역사적 사명을 이해하게 된다. **고통받는 자를 지배하는 것**이 그의 왕국이며, 그의 본능은 그에게 이 지배를 지시하고, 이와 같이 지배하는 가운데 그는 자신의 가장 특이한 기교, 자신의 대가다운 실력, 자기 나름의 행복을 갖게 된다. 그들을 이해하기 위해서 — 그들과 더불어 이해하기 위해서, 그는 스스로 병들어야만 하며, 근본적으로 병자나 실패자와 밀접하게 관계해야만 한다. 그러나 그가 병자의 신뢰와 두려움을 얻을 수 있기 위해서는, 그들의 발판, 방어, 지주, 강압, 교사, 폭군, 신이 될 수 있기 위해서는, 그는 또한 강해야만 하며, 타인보다도 자기 자신을 더 지배하는 자가 되어야 하며, 특히 그의 힘에의 의지에 손상이 없어야만 한다. 그는 그들을, 즉 자신의 무리들을 지켜야만 한다 — 누구에 대항해서인가? 건강한 사람들에 대항해서이며, 의심할 여지 없이 또한 건강한 사람들에 대한 질투에 대항해서도 그렇다. 그는 온갖 거칠고, 격렬하고, 억제할 수 없고, 냉혹하고, 포학하며 맹수 같은 건강과 강건함의 선천적인 적수이며 그것을 **경멸하는** 자가 되어야만 한다. 성직자는 증오하기보다는 더 쉽게 경멸하는 **좀더 섬세한 동물의 최초의 형태이다.** 그는 맹수와의 싸움을 감수하지 않으면 안 된다. 이는 명백한 것이지만, 폭력에 의한 싸움이라기보다는 오히려 간지(奸智)('정신')에 의한 싸움이다. ─ 이렇게 하기 위해 그는 경우에 따라서 거의 새로운 유형의 맹수를 만들어내거나, 적어도 그것을 **예시**할 필요가 있게 된다. 이것은 북극곰과 날렵하고 냉정하고 침착한 표범과 적지 않은 여우가 결합되어 매력적이면서도 두려움을 일으키는 통일체를 이루는 것처럼 보이는 하나의 새롭고 무서운 동물이다. 만일 필요성이 그를 강제하게 되면, 그는 신비적인 힘을 포고(布告)하는 자나 전달하는 자로서 곰과 같은 진지함을 지니고, 위엄 있게, 냉정하게, 뛰어난 기만의 술책을 사용하면서, 다른 종류의 맹수들의 한가운데로까지 들어갈 것이다. 이때 그는 자신이 할 수 있는 한, 이 땅 위에 고통과 분열과 자기 모순의 씨를 뿌리고자 결심하며, 언제든지 **고통받는 자**를 지배하는 자신의 기교를 과신하는 것이다. 의심의 여지 없이 그는 연고와 향유를 가져온다 : 그러나 그는 의사가 되기 위해, 먼저 **상처를 줄 필요가 있다.** 그때 그는 상처에서 오는 고통을 가라앉히면서, **동시에 상처에 독을 뿌린다.** ─ 무엇보다도 이 마술을 사용하는 자이며 맹수를 길들이는 자인 그는 이 일을 능숙하게 하며, 그의 주변에서 건강한 자는 모두 반드시 병들게 되고, 병자는 모두 반드시 유순하게 된다. 이 기묘한 목자인 그는 실상 자신의 병든 무리를 잘 지켜준다. 그는 이러한 무리를 또한 그 자체로 지켜주며, 무리 안에서 불타고 있는 좋지 못한 것, 음험함, 악의와 그 밖에 모든 중독자나 병자가 서로 지니고 있는 특징에 대해 지켜준다. 그는 **원한**이라고 하는 저 가장 위험한 폭발물을 끊임없이 저장하게 되는 무리 내부에서의 무정부 상태와 그 안에서 어느 때나 시작되는 자기 해체에 대해 교활하게, 엄격하게, 은밀하게 싸우는 것이다. 이러한 폭발물을 폭발시킬 때, 무리나 목자가 산산조각나지 않도록 하는 것, 이것이야말로 그들의 진정한 기교이며, 또한 그들의 최상의 효용성이다. 성직자적 실존의 가치를 가장 간결한 형식으로 파악하고자 한다면, 바로 이렇게 말할 수 있을 것이다 : 성직자란 **원한의 방향을 변경시킨 자**이다. 즉 모든 고통받는 자는 본능적으로 자신의 고통의 원인을 찾는다. 더 정확히 말하자면, 고통을 일으킨 행위자를, 더 확실히 말하자면, 고통에 민감한 **죄 있는** 행위자를 찾는다. 간단히 말하면, 그가 자신의 감정을 행위에 의해서나 어떤 구실을 붙여 그 초상(肖像)에 배출할 수 있는 어떤 살아 있는 자를 찾는다 : 왜냐하면 감정을 배출한다는 것은 고통받는 자의 가장 큰 진통의 시도, 즉 **마비**의 시도이며, 어떤 종류의 고통에 맞서 본의 아니게 갈구하는 마취제이기 때문이다. 내가 추측하는 바로는, 바로 이 점에서만, 즉 **감정에 의해 고통을 마비시키려는** 갈망에서, 원한이나 복수나 그와 유사한 것의 진정한 생리학적 원인이 발견될 수 있다 : ― 내 생각에는 이와 같은 원인은 보통 대단히 잘못 생각해 방어적 반격에서, 반응이라는 단순한 방어책에서, 머리 없는 개구리가 부식시키는 산(酸)에서 벗어나기 위해 움직이는 것과 같은 방식으로, 돌발적인 상해나 위해(危害)를 만났을 경우에 일어나는 '반사운동'에서 구해진다. 그러나 그 차이는 근본적이다 : 그 하나는 더 이상의 피해를 막으려는 경우이며, 다른 하나는 괴롭히며 은밀하고 견딜 수 없게 된 고통을 어떤 종류의 격렬한 감정을 통해 **마비시키고**, 적어도 한순간이나마 의식에서 지우려는 경우이다. ― 이것을 위해서는 하나의 감정이, 가능한 한 거친 감정이 필요하며, 그러한 것을 일으키기 위해서는 최초의 가장 좋은 구실이 필요하다. "내가 불쾌한 것은 그 누군가에게 틀림없이 책임이 있다"—이러한 방식으로 추론하는 것은 모든 병자의 특징이며, 실상 그들이 느끼는 불쾌함의 참된 원인, 즉 생리학적인 원인은 더욱 그들에게 감추어진 채 있게 된다(—이 원인은 교감신경의 병에 있거나, 담즙의 지나친 분비나, 혈액 중의 유황산칼리나 인산칼리의 결핍이나, 혈액 순환을 방해하는 하복부의 압박 상태에 있거나, 아니면 난소나 그와 같은 기관의 퇴화에 있을 수도 있다). 고통스러운 자는 모두 고통스러운 감정에 대한 구실을 꾸미는 데 놀라울 정도로 열중하며 독창적이다. 그들은 이미 의심을 즐기고 있으며, 좋지 않은 일이나 겉으로 드러나는 상해 사건을 파헤치는 일을 즐긴다. 그들은 제멋대로 괴로운 의혹에 빠지고 악의의 독특한 독에 취해 있는 어둡고 의심스러운 역사를 찾기 위해 과거와 현재의 내장을 샅샅이 뒤진다.—그들은 가장 오래된 상처를 찢고, 오래 전에 치유된 상흔에서 피 흘린다. 그들은 친구와 아내와 아이들과 그 밖에 그들의 주변에 가까이 있는 사람들을 악인으로 만든다. "나는 괴롭다 : 그 누군가가 이것에 대해 틀림없이 책임이 있다"—병든 양은 이렇게 생각한다. 그러나 그 목자인 금욕주의적 성직자는 그에게 이렇게 말한다 : "맞다. 나의 양이여! 그 누군가가 그것에 대해 틀림없이 책임이 있다: 그러나 너 자신이 이러한 그 누군가이며, **오로지 너 자신이야말로** 이것에 대해 책임이 있다.—너 자신이 오로지 네 스스로에 대해 **책임이 있다!**"⋯⋯이것은 무척 뻔뻔스럽고 그릇된 말이다 : 그러나 이것으로 적어도 한 가지는 이루어졌다. 이것으로, 이미 말했듯이, 원한의 방향이 **변경되었다**.

16.

    나의 소개에 따라 삶을 치료하는 의사의 본능이 금욕주의적 성직자를 통해 최소한 무엇을 **시도**했는지, 무엇 때문에 그에게 '죄책', '죄', '죄스러움', '타락', '영원한 벌' 등과 같은 역설적이고 배리적 개념들을 잠정적으로 폭압하는 것이 필요했는지 이제 추측할 수 있을 것이다. 그것은 병자들을 어느 정도까지는 **무해(無害)**하게 만드는 것, 불치병자들을 자멸케 하는 것, 비교적 가벼운 환자들을 엄격하게 자기 자신에게 방향을 향하게 하고, 그들의 원한을 반대 방향으로 되돌리는 것 ("이 한 가지만이 필요하다"(26) ─), 그리고 모든 고통받는 자의 나쁜 본능을 자기 훈련, 자기 감시, 자기 극복을 위해 **이용**하는 것이다. 명백한 사실이지만, 이러한 종류의 '치료'로, 즉 단순한 감정 치료로 생리학적 의미의 진정한 병자를 **치료**하는 것이 될 수 있을지는 전혀 문제시될 수 없다. 이 경우에 삶의 본능이 어떤 방식으로 치료를 전망하고 의도했는지는 도저히 주장할 수 없을 것이다. 한쪽에는 병자들의 집결이나 조직(─'교회'라는 말은 이것을 나타내는 가장 통속적인 명칭이다)이 있고, 다른 쪽에는 비교적 건강하고 잘난 자들이나 비교적 완전하게 주조된 자들을 잠정적으로 확보하게 되어, 건강과 병 사이에 **틈**이 벌어졌다. ─ 오랫동안 모든 것이 그랬다! 그것은 심했다! 아주 **심했던 것이다!**…… 〔알다시피, 나는 이 논문에서 내가 필요로 하는 독자들에 대해서는 논증할 필요 없는 전제에서 출발한다. 인간에 대한 '죄스러움'이란 사실이 아니라, 오히려 어떤 사실, 즉 생리적 장애에 대한 해석일 뿐이다. ─ 생리적 장애란 우리에게 더 이상 구속력을 갖지 않는 도덕적 종교적 관점에서 본 것일 뿐이다. ─ 그 누군가에게 '책임이 있다'든지, '죄가 있다'고 느끼는 것으로는, 그가 건강하다고 느끼기 때문에 그가 건강하다고는 할 수 없는 것처럼, 그가 그렇게 느끼는 것이 옳다는 것을 전혀 증명하지 못한다. 그럼 그 유명한 마녀 재판을 상기해보라 : 당시 가장 예리한 통찰력을 지녔고, 가장 인자한 재판관도 이 경우에 죄가 있다는 것을 의심치 않았다. '마녀들' **스스로도 그것을 의심치 않았다**. — 그럼에도 불구하고 어떤 죄도 없었다. 저 전제를 좀더 확장된 형식으로 표현해본다면 다음과 같다 : "정신적 고통" 자체도 나에게는 전혀 사실이 아니라, 지금까지 정확히 형식화할 수 없었던 사실들에 대한 하나의 해석(인과적 해석)에 불과하다고 생각된다 : 이는 아직은 완전히 불확정 상태이며 과학적으로 연관지을 수 없는 어떤 것, — 아주 깡마른 의문부호 대신 사실상 등장한 살진 용어일 뿐이다. 누구든지 '정신적 고통'을 해결하지 못하게 되면, 거칠게 말해서, 그것은 그의 '영혼'의 탓이 아니라, 아마 아직은 그의 배[腹部]의 탓일 것이다(이미 말했듯이, 거칠게 말했다는 것이 또한 거칠게 듣고 거칠게 이해하고자 하는 소망을 나타내는 것은 결코 아니다……). 강인하고 잘난 인간은 딱딱한 음식물을 삼켜야만 했을 때라도 음식물을 소화시키듯이, 자신의 체험들을 (행위나 비행들을 포함하여) 소화시킨다. 만일 그가 이러한 체험을 '처리하지 못한다고' 한다면, 이러한 종류의 소화불량은 저 음식물의 소화불량과 마찬가지로 생리적인 것이며 — 오히려 사실은 저 음식물의 소화불량에 따른 한 결과일 뿐이다. — 이러한 생각을 가진다면, 우리끼리 이야기지만, 우리는 아직도 여전히 모든 유물론의 가장 단호한 반대자일 수 있다……]

17.

　그러나 이 금욕주의적 성직자가 진정 의사란 말인가? — 우리는 그가 아무리 스스로를 '구원자'로 느끼고, '구원자'로 존경받고자 한다 해도, 그를 의사라고 부르는 것이 어째서 허용되지 않는지를 이미 이해하고 있다. 그가 싸우는 것은 단지 고통 자체일 뿐이며, 고통받는 자의 불쾌일 뿐이지, 그 원인이나 진정한 병과 싸우는 것이 아니다. — 이것은 성직자적인 치료에 대한 우리의 가장 근본적인 항의임이 틀림없다. 그러나 만일 우리가 성직자만이 알고 있고 가지고 있는 것과 같은 관점으로 들어가본 적이 있다면, 그러한 관점 아래 보고 찾고 발견한 모든 것에 쉽지 않게 결국에는 경탄하지 않을 수 없는 것이다. 고통을 완화하는 것, 모든 종류의 '위로' — 이것이야말로 그의 천재성 자체를 증명하는 것이다. 그는 자신의 위안자의 과제를 얼마나 창의적으로 수행할 수 있었던가, 그는 그 과제의 수단을 얼마나 거리낌없이 대담하게 선택했던가! 특히 그리스도교는 영민한 위로 수단의 거대한 보물창고라 불릴 수 있다. 그 안에는 많은 청량제, 진정제, 마취제가 쌓여 있는 것이다. 너무나 많은 가장 위험한 것이나 가장 대담한 것이 이 목적을 위해 감행되었던 것이다. 특히 그리스도교는 생리적 장애자의 깊은 우울, 납덩이 같은 피로, 암담한 슬픔을 적어도 일시적으로나마 극복하기 위해 어떤 감정의 자극이 있어야 하는지를 대단히 예민하게, 대단히 세련되게, 아주 남국적으로 세련되게 간파하고 있었다. 왜냐하면 일반적으로 말해서, 모든 거대한 종교의 주요한 문제는 유행이 되어버린 어떤 피로나 중압감과 싸우는 것이었기 때문이다. 때로는 지상의 특정한 장소에서 거의 필연적으로 생리적인 장애 감정이 광범위한 대중을 지배할 수밖에 없다는 것은 처음부터 있을 수 있는 일이라고 추정할 수 있다. 그러나 이 장애 감정은 생리학적 지식의 결핍 때문에 그 자체로 의식되지 못하고, 따라서 그 '원인'이나 치료도 단지 심리적·도덕적으로만 추구하고 시도할 수 있을 뿐이다(— 즉 이것이 내가 생각하기에, 보통 '**종교**'라 불리는 것에 대한 가장 일반적인 형식이다). 그러한 장애 감정의 기원은 매우 다양할 수 있다 : 그것은 아주 이질적인 종족 혼합의 결과와 같은 것일 수 있다 (또는 계급 혼합의 결과일 수도 있다— 계급이란 언제나 또한 혈통이나 종족의 차이를 나타내기도 한다 : 유럽의 '세계고통'이나 19세기의 '염세주의'는 본질적으로 어처구니없이 돌발적으로 일어난 계급 혼합의 결과인 것이다.) 또는 잘못된 이주의 결과일 수도 있다.— 어떤 종족이 적응력이 충분치 못한 상태에서 어떤 기후에 들어간 결과일 수도 있다 (인도에서의 인도인의 경우). 또는 종족의 노화나 피로의 영향일 수도 있다(1850년 이후 파리 사람들의 염세주의). 또는 잘못된 다이어트의 영향일 수도 있다(중세의 알코올 중독, 물론 스스로 셰익스피어의 작품에 나오는 귀족 크리스토프의 권위를 가지고 있는 채식주의자의 헛된 짓). 또는 패혈증, 말라리아, 매독 등의 영향일 수도 있다(독일의 절반에 나쁜 질병이 걷잡을 수 없이 퍼지게 하고, 이로 말미암아 독일적인 비굴함과 독일적인 소심함의 기반을 마련했던 30년 전쟁 이후 독일의 우울증). 그러한 경우에는 언제나 **불쾌감과의 싸움**이 대규모로 시도된다. 그 가장 중요한 책략과 형태를 간략하게 강의해보자. (당연한 일이지만, 나는 여기에서 언제나 동시에 일어나곤 하는 불쾌감에 대항한 진정한 철학자들의 싸움은 완전히 도외시하고자 한다.— 고통 속에서 오류가 인정된다면, 고통은 **틀림**

없이 사라져버리고 말 것이라는 소박한 전제 아래, 고통이 오류로 증명되어야만 할 경우처럼, 이 싸움은 아주 흥미 있기는 하나, 너무 부조리하고, 너무 현실에 무관심하며, 너무 거미줄같이 얽혀 있고, 게으른 것이다. — 그러나 보라! 고통은 사라지지 않으려고 조심하고 있다⋯⋯) 사람들은 **맨 먼저** 생명감 일반을 최저점으로 끌어내리는 수단을 통해 저 우세한 불쾌함과 싸운다. 가능하면 의욕도 소망도 전혀 가지지 말 것, 감정을 만드는 것이나 '피'를 만드는 모든 것을 피할 것(소금을 먹지 말 것 : 이슬람교 수도자의 위생요법), 사랑하지도 않으며 미워하지도 않고 무관심하며 복수하지 말고 부자가 되지 않고 일하지 않고 걸식하며 가능하면 처를 가지지 말고, 가능하면 처가 적어야 하며, 정신적인 측면에서는 '우둔해져야 한다'는 파스칼의 원리를 취할 것. 그 결과는 심리학적으로 도덕적으로 표현하자면, '탈아(脫我)', '신성화', 생리학적으로 표현하자면, 최면이다. — 즉 몇몇 동물 종에게는 **겨울잠**이며, 열대의 많은 식물에게는 **여름잠**인 것과 비슷한 인간의 상태에 이르려는 시도이며, 그 안에서 삶이 진정으로 아직 의식되지 못한 채 계속 유지되는 최소한의 물질 소모이자 신진대사이다. 이러한 목적을 위해 놀랄 만한 양의 인간의 에너지가 소비되어왔다. — 그것은 헛된 것이었던가?⋯⋯모든 시대, 모든 민족에 대단히 많이 존재했던 그러한 '신성'한 스포츠맨들이 사실은 그들이 그처럼 엄격한 훈련을 받으며 싸워왔던 것에서 진정한 해방을 발견했다는 것은 전혀 의심의 여지가 없다. — 그들은 수많은 경우에 최면의 수단이라는 그들의 체계의 도움으로 저 깊은 생리학적 우울증에서 정말로 **벗어났던** 것이다 : 그 때문에 그들의 방법은 가장 보편적인 인종학적 사실로 간주된다. 따라서 이미 몸이나 욕망을 굶주리게 하는 그러한 의도 자체를 정신 이상의 증후로 간주할 만한 그러한 것은 허용되지 않는다(쇠고기를 게걸스레 먹는 '자유정신'이나 귀족 크리스토프 같은 서툰 인간이 즐겨 하고자 한 것처럼). 좀더 분명한 것은 이러한 것이야말로 온갖 정신 착란에 이르는 길을, 예를 들면 아토스산의 헤쉬카스트파[16]처럼, '내적인 광명'에 이르는, 환청이나 환시에 이르는, 음탕하게 넘쳐흐르는 관능의 황홀(성녀 테레사의 이야기)에 이르는 길을 열고, 또 열 수 있다는 것이다. 그러한 상태에 사로잡힌 자들이 이와 같은 상태에 부여하게 되는 해석이 가능한 한 언제나 열광적이고 잘못된 것이었음은 명백하다 : 우리는 그러한 종류의 해석을 하려는 **의지**에서 이미 울려나오고 있는 맹신적 감사의 어조를 단지 건성으로 들어서는 안 된다. 최고의 상태, **해방** 그 자체, 마침내 이르게 된 저 완전한 최면 상태와 정적은 그들에게는 언제나 최고의 상징으로도 그것을 표현하기에는 충분치 못한 신비 그 자체로, 사물의 근거 속으로 들어가고 귀환하는 것으로, 온갖 망상에서의 해방으로, '앎'으로, '진리'로, '존재'로, 모든 목적이나 모든 소망이나, 모든 행위에서 벗어남으로, 또한 선과 악의 저편으로도 여겨진다. 불교도는 "선과 악—이 두 가지는 결박이다. 완전한 자는 이 두 가지를 지배했다"고 말한다. 베단타의 신도는 "행해진 것이나 행해지지 않은 것이나 그에게 고통을 주지 못한다. 현자인 그는 선과 악을 자신의 몸에서 흔들어 털어낸다. 어떤 행위로도 그의 영역은 고통받지 않는다. 그는 선과 악, 이 두 가지를 넘어선다"고 말한다 : —이것은 즉 인도 전체에 나타나는 견해인데, 바라문교적인 견해도, 불교적 견해도 이와 마찬가지다. (인도의 사유 방식에서나 그리스도교적 사유 방식에서나, 덕의 최면적 가치를 높이 평가하고 있다 할지라도, 저 '해방'에 덕이나 도덕적 개선으로 이를 수 있다고는 간주하지 않는다 : 이 점을 명심해야 한다. ─ 뿐만 아니라 이 점은 쉽게 사실에 부합된다. 이 점에 진실되게 머물러 있다는 것은 아마도 다른 점에서는 대단히 철저하게 도덕화된 3대 종교의 가장 훌륭한 현실주의로 간주할 수 있을 것이다. "깨우쳐 알고 있는 자에게 의무란 없다"……"덕을 덧붙이는 것으로는 해방에 이르지 못한다 : 왜냐하면 이는 완전성을 증가하는 것만으로는 이를 수 없는 브라만과의 합일에 있기 때문이다. 그것은 또한 잘못을 벗어버림으로도 이를 수 없다. 왜냐하면 합일되어 있는 브라만, 이것이 해방을 이루는 것이며, 영원히 순수한 것이기 때문이다." ─ 이 문장은 상카라Çankara의 주석서에 나오는 것으로, 유럽에서 인도철학에 관한 최초의 진정한 전문가인 내 친구 파울 도이센Paul Deussen에게서 인용한 것이다.[27]) 따라서 우리는 위대한 종교들에 있는 '해방'에 존경을 표하고자 한다. 이에 대해 꿈꿀 수 없을 만큼 스스로 너무 지쳐버린 이러한 삶에 피로한 자들이 이미 깊은 잠에 대해 내린 평가를 진지하게 취급한다는 것은 우리로서는 약간 곤란하다. ─ 깊은 잠이란 즉 이미 브라만에로 몰입해가는 것이며, 신과의 신비적 합일을 성취함을 말한다. 이에 대해 가장 오래되고 가장 존경할 만한 '경전'은 다음과 같이 말한다 : "그가 완전히 잠들고 완전히 휴식의 상태에 이르게 되어, 더 이상 꿈의 장면을 보지 못하게 될 때, 그때서야 그는, 오, 귀중한 자여, 존재자와 일체가 되며, 자기 자신 속으로 몰입해갔다. ─ 인식하는 것 같은 자아에 휘감겨 그는 더 이상 외적인 것도 내적인 것도 의식하지 않는다. 낮과 밤도, 나이도, 죽음도, 고통도, 선행도, 악행도 이 다리를 건너지 못한다." 따라서 3대 종교 가운데 가장 깊이 있는 종교의 신도들은 다음과 같이 말한다 : "깊은 잠 속에서 영혼은 스스로의 몸에서 벗어나 최고의 빛 속으로 들어가 이를 통해 본래의 모습으로 나타난다 : 거기에서 영혼은 이리저리 거니는 최고의 정신 자체이며, 이 최고의 정신은 여성들이든, 마차이든, 친구들이든 이들과 농을 하고 함께 놀며 즐거워한다. 거기에서 영혼은 짐승들이 수레에 매달려 있듯이, 프라나prâna(생명의 숨결)가 매달려 있는 이러한 육체의 부속물을 회상하지 않는다." 그럼에도 불구하고 우리는 여기에서도 '해방'의 경우에서와 마찬가지로, 이것이 언제나 동양적인 과장의 화려함으로 표현되어 있다 할지라도, 근본적으로는 명석하고 냉정한, 그리스적으로 냉정한, 그렇지만 고통받고 있는 에피쿠로스의 그것과 똑같은 평가를 표현하고 있음에 불과함을 염두에 두고자 한다 : 최면에 걸린 허무의 감정, 가장 깊은 잠의 휴식, 간단히 말해 **고통이 없는 상태** ― 고통받는 자나 근본적인 부조화자는 이것을 이미 최고의 선으로, 가치늘 가운데 가치로 여기며, 이것을 그늘은 적극적으로 평가해야만 하고, 적극적인 것 자체로 느껴야만 하는 것이다. (동일한 감정의 논리에 의해 모든 염세주의적 종교에서 허무란 신을 의미한다.)

18.

이미 비범한 힘이나 특히 용기, 생각에 대한 경멸, '지적 스토아주의'를 전제로 하고 있는 감수성이나 고통에 대한 감수성을 이렇게 최면을 걸어 총체적으로 약화시키는 것보다 더 빈번하게, 우울증 상태를 방지하기 위해 어쨌든 좀더 수월한 다른 훈련이 시도된다 : 기계적 활동이 그것이다. 이러한 활동으로 고통스러운 생존이 상당히 경감된다는 사실은 의심의 여지가 없다 : 오늘날 사람들은 이 사실을, 좀 솔직하지는 못하지만, "노동의 축복"이라 부른다. 경감이란 고통받는 자의 관심이 근본적으로 고통에서 다른 곳으로 전환되고, ─부단히 한 행위와 다시 반복되는 한 행위만이 의식에 들어오며, 결과적으로 그 속에는 고통이 들어설 여지가 거의 없게 되는 것이다. 왜냐하면 인간의 의식이라는 이 방은 協小하기 때문이다! 기계적 활동이나 그에 속하는 활동 ─ 절대적 규칙성, 아무 생각 없이 하는 정확한 복종, 단호한 생활 방식, 시간 이용, 어떤 허락, 즉 '비인격성'이나 자기 망각, '자기 무시'에 대한 훈련과 같은 것 ─ : 금욕주의적 성직자는 고통과 싸우며 이러한 것들을 얼마나 철저히, 얼마나 미묘하게 이용할 줄 알았던가? 특히 그가 하층 계급의 고통받는 자들이나 노동하는 노예 또는 죄인들(또는 대부분은 노동하는 노예이며 동시에 죄수들, 이 양자인 여성들)을 상대해야만 했을 때, 그들로 하여금 증오하는 대상 속에서 앞으로 은혜나 상대적인 행복을 볼 수 있도록 하기 위해, 개명이나 세례라는 작은 기술을 사용하는 것 이상은 필요하지 않았다 : ─노예들이 자신의 운명에 만족하지 못하는 것은 어쨌든 성직자에 의해 만들어졌던 것이 아니다. ─우울증과 싸울 때의 좀더 귀중한 수단은 쉽게 접근할 수 있고 일상적인 것이 될 수 있는 **작은 즐거움**이라는 처방이다. 이 치료법은 종종 앞에서 말한 치료법과 연관되어 사용된다. 이와 같이 즐거움이 치료제로 처방되는 가장 흔한 형태는 사람들을 즐겁게 **하는** (선행을 하고, 베풀고, 안심시키고, 도와주고, 설득하고, 위로해주고, 칭찬하고,

대우를 해주는 것) 즐거움이다. 금욕주의적 성직자는 '이웃 사랑'을 처방함으로써, 비록 가장 신중한 조제 분량이지만, 근본적으로 가장 강력하고 가장 삶을 긍정하는 충동의 자극, —즉 힘에의 의지의 자극을 처방하는 것이다. 선행을 하고, 쓸모있게 만들고, 도와주고, 대우를 하는 이 모든 것에 수반되는 '가장 작은 우월감'이라는 행복은 생리적 장애자들이 좋은 조언을 받을 경우에 사용되곤 하는 가장 흡족한 위로의 수단이다 : 그렇지 않은 경우에 그들은 물론 똑같은 근본 본능에 따르면서도, 서로 상처를 입힌다. 만일 로마 시대의 그리스도교의 초창기를 찾아본다면, 당시 사회의 가장 밑바닥에서 성장한 상호 부조의 모임, 빈민자 모임, 병자의 모임, 매장 모임이 발견된다. 이 사회에서는 우울증에 대한 저 치료제가, 작은 즐거움이, 상호 선행이라는 작은 즐거움이 의식적으로 장려되었다.—이것은 아마도 그 당시에는 새로운 어떤 것, 진정한 발견이지 않았겠는가? 이와 같이 생겨난 '상호성을 지향하려는 의지', **무리를 형성하려는**, '공동체'를 지향하는, '집회'를 하려는 의지 속에서, 가장 미미한 정도라 해도 그것에 의해 유발된 힘에의 의지가 하나의 새롭고 좀더 완전한 형태로 발생할 때, 저 새로운 것은 이와 더불어 이제 다시 발생했음이 틀림없다 : **무리를 이루는 것**은 우울증과의 투쟁에서 중요한 진보이며 승리이다. 공동체가 성장함에 따라, 개인에게서도 새로운 관심이 강화되는데, 이는 때때로 개인으로 하여금 그 자신의 불쾌의 가장 개인적인 요소나 **자기 자신**에 대한 혐오(횔링크스 Geulinx[17])의 "자기 경멸")를 넘어서게 한다. 모든 병자나 병약자는 숨 막힐 듯한 불쾌함이나 허약한 감정을 떨쳐버리려는 갈망에서 본능적으로 무리조직을 추구한다 : 금욕주의적 성직자는 이러한 본능을 간파하고 그것을 장려한다. 무리들이 있는 곳에서, 무리를 이루고자 했던 것은 허약 본능이며, 그것을 조직했던 것은 성직자의 영리함이다. 왜냐하면 이것을 간과해서는 안 되는데, 즉 강자들은 서로 흩어지려 하고, 약자들은 서로 모이려 하기 때문이다. 만일 강자들이 서로 결합한다면, 이는 오직 그들의 힘에의 의지의 공격적인 전체 행동과 전체의 만족을 기대하고 행해지며, 개개인의 양심의 많은 저항을 받게 된다. 이에 반해 약자들은 바로 이러한 단결에 **쾌락**을 느끼면서 서로 단결한다. ─ 이때 그들의 본능은, 타고난 '주인들'(이는 단독 생활을 하는 맹수 종족인 인간을 말한다)의 본능이 근본적으로 조직에 의해 자극을 받고 동요되는 것처럼, 만족한다. 모든 과두정치 아래서는 ─ 역사 전체가 가르쳐주듯이 ─ 항상 **폭압**의 욕망이 숨어 있다. 모든 과두정치는 그 안에 있는 각 개인이 이러한 욕망을 억압하고 있어야 할 긴장으로 인해 언제나 떨고 있다.(예를 들면 **그리스의 과두정치가 그랬다** : 플라톤은 백여 문구에서 이를 증언하고 있다. 그 자신의 동료나 ─ **그리고** 자기 자신에 대해 알고 있었던 플라톤이 말이다……)

19.

지금까지 우리가 알아왔던 금욕주의적 성직자의 수단 ─ 생명감의 총체적 약화, 기계적 활동, 작은 즐거움, 특히 이웃 사랑의 즐거움, 무리 조직, 공동체 힘의 느낌에 대한 자각, 이러한 결과로 개개인의 자기 자신에 대한 불만은 공동체의 번영에 대한 쾌감으로 인해 느끼지 못하게 된다 ─ 이것은 현대적 척도로 잰다면, 불쾌와 싸울 때 그의 **순진한** 수단이다 : 이제 우리는 좀더 흥미로운, '죄 있는' 수단으로 방향을 돌려보자. 이것들 모두에서 문제가 되는 것은 하나인데, 이는 어떤 **감정의 무절제함**에 관한 것이다. — 이것은 무감각하며 마비되고 오래된 고통스러움에 대해 가장 실효성 있는 마취제로 사용되었다. 그 때문에 "무엇에 의해 감정의 무절제가 이루어지는가?"라는 하나의 질문을 생각해내는 데 성직자의 창의성은 끝이 없었다……이것은 가혹하게 들리겠지만, 만일 내가 "금욕주의적 성직자는 언제나 모든 강렬한 감정 속에 있는 **열광**을 이용했다"고 말한다면, 그것은 분명 좀더 기분 좋게 울리며 아마 좀더 귀에 잘 들어오게 될 것이다. 그러나 무엇 때문에 우리 현대의 유약한 자들의 나약한 귀를 쓰다듬어주어야 하는가? 무엇 때문에 **우리의 입장에서** 그들 말의 위선에 또 한 걸음을 양보해야 하는가? 우리 심리학자에게는 그것이 구토를 일으키게 한다는 사실은 도외시하더라도, 그것에는 이미 **행위의 위선**이 있다. 즉 심리학자가 오늘날 어떤 점에서 **좋은 취미**를 가지고 있다면(다른 사람들은 이것을 그의 성실함이라고 말할지도 모른다), 그 안에는 이것은 인간이나 사물에 관한 모든 현대적 판단이 차츰차츰 끈적거리게 했던 수치스러울 정도로 **도덕화된** 말투에 대한 저항이 있는 것이다. 그러므로 우리는 이 점에 속아서는 안 될 것이다 : 현대의 영혼이나 현대 서적들의 가장 고유한 특징은 거짓이 아니라, 도덕적 기만에서 습관이 되어버린 **순진함**이다. 이러한 '순진함'을 곳곳에서 다시 발견해야만 한다는 것 — 이것은 오늘날 심리학자가 수행해야만 하는, 그 자체로 우려할 수밖에 없는 모든 일 가운데서 아마도 가장 싫은 일일 것이다. 그것은 **우리의** 커다란 위험 가운데 일부이다. 그것은 아마도 곧바로 **우리를 격렬한**

구토로 인도하는 길이다……나는 **무슨 목적으로** 오직 현대 서적만이 (이것이 영속성을 지닌다면, 그리고 마찬가지로 언젠가는 좀더 엄격하고 강인하며 **보다 건강한** 취미를 가진 후세대가 존재한다고 한다면, 물론 두려워할 만한 것은 아니지만) — 무슨 목적으로 현대적인 **모든 것**이 대체로 이 후세대에 소용되며, 소용될 수 있는지를 의심치 않는다 : 이것은 구토제로 소용된다. — 이것은 도덕적 감미로움과 허위에, 스스로 '이상주의'라고 부르길 좋아하고 어쨌든 이상주의를 믿는 그의 가장 내면적인 여성주의에서 기인한다. 오늘날 우리 교양 있는 사람들, 우리 '선량한 사람들'은 거짓말을 하지 않는다. — 이것은 정말이다. 그러나 이것이 그들에게 명예가 되는 것은 **아니다**! 진정한 거짓말, 참으로 단호한 '진실된' 거짓말(그 가치에 대해서는 플라톤⁽²⁸⁾에게서 듣는 것이 좋을 것이다)은 그들에게는 전적으로 너무 엄격하고 너무 강력할 것이다. 이것은 그들에게 요구해서는 안 **되는 것**, 즉 그들이 자기 자신에 대해 눈 뜨고, '참'과 '거짓'을 스스로 구별할 줄 아는 것을 요구하는 것이 될 것이다. 그들에게 어울리는 것은 오직 **부정직한 거짓**뿐이다. 오늘날 스스로를 '선량한 인간'으로 느끼는 모든 사람은 **부정직한 거짓말을 하고**, 근거 없는 거짓말을 하는 것 외에 다른 일을 할 수 없지만, 그러나 순진무구하게 거짓말을 하고, 천진난만하게 거짓말을 하고, 푸른 눈으로 순진하게 거짓말을 하고, 유덕하게 거짓말을 하는 것이다. 이러한 '선량한 인간들' — 그들은 모두 철저히 도덕화되어, 정직에 관해 오점을 남기게 되고 영원히 망가뜨리게 된다 : 그들 가운데 그 누가 또한 '인간에 관한' 진실에 견뎌냈던가! 아니, 좀더 구체적으로 물어본다면, 그들 가운데 그 누가 **진실한** 전기(傳記)를 견뎌내겠는가!……몇 가지

징조가 있다 : 바이런Byron 경은 자기 자신에 관한 몇 가지 가장 개인적인 일들을 기록해두었으나, 토머스 무어Thomas Moore는 그것에 대해 '너무 너그러운' 태도를 취했다 : 그는 자기 친구의 원고들을 불태웠다. 쇼펜하우어의 유언 집행자인 그빈너 박사Dr. Gwinner도 이와 같은 일을 했다 : 왜냐하면 쇼펜하우어도 자기 자신에 관한 몇 가지를 기록했지만, 아마도 자기 자신에 적대되는('그 자신에 반대되는') 것도 기록했기 때문이다. 베토벤의 전기작가인 유능한 미국인 세이어A. W. Thayer는 갑자기 자신의 일을 중단했다 : 이러한 존경할 만하고 소박한 삶의 어느 시점에 이르렀을 때, 그는 이러한 것을 견디지 못했다······도덕 : 어떤 영리한 인간이 오늘날에도 여전히 자기 자신에 대한 존경할 만한 말을 쓰겠는가? — 그렇게 한다면 그는 이미 성(聖) 만용교단의 소속임이 틀림없을 것이다. 우리는 리하르트 바그너의 자서전이 나오리라 기대하고 있는데, 누가 이것이 **영리한** 자서전이 될 것임을 의심하겠는가?[29]······또 가톨릭 성직자 얀센Janssen[30]이 독일의 종교개혁 운동에 관해 비교할 수 없을 정도로 꾸밈없이 무해하게 그린 묘사로 독일에 불러일으켰던 우스꽝스러운 공포를 생각해보자. 만일 누군가가 우리에게 이 운동을 다르게 설명한다면, 만일 진정한 심리학자가 우리에게 진정한 루터에 대해 설명한다면, 시골 지성인의 도덕적 단순함으로도 아니고, 개신교적 역사가의 달콤하고 분별 있는 수줍음으로도 아니고, 오히려 텐Taine의 대담함으로, 강함에 대한 영리한 관용에서가 아니라, **영혼의 강함**에서 설명한다면, 무슨 일이 일어나기 시작할 것인가?······(덧붙여 말한다면, 독일인들은 이러한 영리한 관용의 고전적인 유형을 충분히 훌륭하게 산출했다. — 그들은 이 유형을 자신에게로 귀속시

키고 보물로 여겨도 좋으리라 : 즉 모든 보다 강한 원인의 이 고전적 변호인이자 모든 영리한 '현실주의자'들 가운데 가장 영리한 이 사람, 그들의 레오폴트 랑케Leopold Ranke에게서 말이다.)

20.

그러나 내 말을 이미 잘 이해했을 것이다 : ─전체적으로 보아, 우리 심리학자들이 오늘날 우리 자신에 대한 다소의 불신에서 벗어나지 못하는 데는 충분한 이유가 있으며, 이것이 사실이 아닌가?……아마도 우리 역시 여전히 우리의 작업에 대해 '너무 너그럽다'. 아마도 우리 역시 여전히 이러한 도덕화된 시대 취향의 희생물이며, 먹이이며, 병자들일 것이다. 아무리 우리가 스스로도 이러한 시대 취향을 경멸하는 자로 느낀다고 해도 말이다.─아마도 그 취미는 역시 여전히 우리를 감염시킬 것이다. 저 외교관[31]이 자신의 동료에게 말했을 때, 그는 또한 무엇에 대해 주의를 주었는가? 그는 말했다. "여러분, 우리는 우리의 최초의 흥분을 불신합니다. **그것들은 거의 언제나 좋은 것입니다**"……오늘날 모든 심리학자도 자신의 동료들에게 이렇게 말해야 할 것이다……이와 더불어 우리는 우리의 문제로 되돌아가는데, 이 문제는 사실 우리에게 약간의 엄격성을 요구하며, 특히 '최초의 흥분'에 대해 약간의 불신을 요구한다. 감정의 무절제함을 야기하는 데 기여하는 금욕주의적 이상 : ─앞의 논문을 기억하는 사람이라면, 이제부터 기술해야만 하는 것을 이 몇 단어로 압축한 내용을 본질적으로 이미 미리 알 수 있을 것이다. 인간의 영혼을 엉망으로 만들고, 그것이 마치 번개의 섬광에 의한 것처럼 불쾌함, 답

답함, 언짢음이라는 온갖 사소함과 편협함에서 벗어나는 방식으로 그것을 공포, 한기, 작열, 환희 속으로 잠기게 하는 것 : 이러한 목적에 이르기 위해 어떤 방도들이 있겠는가? 그것들 가운데 어느 방도가 가장 확실한가?……근본적으로 모든 중요한 감정, 즉 분노, 두려움, 음욕, 복수, 희망, 승리, 절망, 잔인성이라는 이 감정들이 갑자기 폭발한다고 전제할 때, 그러한 목적을 달성할 수 있는 능력이 있다. 그리고 실제로 금욕주의적 성직자는 주저없이 인간 안에 있는 들개 무리 **전체**를 자신에게 봉사하도록 해왔고, 때로는 이 개를, 또 때로는 저 개를 풀어놓으면서, 완만한 슬픔으로부터 인간을 불러일으키고, 적어도 잠시만이라도 그의 숨 막힐 듯한 고통이나 머뭇거리는 비참함을 쫓아버리는 동일한 목적에 언제나 이르렀으며, 또한 언제나 종교적 해석이나 '정당화' 아래 이를 행했다. 그와 같은 모든 감정의 무절제함은 후에 **대가를 치르게 된다는** 것, 이것은 명백한 일이다 — 이것은 병자를 더 병들게 만든다 — : 따라서 이러한 방식의 고통의 치료법은, 현대의 척도로 잰다면, '죄 있는' 방식이다. 그러나 이것은 공정해야 하기 때문에, 우리는 더욱 다음의 사실을 주장해야만 한다. 즉 그러한 치료법은 **선량한 양심으로** 사용되었던 것이며, 때로는 그가 만들었던 비참함 때문에 스스로 거의 부서지는 체험을 하면서, 금욕주의적 성직자는 그 효용성과 필수 불가결성을 마음 깊이 믿어 그것을 처방했다는 것이다. 또한 아마, 심지어는 정신장애를 포함하여, 이 과도함이라는 격렬한 생리적 보복이 근본적으로 이러한 종류의 치료가 가지는 전체 의미에 진정으로 위배되는 것은 아니리라. 앞에서 제시되었듯이, 이 치료법이 의도했던 바는 병을 치료하는 것에 있는 것이 아니라, 우울증의 불쾌와 싸우고, 그

것을 완화하고, 마비시키는 것에 있었던 것이다. 이 목적은 또한 그
렇게 해서 이루어졌다. 인간의 영혼을 갈가리 찢으며 환희에 넘치는
온갖 종류의 음악을 울리게 하는 금욕주의적 성직자가 사용한 주된
조작법은—모든 사람이 알고 있는 바이지만—, **죄책감**을 이용함으
로써 이루어진 것이었다. 이 감정의 유래에 대해서는 앞의 논문에서
간략히 서술했다.—다른 것이 아니라, 동물심리학의 한 편으로 말
이다 : 우리는 거기에서 말하자면 다듬어지지 않은 상태의 죄책감
을 접했다. 죄책감에 대한 이러한 고유한 예술가인 성직자의 손 안
에서 비로소 그 형태를 얻었다—오, 어떤 형태란 말인가! '죄'
는—이것은 동물적인 '양심의 가책'(거꾸로 향하는 잔인성)에 대한
성직자적인 재해석을 의미하는 것이기 때문에—지금까지 병든 영
혼의 역사에서 가장 커다란 사건이었다 : 우리는 이 영혼의 역사에
서 종교적 해석을 할 수 있는 가장 위험하고 가장 숙명적인 재주를
지니고 있다. 어떤 방식으로든 자기 자신에 대해 괴로워하며, 어쨌
든 생리적으로는 우리 안에 갇혀 있는 동물처럼, 왜, 무엇 때문에를
잘 알지 못한 채 인간은 절실히 그 이유를 찾기를 바라며—이유는
고통을 경감해준다—, 또한 절실하게 치료제나 마취제를 갈구하
고, 마침내는 비밀을 알고 있는 한 사람에게 조언을 구한다—보라!
그는 어떤 암시를 받는다. 그는 자신의 마법사인 금욕주의적 성직자
에게서 자신의 고통의 '원인'에 대한 **최초의** 암시를 받는다. 그는 그
원인을 **자기 자신** 안에서, **죄책** 안에서, 과거의 한 단편에서 구해야
만 한다. 그는 자신의 고통 자체를 **벌의 상태**로 이해해야만 한다……
불행한 자인 그는 이것을 들었고, 이해했다 : 이제 그는 그 주변에
줄이 그어진 암탉처럼 된다. 그는 줄로 그어진 이러한 원에서 다시

나오지 못한다 : 병자는 '죄인'이 되어버렸다……이제 우리는 이러한 새로운 병자인 '죄인'의 모습을 보고 수천 년 간 벗어나지 못하게 된 것이다.—언젠가는 이 죄인에게서 벗어나게 될 것인가?—어느 곳을 바라보든지, 곳곳에 언제나 한 방향(유일한 고통의 원인으로서, '죄책'의 방향)으로만 움직이는 최면에 걸린 죄인의 눈길이 있다. 곳곳에 루터가 말하는 이 '소름 끼치는 동물'인 양심의 가책이 있다. 곳곳에서 과거가 반추되고 행위가 왜곡되며, 모든 행동에는 '푸른 눈'이 있다. 곳곳에서 고통을 오해하려는 **의욕**이 삶의 내용을 이루고 있고, 고통을 죄책감, 공포감, 벌의 감정으로 재해석한다. 곳곳에 채찍질이, 털 셔츠가, 굶주린 몸이, 회한이 있다. 곳곳에 불안하고 병적으로 음탕한 양심의 잔인한 톱니바퀴에 걸린 죄인의 자기 환형(轘刑)의 처벌이 있다. 곳곳에 소리 없는 고민, 극도의 공포, 고문당하는 마음이 겪는 죽음의 고통, 알지 못하는 행복의 경련, '구원'을 바라는 외침이 있다. 사실, 오랜 우울증, 침울함, 피로는 이러한 저리 과성의 체계에 의해 철저히 **극복되었고**, 삶은 다시 매우 흥미로워졌다. 깨어 있으면서, 영원히 깨어 있으면서, 밤을 지새우고, 작열하여, 숯이 되도록 타면서, 다 소화해버렸지만, 그러나 피로하지 않은 것—이러한 신비를 털어놓는 '죄인'으로서의 인간은 이러한 태도를 나타냈다. 불쾌와의 싸움에서 늙은 대마법사인 금욕주의적 성직자—그는 명백히 승리했고, **그의 왕국이 도래했다** : 이미 사람들은 고통에 **대항해** 더 이상 탄식하지 않았고, 고통을 **갈망했다.** "더 많은 고통을! 더 많은 고통을!" 이렇게 그의 제자들이나 내막을 잘 아는 사람들의 갈망은 수세기 동안 외쳤던 것이다. 고통을 주는 모든 감정의 무절제함, 부숴버리고, 망가뜨리고, 으스러뜨리고, 넋

을 잃고, 황홀하게 했던 모든 것, 고문실의 비밀, 지옥 자체의 발
명 — 이 모든 것이 이제부터 발견되었고, 알아맞히게 되었고, 이용
되었다. 모든 것이 마법사를 도와주었고, 모든 것이 이후로 그의 이
상이나 금욕주의적 이상이 승리하는 데 이용되었다……"나의 왕국
은 이 세계의 것이 아니다"(32) — 그는 언제나 이렇게 말했다 : 그는
진정 이렇게 말할 만한 권리가 있는 것일까?……괴테(33)는 오직 36
개의 비극적 상황만이 존재한다고 주장한다 : 그 밖에는 잘 알지 못
한다고 할지라도, 여기에서 우리는 괴테가 금욕주의적 성직자는 아
니었다는 사실을 추측할 수 있을 것이다. 이 사람은 — 더 많은 것을
알고 있다……

21.

성직자적 치료의 이러한 모든 방식이나 '죄 있는' 치료 방식에 관
해서 이러니저러니 하는 말은 너무 지나친 비평이다. 이 경우에 금
욕주의적 성직자가 자신의 병자들에게 처방하곤 했던 (분명히 가장
신성한 이름 아래, 또한 그의 목적이 신성하다는 생각에 사로잡혀
서) 그러한 감정의 무절제함이 어떤 환자에게는 실제로 **효험이 있었
다**는 따위의 주장을 고집하고자 하는 사람이 있을 것인가? 적어도
'효험이 있다'는 말의 뜻을 우리는 이해해야만 한다. 그러한 치료 체
계가 인간을 **향상시켰다**는 것을 이 말로 표현하고자 한다면, 나는 아
무런 이의가 없다 : 나는 단지 '향상된'이라는 말이 나에게 무엇을
의미하는지를 덧붙이고자 할 뿐이다 — '길들여진', '약화된', '용기
를 잃은', '섬세해진', '연약해진', '거세된' 등의 (즉 그 의미는 거의

손상되었다는 것과 같다……) 의미와 똑같다는 것이다. 그러나 병
자, 부조화자, 용기를 잃은 자가 주요한 문제가 될 때, 그러한 체계
는 비록 그것이 병자를 '향상'시켰다고 할지라도, 모든 상황에서 **병
자를 더 병들게 만든 것이다.** 속죄의 고행, 회한, 구원의 경련이 일
정한 방법에 따라 적용되면 언제나 어떤 일이 뒤따라 나타나는지를
단지 정신과 의사에게 물어보라. 또한 역사에 물어보라 : 금욕주의
적 성직자가 이렇게 병을 치료했던 곳에서는 어디서나, 매번 이 병
은 놀라울 정도로 빠르게 깊고 넓게 확산되어갔다. 그 '결과'는 언제
나 무엇이었던가? 그렇지 않아도 이미 병든 것에 덧붙여, 신경 체계
를 파괴한 것이었다. 그리고 이것은 부자이든 가난한 사람이든, 개
인이든 집단이든 모두 그러했다. 우리는 속죄의 훈련이나 구원의 훈
련의 결과로 무서운 간질병이 유행하는 것을 보게 되는데, 역사가
알려주는 그에 관한 가장 큰 사건은 중세의 성(聖) 비투스 무도병
(舞蹈病)과 성(聖) 요한 무도병이다. 우리는 그러한 것이 미치는 악
영향의 다른 형태로 무서운 마비증과 만성우울증을 보게 되는데, 이
로 인해 상황에 따라 한 민족이나 한 도시(제네바, 바젤)의 기질이
단번에 반대로 변하게 된다.―몽유병과 유사한 마녀 히스테리도
여기에 속하는 것이다(1564년에서 1605년까지만 해도 그와 같은
것이 여덟 번이나 크게 유행적으로 발생했다).―그러한 훈련의 결
과로 또한 저 죽음을 그리워하는 집단 정신착란증이 발견되는데, 그
무서운 '죽음 만세'라는 외침은 어떤 때는 음욕에, 또 어떤 때는 파
괴욕에 사로잡힌 특이 체질에 의해 중단되면서, 전 유럽에 울려퍼지
게 되었다 : 오늘날에도 금욕주의적 죄악설이 다시 커다란 성공을
거두게 되는 경우에는 어느 곳에서든 그와 똑같은 감정의 변화가

똑같이 간헐적으로 격변하며 일어나는 것이 관찰된다 (종교적 노이로제는 '악마'의 한 형태로 **나타난다** : 이것은 의심할 여지가 없다. 이것은 무엇인가? 이것이 문제인 것이다.) 대체로 생각해서, 금욕주의적 이상과 그 숭고한 도덕적 의례, 신성한 의도라는 비호 아래서 감정의 무절제함을 낳게 하는 이 온갖 수단의 가장 명민하고, 가장 우려할 필요가 없는, 가장 위험한 체계화는 하나의 무서운, 잊을 수 없는 방식으로 인류의 모든 역사에 기록되었다. 유감스럽게도 인류의 역사에 기록된 것만이 아니다……나는 말하자면 유럽인의 건강이나 인종적 힘에 이 이상처럼 파괴적인 영향을 미치게 하는 그 어떤 다른 것이 있다고는 거의 주장할 수 없다. 이것은 전혀 과장하지 않고도 유럽인의 건강의 역사에서 **진정한 숙명**이라 불릴 수 있다. 기껏해야 이 이상의 영향에 견줄 수 있는 것은 또한 게르만인의 독특한 영향 정도이다 : 내가 생각하고 있는 것은 유럽의 알코올 중독인데, 이것은 독일인의 정치적·인종적 우세와 지금까지 보조를 맞추었다(─게르만인들은 그들의 피를 주입하는 곳에서, 또한 악덕도 주입시킨다).─세 번째로는 매독을 언급할 수 있을 것이다.─이것은 멀리 떨어져 있으면서도 가까운 것이다.

22.

금욕주의적 성직자는 자신이 지배했던 곳에서 영혼의 건강을 망가뜨려놓았다. 결과적으로 그는 또한 예술과 문학의 **취미**도 망가뜨려놓았다.─그는 지금도 여전히 그것을 망가뜨리고 있다. '결과적으로'?─이 결과적으로라는 말이 내게 간단히 허용되기를 바란다.

적어도 나는 우선 그것을 증명하기를 원하지는 않는다. 한 가지만 암시한다면, 그것은 그리스도교의 문헌, 진정한 원전, 그 '책 자체'에 관계하는 것이다. 또한 책의 황금 시대였던 그리스-로마의 황금 시대에서조차, 아직은 쇠약해지거나 무너져내리지 않은 고대 저작 세계를 면전에 두고, 즉 그것들을 소유하기 위해서는 오늘날 문헌들의 반 정도도 바꿀 수도 있는 몇 가지 책들을 아직 읽을 수 있었던 시대에, 그리스도교적 선동가들은 — 그들은 교부라 불린다 — 그 단순함과 허영심으로 이미 다음과 같이 선언하고자 한다 : "우리 역시 우리의 고전 문헌을 가지고 있다. 우리에게는 **그리스인들의 고전 문헌이 필요하지 않다**". — 이렇게 말하면서 그들은 성도전(聖徒傳)이나, 사도 편지나 호교용 소책자를 제시했다. 이는 오늘날 영국의 '구세군'이 유사한 문헌으로 셰익스피어나 다른 '이교도'와 싸우는 것과 거의 같다. 이미 짐작하고 있겠지만, 나는 《신약성서》를 좋아하지 않는다. 가장 중시되고 지나치게 중시되고 있는 이 책에 대한 나의 취미가 이처럼 고립적이라는 것이 거의 나를 불안하게 할 지경이다 (2천 년 간의 취미가 나에게 **반대하고** 있다) : 그러나 어쩔 도리가 없다! "나는 여기에 서 있다. 나는 달리 어쩔 수가 없다". — 나는 내 악취미를 지킬 용기가 있다. 《**구약성서**》— 실로 이것은 완전히 다른 것이다 : 《구약성서》에 전적으로 경의를 표하자! 그 안에서 나는 위대한 인간들, 영웅적 광경, 지상에서 가장 드문 어떤 것, **강인한 심정**이 지닌 유일무이한 순박함을 본다. 게다가 나는 그 안에서 한 민족을 본다. 반면 《신약성서》 안에서는 오직 사소한 종파적 무질서만이, 오직 영혼의 로코코풍만이, 오직 요란한 허식이나 구석진 것이나 이상한 것만이, 오직 비밀집회의 공기만이 보이며, 잊을 수 없는 것은 그 안에서 때때로 그 시대(그리고 로마의 영역)에 속하면서, 유대적인 것도 아니고 헬레니즘적인 것도 아닌 목가적 달콤함의 냄새가 난다는 것이다. 겸손과 거드름은 서로 밀접해 있으며, 거의 마비될 정도의 감정의 지껄임이 있고, 열정은 있는데, 정열이 없고, 불쾌한 몸짓이 있다. 여기에는 분명 모든 훌륭한 교육이 없었다. 이들 경건한 남성들이 하듯이, 자신의 사소한 부덕으로 그와 같은 많은 일을 할 필요가 있겠는가? 그러한 일로는 수탉도 울지 않는다. 하물며 신(神)은 말할 것도 없다. 그들, 즉 이러한 시골의 소인배들은 모두 마침내 "영원한 생명의 관(冠)"까지도 갖고 싶어 한다 : 그러나 무엇 때문에? 그러나 무슨 대가로? 더 이상 뻔뻔스러워서는 안 된다. '불멸의' 베드로 : 누가 **그**를 견뎌냈단 말인가? 그들은 웃기는 공명심을 가지고 있다. 이 **자들**은 그의 가장 사적인 생활, 그의 어리석음, 슬픔, 빈둥거리는 자의 근심을 마치 그러한 것을 염려하는 것이 의무 자체인 듯 자세히 설명하며, 이 **자들**은 지치지 않고 신마저도 그들이 잠겨 있는 가장 사소한 비참함 속으로 넣어 얽어매버린다. 최악의 취미를 가진 신과의 이러한 끊임없는 너와 너의 관계란! 주둥이와 억센 손으로 행하는 이 유대적이지만, 단순히 유대적이지만은 않은 신에 대한 뻔뻔스러움!……동아시아에는 멸시당하는 키 작은 '이교민족'이 있는데, 이 초기 그리스도교인들은 그들에게서 어떤 중요한 것, 즉 외경의 예의라는 것을 배울 수도 있었을 것이다. 그리스도교의 선교사들이 증언하는 바처럼, 저 이교민족은 그들의 신의 이름을 입에 올리는 것을 절대 허용하지 않는다. 이것은 내게는 매우 민감한 문제라고 생각된다. 확실한 것은 이것이 '초기' 그리스도교인들에게만 너무 민감한 문제는 아니라는 것이다 : 그와 대비되는 흔적을 찾기 위해서는 독일이 낳은 이 '가장 웅변적이고', 가장 오만불손한 농부인 루터를, 신과의 대화에서 바로 가장 그의 마음에 들었던 루터적인 어조를 상기해보자. 교회의 중개자적 성도에 대한 (특히 악마의 돼지 교황에 대한) 루터의 저항은 의심할 여지 없이 궁극적으로는 교회의 **좋은 예법**이 언짢아 한 우악한 자의 저항이었다. 즉 이는 성직자적 취미의 저 외경의 예법인데, 이는 오로지 좀더 헌신하는 자들이나 좀더 침묵하는 자들만이 가장 성스러운 세계에 들어가고, 우악한 자는 막아버리는 것이었다. 바로 여기에서 이러한 자는 절대로 말을 해서는 안 된다. — 그러나 농부인 루터는 완전히 다른 것을 원했다. 그러한 것은 그에게는 충분히 **독일적인 것**이라고 할 수 없었다 : 그는 무엇보다도 자신의 신과 직접 이야기하기를, 스스로 이야기하기를, '마음을 터놓고' 이야기하기를 원했다······정말, 그는 그것을 해냈다. — 잘 알고 있겠지만, 금욕주의적 이상은 결코, 어느 곳에서도 좋은 취미를 길러주는 학교가 아니며, 좋은 예법을 길러주는 학교는 더욱 아니다. — 그것은 기껏해야 성직자적 예법을 길러주는 학교였다 — : 이것은 모든 좋은 예법의 불구대천의 적이라고 할 수 있는 그 무엇을 몸 안에 스스로 지니게 만든다. — 절도가 부족하고, 절도에 반감을 가진다는 것, 이것은 그 자체로 '지극히 극단적인 것'이다.

23.

금욕주의적 이상은 건강과 취미만을 망가뜨렸던 것은 아니다. 그것은 여전히 제3의 것, 제4의 것, 제5의 것, 제6의 것을 망가뜨렸다.—나는 이 모든 것을 말하는 것을 피하려고 한다(내가 언제 끝에 이르겠는가!). 내가 여기에서 밝히고자 했던 것은 이러한 이상이 어떤 **영향을 끼쳤는가**가 아니다. 오히려 오직 그 이상이 의미하는 것은 무엇인가, 그것이 알게 하는 것은 무엇인가, 그 이상의 배후에, 그 아래에, 그 속에 숨어 있는 것은 무엇인가, 그것은 무엇 때문에 의문부호와 오해를 지나치게 담고 있으면서, 예비적이며 모호한 표현을 하고 있는 것일까 등이다. 오직 이러한 목적 때문에 나는 내 독자들에게 이 이상의 영향이나, 또한 그 숙명적인 영향의 무서운 광경을 아끼지 말고 바라보기를 바랐다 : 즉 그것은 나에게는 저 이상의 의미에 대한 물음으로 나타나는 최후의 가장 무서운 광경에 대해서 독자들에게 마음의 준비를 시키는 데 있었다. 저 이상의 **힘**이, 그 힘의 **거대함**이 의미하는 것은 무엇인가? 왜 이 이상에는 이와 같은 정도의 공간이 주어졌던가? 왜 더 나은 저항을 하지 않았던가? 금욕주의적 이상은 하나의 의지를 표현하고 있다 : **반대의 이상**을 표현하고 있는 반대의 의지는 어디 있는가? 금욕주의적 이상은 하나의 **목표**를 가지고 있다.—이와 같은 이상은 충분히 보편적인 것이어서, 인간 생활의 나머지 모든 관심은 이것을 기준으로 할 때, 사소하거나 협소한 것으로 보인다. 이 이상은 시대, 민족, 인류를 가차없이 이 하나의 목표에 비추어 해석한다. 그것은 다른 어떤 해석이나 다른 목표를 허용하지 않는다. 그것은 오직 **자기 해석**이라는 의미에서 거부하거나, 부정하거나, 긍정하거나, 시인한다(일찍이 이것보다 더 철저히 사유된 해석체계가 있었던가?). 그것은 어떤 힘에도 굴하지 않고, 오히려 모든 힘에 대한 자신의 특권이나, 모든 힘에 대해 자신의 절대적 **등급의 거리**를 믿는다.—이것은 지상에 존재하는 그 어떤 힘도 이 **금욕주의적 이상**의 작업을 하기 위한 도구로, 이 이상의 목표에, 유일한 목표에 이르기 위한 길이나 수단으로, 이 이상에서 어떤 의미나, 생존권이나, 가치를 받아들일 수밖에 없다고 믿는다……이와 같은 의지, 목표, 해석의 폐쇄된 체계에 반대되는 것은 어디에 있는가? 왜 반대되는 것이 **없는가**?……**또 다른 '유일한 목표'** 는 어디에 있단 말인가?……그러나 사람들은 나에게 다음과 같이 말한다. 즉 그것은 없는 것이 아니다. 그것은 저 이상과 길고도 성공적으로 싸웠을 뿐만 아니라, 오히려 모든 중요한 일에서 이미 저 이상을 지배하고 있었다 : 우리의 현대 **과학** 전체가 그 증거이다. ― 이러한 현대 과학, 이것이야말로 진정한 현실 철학이며, 분명히 오직 자기 자신만을 믿고, 분명히 자기 자신에 대한 용기나 자기 자신에 대한 의지를 가지고 있으며, 지금까지 신이나, 저편 세계나, 부정의 덕목 없이도 잘 헤쳐나갔다. 하지만 이러한 소음 같은 소리나 선동가의 잡설은 나를 설득시키지 못한다 : 이러한 현실적 나팔수들은 보잘것없는 음악가들이며, 그들의 소리는 심층에서 나오는 것으로 들리지 **않는다**. 그들의 입에서 나오는 말은 과학적 양심이라는 심연의 소리가 아니다 ― 왜냐하면 오늘날 과학적 양심은 하나의 심연이기 때문이다 ― . 이러한 나팔수의 입에 오르내리는 '과학'이라는 용어는 단지 음란함, 남용, 뻔뻔스러움이다. 진리란 여기에서 주장되고 있는 것과는 정반대되는 것이다. 과학은 오늘날 자기 자신에 대한 이상은 말할 것도 없고, 자기 자신에 대한 믿음을 전혀 가지고 있지 **못하다**. 그리고 과학이 요컨대 정열, 사랑, 격정, **고통**인 경우에도, 이것은 저 금욕주의적 이상의 반대가 아니라, 오히려 **그것의 가장 최근의 가장 고귀한 형식** 자체이다. 그대들에게는 이것이 낯설게 들리는가?……오늘날의 학자들 가운데서도 자신들의 조그마한 구석 공간에 만족해하는 용기 있고 겸손한 노동자 무리들이 있다. 그들이 거기에 만족하기 때문에, 이 무리는 잠시 동안 약간은 불손하게 다음과 같은 요구를 하며 떠들게 된다. 그러니까 우리는 어쨌든 오늘날 만족해야만 한다. 특히 과학에 **만족해야만 한다**는 것이다. —거기에는 실로 유익한 것이 많이 있을 것이다. 나는 이것을 반대하지는 않는다. 나는 이들 정직한 노동자들이 자신의 일에서 느끼는 즐거움을 망치는 것을 조금도 원하지 않는다 : 나도 그들의 일에서 즐거움을 느끼고 있으니까 말이다. 그러나 오늘날 과학에서 엄격한 작업이 이루어지고 있고, 그것에 만족해하는 노동자들이 있다고 해서, 이것이 전체로서의 과학이 오늘날 하나의 목표, 하나의 의지, 하나의 이상, 커다란 믿음에 대한 정열을 지니고 있다는 것을 증명하는 것은 결코 아니다. 이미 말했듯이, 그 반대야말로 사실이다 : 과학이 가장 최근에 나타난 금욕주의적 이상의 형식이 아닌 경우에—여기에서 문제가 되는 것은 이로 말미암아 전체적인 판단의 방향을 바꿀 수 있기에는 너무 진귀하고, 고귀하며, 특별한 경우들인데—과학은 오늘날 모든 종류의 불만, 불신, 설치류 벌레, 자기 멸시, 양심의 가책 등이 숨는 **은신처**이다.—과학은 이상 상실 자체의 **불안**이며, 위대한 사랑의 **결여**에서 오는 고통이며, 본의 아닌 만족 상태에 대한 불만이다. 오, 오늘날 과학은 모든 것을 숨기고 있는 것이 아닐까! 과학은 적어도 얼마나 많은 것을 숨겨야만 **하는가**! 우리의 가장 훌륭한 학자들의 재능, 정신없이 노력하는 그들의 근면, 밤낮없이 일하는 그들의 두뇌, 그들의 일에 대한 장인 정신 그 자체—이 모든 것은 그 자체로 무엇인가를 볼 수 없게 만든다는 점에서, 얼마나 종종 진정한 의미를 가지고 있단 말인가! 자기 마비의 수단으로서의 과학 : 그대들은 이것을 알고 있는가?······학자들은 — 학자들과 교제하는 사람이라면 누구나 경험하는 바이지만 — 때때로 악의 없는 말 한 마디로 뼈 속까지 상처를 입는다. 그들에게 경의를 표하려고 마음먹는 순간, 우리의 박학한 친구들은 자신에게 화를 낸다. 본래 그것이 누구와 관련되어 있는 것인지, 자기 자신의 존재를 스스로 인정하고자 하지 않는 **고통받는** 자와 관련이 있는 것인지, **제정신으로 돌아간다는** 단 한 가지만을 두려워하는 마취에 걸린 자나 정신을 잃어버린 자와 관련되어 있는 것인지를 추측하기에는 우리가 너무 조야하기 때문에, 우리는 그들을 어쩔 줄 모르게 만든다······

24.

—그에 대해 이제는 내가 말했던 저 한층 드문 경우, 즉 오늘날 철학자나 학자들 가운데 존재하는 마지막 이상주의자들을 살펴보자 : 그들 가운데 아마도 우리가 찾던 금욕주의적 이상의 **반대자들**이, 즉 그 반(反)이상주의자들이 있는 것은 아닐까? 사실 그들, 이 '불신자들'은 스스로를 그러한 존재라고 믿고 있다(왜냐하면 그들 모두 그러한 존재이기 때문이다). 이러한 이상의 반대자가 된다는 것이야말로 그들의 마지막 신앙의 일부처럼 보이기에, 그들은 이 입장에 대해서는 매우 진지하며, 이 점에서 그들의 말이나 몸짓이야말로 매우 정열적이 된다 : —그 때문에 그들이 믿는 것이 이미 **진실하다고** 할 필요가 있단 말인가?······우리, '인식하는 자들'은 온갖 종류의 신자를 차츰 불신한다. 우리의 불신은 점차 우리에게 사람들이 그전

에 했던 추론과는 반대로 추론하도록 가르친다 : 즉 신앙의 강함이 매우 강조되는 곳에서는 어디서든, 믿고 있는 것을 증명하는 것이란 어쩐지 취약하고, 진실과 부합하지 않다는 것을 추론하게 한다. 우리 역시 신앙이 사람들을 '축복하게 한다'는 사실을 부정하는 것은 아니다 : **바로 그렇기 때문에 우리는 신앙이 그 어떤 것을 증명한다는 것**을 부정한다. — 사람들을 축복하게 하는 강한 신앙이란 신앙의 대상에 대한 의혹이며, 이 신앙이란 '진리'를 입증하는 것이 아니라, 어떤 개연성을 — 즉 **미망(迷妄)**일지도 모른다는 개연성을 입증하는 것이다. 이제 이 경우에는 어떻게 되는가? — 오늘날 이 부정하는 자들과 외부에 있는 자들, 지적 결백을 요구하며 한 가지 일에만 무조건 매달리는 이러한 자들, 우리 시대의 명예가 되는 이 준엄하고 엄격하고 절제하는 영웅 정신의 소유자들, 이 모든 창백한 무신론자, 반그리스도교인, 비도덕주의자, 허무주의자, 이러한 회의주의자, 정신의 **결핵환자**(어떤 의미에서 그들은 예외 없이 이러한 자들이다), 오늘날 오직 홀로 지적 양심을 지니고 이를 구현한 이러한 최후의 인식의 이상주의자들, — 이들, 이 '자유로운, **지극히** 자유로운 정신'은 진정 스스로가 될 수 있는 한 금욕주의적 이상에서 해방되었다고 믿는다 : 그러나 내가 그들 자신이 볼 수 없는 것을 — 왜냐하면 그들은 너무 가까이 있기 때문에 — 그들에게 보인다면, 이 이상이야말로 또한 **그들의** 이상이기도 하며, 그들 자신만이 오늘날 이 이상을 표현하고 있지 그 외에 어느 누구도 아마 이것을 표현하지는 못할 것이다. 그들 자신은 이 이상을 가장 정신화하여 나온 산물이며, 그 최전선의 전투병이자 정찰병이며, 가장 위험하며, 가장 민감하고, 가장 불가해한 유혹의 형식이다 : — 만일 내가 어떤 곳에서 수수께끼를 푸는 자로 있게 된다면, 나는 이러한 명제로 그것을 풀고자 할 것이다!……아직까지 오랫동안 자유정신이란 없었다 : 왜냐하면 그들은 아직 진리를 믿고 있기 때문이다……그리스도교 십자군이 동방에서 저 무적의 아사신 교단 Asassinen-Orden,[18] 특히 가장 하급자마저도 복종 속에서 살았기에, 어떤 교단도 그와 같은 교단에 미치지 못했던 저 자유정신의 교단과 부딪혔을 때, 그들은 어떤 방식으로 오직 최고위층에게만 비전(秘傳)으로 남겨놓았던 저 상징과 부호에 대해서도 눈짓으로 알았던 것이다 : "진리란 없다. 모든 것이 허용된다"……이제 이것은 정신의 자유였다. 그것에 의해 신앙은 진리 그 자체에도 파산 선고를 내렸다……유럽의, 그리스도교적 자유정신은 이미 이러한 명제와 그 미로 같은 결과 속으로 들어가 길을 잃은 적이 있었던가? 이 자유정신은 동굴 속의 미노타우로스를 경험으로 알고 있단 말인가?……나는 그것을 의심한다. 그뿐만이 아니라, 나는 그것이 다르다는 것을 알고 있다 : ─ 한 가지 일에만 부소선 매달리는 이러한 자들, 이른바 이러한 '자유정신'에게는 저러한 의미에서의 자유와 해방처럼 낯선 것도 없다. 그들은 어떤 관점에서도 그렇게 굳게 구속되어 있지는 않지만, 바로 진리에 대한 믿음에서는 다른 누구에게서도 볼 수 없을 만큼 굳게 무조건적으로 구속되어 있다. 나는 이러한 모든 것을 아마도 너무 정확히 잘 알고 있다 : 그러한 신앙 때문에 존경할 만한 저 철학자들의 절제, 마침내는 부정도 긍정도 똑같이 엄하게 금하게 되는 저 지성의 스토아주의, 사실 앞에, 어리석은 사실 앞에 서 있고자 하는 저 의욕, 오늘날 프랑스 과학이 독일의 과학에 대해 일종의 도덕적 우월성을 찾고 있는 저 '작은 사실'의 숙명론 (내가 명명하기로는 이 작은 사실주의), 해석 일반에 대한 (폭력, 수정, 약축, 생략, 변조, 날조, 위조, 그 밖의 모든 해석의 **본질**에 속하는 것에 대한) 저 단념, 이것은 대체로 말해서, 어떤 관능을 부정하는 것과 마찬가지로 덕의 금욕주의를 아주 잘 표현하고 있다(이것은 근본적으로 이러한 부정의 한 양태일 따름이다). 그러나 이 금욕주의를 **강제하는 것**, 즉 진리를 향한 무조건적 의지란 **금욕주의적 이상 자체에 대한 신앙**인 것이다. 비록 이 신앙의 무의식적인 명법으로 존재한다고 해도 그렇다. 이 점을 착각해서는 안 된다.─이것은 형이상학적 가치, 진리의 가치 **그 자체**에 대한 신앙이며, 또한 이 가치는 저 이상 속에서 보증되고 확인된다(이 가치는 저 이상과 더불어 흥망을 같이한다). 엄격히 판단해서, '무전제의' 과학이란 존재하지 않는다. 그러한 것을 생각하는 것은 상상할 수 없는 일이며, 터무니없는 일이다 : 과학이 신앙에서 하나의 방향, 하나의 의미, 하나의 한계, 하나의 방법, 하나의 생존 **권리**를 얻기 위해서는, 하나의 철학, 하나의 '신앙'이 항상 먼저 거기 있어야만 한다 (이것과 반대로 이해하는 자, 예를 들어 철학을 '엄밀한 학적 토대 위에' 세우려고 하는 자는 그 때문에 먼저 철학뿐만 아니라, 진리 자체를 **뒤집어놓을** 필요가 있다. 이것은 존경할 만한 두 여자를 배려하는 데서 있을 수 있는 불쾌한 예의의 손상이다). 그렇다. 이것은 의심의 여지가 없다.─이 점에 대해 나는 나의 《즐거운 학문》에서 말했다. 이 책 제5장 344절을 참조하라.─과학에 대한 신앙이 전제로 하고 있듯이, 저 대담하고 궁극적인 의미에서의 진실한 인간은 그 신앙에 의해 삶의 세계, 자연의 세계, 역사의 세계와는 **다른 세계를 긍정한다**. 그가 이러한 '다른 세계'를 긍정하는 한, 어떻게 되는가? 그는 바로 그것에 의해 그 세계와는 다른 것, 즉 이 세계, **우리의**

세계를 — 부정해야만 하는 것일까?……우리의 과학에 대한 신앙이 근거로 하고 있는 것은 여전히 **형이상학적 신앙**이다. — 오늘날 우리 인식하는 자들, 우리 무신론자들이며 반(反)형이상학자들, 우리 역시 천 년 간이나 낡은 신앙이 불붙여왔던 저 불길에서, 신은 진리이며, 진리는 **신적인 것**이라는 저 그리스도교의 신앙 — 이것은 플라톤의 믿음이기도 하다 — 에서 또한 **우리의 불을 얻는다**……그러나 바로 이 신앙이 점점 더 믿을 수 없는 것으로 된다면, 오류나 맹목이나 거짓 외에는 더 이상 아무것도 신적인 것으로 증명되는 것이 없다면 — 신 자체가 우리의 **가장 오래된 거짓**으로 드러난다면? — 어떻게 되는가? — 이 자리에서 멈추고 오래 생각해볼 필요가 있다. 과학 자체는 이제 변명이 **필요하다**(그렇다고 해서 과학을 위한 그러한 변명이 있다고 아직은 말할 수 있는 것은 아니다). 이러한 물음에 대해 가장 오래전부터 최근에 이르는 철학을 살펴보자 : 이 모든 철학 안에는 진리를 향한 의지 자체가 어느 정도나 먼저 변명을 필요로 하는지에 대한 문제 의식이 빠져 있다. 이 점에서 모든 철학에는 어떤 결점이 있는 것이다. — 이 원인은 어디에서 오는 것일까? 그것은 금욕주의적 이상이 모든 철학을 지금까지 **지배했기** 때문이며, 진리가 존재로, 신으로, 최고의 법정 자체로 세워졌기 때문이며, 진리를 문제 삼는 것이 전혀 **허용되지** 않았기 때문이다. 이 '허용된다'는 말을 이해하는가? — 금욕주의적 이상의 신에 대한 신앙이 부정되는 그 순간부터, **또한 어떤 새로운 문제가 있게 된다** : 그것은 진리의 가치에 대한 문제이다. — 진리를 향한 의지는 비판될 필요가 있다 — 여기에서 우리의 과제를 규정해보자 —. 즉 시험삼아 한번은 진리의 가치를 **문제 삼아야만 한다**……(이것이 너무 간략히 이야기되었다고 생각되는 사람에게는 '어느 정도까지 우리 역시 아직 경건한가'라는 제목의 《즐거운 학문》의 저 단락, 344절을 읽을 것을 권한다. 가장 좋은 것은 그 책의 5장 전체와 또한 《아침놀》의 머리말을 읽는 것이다.)

25.

그렇지 않다! 내가 금욕주의적 이상의 천성적 적대자를 찾을 때, 내가 "그 이상과 **반대되는** 이상을 표현하고 있는 반대 의지는 어디에 있는가?"라고 물을 때, 과학은 나에게 적합하지 않다. 그렇게 되기에는 과학이란 아직 충분히 자립적이지 못하다. 과학이란 모든 관점에서 먼저 하나의 가치 이상, 하나의 가치 창조의 힘을 필요로 한다. 이러한 것에 **봉사함**으로써 과학은 그 자신을 **믿을 수 있게 된다**. ― 과학 자체는 결코 가치 창조적인 것이 아니다. 금욕주의적 이상과 과학의 관계는 그 자체로는 아직 적대적인 것이 아니다. 오히려 과학은 대체로 금욕주의적 이상의 내적 형성의 추진력을 나타내고 있다. 과학의 모순과 투쟁은 정확히 음미해보면 결코 저 이상 자체에 관한 것이 아니며, 단지 그 외벽, 의상, 가면극, 그 일시적인 경화(硬化), 강직화, 교리화에 관한 것일 뿐이다. ― 과학은 저 이상의 외부적인 것을 부정함으로써, 그 이상의 생명을 다시 자유롭게 했다. 과학과 금욕주의적 이상, 이 양자는 실로 하나의 지반 위에 서 있다 ― 나는 이것을 이미 이해시켰다 ― : 즉 이 양자는 진리에 관한 똑같은 과대평가 위에 있는 것이다(더욱 정확히 말하자면, 진리란 평가할 수 없고 비판할 수 없다고 믿는 동일한 신앙 위에 서 있는 것이다). 따라서 이들은 **필연적으로** 동맹 관계에 있으며, ─ 그렇기 때문에 공격당하게 되면, 언제나 함께 공격당하고 문제가 될 수 있는 것이다. 금욕주의적 이상의 가치 평가는 어쩔 수 없이 또한 과학의 가치 평가를 자기 쪽으로 끌어당긴다 : 이 사실에 대해 우리는 눈을 밝게 열고 귀를 세워야만 한다! (예술, ─ 나는 언젠가 이 문제에 대해 좀더 길게 다시 언급하려 하기 때문에, 미리 말하자면, ─ 바로 **거짓**이 신성시되고, **기만하려는** 의지가 한쪽에서 선한 의지를 갖는 이 예술이란 과학보다도 훨씬 더 근본적으로 금욕주의적 이상에 대립되어 있다 : 유럽이 지금까지 낳은 이러한 최대 예술의 적인 플라톤의 본능은 이것을 감지했다. 플라톤 대 호메로스 : 이것이야말로 완전하고 진정한 적대 관계이다 ─ 전자는 최선의 의지를 지닌 '저편 세계의 인간'이자 삶의 위대한 비방자이고, 후자는 의도하지 않은 삶의 숭배자이자 **황금**의 자연이다. 그러므로 금욕주의적 이상에 봉사하고 있는 예술가의 헌신이란 있을 수 있는 예술가의 **부패** 중에서도 가장 본래적인 부패이며, 유감스럽게도 가장 통례적인 부패 가운데 하나이다 : 왜냐하면 예술가처럼 부패하기 쉬운 존재도 없기 때문이다.)
또한 생리학적으로 검토해보자면, 과학은 금욕주의적 이상과 동일한 기반 위에 바탕을 두고 있다 : 양자의 전제는 어떤 **생명의 빈곤화**이다. ─ 정서가 차가워지고, 속도가 느려지며, 본능 대신 변증법이 나타나고, 얼굴이나 몸짓에 **진지함**이 나타나 있다(힘겨운 신진대사나, 투쟁하고 있는, 좀더 힘들게 노력하고 있는 삶을 나타내는 이 명료한 징조로서의 진지함). 학자가 중요시되는 어떤 민족의 시대를 관찰해보자 : 이는 피로의 시대이며, 황혼의 시대, 쇠망의 시대이다. ─ {이 시대에는} 넘쳐 흐르는 힘, 삶의 확실성, **미래의 확실성**이

사라져버린다. 중국식 고관이 권세를 떨친다는 것은 결코 좋은 일이
아니다 : 민주주의의 도래, 전쟁 대신 평화 중재 재판의 등장, 여성
동등권의 출현, 동정 종교의 등장, 그 밖에 하강하는 삶의 징조라 할
수 있는 모든 것 역시 좋은 일이 아니다. (과학을 문제 삼는다면, 과
학이란 무엇을 의미하는 것인가? ─이에 대해서는 《비극의 탄생》
의 머리말을 참조할 것.) ─그렇지 않다! 이 '현대 과학'은─그대들
은 오직 이것에 대해서만은 눈을 뜨고 있어야 한다! ─당분간 금욕
주의적 이상의 **최상**의 동맹자인데, 이것은 바로 이 과학이 가장 무
의식적이고, 가장 비자발적이고, 가장 은밀하고 가장 지하의 동맹자
이기 때문이다! 이들 '정신이 빈곤한 자들'과 저 이상에 대한 과학적
적대자들은 지금까지 같은 놀이를 해왔던 것이다(덧붙여 말하자면,
이 과학적 적대자들이 정신이 빈곤한 자들의 반대, 즉 정신이 **풍요
로운 자들**이라고 생각하는 것에는 조심하도록 하자 : ─그들은 그
러한 자들이 **아니다**. 나는 그들을 정신의 결핵환자라고 불렀다). 과
학의 이러한 유명한 **승리**, 이는 의심할 여지 없이 승리이지만─그
러나 무엇에 대한 승리란 말인가? 이 승리는 금욕주의적 이상을 완
전히 정복하지 못했다. 이 이상은 이것으로 인해 더욱 강화되었고,
다시 말해 더욱 이해할 수 없는 것, 더욱 정신적인 것, 더욱 위험한
것이 되었으며, 이와 같은 이상에 세우며 그 모습은 **거칠게 만들었던**
성벽이나 외벽은 과학에 의해 다시 가차없이 해체되고 부숴진 것이
다. 사실 신학적 천문학의 패배가 저 이상의 패배를 의미하는 것이
라고 생각하는 사람이 있을까?……이 생존이 그 후에 **눈에 볼 수 있
는** 사물의 질서 속에서 더욱 자의적인 것, 더욱 할 일 없는 것, 더욱
쓸모없는 것으로 나타나게 됨에 따라, 아마도 인간은 자기 생존의

수수께끼를 저편 세계에서 해결할 것을 덜 갈구했던 것은 아닐까? 바로 인간의 자기 왜소화는, 자기 왜소화를 향한 인간의 의지는 코페르니쿠스 이래로 끊임없이 증가된 것은 아닐까? 아, 존재의 서열 가운데 인간의 존엄성, 유일성, 대체 불가능성에 대한 믿음은 사라졌다.―인간은 **동물**이 되어버렸다. 비유나 제(除)하거나 제약 없이 말해 동물이 되어버렸다. 인간은 좀더 앞선 자신의 신앙에서는 거의 신('신의 아들', '신인(神人)')이었다……코페르니쿠스 이래 인간은 경사면에 놓인 것처럼 보인다.―인간은 이제부터 중심점에서 점점 더 빨리 떨어져 굴러간다.―어디로? 허무로? "파고들어가는 자신의 허무의 감정"으로?……그렇다! 이것이야말로 낡은 이상으로 가는 곧은 길이 아닌가?……모든 과학(그것은 결코 천문학에만 한정되지 않는다. 천문학이 인간의 자존심을 상하게 만들고 비하시키는 영향에 대해 칸트는 "그것이 나의 중요성을 부정한다"고 주목할 만한 고백을 한 바 있었다……), 이 모든 과학은 그것이 자연과학이든 **비자연과학**이든―나는 인식의 자기 비판을 이렇게 부른다―오늘날 인간의 자기 자신에 대한 존경심이 기묘한 자만에 불과했다는 것을 인간에게 설득하려 하고 있다. 과학은 이러한 노력으로 얻어진 인간의 **자기 멸시**를 인간의 자기 자신에 대한 존경심의 최후의, 가장 진지한 요구로 견지하는데, 이 점에서 심지어는 고유한 자부심이나 고유한 준엄한 형식의 스토아적인 평정심을 갖게 된다고 말할 수도 있을 것이다(사실 이렇게 말하는 것이 옳다. 왜냐하면 경멸하는 자는 언제나 "존경하는 것을 잊어버리지 않았던 사람이기도 하기 때문이다"……). 이것이 도대체 금욕주의적 이상을 **저지하는** 것이 될 것인가? 신학적 개념의 독단론('신', '영혼', '자유', '불멸성')에 대한 칸트의 **승리**가 저 이상을 부숴버렸다는 것을 사람들은 정말 진지하게 아직도(신학자들이 오랫동안 그렇게 상상해왔던 것처럼) 믿고 있는 것일까? — 이 경우에 칸트 스스로가 그와 같은 것을 의도하기라도 했는가라는 문제는 우선 우리와는 아무 상관이 없다. 확실한 것은 온갖 종류의 초월론자들이 칸트 이래로 다시 게임에서 이겼다는 사실이다. — 그들은 신학자들에게서 해방되었다 : 얼마나 행운인가! — 칸트는 그들이 이제부터 독자적으로 최선의 학문적 예의를 갖추어 '그들 마음속의 소망'대로 따라갈 수 있는 저 샛길을 그들에게 가르쳐주었던 것이다. 또한 미지의 것이나 신비한 것 자체의 숭배자로서 불가지론자들이 **의문부호 자체**를 이제 신으로 경배한다고 할 때, 이제부터 누가 그들에게 화를 낼 수 있겠는가? (샤베 두당 Xaver Doudan[19]은 아주 단순하게 미지의 것 속에 머무는 것 대신, 알 수 없는 것을 **경배하는** 습관이 야기한 폐해에 대해 말했다. 그는 고대인이 그러한 폐해에서 벗어나 있다고 생각한다.) 인간이 '인식하는' 모든 것이 그의 소망을 채워주지 못하고, 오히려 그 소망에 반하며 전율을 불러일으킨다고 할 때, 그 책임을 '소망'에서가 아니라, '인식'에서 찾아도 된다는 것은 얼마나 엄청난 핑계인가!…… "인식이란 존재하지 않는다 : **그러므로** — 신은 존재한다" : 얼마나 새로운 우아한 추론이란 말인가! 얼마나 금욕주의적 이상의 **승리**란 말인가! —

26.

— 또는 현대의 역사 기술 전체가 아마 삶에도 확실하고, 이상에

도 확실한 태도를 표시했던가? 현대의 역사 기술의 가장 고귀한 요청은 이제 거울이 되는 것이다. 그것은 모든 목적론을 거부한다. 그것은 더 이상 그 어떤 것도 '증명'하려고 하지 않는다. 그것은 재판관 역할을 하는 것을 부끄럽게 생각하며, 이 점에서 좋은 취미를 지니고 있다. 그것은 긍정도 하지 않으며, 부정도 하지 않고, 확정하며 '기술'할 뿐이다……이러한 모든 것은 고도로 금욕주의적이다. 그러나 이것은 동시에 한층 더 고도로 **허무주의적**이다. 이 점에 속아서는 안 된다! 슬프고, 냉엄하지만 단호한 눈초리가 ─ 고독한 북극의 탐험가가 밖의 세계를 내다보는 것처럼, **밖의 세계를 내다보는** 눈이 있음을 볼 수 있다(아마도 안의 세계를 보지 않기 위해서? 뒤로 돌아보지 않기 위해서?……) 여기에는 눈[雪]이 있고, 여기에는 생명이 침묵하고 있다. 여기에서 시끄럽게 울고 있는 최후의 까마귀들은 '무엇 때문에?', '부질없다!', '허무!'라고 말한다. 여기에는 아무것도 성장하거나 자라나지 않는다. 기껏해야 페터스부르크의 초정치론이나 톨스토이식의 '동정'이 있을 뿐이다. 그러나 저 다른 종류의 역사가들, 즉 아마도 더 '현대적인' 종류의 역사가, '예술가'라는 용어를 장갑처럼 사용하고, 오늘날 관조에 대한 찬사를 완전히 자기 것으로 해버리는, 향락하며 음욕적이고, 삶에나 금욕주의적 이상에나 똑같이 추파를 던지는 종류의 역사가에 대해 말해보자 : 아, 이러한 달콤한 재치꾼들마저도 금욕주의자들이나 겨울 풍경을 얼마나 갈구하고 있는 것일까! 아니다! 이러한 '관조적' 무리는 악마가 잡아갔으면 좋겠다! 오히려 나는 저 역사적 허무주의자들과 가장 음울한 회색의 찬 안개 속을 방황하고 다니는 것이 더 좋을 것이다! ─ 만일 내가 선택을 해야만 한다면, 본래 완전히 비역사주의적인 자나 반역사주의적인 자들에게조차 귀 기울이는 것이 내게는 문제가 되지 않을 것이다(뒤링에게 귀를 기울이는 것도 마찬가지다. 오늘날 독일에서는 지금까지는 여전히 수줍어하며, 아직은 감추어진 '아름다운 영혼'의 한 종족이, 교양 있는 프롤레타리아 내부의 무정부주의의 종족이 뒤링의 목소리에 도취되어 있다). 백 배나 나쁜 것은 '관조하는 자들'이다— : 나는 저 '객관적' 등받이 의자, 저 냄새를 풍기는 역사의 향락주의자, 반은 성직자 나부랭이며, 반은 호색가인 르낭Renan의 향기보다 구역질을 일으키는 것을 알지 못한다. 르낭은 무엇이 자기에게 결여되어 있는지, 어디에 자신의 결함이 있는지, 이 경우에 어디에서 운명의 여신이 그 잔인한 가위를, 아! 너무나도 외과적으로 다루었는지를 이미 박수갈채를 보내며 가성(假聲)으로 소리 높여 말하고 있다! 이것은 내 취미에 맞지 않으며, 또한 견딜 수 없다 : 그러한 장면을 보고서 더 이상 잃어버릴 만한 것이 없는 사람이라면, 참아내면서 보는 것이 좋다.—나는 그러한 장면을 보면 분노한다. 그러한 '관객'은 구경거리(알고 있는 일이지만, 역사 자체) 이상의 '구경거리'에 대해 나로 하여금 화나게 한다. 이 경우 나도 모르는 사이에 아나크레온풍의 기분이 된다. 황소에게는 뿔을, 사자에게는 *크게 벌린 입을* 준 이러한 자연, 그 자연이 나에게 발을 준 이유는 무엇인가?……신성한 아나크레온Anakreon[20])에게 그것은 단지 도망치기 위해서가 아니라, *밟기* 위해서였다! 썩은 등받이 의자, 비겁한 관조, 역사에 대한 호색적인 내시 근성, 금욕주의적 이상에 대한 추파, 성 불능이 정의인 척하는 위선 같은 것을 짓밟기 위해서였다! 나는 금욕주의적 이상에 전적으로 경의를 표하고자 한다. *금욕주의적 이상이 정직한 경우에 한해서 말이다!* 이것이 그 자신을 믿고 우리에게 못된 장난을 하지 않는다면 말이다! 그러나 나는 마침내 무한한 것이 빈대 냄새를 풍길 때까지, 그 공명심이 지칠 줄 모르고 무한한 것의 냄새를 맡는 이 온갖 교태를 부리는 빈대들을 좋아하지 않는다. 나는 인생을 구경거리로 만드는 하얗게 칠한 무덤을 좋아하지 않는다. 나는 지혜에 휩싸여 '객관적으로' 바라보는 피로한 자와 쓸모없는 자를 좋아하지 않는다. 나는 짚으로 만든 머리 위에 이상이라는 요술 두건을 쓰고 있는 영웅으로 분장한 선동가들을 좋아하지 않는다. 나는 금욕주의자들이나 성직자들로 알려지기를 원하지만 근본적으로는 단지 비극적인 어릿광대일 뿐인 야심만만한 예술가들을 좋아하지 않는다. 나는 또한 이상주의를 믿는 이러한 가장 최근의 투기꾼들, 반(反)유대주의자들을 좋아하지 않는다. 이들은 오늘날 그리스도교적으로 아리아적으로 속물적으로 자신들의 눈을 까뒤집고, 가장 진부한 선동 수단인 도덕적 태도를 견딜 수 없을 만큼 남용함으로써 민중 속에 있는 멍청이의 요소들을 모두 불러일으키려고 한다(— 오늘날 독일에서 **온갖 종류의** 정신적인 사기가 성공을 거두고 있다는 사실은 정말 부정할 수 없고 이미 명백한 독일 정신의 **황폐화**와 관련이 있다. 이 황폐화의 원인을 나는 신문과 정치와 맥주와 바그너의 음악을 너무 지나치게 섭취한 데서 찾는다. 게다가 이러한 섭생의 전제가 되는 것은 우선 민족적 강박과 허영, "독일이여, 만방에 빛나는 독일이여"라는 강력하면서도 협소한 원리이지만, 그 다음으로는 '현대적 이념'이라는 진전마비(震顫麻痺)[21]이다). 유럽은 오늘날 무엇보다도 흥분제로 충만해 있고 그것을 발명하는 데 뛰어나다. 자극제와 브랜디보다 더 필요한 것은 없는 것처럼 보인다: 그러므로 또한 이상의 어마어마한 위조, 이러한 정신의 브랜디도 필요하게 되며, 그러므로 또한 모든 곳에 널리 퍼져 있는 불쾌하고, 악취 풍기는, 거짓의 사이비 알코올 냄새도 필요하게 된다. 나는 이 유럽의 공기가 다시 좀더 청정한 냄새를 풍기도록 하기 위해, 얼마나 많은 위조된 이상주의나 영웅의 복장이나 호언장담이라는 금속성 장난감의 뱃짐이, 얼마나 많은 설탕이 가미된 알코올성의 동정(상표 : 고통의 종교)을 담은 통[桶]이, 얼마나 많은 정신적인 편평족(扁平足) 환자를 돕기 위한 '고귀한 분노'라는 의족이, 얼마나 많은 그리스도교적 도덕적 이상의 **코미디언**들이 오늘날 유럽에서 수출되어야만 했는지를 알고 싶다……이러한 과잉 생산에 대해서는 분명 새로운 **무역**의 가능성이 열려 있다. 작은 이상의 우상과 그에 귀속된 '이상주의자'들과 분명 새로운 '거래'를 할 수 있다.—이러한 노골적인 암시의 말을 건성으로 듣지 말라! 이 새로운 거래를 할 만한 용기가 있는 사람이 누구인가?—우리는 전 세계를 '이상화'할 만한 **근거**를 가지고 있는 것이다!……그러나 내가 말하는 용기가 무엇이란 말인가 : 여기에서는 오직 하나만이, 즉 손이, 하나의 공평무사한, 매우 공평무사한 손이 필요하다……

27.

—충분하다! 충분하다! 그렇게 우스꽝스럽기도 하고 불쾌하기도 한 가장 현대적인 정신의 이 기묘하고 복잡한 문제에 대해 언급하지 말기로 하자 : 바로 **우리의** 문제, 즉 금욕주의적 이상의 의미에 관한 문제는 이러한 문제들을 포기할 수 있다.—이러한 문제가 어제나 오늘과 무슨 관계가 있단 말인가! 저 문제에 대해서 나는 다른

연관성에서 좀더 근본적이고 더 엄격하게 다룰 것이다('유럽 허무주의의 역사에 관하여'라는 제목으로 말이다. 이것에 대해서는 내가 준비 중인 《힘에의 의지, 모든 가치의 가치전도의 시도*Der Will zur Macht, Versuch einer Umwertung aller Werthe*》라는 저서를 볼 것을 권한다). 오직 나에게는 중요한 문제가 되기에 여기서 지적해야만 하는 것은 이러한 것이다 : 금욕주의적 이상에는 가장 정신적인 영역에서도 우선은 언제나 단 한 종류만의 실제의 적들과 **가해자들**이 있다 : 이들은 이러한 이상의 코미디언들이다. — 왜냐하면 이들은 불신을 불러일으키기 때문이다. 오늘날 정신이 엄격하게, 힘 있게, 화폐의 위조 없이 활동하는 다른 모든 곳에서, 이제 정신은 **그 진리를 향한 의지를 제외하고는**, 대체로 이상을 필요로 하지 않는다. — 이러한 절제를 나타내는 통속적인 표현이 '무신론'이다 — : 그러나 이러한 의지, 이러한 이상의 잔여물은, 나를 믿어주기를 바라건대, 가장 엄격하게, 가장 정신적으로 정식화된 저 이상 자체이며, 모든 외벽을 제거한 아주 신비적인 것이고, 따라서 그 이상의 잔여물이라기보다는 **핵심**이다. 절대적으로 성실한 무신론(— 이 공기만을 우리, 이 시대의 좀더 정신적인 인간인 우리가 호흡하고 있는 것이다!)은 따라서 겉보기처럼 저 이상에 대립되는 것이 아니다. 오히려 이 무신론은 그 마지막 발전 과정의 하나일 따름이며, 그 추리 형식이나 내적 논리적 결론의 하나일 따름이다. — 이것은 2천 년에 걸친 진리를 향한 훈련의 장중한 **파국**이며, 이것은 마침내 **신에 대한 신앙의 허위를 스스로 금지하게 한 것이다.** (이와 같은 전개 과정은 인도에서도 있었지만, 완전히 독립적으로 전개된 것이며, 따라서 이것은 그 무엇인가를 입증한다. 똑같은 이상이 어쩔 수 없이 동일한 귀결에 이르게 된다. 결정적인 점에 이른 것은 유럽의 기원보다 5세기 전에 부처와 더불어서였다. 더 자세히 말하자면, 이미 이것은 샹캬철학 Sankyam-Philosophie[22])과 더불어 이루어졌는데, 이것은 부처에 의해 통속화되고 종교로 만들어진 것이다.) 아주 엄격하게 물어본다면, 도대체 그리스도교적인 신을 이겨낸 것은 무엇인가? 그 대답은 나의 《즐거운 학문》 357절에 있다 : "그리스도교적 도덕성 자체, 더욱 엄격하게 해석된 성실성의 개념, 모든 희생을 감수하고라도 과학적 양심이나 지적 결백성으로 번역되고 승화된 그리스도교적 양심이라는 고해신부의 명민함이 그것이다. 자연을 신의 선의와 보호의 증거인양 보는 것, 역사를 신적 이성에 경의를 표하기 위한 윤리적 세계 질서나 윤리적 종국 목적의 영원한 증인으로 해석하는 것, 경건한 사람들이 오랫동안 해석해왔듯이, 자기의 경험을 마치 모든 것이 섭리이며, 모든 것이 암시이며, 모든 것이 영혼의 구원을 위해 생각되고 보내온 것처럼 해석하는 것 : 이러한 것들은 이제는 지나갔다. 이러한 것들은 양심에 반(反)하는 것이다. 이러한 것들은 좀더 섬세한 모든 양심에게는 점잖지 못한 것, 정직하지 못한 것, 기만적인 것, 여성적인 것, 나약함, 비겁함으로 생각된다. ─ 만일 어떤 무엇으로, 우리가 **선량한 유럽인**이며 유럽의 가장 오래되고 가장 용기 있는 자기 극복의 계승자라고 한다면, 이 엄격성 때문이다"⋯⋯모든 위대한 것은 그 스스로에 의해, 자기 지양의 작용에 의해 몰락해 간다 : 생명의 법칙이, 생명의 본질 속에 있는 **필연적인** '자기 극복'의 법칙이 이러한 것을 원하는 것이다. ─ "그대 스스로 제정한 법에 복종하라"라는 외침은 언제나 마지막으로는 입법자 자신을 향하게 된다. 그와 같이 **교의로서의** 그리스도교는 자기 자신의 **도덕**에 의해

몰락했다. 그와 같이 이제 **도덕으로서의** 그리스도교도 몰락할 수밖
에 없다.—우리는 이러한 사건의 경계선에 서 있다. 그리스도교적
인 성실성은 하나하나 결론을 이끌어낸 다음, 결국 자신의 **가장 강력
한 결론을**, 자기 자신에 반하는 결론을 이끌어내게 된다. 그러나 이
러한 사건이 일어나는 것은 이 성실성이 "모든 진리를 향한 의지란 무
엇을 의미하는가?"라는 물음을 던질 때인 것이다……여기에서 나는
다시 내가 제기한 문제를, 우리의 문제를 언급하는 것이다, 내가 알
지 못하는 친구들이여 (—나는 아직 한 사람의 친구도 모르니까 말
이다) : 우리 안에서 저 진리에의 의지 자체가 **문제로** 의식되는 것이
의미가 없다면, 우리의 존재 전체는 어떤 의미를 갖게 되는 것일까?
……진리를 향한 의지가 이와 같이 스스로를 의식하게 될 때, 이제
부터—이것은 의심의 여지가 없다—도덕은 **몰락하게 된다**: 이것
은 유럽의 다음 2세기를 위해 아껴 남겨둔 100막(幕)의 저 위대한
연극이며, 모든 연극 가운데 가장 무서운, 가장 의심스러운, 아마 가
장 희망에 차 있기도 한 연극일 것이다…….

28.

금욕주의적 이상을 제외해보자 : 그러면 인간은, 인간이라는 **동물**
은 지금까지 아무 의미도 지니지 않았다. 지상에서의 인간의 생존은
아무 목표도 없다. "도대체 인간이란 무엇 때문에 존재하는가?"— 이
것은 해답이 없는 물음이었다. 인간과 대지를 위한 **의지가** 결여되어
있는 것이다. 모든 거대한 인간의 운명의 배후에는 더욱 거대한 '헛
되다!'라는 말이 후렴으로 울리고 있었다. 무엇인가 **결여되어 있었다**

는 것, 어마어마한 **균열**이 인간 주위를 감싸고 있었다는 것, 실로 이
것이 금욕주의적 이상을 뜻한다. ─ 인간은 스스로를 변명하고, 설명
하고, 긍정할 줄 몰랐다. 인간은 자신의 의미의 문제 때문에 **괴로워
했다**. 그는 그 밖의 문제로도 괴로워했다. 인간이란 대체적으로 보
아 **병든** 동물이었다 : 그러나 그의 문제는 고통 자체가 아니었고, "
무엇 때문에 고통스러워하는가?"라는 물음의 외침에 대한 해답이 없
다는 것이었다. 가장 용감하고 고통에 익숙한 동물인 인간은 고통
그 자체를 부정하는 것은 아니다 : 인간에게 고통의 의미나 고통의
목적이 밝혀진다고 한다면, 인간은 고통을 바라고, 고통 자체를 찾기
도 한다. 지금까지 인류 위로 널리 퍼져 있던 저주는 고통이 아니라,
고통의 무의미였다. ─ **금욕주의적 이상은** 인류에 하나의 **의미**를 주었
던 것이다! 그것은 지금까지 유일한 의미였다. 어떤 의미가 있다는
것은 아무런 의미도 없다는 것보다는 낫다. 금욕주의적 이상은 어떤
점에서 보더라도 지금까지 있었던 최상의 '어쩔 수 없는 것'이었다.
이 이상 속에서 고통은 **해석되었다**. 어마어마한 빈 공간은 채워진 것
처럼 보였다. 모든 자살적 허무주의에 대해 문이 닫혔다. 해석
은 ─ 의심의 여지 없이 ─ 새로운 고통을 가져왔고, 좀더 깊고, 좀더
내면적인, 좀더 독이 있는, 삶을 갉아먹는 고통을 가져왔다 : 이 해
석은 모든 고통을 죄라는 관점 아래로 가져갔다……그러나 그럼에
도 불구하고 ─ 인간은 그것에 의해 **구출되었다**. 인간이 하나의 의미
를 가지게 되었다. 인간은 그 후로 더 이상 바람에 날리는 나뭇잎 같
은 존재가 아니었고, 불합리나 '무의미'의 놀이공이 아니었다. 이제
부터 인간은 무엇인가를 **의욕**할 수 있었다. ─ 우선 어디를 향해, 무
엇 때문에, 무엇으로 인간이 의욕했는가는 중요하지 않다 : **의지 자**

체가 **구출되었던 것이다.** 금욕주의적 이상에 의해 방향을 얻은 저 의욕 전체가 본래 표현하고자 한 것은 도저히 숨길 수가 없게 되었다 : 인간적인 것에 대한 이러한 증오, 더욱이 동물적인 것, 더욱이 물질적인 것에 대한 이러한 증오, 관능에 대한, 이성 자체에 대한 이러한 혐오, 행복과 미에 대한 이러한 공포, 모든 가상, 변화, 생성, 죽음, 소망, 욕망 자체에서 도망치려는 이러한 욕망 — 이 모든 것은, 감히 이것을 이해하고자 시도해볼 때, **허무를 향한 의지**이며, 삶에 대한 적의이며, 삶의 가장 근본적인 전제들에 대항한 반발을 의미하는 것이다. 그러나 이것도 하나의 **의지**이며 하나의 **의지**로 남아 있다!……
그래서 내가 처음에 말했던 것을 결론적으로 다시 한번 말한다면, 인간은 아무것도 의욕하지 **않는** 것보다는 오히려 **허무**를 의욕하고자 한다……

원저 편집자주

(1) 〈마태복음〉, 6장 21절.
(2) Goethe, Faust I, 3781행 이하.
(3) H. Spencer, *Die Tatsachen der Ethik*, Übers. von B.Vetter(Stuttgart, 1879) 참조.
(4) 1887년 5월 20일자로 니체가 페터 가스트Perter Gast에게 보내는 편지 참조.
(5) Thukidides, *Geschichte der peloponnesischen Kriegs II*, Übers. von Adolf Wahrmund(Stuttgart, 1861/66), 39쪽.
(6) 같은 곳 참조.
(7) 〈누가복음〉, 23장 34절.
(8) 〈마태복음〉, 5장 44절.
(9) 〈로마서〉, 13장 1절.
(10) Homer, Ilias, 18장 109행.
(11) 〈데살로니가전서〉, 3장 12절.
(12) 〈데살로니가전서〉, 1장 3절 참조.
(13) Dante, *La Divina Commedia*, Inferno III(Paris, 1855), 5~6쪽.
(14) Thomas von Aquino, *Comment. Sentent.* IV, L, 2, 4, 4.
(15) P. Méimée, *Lettres á une inconnue I*(Paris, 1874), 8쪽.
(16) E. Dühring, *Sache, Leben und Feinde*(Karlsruhe und Leipzig, 1882), 283쪽.
(17) J. Kohler, *Das chinesische Strafrecht. Ein Beitrag zur Universalgeschichte des Strafrechts*(Würzburg, 1886) 참조.
(18) Spinoza, *Ethica*, I, 정리 33, 주석 2.
(19) Heraklit, Fr.52(Diels-Kranz).
(20) Homer, Odyssee, 제1장 32~34행.
(21) R. Wagner, *Mein Leben, hg. von Martin Gregor-Dellin*(München, 1969), 521f. : 니체는 바젤에서 개인적으로 인쇄한 3권[1부(1813~1842) 1870, 2부 (1842~1850) 1872, 3부(1850~1862), 1875]의 바그너의 자서전을 알고 있었다.

그러나 1880년 바이로이트에서 인쇄한 4부(1861~1864)에 관해서는 잘 모르고 있었다. Martin Gregor-Dellins Nachwort zu seiner Edition 참조.

(22) Stendhal, *Rome, Naples et Florence*(Paris, 1854), 30쪽.

(23) Frauenstät-Ausgabe에서 인용된 것이다.

(24) H. Oldenberg, *Buddha. Sein Leben, seine Lehre, seine Gemeinde*(Berlin, 1881), 122쪽.

(25) 같은 책, 124쪽.

(26) 〈누가복음〉, 10장 42절.

(27) 니체가 여기에서 참조한 책은 다음과 같다 : Paul Deussen, Das System des Vedâta(Leipzig, 1883) ; *Die Sûtra's des Vedâta aus dem Sanskrit*, übers. von P. Deussen(Leipzig, 1887).

(28) Plato, Resp. 414b-c; 382c; 389b; 459c-d; Leg. 663e.

(29) Byron, Vermischte Schriften, übers. von E. Ortlepp, Stuttgart o.J.; W. Gwinner, A. *Schopenhauer aus persönlichem Umgange dargestellt*(Leipzig, 1862) ; A.W. Thayer, L. *van Beethoven's Leben*(Berlin, 1866ff.); 바그너의 자서전에 대해서는 주 (21)을 참조할 것.

(30) J. Janssen, *Geschichte des deutschen Volks seit dem Mittelalter*(Freiburg, 1877). 얀센에 관해서는 1879년 10월 5일에 페터 가스트에게 보낸 니체의 편지글을 참조할 것.

(31) 여기에서 '외교관'은 탈레랑Talleyrand을 말한다.

(32) 〈요한복음〉, 18장 36절.

(33) 1830년 2월 14일에 에커만J. P. Eckermann에게 보내는 괴테의 편지 참조.

옮긴이주

1) 에스틀로스는 그리스어로 '귀족적인, 고상한, 용기 있는, 유능한, 선한, 행복한' 등의 의미이다.

2) 카코스는 그리스어로 '나쁜, 약한, 추한, 천한, 저급한, 악한, 해로운, 수치스러운, 불행한' 등의 의미이다.

3) 데이로스는 그리스어로 '경악할 만한, 위험한, 나쁜, 폭력적인, 숙련된, 영악한' 등을 의미한다.

4) 아가토스란 그리스어로 '좋은, 고결한, 용기 있는, 유능한' 등의 의미이다.

5) 마루스malus란 라틴어로 '윤리적으로 나쁜, 악한, 신뢰할 수 없는, 교활한, 쓸모없는, 추한, 비겁한' 등의 의미이다.

6) 메라스는 그리스어로 '검은, 어두운 색깔의, 캄캄한' 등의 의미이다.

7) 보누스bonus는 라틴어로 '좋은, 세련된, 용기 있는, 고귀한, 귀족적인, 귀한, 의미 있는, 윤리적으로 선한, 정직한' 등의 의미이다.

8) 라틴어 두오누스duonus는 보누스bonus의 고어형이며, 이는 전쟁, 투쟁을 의미하는 용어 벨룸bellum과 연관되어 있다. 두엘룸duellum은 벨룸의 고어체이자 시어적인 형태로, 두 사람 사이duo의 싸움이나 투쟁을 의미한다.

9) 웨어 미첼(Silas Weir Mitchell, 1829~1914)은 미국인으로 펜실베이니아 대학의 교수로 재직했고, 남북전쟁 때는 필라델피아의 터너레인 병원에서 많은 신경외상 환자들을 진료했다. 그는 격리, 침대 감금, 다이어트, 마사지 등을 이용한 신경병 치료요법인 '웨어 미첼법'을 창안했다, 그의 요양 치료 방법은 후에 프로이트에 의해 받아들여져 환자를 안락의자에 눕게 하고 신체적 긴장 완화를 통해 의사가 환자의 체험 속으로 깊이 들어가는 정신분석학적 암시 치료로 발전하게 된다[S. Freud, *Gesammelte Werke, Bd. 1, hrsg. von A. Freud u. a.* (Frankfurt a. M., 1972), 266쪽 참조].

10) 데이로스는 그리스어로 '겁 많은, 가치 없는, 비열한, 불쌍한, 불행한'의 의미이며, 데이라이오스는 데이로스와 거의 같은 의미로 '하찮은, 불쌍한' 등의 의미이다. 포네로스는 '피로한, 나쁜, 병든, 위험한'을 뜻하고, 모크테로스는 '힘든, 가련한, 나쁜, 경멸할 만한' 등의 의미를 나타낸다.

11) 그리스어로 다음의 다섯 단어들은 모두 비참함의 다양한 상태를 나타낸다. 오이치로스는 '고통에 찬, 가련한' 등의 의미를, 아놀보스는 '불행한'이라는 뜻을, 틀레몬은 '뻔뻔한, 파렴치한, 불운한', 또 디스티케인은 '불행한, 실패한'의 의미를, 킴포라는 '불운한'의 뜻을 지니고 있다.

12) 미라보(Horor Gabriel de Riqueti, Comte de Mirabeau, 1749~1791)는 프랑스 혁명 당시 유명한 정치가이자 문필가였다.

13) 니체가 라틴어로 직접 인용하고 있는 이 글은 테르툴리아누스Quintus

Septimius Florens Tertullianus(155~222)가 그리스도의 적들이 처절하게 벌받는 모습을 묘사한 《구경거리De Spectaculis》에 나오는 구절이다. 테르툴리아누스는 카르타고Carthago 출신으로, 플라톤과 스토아학파의 철학을 습득하고 법률을 공부했으며, 그리스도교에 귀의해 초기 교회의 호교론을 내세운 교부 철학자의 한 사람이 되었다.

14) 피그말리온Pygmalion은 키프로스Kypros 섬의 전설의 왕이자 조각가인데, 여성의 결점을 너무 많이 보았기에 독신으로 살기로 결심하고, 상아로 된 여자 입상을 훌륭한 솜씨로 조각하여 자신의 아내라 부르며 사랑에 빠졌다. 아프로디테가 이를 동정하여 상아상에 생명을 불어 넣어 피그말리온은 그녀와 결혼하여 파포스라는 아들을 낳았다. 아프로디테에게 바쳐진 파포스라는 마을 이름은 여기에서 기원했다.

15) 비슈바미트라ViÇvamitra는 인도 베다시대 금욕주의적 철학자이며 왕이다.

16) 훼쉬카스트파Hesychasten는 14세기 아토스 산의 수도사들에게서 기원된 신비주의 종파로 동방교회의 명상운동을 주도했다.

17) 횔링크스Arnold Geulincx(1624~1699)는 필라레투스Philaretus라는 필명을 가진 네덜란드의 철학자로 데카르트주의자였고, 특히 심신 문제에 대해 데카르트의 이원론이 지닌 난점을 제거하려고 노력했다. 제자인 C. 본테쿠에 의해 편집된 《너 자신을 알라Gnothi Seauton》(1675)는 윤리학 저서가 남아 있다.

18) 아사신 교단Asassinen-Orden은 11~13세기경 이슬람교의 종교적 정치적 분파인 니자르 이스마일파Nizārī Ismāīlīyah를 말하는 것으로, 허무를 믿으며 적을 살해하는 것을 종교적 의무로 여겨 암살자 교단이라고도 불린다. 페르시아, 이란, 이라크, 시리아, 중앙아시아 지역에서 주로 활동했다.

19) 니체가 샤베 두당이라고 부른 사람의 본래 이름은 지멘느 두당Ximénès Doudan(1800~1872)으로, 프랑스의 정치가이자 비평가이며 작가이다.

20) 아나크레온Anakreon(기원전 583?~485)은 기원전 6세기경에 살았던 그리스의 위대한 서정 시인이다. 그의 시들은 단편들밖에 남아 있지 않은데, 후세의 작가들이 인용한 시들은 주로 사랑과 포도주를 찬미하는 내용들이다. 그는 지나친 것과 세련되지 못한 것을 싫어했고, 그의 창작 방식은 아주 형식적이었다. 후대에 그의 정서와 문체는 널리 모방되어 시작법에서 이를 지칭하여 아나크레온 운율법이라고 명명한다. 후대에서 로코코 시대의 사랑, 술, 흥겨운 모임 등을 주요

주제로 한 서정시에 큰 영향을 주었다.

21) 진전마비Paralysis agitans는 일명 파킨슨Parkinson 증후군으로도 알려져 있는 병으로 서서히 진행하며, 바른 보행, 특이한 자세, 근육 쇠약 등의 특징을 나타내고, 특히 노년기에 생기는 원인 불명의 병으로 보고되고 있다.

22) 샹캬Saṁkhya학파는 카필라Kapila에 의해 창시된 인도철학의 여러 학파들 가운데 가장 오래된 것으로, 수론학파(數論學派)라고도 불린다. 이 학파는 우주의 궁극적인 구성 요소의 수와 본질을 규정함으로써 실재에 대한 바른 인식을 도모했으며, 이를 통해 완전한 지식을 얻고자 했다. 물질(프라크리티prakṛti)과 정신(푸루샤puruṣa)의 이원론적 실재론적 구분에서 출발해 주관과 객관, 인식과 경험, 자아와 실재의 문제를 다루고 있는 이 학파는 신의 존재를 증명할 수 없을 뿐만 아니라 신은 존재하지 않는다는 무신론적 입장을 견지했다.

해설
인류의 미래도덕과 새로운 미래철학의 사유

김정현

I.

 니체는《선악의 저편》이 '2000년경'에야 읽힐 수 있다고 1886년 질스마리아에서 쓴 한 편지(말비다 폰 마이젠부크Malwida von Meysenbug에게 보내는 편지, 1886. 9. 24.)에서 말하고 있다. 니체는 왜 이 책을 자신이 죽은 지 백 년이나 지난 2000년경에나 제대로 읽힐 수 있다고 설정하고 있는 것일까? 이 책에서 니체가 진정으로 의도하는 내용은 무엇일까? 1886년 8월에 출판되어 나온 이 책의 부제 '미래 철학의 서곡'이 말해주고 있듯이, 우리는 니체가 이 책을 인류의 미래 정신사의 지도를 그리고자 하는 의도로 저술하고 있음을 알 수 있다. 이 책의 구체적인 내용은 제II장에서 소개하기로 하고, 먼저 이 책이 어떤 의도로 쓰여지게 되었으며, 어떤 연대기적 성립 과정을 거쳐 형성되었고, 또 어떤 체계로 구성되었으며, 이 저서를 니체 스스로가 어떻게 평가하고 있는지를 살펴보자.

 니체는《차라투스트라는 이렇게 말했다》(이하《차라투스트라》) 제4부의 출간 이후 1885년 질스마리아에서 자신의 새로운 철학을 기술하려는 의도로 기존에 출간되었던《인간적인 너무나 인간적인》을 근본적으로 다시 바꾸어 쓰려는 의지를 가지고 있었던 것으로 보인다. 그러나 이는 곧 포기되었고 자신의 미래철학의 구상을《선악의 저편》이라는 이름으로 출간했다. 이 책의 서문은 니체가 네 번째로 질스마리아에 체류하던 시기(1885년 6월 7일~9월 15일)에 씌어졌지만, 출판을 맡아줄 곳이

마땅치 않아 1년 뒤인 1886년 8월에야 《차라투스트라》(4부)와 마찬가지로 자비로 출간할 수 있었다. 그러나 이 책의 내용은 시기적으로 1885년 전후에만 기술된 것은 아니다.

콜리G.Colli와 몬티나리M. Montinari의 문헌학적 고증에 따르면 이 저서의 내용을 이루고 있는 철학적 구상은 《즐거운 학문》 간행(1882년) 이전 시기까지 거슬러올라간다. 즉 몇몇 아포리즘은 1881년 초/여름에 쓴 수고(노트 M Ⅲ 1, M Ⅲ 4a)에서 가져온 것이며, 이 책의 제4장인 〈잠언과 간주곡〉은 《차라투스트라》 제1부(Za Ⅰ, 1882년 가을~1882/3 겨울)가 씌어지기 바로 전 시기의 노트(Z Ⅰ 1, Z Ⅰ 2)에서, 그 외의 아포리즘은 《차라투스트라》 제2부가 씌어지기 바로 전인 1883년 초/여름의 수고(M Ⅲ 4b)에서 온 것이다. 또 가치전도 시기의 노트(W Ⅰ 3, W Ⅰ 4, W Ⅰ 6, W Ⅰ 7)와 1885년의 노트(N Ⅶ 1, N Ⅶ 2, N Ⅶ 3), 1886년의 기록(Mp XVI 1)의 단상 기록도 포함되어 있다. 다시 말해 이 저서는 니체의 가치전도와 새로운 철학의 구상 시기인 1881년에서 1886년까지의 노트와 단상 기록들을 기초로 씌어진 것이다. 이 책의 내용 구상까지는 대략 5년이 걸렸고, 일반적으로 니체의 후기 사상이라고 할 수 있는 모든 내용이 담겨 있다. 이 책은 전기의 현대성 비판을 다루는 《반시대적 고찰》을 비롯하여, 이후 자유정신의 문제를 다루는 《인간적인 너무나 인간적인》, 도덕에 대한 비판 작업과 인류의 미래에 대한 물음을 묻는 《아침놀》, 진리와 여성, 영혼의 건강의 문제를 다루는 《즐거운 학문》, 위버멘쉬와 이성, 자아 등의 문제를 다루는 《차라투스트라는 이렇게 말했다》 등의 문제의식을 모두 포함하고 있다. 물론 주로 선과 악이라는 대립적 가치의 기원을 형이상학의 문제와 연관해 논의하고 있지만, 그 세부적인 논의에는 위에 언급된 저서들의 중심 사상들이 다시금 반추되며 그 모습을 드러내고 있다.

　이 저서는 형식적인 측면에서는 《인간적인 너무나 인간적인 I》과 거의 같이 구성되어 있다. 《인간적인 너무나 인간적인 I》이 비교적 긴 서문과 아홉 개의 주요 장으로 분절되고, 〈친구들 속에서〉라는 하나의 시로 끝맺고 있는데, 《선악의 저편》 역시 9개의 제목이 달린 주요 장으로 분절되었고, 기술 방식도 짧은 서론과 296개의 번호가 달린 아포리즘 형식의 글로 구성되어 있으며, 〈높은 산에서〉라는 후곡으로 저서를 매듭하고 있다. 또한 《인간적인 너무나 인간적인 I》의 부제가 "자유정신을 위한 책"이며, 제2장에서는 〈도덕적 감각의 역사에 대하여〉, 제3장에서 〈종교적 삶〉, 제8장에서는 〈국가에 대한 조망〉을 다루고 있는 데 반해, 《선악의 저편》의 제2장에서는 〈자유정신〉, 제3장에서는 〈종교적인 것〉, 제5장에서는 〈도덕의 자연사〉, 제8장에서는 〈민족과 조국〉에 관한 내용을 고찰하고 있다. 그러나 니체는 《인간적인 너무나 인간적인》을 자신의 새로운 철학의 기획에 맞게 다시 쓰려다가 포기하고 《선악의 저편》이라는 제목으로 출간했음에도 불구하고, 이 저서를 그 내용에서는 오히려 《차라투스트라》의 뒤에 자리매김한다. 그는 1886년 10월 26일에 자신의 친구이자 화가인 라인하르트 폰 자이트리츠Reinhart von Seydlitz에게 보내는 편지에서 《선악의 저편》은 "내 《차라투스트라》에 대한 일종의 주석서Commentar"라고 말하고 있다. 몸, 대지, 디오니소스, 생명, 여성성, 건강, 자유, 지혜, 고귀한 덕, 위버멘쉬, 영원회귀사상 등 《차라투스트라》에서 문학적으로 다루어진 내용을 이 책에서는 한층 사색적으로 다루며 새로운 미래철학의 대안을 모색하기 때문이다.

　기존의 서양의 사유방식에 대한 대항적이며 동시에 대안적 철학을 모색하고 있기에 니체는 자신의 이 저서가 '위험한 책'이라는 사실을 인식하고 있었다. 니체는 스위스 작가 비트만J.V. Widmann이 1886년 9월 16~17일자로 〈베른Berner Bund〉지에 쓴 《선악의 저편》의 서평 내용을 주위 사람들에게 편지로 소개하기도 했다 : "고트하르트 기차선로 Gotthardbahn를 건설하는 데 필요한 다이너마이트를 비축하고자 하는 저 차량은 죽음의 위험을 알리는 검은 경고의 깃발을 휘날리고 있었다. 이러한 의미에서 우리는 철학자 니체의 책을 위험한 책이라고 부른다"(1886년 11월 3일 파라과이에 있는 여동생 엘리자베트 푀르스터 Elisabeth Förster에게 보내는 편지와 1886년 10월 31일에 하인리히 쾨젤리츠Heinrich Köselitz에게 보내는 편지도 참조). 이는 니체 스스로도 이 저서를 서양의 전통적 사유나 형이상학, 문명을 파괴하는 다이너마이트의 위력을 가진 위험한 책으로 받아들였다는 사실을 알려주고 있다. 2000년 10월 15일 니체 사후 100주년을 즈음하여 니체가 말년을 지냈던 독일 바이마르의 실러 박물관에서 있었던 유물 전시회의 제목이 "고트하르트 터널은 언제 완성되는가?"였다. 이는 그리스도교와 서양 전통 형이상학에 대한 니체의 혹독한 투쟁 과정과 새로운 사유의 길을 내는 건설 작업이 당시 다이너마이트를 사용하며 위험하게 진행되었던 고트하르트 터널(1872~1882년 사이에 스위스 루체른에서 해발 3천 미터가 넘는 알프스 산맥을 향해 1,150미터 높이로 뚫은 15킬로미터나 되는 터널) 공사와 유사하다는 평가와, 이러한 작업이 2000년경에야 비로소 제대로 평가받을 수 있다는 니체의 자평을 염두에 두고 정해진 제목이었음을 고려해본다면, 우리는 실로 현대 사상 전반에 끼친 이 저서의 영향과 그 위치를 가늠해볼 수 있을 것이다. 니체는 이 저서를 또한 자신의 영혼에서 흘러나온 "무서운 책"이라고 평가하고 있다(1886년 4월 21일, 쾨젤리츠Heinrich Köselitz에게 보내는 편지). 니체의 영혼이 담긴 이 무서운 책은 어떤 내용을 갖고 있는 것일까?

II.

이 '위험한 책', '무서운 책'을 《이 사람을 보라》에서 니체 스스로가 평가하는 그 자신의 언어로 정리해보자. 니체는 이 책에서 가장 중요한 것은 '현대성 비판', '현대 과학', '현대 예술', '현대 정치'라고 말한다. 니체에 따르면 이 책은 우리로 하여금 "가장 가까운 것, 시대, 우리 주변에 있는 것", 즉 현대성을 날카롭게 포착하고 문제의식화할 것을 요구한다. 가장 가깝게 있는 현실적인 문제들은 그러나 더 깊은 사유의 성찰을 동시에 요구하는데, 그것은 바로 인간의 근원적인 사유방식과 연결되어 있는 형이상학의 문제이다.

니체는 형이상학의 문제를 언어철학적, 역사적, 심리학적 차원에서 다루고 있다. 그는 현대성 비판의 문제를 형이상학의 문제와 연관되어 있는 주체의 문제에서 시작한다. 이 책에서 가장 중요하게 언급할 수 있는 주제가 바로 주체 개념이다. 그는 데카르트가 가정하듯 하나의 이성적 주체가 존재한다는 것을 '대중의 미신'('주체의 미신', '자아의 미신', '영혼의 미신')이라고 본다. 주체란 충동과 정동의 내적 활동에 대한 이름일 뿐, 하나의 원자와 같은 실체로서의 주체 또는 자아란 존재하지 않는다. 그는 주체의 문제를 철학사적 맥락에서뿐만 아니라, 동시에 언어철학적 지평에서도 문제시한다. 왜냐하면 언어 문법의 문제는 인간 사유의 문제이자, 동시에 세계를 바라보며 해석하는 세계 인식의 패러다임과도 연관되어 있고, 이러한 사유의 패러다임 속에서 우리는 인간 자신을 해석하기 때문이다. 니체에 따르면 인도, 그리스, 독일 철학 사이에서 성립되는 언어 유사성은 유사한 문법적 기능과 유사한 문법 철학을 낳게 하고, 더 나아가 초지상적인 독단적 사유를 인간에게 전파하게 한다. 이에 대해 문법에서 주어 개념이 가장 잘 발달되어 있지 않은 우랄 알타이어권의 철학자는 인도유럽 언어권의 철학자와는 세계를 다르게 응시하며 다르게 해석할 수 있다고 말한다. 니체는 데카르트의 주체 개념과 전통적인 형이상학적 의지 개념을 비판하며, "나는 생각한다ich denke"가 아니라 "그 무엇이 생각한다es denkt"고 말한다. 여기에서 니체가 말하는 '그 무엇'이란 협소한 의식의 활동을 말하는 것이 아니라, 무의식이나 니체가 《차라투스트라》에서 큰 이성이라고 말하는 몸이성의 활동을 말하는 것이다. 따라서 니체에서 자아란 단순한 이성적 주체가 아니라, 무의식, 정동, 충동 등이 함께 작동하는 몸의 활동에 대한 이름일 따름이다. 이는 정서적인 심리 내적 세계 전체의 승화나 고양 없이 단순히 외형적 지식만을 쌓아가고 있는 현대인의 인간 왜소화 경향에 대한 니체의 비판과도 연결된다. 인간의 자아에 대한 형이상학적 논의가 바로 천박한 인간의 양상이라는 니체의 현대성 비판을 함축하고 있는 것이다. 인간의 자아에 대한 이러한 심리학적 또는 심층철학적 논의는 후에 그로덱G. Grodeck이나 루 살로메Lou Andreas-Salomé통해 프로이트S. Freud의 이드id 개념에 영향을 주었고, 최근 라캉J.Lacan의 정신분석학적 자아에 대한 논의로 확장된다.

두 번째, 니체는 형이상학적 근본 명제와 근본 오류를 현대 자연과학에서도 발견한다. 그는 서론에서 진리를 독단론자들이 제대로 이해하지 못한 여성에 비유하여 설명한다. 진리란 순수 의지에 의해 추구된 객관성이나 과학성의 산물이 아니다. "물리학도 단지 하나의 세계 해석이며 세계 정리"일 뿐, 세계 그 자체를 설명하는 것은 결코 아니다. 지금까지 서양에서는 진리 그 자체를 말해왔을 뿐, 진리의 가치 문제, 그 해석의 가치에 대해서는 제대로 포착하지 못했다고 그는 말한다.

세 번째로 니체의 현대 예술에 대한 논의 역시 현대성 비판과 연결되어 있다. 현대 예술은 그 고귀한 취미를 잃어가고 있고, 유럽 영혼의 위대한 소리를 상실했다는 것이다. 보다 높은 인간, 고귀한 인류를 양육할 영혼의 울림을 주지 못하고, 협소한 민족주의적 경향을 잉태하고 있다는 것이다. 그는 영혼을 치유해야 할 예술이 깨진 영혼으로 만들어낸 작품의 진열장이 되고, 고귀한 영혼 자체가 결핍된 대중 도취적 아첨의 역할로 빠져들어가고 있다고 비판한다.

네 번째로는 현대 정치에 대한 논의가 소개되어 있다. 니체는 '문명', '인간화', '진보'라고 부르는 유럽의 민주화 운동의 도덕적·정치적 배후에 인간의 퇴화라는 생리학적 과정이 동시에 진행되고 있음을 고발한다. 여기에서는 인간의 평준화와 평범화라는 무리동물적 인간이 형성되며, 고귀하고 보다 높은 인간 유형을 만들지 못한다는 것이다. 니체의 사회주의 이념에 대한 비판도 이러한 맥락에서 역시 비판의 대상이 되고 있다. 그는 이와 더불어 민족주의의 광기에 대해서도 경고를 보낸다. 그는 자신의 매제 베른하르트 푀르스터Bernhard Förster의 책 《특히 파라과이를 고려한 상부 라 플라타 지역에서의 독일의 식민지*Deutsche Kolonien in dem oberen La-Plata-Gebiete mit besonderer Berücksichtigung von Paraguay*》를 1885년 가을에 읽었다. 니체는 기독교 사회당 의장이었던 아돌프 스퇴커Adolf Stoecker의 군국주의 및 반유대주의와 완전히 일치된 푀르스터의 광신적 애국주의와 제국주의를 역겨워했다. 민족주의의 망상이 유럽의 여러 민족에게 가져다준 병적인 소외를 제멋대로 기만적으로 해석하는 것에 우려를 표하며, 그는 고귀한 인간 유형의 창출에 철학적 희망을 건다.

니체에게 현대성을 극복할 수 있는 가능성은 바로 자유정신의 인간을 육성하는 데 있다. 그에게 "미래의 철학자는 자유정신"이며, '진정한 철학자'는 스스로 자신의 가치를 창조하는 입법자이자 자기 명령을 하는 자이다. 그는 "오늘날 유럽에서의 도덕은 무리동물의 도덕이다"라고 말하며, 자신의 가치가 무리 속에 매몰되고 평준화되어 자기 소외 속에서 살아가는 병든 시대적 본능에서 인간의 진정한 과제는 바로 자신의 가치를 창조하는 것이라고 본다. 이는 선과 악의 저편에서 과거와 현재에 존재하는 모든 것을 긍정하며, "가장 대담하고 생명력 넘치며 세계를 긍정하는 인간의 이상"에 새롭게 눈을 뜨는 개안(開眼)의 훈련을 요구하고 있다. 이러한 의미에서 니체는 《이 사람을 보라》에서 이 책의 궁극적인 의미를 가장 반(反)현대적인 인간 유형인 "귀족적 인간gentilhomme을 길러내는 학교"로 규정한다.

III.

니체는 《도덕의 계보》를 질스마리아에 여섯 번째 체류하던 시기 (1887년 6월 12일~9월 19일)에, 즉 1887년 7월 10일~30일의 스무 날 사이에 저술하여, 1887년 11월에 《선악의 저편》과 마찬가지로 자비로 출간했다. 이 책은 《선악의 저편》의 내용을 보충하고 좀더 명료히 하기 위해 씌어진 것이었다. 그러나 그 형식에서는 80년대 초의 아포리즘 작품보다는 오히려 70년대의 《반시대적 고찰》을 연상시킨다. 초기의 이 저작과 마찬가지로 《도덕의 계보》는 하나의 서론과 세 개의 논문이라는 논문 형식의 체계를 갖추어 서술되어 있기 때문이다.

니체는 부르크하르트Jakob Burckhardt에게 보내는 편지(1887년 11월 14일)에서 《도덕의 계보》가 '도덕사 연구moralhistorische Studien'를 담고 있으나, "딱딱하고 소화하기 어려운 많은 내용을 담고 있다"고 밝히고 있다. '거의 끊임없는 영감의 상태' 속에서 씌어진 이 책은 "그것을 표현할 어떠한 언어나 전문 용어가 그때까지 없었던 극단적으로 어려운 문제들"을 다루고 있기에, 니체는 "이 계보학을 구성하고 있는 세 가지 논문들은 아마 표현과 의도와 놀라게 하는 수법에서 지금까지 씌어진 것 중 가장 섬뜩한 것이다"라고 《이 사람을 보라》에서 고백하고 있다. '소화하기 어려운 내용', '극단적으로 어려운 문제들', '가장 섬뜩한 것'을 전달하려는 니체는 따라서 특히 문체의 문제에 각별히 신경쓴 것처럼 보인다.

니체는 이 책의 문체에 대해 여러 곳에서 계속해 언급하고 있다. 그는 이 서서의 "문제는 격렬하며 자극석이고, 성교함이 가능하며, 탄력 있고 다양한 색채로 차 있다"(1888년 8월 22일, 메타 폰 잘리스Meta von Salis에게 보내는 편지)고 말한다. 또한 그는 《선악의 저편》의 서평을 쓴 비트만에게 보내는 편지(1888년 2월 4일)에서 《선악의 저편》이 "섬세한 중립적 태도와 머뭇거리며 앞으로 전진하는 움직임"의 속도로 씌어졌다면, 《도덕의 계보》는 빠르고 거친 음악적 속도로 저술했음을 밝히고 있다. 빠르고 거친 속도로 기술함으로써 '어마어마한 긴장감'을 부여하고 있고, 마침내 번개가 치듯 "두꺼운 구름 사이에서 하나의 새로운 진리가 보이게" 만든다는 것이다. 그러나 제3논문은 이와는 다소 다른 색조로 구성되어 있다. 즉 마지막을 장식하며 다시 반복되는 '피날레

Finale'와 '론도Rondo'의 형식으로 더욱 대담하게 구성되어 있다고 니체는 말한다.

　니체는 이 세 개의 논문 외에도 지속적으로 후속 작업을 계획하고 있었으나, 정신착란으로 인해 끝내 뜻을 이루지 못했다. 아마 무리본능의 심리학 같은 내용들이 더 구상되고 있었던 것 같다. 1888년 1월 4일 오버벡Franz Overbeck에게 보내는 편지에 이러한 구상의 일단이 나타나 있다. "세 개의 논문은 각각 개별적으로 움직이며 시작하고 있다. 제4논문, 제5논문과 가장 중요한 내용('무리본능')이 빠졌다. 이와 같은 것은 너무 포괄적이기 때문에 잠정적으로 배제되었다." 어떻게 보면 미완의 작품이라고 할 수 있는 이 저서는 그러나 그 내용에서는 이미 완결된 구성을 지니고 있다.

IV.

　《도덕의 계보》에서 다루고 있는 것은 도덕이론의 발생사가 아니라, 도덕 혹은 가치의 자연발생사이다. '하나의 논박서'라는 부제를 달고 있는 이 책은 도덕적 편견의 기원에 관한 논의를 비판적으로 다루면서 계보학을 통해 가치의 발생과 변형, 역사적 변화 과정을 추구해 들어간다. 이 책의 중심적인 내용을 요약한 부분이 바로 서론이다. 니체는 1887년 9월 15일 쾨젤리츠에게 보내는 편지에서 이를 다음과 같이 표현하고 있다. "그러나 가장 강력한 것은 '서론'이다: 최소한 그 안에는 내가 전념하던 가장 강한 문제가 가장 간략하게 표현되어 있다."

　서론에서 니체는 이 책의 의도를 파울 레Paul Rée의 《도덕적 감정의 발생》에 대한 비판적 논쟁으로 쓰고 있음을 밝힌다. 니체는 너무 추상적이고 사변적인 도덕의 발생사에 대한 레의 논의를 반박하며 새롭게 쓰고자 한다. 그는 "실제적인 도덕의 역사에 이르는 방향을 제시"하기 위해, "오랫동안 판독하기 어려웠던 인간의 도덕적 과거사의 상형문자 전체"를 새롭게 읽고자 한다. 이를 위해 그는 "도덕의 가치들이 성장하고 발전하고 변화해온 조건과 상황에 대한 지식"을 요청한다. 도덕이나 가치 혹은 그것 자체에 관한 이론이 아니라, 인류의 미래의 도덕의 땅을 새롭게 발견하기 위해서는 '도덕의 가치'나 '가치들의 가치' 혹은 이러한 '가치들의 자연발생사'에 대한 탐구가 필요하다는 것이다.

따라서 니체는 '기원의 가설Herkunft-Hypothesen'에 대한 연구에 주목한다. 도덕 계보학자들은 어떤 사물, 기관, 관습의 전체 역사에서 언제나 새롭게 해석되는 기호의 연쇄를 연구 대상으로 설정한다. 계보학은 모든 사건이나 제도, 이념이나 가치 발생의 의미, 목적, 유용성이 우연적으로 교체되고 재배열되고 새롭게 해석되는 기호에 대한 기호학적 해석학이다. 하나의 힘은 제도에 새로운 의미를 부여하며, 이때 근원적인 의미를 변화시키고, 지워버리고, 반대로 전환시킨다. 해석은 따라서 끊임없는 힘에의 의지의 활동에 대한 판독 작업이다. 제2논문에서 니체는 형벌의 예를 들며 후에 받아들인 기능을 발생의 원인으로 가정하는 것을 경고한다. 도덕 계보학자는 발생적 오류를 회피하며, 하나의 근원에서 정해진 목적으로 진행되는 모든 목적론적 구성을 파헤치는 작업을 해야 하기 때문이다. 니체는 이를 역사, 인종학, 언어학, 법학, 의학, 정신병리학 등 다양한 학문의 영역에서 문제시한다.

이 책의 제1부는 '선과 악', '좋음과 나쁨', 제2부는 '죄', '양심의 가책' 그리고 그와 유사한 것들, 제3부는 '금욕주의적 이상이란 무엇인가?'로 되어 있다. 《이 사람을 보라》에서 니체는 이 제1부의 내용을 '그리스도교의 심리학'으로, 제2부는 '양심의 심리학'으로, 제3부는 '성직자의 심리학'으로 정리하고 있다. 이제 니체가 자신의 언어로 정리한 이러한 제목으로 각 논문의 내용을 간략히 소개해보자.

제1논문에서 다루고 있는 '그리스도교의 심리학'은 《선악의 저편》에서 구분한 주인의 도덕과 노예의 도덕이라는 두 가지 도덕 유형을 염두에 두고, 가치의 대립에 관한, 즉 '선과 악' 그리고 '좋음과 나쁨'의 발생 기원에 대해 해명하고자 한다. '좋음과 나쁨'이라는 가치가 그리스도교의 무리본능과 결합해 '선과 악'의 가치 대립을 탄생시키는 과정을 추적하는 것이다. 즉 '고귀한=강력한'을 좋은 가치로, '비열한=무력한'을 나쁜 가치로 평가하던 고귀한 귀족적 가치 등식이 유대인들의 원한 감정에 의해 이제 비이기적이고 평범한 것을 '선'으로, 이기적인 것을 '악'으로 평가하는 가치 전환이 일어나게 되었다는 것이다. 니체에 따르면 그리스도교는 원한 정신에서 탄생했으며, 고귀한 가치의 지배에 대한 거대한 반란이다. 도덕에서의 노예 반란, 주인도덕에 대한 노예도덕의 승리는 유럽 도덕사에서 중심적인 사건으로, 이러한 사건을 니체는 계보학의 방법을 통해 철저히 밝혀내고 있다. 니체는 이때 '거리의 파토스'를 강조하며 선악의 저편에 있는 고귀한 도덕의 선을 강조한다.

제2논문에서는 '양심의 심리학'이 다루어지고 있다. 니체에 따르면 "양심이란 인간 안에 있는 신의 목소리가 아니라", "밖으로 배출될 수 없을 때 안으로 방향을 돌리는 잔인성의 본능"으로, 또한 문화의 기반이 되기도 한다. 니체의 이러한 견해는 후에 프로이트로 이어져 그의 문화관의 기초가 되기도 한다. 니체는 여기에서 또 '책임감' 혹은 '정의', '기억'의 개념을 문제시한다. 책임감이란 인간의 선천적인 윤리적 능력이 아니라, 바로 역사적 과정에 따라 의무를 담지할 수 있는 능력이 점차 형성되며 함께 만들어진 능력이라고 보는 것이다. 니체는 순간적인 지성을 가진 인간동물에 고통을 각인시키는 방법으로 기억을 만들어내고, 이로 말미암아 사회적 가치들을 생산해냈다고 말하며, 처음으로 기억술 Mnemotechnik을 가치들을 분석할 수 있는 이론적 분석 도구로 사용한다. 도덕성, 의무, 죄, 국가의 형성 과정, 형벌의 발생, 본능의 억압과 양심의 발생 등 사회적 가치와 제도의 발생을 그는 계보학적·심리학적 시각으로 조명한다.

제3논문에서는 '성직자의 심리학'이 다루어진다. 여기에서 니체는 서양 종교와 도덕체계, 과학과 철학이 금욕주의적 이상과 어떤 관계에 있는지를 묻는다. "금욕주의적 이상은 해로운 이상, 종말에의 의지, 데카당스 의지임에도 불구하고 어디에서 이 이상의 어마어마한 힘이 생겨났는가?"라고 묻고, 그는 성직자 뒤에서 신이 활동했기 때문이 아니라, 금욕주의적 이상이 지금까지의 유일한 이상이었으며, 경쟁 대상이 없었기 때문이며 인류는 "아무것도 의욕하지 않는 것보다 무를 의욕하고자 했다"고 말한다. 그에 따르면 지금까지 금욕주의적 이상에 대항하는 이상이 없었으며, 인간이 무엇인가를 의욕하는 것은 의지의 근본 사실이기에, 이러한 금욕주의적 이상이 전 세계를 지배하게 되었다는 것이다. 그는 금욕주의적 이상과 전통 형이상학을 극복할 수 있는 길을 안내하고자, 즉 저편 세계 혹은 이상주의가 아닌, 이편 세계 혹은 대지의 세계에 맞는 새로운 세계관을 준비하고자 이 책을 저술한 것이다. "이 세 가지 논문은 모든 가치를 전환하고자 하는 한 심리학자의 세 가지 결정적인 준비 작업"이라는 니체의 말은 이러한 저술의 의도를 축약적으로 보여준다. 이러한 니체의 의도를 염두에 두며 니체의 가치 전환의 문제의식을 미래철학의 사유로 잉태해내는 작업은 이제 우리의 몫일 것이다.

V.

니체의 글을 우리말로 옮기는 작업은 그리 쉬운 작업이 아니었다. 그 내용의 깊이나 문헌학적 자료의 방대함, 문체가 담고 있는 미묘한 뉘앙스와 리듬의 문제 등 모든 것을 고려해야만 했기 때문이다. 그리고 원저에는 구체적으로 드러나지 않은 니체가 사용한 자료들의 검색 작업도 쉬운 일이 아니었다. 가능한 한 원저의 내용을 정확히, 이 모든 것을 고려하며 옮기려다 보니 어려움이 많았다.

원저에서 니체가 인용한 글의 쪽수는 모두 절로 바꾸었다. 예를 들어 《인간적인 너무나 인간적인》의 S. 51은 그에 해당되는 45절의 형식으로 바꾸었다. 이는 니체 당시 출판된 책의 쪽수를 기준으로 하는 것이기에, 그것을 찾아 참조하는 데는 상당한 어려움이 있기 때문에 누구나 쉽게 찾아볼 수 있는 '절'로 다시 표기한 것이다. 여기에서 옮긴이는 카우프만 W. Kaufmann의 영문 번역서[Basic Writings of Nietzsche(New York, 1968)]를 참조하며, 일일이 그 인용 내용을 대조해보았다.

또 하나 언급할 것은 편집위원회에서 가능하면 옮긴이주는 적게 하여 불필요한 오해를 피하자고 했는데, 이 책을 번역하다 보니 문맥에 따라 옮긴이주가 없으면 내용을 이해하기 어려운 경우나, 또 경우에 따라서는 약간의 주가 문맥 파악에 도움이 되는 경우도 적지 않아 옮긴이주를 달았다. 또 니체가 원저에서 인용을 하며, 전혀 주를 달지 않은 출전 인용주의 경우에는 KSA(Kritische Studien-Ausgabe)의 14권을 참조하여 출전주만을 따로 정리했다.

  기본적으로 중요한 번역어는 편집위원회의 원칙에 따랐으나, 예를 들어 'Affekt' 같은 독일어 단어는 문맥에 따라 정동(情動), 정서, 감정 등으로 번역했다. 하나의 번역어를 고집하기보다는 문맥의 어색함을 최대한 피하고 내용 전달에 충실하자는 의도에서 몇 용어들은 문맥에 따라 번역했다. 원문에 나오는 머무름표(;)는 문맥이 어색하지 않게 가능하면 모두 그침표(.)로 바꾸었다.

  이 번역서가 나올 때까지 많은 분들의 도움을 받았다. 옮긴이의 부친 김수년 교수(전 강원대 독문과)께서도 일일이 원전을 대조하며 오역을 잡아주셨고, 독일에서 독문학 박사논문을 쓰고 있는 아내 이혜림도 함께 고민을 나누며 개념어나 번역에 도움을 주었다. 그러나 무엇보다 김미진 차장을 비롯한 책세상 편집부의 치밀하고 깔끔한 편집 작업의 도움이 컸다. 한글판 비판적 니체전집을 기획하고, 또 오랜 시간 인내를 가지고 기다려주신 김광식 주간님을 비롯하여 출판사 관계자 여러분께 진심으로 감사의 말씀을 드리고 싶다. 그 밖에도 이 책이 번역되기까지 크고 작은 도움을 주신 모든 분께 해맑은 감사의 말씀을 드린다.

연보

1844년
10월 15일 목사였던 카를 루드비히 니체Carl Ludwig Nietzsche와 이웃 고장 목사의 딸 프란치스카 욀러Franziska Öhler 사이의 첫 아들로 뢰켄에서 태어난다. 1846년 여동생 엘리자베트가, 1848년에는 남동생 요제프가 태어난다. 이듬해 아버지 카를이 사망하고 몇 달 후에는 요제프가 사망한다.

1850년
가족과 함께 나움부르크Naumburg로 이사한다. 그를 평범한 소년으로 교육시키려는 할머니의 뜻에 따라 소년 시민학교Knaben-Bürgerschule에 입학한다. 하지만 학교에 적응하지 못하고 곧 그만둔다.

1851년
칸디다텐 베버Kandidaten Weber라는 사설 교육기관에 들어가 종교, 라틴어, 그리스어 수업을 받는다.
이때 친구 쿠룩의 집에서 처음으로 음악을 알게 되고 어머니에게서 피아노를 선물받아 음악교육을 받기 시작한다.

1853년
돔 김나지움Domgymnasium에 입학한다.
대단한 열성으로 학업에 임했으며 이듬해 이미 작시와 작곡을 시작한다.

할머니가 사망한다.

1858년

14세 때 김나지움 슐포르타Schulpforta에 입학하여 철저한 인문계 중등 교육을 받는다. 고전어와 독일문학에서 비상한 재주를 보일 뿐만 아니라, 작시도 하고, 음악서클을 만들어 교회음악을 작곡할 정도로 음악적 관심과 재능도 보인다.

1862년

〈운명과 역사Fatum und Geschichte〉라는 글을 작성한다. 이것은 이후의 사유에 대한 일종의 예견서 같은 역할을 한다. 이 외에도 다양한 문학적 계획을 세운다.

이처럼 그는 이미 소년 시절에 창조적으로 생활한다. 그렇지만 음악에 대한 천부적인 재질, 치밀한 분석능력과 인내를 요하는 고전어에 대한 재능, 그의 문학적 능력 등에도 불구하고 그는 행복하지는 못한 것 같다. 아버지의 부재와 여성들로 이루어진 가정, 이 가정에서의 할머니의 위압적인 중심 역할과 어머니의 불안정한 위치 및 이들의 갈등 관계, 자신의 불안정한 위치의 심적 대체물로 나타난 니체 남매에 대한 어머니의 지나친 보호본능 등으로 인해 그는 불안스러운 어린 시절을 보내게 되며 이런 환경에서 아버지와 가부장적 권위, 남성상에 대한 동경을 품게 된다.

1864년

슐포르타를 우수한 성적으로 졸업한다. 본Bonn 대학에서 1864/65년 겨울학기에 신학과 고전문헌학 공부를 시작한다.

동료 도이센과 함께 '프랑코니아Frankonia'라는 서클에 가입하며 사교적이고 음악적인 삶을 살게 된다. 한 학기가 지난 후 《신약성서》에 대한 문헌학적인 비판적 시각이 형성되면서 신학공부를 포기하려 한다. 이로 인해 어머니와의 첫 갈등을 겪은 후 저명한 문헌학자 리츨F. W. Ritschl의 강의를 수강한다.

1865년

1865/66년 겨울학기에 리츨 교수를 따라 라이프치히로 학교를 옮긴다. 라이프치히에서 니체는 리츨의 지도하에 시작한 고전문헌학 공부와 쇼펜하우어의 발견에 힘입어 학자로서의 삶을 시작하다. 하지만 육체적으로는 아주 어려운 시기를 맞게 된다. 소년 시절에 나타났던 병증들이 악화되고 류머티즘과 격렬한 구토에 시달리며 매독 치료를 받기도 한다. 늦가을에 고서점에서 쇼펜하우어의 《의지와 표상으로서의 세계》를 우연히 발견하여 탐독한다. 그의 염세주의 철학에 니체는 한동안 매료되었으며, 이러한 자극 아래 훗날 《음악의 정신으로부터의 비극의 탄생*Die Geburt der Tragödie aus dem Geist der Musik*》(이하《비극의 탄생》)이 씌어진다. 이 시기에 또한 문헌학적 공부에 전념한다.

1866년

로데E. Rhode와 친교를 맺는다. 시인 테오그니스Theognis와 고대 철학사가인 디오게네스 라에르티우스Diogenes Laertius의 자료들에 대한 문헌학적 작업을 시작한다. 디오게네스에 대한 연구와 니체에 대한 리츨의 높은 평가로 인해 문헌학자로서 니체라는 이름이 알려지기 시작한다.

1867년

디오게네스 논문이 《*Rheinische Museum für Philologie*》(이하 RM), XXII에 게재된다. 1월에 아리스토텔레스 저작의 전통에 대해 강연한다. 호머와 데모크리토스에 대한 연구를 시작하고, 칸트 철학을 접하게 된다. 이어 나움부르크에서 군대생활을 시작한다.

1868년

여러 편의 고전문헌학적 논평을 쓰고 호머와 헤시오도스에 대한 학위논문을 구상한다. 이렇게 문헌학적 활동을 활발히 해나가면서도 문헌학이 자신에게 맞는가에 대한 회의를 계속 품는다. 이로 인해 그리스 문헌학에 관계되는 교수자격논문을 계획하다가도 때로는 칸트와 관련된 철학박사논문을 계획하기도 하고(주제: Der Begriff des Organischen seit Kant), 칸트의 판단력 비판과 랑에G. Lange의 《유물론의 역사*Geschichte des Materialismus*》를 읽기도 하며, 화학으로 전공을 바꿀 생각도 잠시 해보았다. 이 다양한 논문 계획들은 1869년 초에 박사학위나 교수자격논문 없이도 바젤의 고전문헌학 교수직을 얻을 수 있다는 리츨의 말을 듣고 중단된다. 3월에는 말에서 떨어져 가슴에 심한 부상을 입고 10월에 제대한 후 라이프치히로 돌아간다. 11월 8일 동양학자인 브로크하우스H. Brockhaus의 집에서 바그너를 처음 만난다. 그와 함께 쇼펜하우어와 독일의 현대철학 그리고 오페라의 미래에 대해 의견을 나눈다. 이때 만난 바그너는 니체에게 깊은 인상을 심어준다. 이 시기에 나타나는 니체의 첫번째 철학적 작품이 〈목적론에 관하여Zur Teleologie〉이다.

1869년

4월 바젤Basel 대학 고전어와 고전문학의 원외교수로 위촉된다. 이 교수직은 함부르크 대학으로 자리를 옮긴 키슬링A. Kiessling의 후임자리로, 그가 이후 독일 문헌학계를 이끌어갈 선두적 인물이 될 것이라는 리츨의 적극적인 천거로 초빙되었다. 5월 17일 트립셴에 머물던 바그너를 처음 방문하고 이때부터 그를 자주 트립셴에 머물게 한다. RM에 발표된 그의 논문과 디오게네스 라테리우스의 자료들에 대한 연구를 인정받아 라이프치히 대학으로부터 박사학위를 받는다. 부르크하르트Jacob Burckhardt를 존경하여 그와 교분을 맺는다. 스위스 국적을 신청하지 않은 채 프로이센 국적을 포기한다.

1870년

1월과 2월에 그리스인의 악극 및 소크라테스와 비극에 대한 강연을 한다. 오버베크F. Overbeck를 알게 되고 4월에는 정교수가 된다. 7월에는 독불전쟁에 자원 의무병으로 참가하지만 이질과 디프테리아에 걸려 10월에 다시 바젤로 돌아간다.

1871년

〈Certamen quod dicitur Homeri et Hesiodi〉를 완성하고, 새로운 RM (1842~1869)의 색인을 작성한다. 2월에는《비극의 탄생》의 집필을 끝낸다.

1872년

첫 철학적 저서《비극의 탄생》이 출판된다. 그리스 비극 작품의 탄생과 그 몰락에 대해서 쓰고 있는 이 작품은 바그너의 기념비적인 문화정치를 위한 프로그램적 작품이라고 여겨지기도 하지만 니체의 독창적이고도 철학적인 초기 사유를 제시하고 있다고 평가받는다. 그렇지만 이 시기의 유고글들을 보면 그가 얼마나 문헌학적 문제와 문헌학에 대한 근본적인 비판에 전념하고 있는지를 알 수 있다.

《비극의 탄생》에 대한 학계의 혹평으로 상심한 후 1876년 바그너의 이념을 전파시키는 데 전념할 생각으로 바이로이트 축제를 기획하고 5월에는 준비를 위해 바이로이트로 간다.

1873년

다비드 슈트라우스에 대한 첫번째 저작 《반시대적 고찰 *Unzeitgemässe Betrachtungen : David Strauss, der Bekenner und der Schriftsteller*》이 발간된다. 원래 이 책은 10~13개의 논문들을 포함할 예정이었지만, 실제로는 4개의 주제들로 구성된다. 다비드 슈트라우스에 대한 1권, 삶에 있어서 역사가 지니는 유용함과 단점에 관한 2권, 교육자로서의 쇼펜하우어를 다룬 3권은 원래의 의도인 독일인들에 대한 경고에 충실하고, 바그너와의 문제를 다룬 4권에서는 바그너에 대한 긍정적 평가가 행해진다. 여기서 철학은 진정한 삶을 가능하게 하는 예술의 예비절차 역할을 하며, 다양한 삶의 현상들은 문화 안에서 미적 통일을 이루는 것으로 제시된다. 이러한 시도는 반년 후에 쓰이는 두 번째의 《반시대적 고찰》에서 이루어진다.

1872년 초에 이미 바이로이트에 있던 바그너는 이 저술에 옹호적이기는 했지만, 양자의 관계는 점점 냉랭해진다. 이때 니체 자신의 관심은 쇼펜하우어에서 볼테르로 옮겨간다. 이 시기에 구토를 동반한 편두통이 심해지면서 육체적 고통에 시달린다.

1874년

《비극의 탄생》 2판과 《반시대적 고찰》의 2, 3권이 출간된다. 소크라테스 이전 사상가에 대한 니체의 1873년의 강의를 들었던 레P. Ree와의 긴밀한 관계가 형성되기 시작한다. 10월에 출간된 세 번째의 《반시대적 고찰》인 〈교육자로서의 쇼펜하우어Schopenhauer als Erzieher〉에서는 니체가 바그너와 냉정한 거리를 유지한다는 사실이 드러난다.

1875년

《반시대적 고찰》의 4권인 〈바이로이트의 바그너Richard Wagner in Bayreuth〉(1876년에 비로소 출간된)는 겉으로는 바그너를 위대한 개인으로 형상화시키지만, 그 행간에는 니체 자신의 청년기적 숭배를 그 스스로 이미 오래 전에 멀리해버린 일종의 기념물쯤으로 생각하고 있다는 사실이 숨겨져 있다. 이것이 출판되고 나서 한 달 후, 즉 1876년 8월 바이로이트 축제의 마지막 리허설이 이루어질 때 니체는 그곳에 있었지만, 바그너에 대한 숭배의 분위기를 더 이상 견뎌내지 못하고 축제 도중 바이로이트를 떠난다.

겨울학기가 시작할 때 쾨젤리츠Heinrich Köselitz라는 한 젊은 음악가가 바젤로 찾아와 니체와 오버베크의 강의를 듣는다. 그는 니체의 가장 충실한 학생 중의 하나이자 절친한 교우가 된다. 니체로부터 페터 가스트Peter Gast라는 예명을 받은 그는 니체가 사망한 후 니체의 여동생 엘리자베트와 함께 《힘에의 의지》 편집본의 편집자가 된다. 이 시기에 니체의 건강은 눈에 띄게 악화되어 10월 초 1년 휴가를 얻어 레와 함께 이탈리아로 요양을 간다. 6월과 7월에 니체는 《반시대적 고찰》의 다른 잠언들을 페터 가스트에게 낭독하여 받아 적게 하는데, 이것은 나중에 《인간적인 너무나 인간적인*Menschliches, Allzumenschliches*》의 일부가 된다.

1876년

《인간적인 너무나 인간적인》의 원고가 씌어진다. 3월 제네바에 있는 '볼테르의 집'을 방문하고 그의 정신을 잠언에 수록하려고 한다.

1877년

소렌토에서의 강독모임에서 투키디데스, 마태복음, 볼테르, 디드로 등을 읽으며 8월까지 요양차 여행을 한다. 9월에는 바젤로 돌아와 강의를 다시 시작한다. 가스트에게 《인간적인 너무나 인간적인》의 내용을 받아 적게 했는데, 이 텍스트는 다음해 5월까지는 비밀로 해달라는 부탁과 함께 12월 3일에 출판사에 보내진다.

1878년

5월 바그너가 《인간적인 너무나 인간적인》의 1부를 읽으면서 니체와 바그너 사이의 열정과 갈등, 좌절로 점철되는 관계는 실망으로 끝난다. 12월 말경에 《인간적인 너무나 인간적인》의 2부 원고가 완결된다.

《인간적인 너무나 인간적인》의 1부, 2부는 건설의 전 단계인 파괴의 시기로 진입함을 보여주며 따라서 문체상의 새로운 변화를 보인다.

1879년

건강이 악화되어 3월 19일 강의를 중단하고 제네바로 휴양을 떠난다. 5월에는 바젤 대학에 퇴직 희망을 밝힌다. 9월에 나움부르크로 오기까지 비젠Wiesen과 장크트모리츠St. Moritz에서 머무르며, 《인간적인 너무나 인간적인》의 2부 중 한 부분인 《혼합된 의견 및 격언들Vermischte Meinungen und Sprüche》을 발간한다. 장크트모리츠에서 지내는 여름 동안 2부의 다른 부분인 《방랑자와 그의 그림자Der Wanderer und sein Schatten》가 씌어지고 1880년에 발간된다.

1880년
1월에 이미 《아침놀Morgenröthe》을 위한 노트들을 만들고 있었으며, 이 시기에 특히 도덕문제에 대한 독서를 집중적으로 한다. 가스트와 함께 3월에 베네치아로 간 후 여러 곳을 전전하여 11월에는 제노바로 간다.

1881년
다른 작품들과 마찬가지로 《아침놀》의 원고들이 가스트에 의해 옮겨 적혀 7월 1일에 출간된다. 7월 초 처음으로 질스마리아Sils-Maria로 간다. 그곳의 한 산책길에서 영원회귀에 대한 구상이 떠올랐다는 이야기는 유명하다. 10월 1일 제노바로 다시 돌아간다. 건강 상태, 특히 시력이 더욱 악화된다. 11월 27일 처음으로 비제의 〈카르멘〉을 보고 감격한다. 《아침놀》에서 제시되는 힘의 느낌은 나중에 구체화되는 《힘에의 의지》를 준비하는 단계이다.

1882년
《아침놀》에 이어 1월에 가스트에게 첫 3부를 보낸다. 이것들은 4부와 함께 8월 말에 《즐거운 학문Die fröhliche Wissenschaft》이라는 제목으로 출판된다. 3월 말에는 제노바를 떠나 메시나Messina로 배 여행을 하며 그곳에서 4월 20일까지 머무른다. 〈메시나에서의 전원시Idyllen aus Messina〉에 대한 소묘들은 이 여행 며칠 전에 구상되었다. 이것은 니체가 잠언적인 작품 외에 유일하게 발표한 시가로서 《*Internationale Monatsschrift*》 5월호에 실린다(267~275쪽). 4월 24일에 메시나를 떠나 로마로 가고 모이센부르크의 집에서 살로메를 소개받는다. 5월 중순에는 타우텐부르크에서 여동생과 살로메와 함께 지낸다. 27일 살로메가 떠난 뒤 나움부르크로 되돌아오고, 10월에 라이프치히에서 살로메와 마지막으로 만난 후 11월 중순부터 제노바를 거쳐 이탈리아의 여러 곳을 전전하면서 《차라투스트라는 이렇게 말했다》의 첫 부분을 구상하기 시작한다.

지속적인 휴양 여행, 알프스의 신선한 공기나 이탈리아나 프랑스의 온화한 기후도 육체적인 고통을 덜어주지는 못한다. 아주 한정된 사람들과 교제를 했고, 특히 이 교제방식이 살로메와의 만남으로 인해 변화의 조짐을 보이지만, 그는 다시 고독한 삶의 방식으로 되돌아갈 수밖에 없었다.

1883년
《차라투스트라는 이렇게 말했다》의 1부가 씌어진 후 아주 빠른 속도로 3부까지 씌어신나.

1884년
1월에 《차라투스트라는 이렇게 말했다》의 4부를 완성한다.
건강은 비교적 호전되었고, 정신적인 고조를 경험하면서 그의 사유는 정점에 올라 있었다. 그러나 이 시기에 여동생 및 어머니와의 화해와 다툼이 지속된다. 여동생이 푀르스터B. Förster라는, 반유대주의자이자 바그너 숭배자이며, 파라과이에 종족주의적 원칙에 의한 독일 식민지를 세우려는 계획을 갖고 있던 자와 약혼을 결정하면서, 가까스로 회복된 여동생과의 불화는 다시 심화된다.

1885년
《차라투스트라는 이렇게 말했다》의 4부를 출판할 출판업자를 찾지 못하여 이 책을 자비로 출판한다. 5월 22일 여동생이 결혼하지만 결혼식에 참석하지 않는다. 6월 7일부터 9월까지 질스마리아에서 지내고, 그 후 나움부르크, 뮌헨, 플로렌츠를 경유하여 11월 11일 니차로 온다. 질스마리아에서 여름을 보내면서 《힘에의 의지》라는 책을 쓸 것을 구상한다. 저술 제목으로서 '힘에의 의지'는 1885년 8월의 노트에 처음으로 등장한다. 이후에 따르는 노트들에는 힘에의 의지라는 제목으로 체계적이고 일반적인 내용을 서술하겠다는 구상들이 등장한다. 이 구상은 여러 번의 변동을 거치다가 결국에는 니체 자신에 의해 1888년 8월에 포기된다.

1886년
《선악의 저편Jenseits von Gut und böse》 역시 자비로 8월 초에 출판한다. 이전의 작품들을 다시 발간하는 데 관심을 가지고 이전의 작품들에 대한 새로운 서문을 쓰기 시작한다. 《인간적인 너무나 인간적인》의 서문, 《비극의 탄생》을 위한 〈자기비판의 시도Versuch einer Selbstkritik〉라는 서문, 《아침놀》과 《즐거운 학문》의 서문들이 이때 씌어졌다.

1887년
악화된 그의 건강은 6월에 살로메의 결혼소식을 접하면서 우울증이 겹쳐 심각해진다. 이런 상태에도 불구하고 그의 의식은 명료했다.

1887년

6월에 《아침놀》과 《즐거운 학문》, 《차라투스트라는 이렇게 말했다》의 재판이 출간된다. 6월 12일 이후 질스마리아에서 《도덕의 계보Zur Genealogie der Moral》를 집필하며 11월에 자비출판한다.

1888년

4월 2일까지 니차에 머무르면서 '모든 가치의 전도'에 대한 책을 구상하고 이 책의 일부를 《안티크리스트Der Antichrist》란 제목으로 출판한다. 7월에는 《바그너의 경우Der Fall Wagner》를 출판사로 보낸다. 6월에 투린을 떠나 질스마리아에서 《우상의 황혼Götzen-Dämmerung》을 쓴다. 투린으로 다시 돌아가 《이 사람을 보라Ecce Homo》를 11월 4일에 끝내고 12월에 출판사로 보낸다. 그 사이 《바그너의 경우》가 출판된다. 《디오니소스 송가Dionysos-Dithyramben》를 포함한 이 시기에 씌어진 모든 것이 인쇄를 위해 보내진다.

1887~88년이라는 그의 지적 활동의 마지막 시기의 유고글에서도 니체는 여전히 자신을 실현시키고자 하는 강한 저술적 의도를 보인다. 그렇지만 그는 파괴와 건설작업에서 그가 사용했던 모든 도구들이 더 이상은 쓸모없다는 생각을 한다.

1889년

1월 3일(혹은 1월 7일) 카를로 알베르토 광장에서 졸도하면서 심각한 정신이상 신호가 나타나기 시작한다. 오버베크는 니체를 바젤로 데리고 가서 정신병원에 입원시킨다. 1월 17일 어머니에 의해 예나 대학 정신병원으로 옮겨진다. 《우상의 황혼》, 《니체 대 바그너Nietzsche contra Wagner》, 《이 사람을 보라》가 출판된다.

1890년
3월 24일 병원을 떠나 어머니 옆에서 머무르다가 5월 13일 나움부르크로 돌아온다.

1897년
4월 20일 어머니가 71세의 나이로 사망하고 여동생을 따라 바이마르로 거처를 옮긴다. 1892년 가스트는 니체 전집의 편찬에 들어가고, 같은 해 가을에 차라투스트라의 4부가 처음으로 한 권으로 출판된다. 1894년 초에 여동생은 가스트의 전집을 중지할 것을 종용하고, 니체 전집의 편찬을 담당할 니체 문서보관소Nietzsche Archiv를 설립한다.

1900년
8월 25일 정오경 사망.

■ 옮긴이 김정현

고려대학교 철학과와 같은 대학 대학원을 졸업하고, 독일 뷔르츠부르크Würzburg 대학교에서 철학 박사 학위를 취득했다. 세계표준판 니체전집 한국어본(전21권, 책세상)의 편집위원과 한국니체학회 회장, 범한철학회 회장을 역임했고, 현재 대한철학회 회장으로 활동하고 있다. 원광대학교 중앙도서관장을 역임하고, 현재 철학과 교수로 있다.
저서로 《Nietzsches Sozialphilosophie》(Würzburg, K&N, 1996), 《니체, 생명과 치유의 철학》, 《철학과 마음의 치유》, 《소진 시대의 철학》 외 다수, 옮긴 책으로 《프로이트와 현대철학》(알프레트 쉐프, 공역), 《유고(1884년 가을~1885년 가을)》(니체전집 18), 《기술 시대의 의사》(야스퍼스) 외 다수가 있다.

니체전집 14(KGW VI2) 선악의 저편 · 도덕의 계보

초판 1쇄 발행 2002년 2월 10일
초판 21쇄 발행 2021년 4월 14일

지은이 프리드리히 니체
옮긴이 김정현

펴낸이 김현태
펴낸곳 책세상
등록 1975. 5. 21. 제1-517호
주소 서울시 마포구 잔다리로 62-1, 3층(04031)
전화 02-704-1250(영업) 02-3273-1334(편집)
팩스 02-719-1258
이메일 editor@chaeksesang.com
광고·제휴 문의 creator@chaeksesang.com
홈페이지 chaeksesang.com
페이스북 /chaeksesang   **트위터** @chaeksesang
인스타그램 @chaeksesang   **네이버포스트** bkworldpub

ISBN 978-89-7013-308-9 04160
       978-89-7013-542-7 (세트)

이 도서의 국립중앙도서관 출판예정도서목록(CIP)은 서지정보유통지원시스템 홈페이지
(http://seoji.nl.go.kr)와 국가자료종합목록 구축시스템(http://kolis-net.nl.go.kr)에서
이용하실 수 있습니다.(CIP제어번호: CIP2015025638)

* 잘못되거나 파손된 책은 구입하신 서점에서 교환해드립니다.
* 책값은 뒤표지에 있습니다.